사회복지총서

사회복지역사

History of Social Welfare

최원규 · 진재문 · 황보람 · 이영수 공저

학지사

머리말

오늘날 종합대학에는 100여 개의 전공 분야가 학부나 학과 혹은 전공 등의 이름으로 설치되어 있고, 대부분 해당 학문이 탐구하는 분야와 관련된 역사 강좌들을 두고 있다. 예컨대, 사회과학의 몇몇 분야를 보면 정치사, 경제사, 사회사, 법제사, 사회복지사 등 과목명에 역사를 의미하는 '사(史)'를 붙인 강좌들이 있다. 학문이 당장의 문제나 주제를 연구하는 데 크게 힘써야 하는 것이 분명함에도 불구하고, 왜 과거의 역사를 연구하고 교육하는 것일까?

첫째, 현재의 문제나 주제들이 진공 상태에서 갑자기 등장한 것이 아니라 과거로부터 형성되어 변모해 왔다는 사실과 관련이 있다. 사회복지학의 핵심 주제의 하나인 빈곤 문제는 동서고금 어느 사회에서나 고민스러운 문제였고, 그래서 오늘날의 복지국가에서도 여전히 탐구되고 있는 주제이다. 빈곤의 역사를 고찰하면, 빈곤 원인의 다양함과 뿌리 깊음, 빈곤에 대한 태도들의 다양함과 완고함, 빈곤 대책들의 효과성과 효용성 등을 이해하는 데 도움이 될 것이다.

둘째, 역사 인식의 차이에 따른 왜곡과 혼란을 극복하기 위해 더욱 엄밀하고 정확한 역사 이해가 필요하기 때문이다. 특정 문제나 주제 혹은 그런 것들이 등장하고 변모해 온 맥락에 대한 판단이나 평가가 관찰자에 따라 다를 수 있다. 이러한 다름으로 인해 역사가 왜곡되거나 혼란과 갈등이 나타날 수 있다. 이를 극복하기 위해서는 정확하고 바른 역사 이해가 필요하며, 이로부터 밝은 미래를 전망할 수 있다. 지금으로부터 2,100여 년 전에 『사기(史記)』를 쓴 사마천은 당시의 역사서인 『춘추(春秋)』를 쓴 이유에 대한 공자(孔子)의 설명을 다음과 같이 소개하고 있다.

> 무릇 『춘추』는 위로 요 · 순 · 우 삼왕의 도를 밝히고, 아래로 사람들이 하는 일의 벼리를 분명히 하였다. 혐의를 분별하였고, 시비를 밝혔으며, 그간 미심쩍어하던 일을 결정하였고, 선한 자를 좋게 평가하고, 악한 자를 미워하며, 어진 이를 높이고, 불초한 이를 낮추었으며, 망해서 잊힌 나라를 보존하고, 대가 끊긴 가문을 이었으며, 잘못된 부분은 고치고, 사라진 부분은 복원시켰다.

사회복지는 국가에 의한 공공복지뿐만 아니라, 민간에 의해 자발적으로 이루어진 자선과 박애 및 상부상조까지를 포함하는 것이다. 발생사적으로 보면 자선과 박애와 같은 자발적 복지와 상부상조가 먼저 출현하였을 것이며, 공공복지는 국가가 형성되면서 등장한 것임을 알 수 있다.

자선과 박애는 오늘날까지도 의미 있는 자발적 복지로서 기능하는데, 사회복지역사에서는 민간복지와 사회복지 전문직의 형성 · 발전과 밀접한 관련을 갖고 있다. 체제 유지를 위한 농민 보호에서 출발한 고대국가의 공공복지는 20세기 후반에 이르러 인간다운 삶을 보장하기 위한 복지국가 사회정책들로 확장되었다. 물론 세계적인 관점에서 볼 때 국가 유형과 발전 정도에 따라 복지국가로의 도정에 앞선 국가들과 뒤처진 국가들, 그리고 나름의 독특한 길을 가는 국가들이 있다. 한국은 19세기 후반 이래 전통왕조에서 피식민국가로, 그리고 독립 후 농경국가에서 산업국가를 거쳐 마침내 복지국가의 길에 들어섰다.

이 책은 『사회복지의 역사』(나남, 2002)라는 책의 재개정판 성격을 갖는다. 초판본 집필 시에는 감정기 교수를 대표 저자로 하여 최원규, 진재문 교수가 참여하였다. 이 책의 기본 체제는 초판본에서 짜인 것이다. 2010년 판은 기본 틀을 유지한 채 일부 내용에 대한 수정 및 보완이 이루어졌다. 이후 출판사를 바꾸어 발간하게 된 이 책은 최원규 교수가 대표 저자를 맡고 진재문, 황보람, 이영수 교수가 집필에 참여하였다. 『사회복지역사』로 제목을 바꾸었고, 일부 구성을 바꾸었으며, 내용을 추가하거나 보완하였다.

제1장은 이 책의 서장으로서 사회복지역사 연구의 의의와 이론을 논하고 있다. 이어 제1부 '전통적 원조체계, 구빈법, 근대적 상호부조의 발전'에서는 전근대의 자

발적 원조체계와 공공복지의 출현(제2장)에 이어 구빈법의 등장과 발전(제3장) 및 근대 상호부조제도의 발전(제4장)을 서술하고 있다. 제2부는 '구빈법을 넘어 새로운 길 모색'이라는 제하에, 사회사업 전문직의 발전(제5장), 사회보험제도의 등장과 확산(제6장) 및 자유주의 개혁과 구빈법 해체(제7장)를 서술하고 있다.

제3부 '현대 복지국가의 출현과 변모'는 이번 재개정 작업에서 가장 많은 수정과 보완이 이루어진 부분이다. '복지국가의 형성과 발전'(제8장), '복지국가의 위기와 재편, 그리고 전망'(제9장), '세계 여러 지역의 사회복지'(제10장) 중 제10장이 많이 보완되었다. 이전부터 존재했던 제3세계권에 더해 사회주의권과 이슬람권 국가들에서의 사회복지역사가 추가되었다. 제4부는 '한국 사회복지의 전개'로서, 해방 이전 한국 사회복지의 전개(제11장), 해방 이후부터 개발독재시기까지의 한국 사회복지의 전개(제12장), 한국 사회복지의 재구조화(제13장)로 구성되어 있다. 일제강점기의 사회복지가 보완되었으며, 1980년대 이후 한국 사회복지의 변모 부분도 추가되었다.

이 책은 사회복지학에 입문한 학생들을 위한 교재로 집필되었다. 그러나 사회복지의 역사를 이해하고자 하는 시민과 정책결정자, 행정가 등에게도 쓰임이 있을 것으로 기대한다. 사회복지역사의 특정 국면이나 주제에 관심을 갖는 경우, 해당 장 · 절 등만을 발췌해서 읽어도 이해할 수 있도록 구성되어 있다.

이 책을 세상에 내보내기까지 많은 분의 기여와 도움이 있었다. 이제는 은퇴하셔서 명예교수로 계시는 감정기 교수께서는 이 책의 기본 틀을 잡아 주셨고, 여러 장을 집필하셔서 그 바탕 위에 후학들이 고찰 대상과 내용을 더할 수 있게 해 주셨다. 그리고 초판본 이래 이 책을 교재로 사용하시면서 귀한 조언을 해 주신 많은 교수님께 감사드린다. 이분들의 기여와 조언에 따라 이 책의 내용이 개선되었다. 또한 이 책의 출판을 맡아 주신 도서출판 학지사와 담당 편집자 황미나 선생에게도 감사를 표한다.

사회복지역사 서술에 참여한 집필자들의 마음가짐은 지나온 사회복지의 발자취를 밝히고 그로부터 교훈을 얻어, 다가오는 미래에 보다 나은 사회를 실현하는 데 쓰임이 되는 작업을 해 보자는 것이었다. 앞서 소개한 공자는 말했다. "내가 추상적인 말로 서술하는 것보다 일어났던 일을 보여 주어 분명하고 절실하게 느끼게 하는 것이 낫겠다.” 집필자 일동은 공자가 『춘추』를 저술한 마음을 따라 일어났던 일을 보여 주고자 하였으나, 실제 역량은 거기에 미치지 못하였음을 솔직히 고백하지 않을 수 없다. 강호 제현의 질정을 기대한다.

2021년

저자 일동

차례

제2부
구빈법을 넘어 새로운 길 모색: 사회사업 전문직, 사회보험, 자유주의 개혁입법

제3부 현대 복지국가의 출현과 변모

제4부 한국 사회복지의 전개

제1장

사회복지역사 연구의 의의와 이론

"역사란 현재와 과거의 끊임없는 대화이다." (E. H. Carr)

"모든 역사는 현대사이다." (B. Croce)

"역사 서술이 인과성의 개념 없이 이루어질 수 있다고 생각하면 그것은 착각이다." (P. Zagorin)

"역사가들은 사건이나 과정을 초래한 원인 못지않게 그것들의 결과와 의미에도 관심을 둔다." (R. Evans)

모든 인간의 삶은 분명 현재를 중심으로 꾸려진다. 하지만 우리를 둘러싼 대부분의 사회·문화적 구성물은 현재 인간들의 독자적 발명품이라기보다 이미 과거의 영향을 받은 것들이다. 우리가 부정적으로 생각하든 긍정적으로 생각하든 우리 선조들의 삶은 오늘날 우리 삶의 곳곳에서 다양한 형태로 살아 숨 쉬고 있다. 이렇게 우리가 과거의 역사로부터 영향을 받는 것처럼, 현재 우리의 삶 또한 미래를 만들어 가는 무시할 수 없는 힘으로 작용할 것이다.

사회복지의 역사를 이해한다는 것은 결코 과거의 제도들을 손바닥 보듯이 이해하는 것만을 의미하지 않는다. 과거를 정확히 이해하는 것은 쉽지 않으나, 그 자체로 중요한 의미를 가진다. 우리가 과거의 사회복지제도를 이해하고자 하는 것은 과거의 이해를 통해 오늘의 사회복지제도를 우리의 삶에 좀 더 적합하게 만들기 위한 것이다. 더 나아가 미래 후손들을 위한 사회복지의 발전에 대해 바람직한 방향을 제시하기 위한 것이기도 하다.

그렇다면 과거를 어떻게 이해할 것인가? 이 문제는 구체적으로 '사회복지역사를 어떻게 바라볼 것인가?'라는 연구자의 관점에 따라 다양할 수 있다. 어떤 시대의 동일한 제도를 보고도 정반대로 해석하거나 서로 다른 의미를 부여할 수 있기 때문이다. 이러한 이유로 사회복지의 역사를 접하는 경우 다양한 관점 및 이론에 대한 기본적인 이해가 필요하다. 이를 통하여 역사 현상이나 제도에 대한 다양한 시각을 접하고 이에 대한 이해의 폭을 확장함과 동시에, 미래에 대한 창의적인 통찰력도 키울 수 있을 것이다.

1. 사회복지역사 연구의 의의

우리는 사회복지의 역사를 왜 공부해야 하는 것일까? 다른 말로 하면, 사회복지의 역사에 대한 이해는 우리에게 어떤 의의가 있는 일일까? 사회복지역사 연구자마다 나름의 의의를 제시할 수 있을 것이나, 대략 다음과 같은 3가지를 들 수 있을 것이다.

첫째, 사회복지역사 연구를 통해 현대사회에 이르러 정착된 사회복지의 생성 및 발달 과정 그리고 역사적 특성을 이해할 수 있다. 사회복지의 본격적인 등장과 발전은 자본주의의 생성 및 발전과 궤를 같이해 왔다. 실제로 오늘날 많은 국가가 시행하고 있는 복지제도들은 자본주의 발전 과정에서 대량으로 발생하여 사회적 위협 요인으로 등장한 문제들과 그 속에 사는 사람들의 욕구에 대한 대응이라고 할 수 있다. 물론 자본주의 이전의 사회에서도 민간 차원의 자선이나 공적인 구휼제도가 있었음은 여러 사료에서 발견된다. 우리나라만 하더라도 기자조선(箕子朝鮮)의 문혜왕 원년(기원전 843년)에 이미 「윤환법(輪環法)」을 만들어 빈민을 구제했다는 기록이 있고, 이후에도 수많은 구휼제도가 존재했었다(하상락, 1997). 하지만 사회 구성원에 대한 복지가 국민의 기본권과 국가의 의무 차원에서 제공되는 현대적 관점의 사회복지제도는 자본주의 변화와 사회복지 변화를 함께 고려하는 가운데 이해되어야 할 것이다. 이렇게 이해하는 것이 곧 사회복지제도의 역사성을 밝히는 작업이 될 것이다(하상락, 1997).

둘째, 사회복지역사 연구를 통해 과거의 사회문제 및 사회적 욕구 그리고 이에 대응했던 사회복지제도 및 프로그램의 등장과 변천 과정에서 나타난 성공 및 실패 원인, 조건, 배경 등에 대한 지식을 확보함으로써, 현재의 사회복지 정책, 제도, 프로그램 개발에 활용할 수 있다. 주지하다시피 우리나라는 서구 선진 자본주의 국가들에 비하여 자본주의의 시작이 200년 이상 늦었으며, 그 발전 과정은 유례가 없을 만큼 압축적이고 빨랐다. 사회복지제도의 경우도 비슷한 양상을 보여 왔다. 이에 선진국의 경험과 그들의 사회복지역사를 검토하는 것은 우리에게 일어난 문제는 물론이고 일어날 수 있는 문제에 효과적으로 대비할 수 있게 해 준다. 물론 앞서 밝혔듯이 서구의 경험이 우리에게 전적으로 도움이 되리라는 가정은 할 수 없다. 하지만 과거의 사회복지정책이나 프로그램의 시행착오는 오늘의 우리에게 좋은 약이 될 수 있다. 마찬가지로, 우리나라의 지난 경험에서 찾을 수 있는 교훈들도 적지 않다. 이러한 점은 다른 사회과학 분야와는 달리 사회문제를 해결하려는 응용학문이자 실천성이 강조되는 학문으로서 사회복지학이 갖는 특성 때문에 더욱 강조된다. 즉, 역사 연구의 결과물은 현재와 미래의 사회복지 실천 과정에 유용한 지침이 될 수 있으며, 한국적 사회복지 접근 모형의 개발에 중요한 기초가 될 수 있다.

셋째, 사회복지역사 연구를 통해 궁극적으로는 우리에게 적합한 사회복지제도 발달에 관한 이론을 개발하는 데 중요한 단서를 얻을 수 있다. 이는 사회복지의 역사를 연구하는 과정에서 사회복지제도의 변천 혹은 발전에 내재하는 모종의 법칙성을 발견할 수 있음을 의미한다. 이러한 법칙성이 우리의 사회 · 문화적 전통과 어우러질 때 한국적 사회복지제도 발달의 이론화도 가능해질 것이다. 불행히도 아직 우리의 사회복지역사가 짧기 때문에 서구의 사회복지역사로부터 하나의 제도가 생성 · 발전 · 소멸되는 일반적 원리와 조건을 배워야 한다. 이러한 연구와 학습은 오늘날 우리 사회의 특성과 구조를 이해하는 것만큼이나 중요한 일이다.

2. 사회복지 발달 이론

사회복지 발달 이론은 구체적으로 사회복지제도나 프로그램이 생성 · 발전 · 소멸되는 일련의 과정에 영향을 주는 요인을 설명하고자 하는 시도라고 할 수 있다. 〈표 1-1〉에 나타난 것처럼 사회복지의 변화와 발전을 설명하는 이론들은 국내외 연구자들에 의해 다양하게 제시되고 있다. 이러한 다양성은 이론이나 결정 요인의 분류 기준이 다양하다는 데서 찾을 수 있으며, 다른 한편으로는 그만큼 사회복지의 변화가 다양한 이론이나 요인으로 설명될 수 있음을 보여 준다. 이러한 다양한 분류에도 불구하고 내용에서는 상당한 유사성을 보이기도 한다. 또한 동일한 명칭이 붙은 이론이라 하더라도 구체적인 설명 내용에 조금씩 차이가 있거나, 다른 명칭임에도 불구하고 유사한 설명을 하기도 한다.

표 1-1 사회복지 발달 이론

연구자	발달 이론 및 결정 요인 분류
김상균 (1987)	• 사회양심이론(social conscience theory) • 합리이론(rationality theory) • 테크놀로지론(technology theory) • 시민권론(citizenship theory) • 사회정의론(social justice theory) • 음모이론(conspiracy theory) • 종속이론(dependency theory)

김태성, 성경륭 (1993)	• 산업화 이론 • 독점자본이론 • 사회민주주의 이론 • 이익집단정치이론 • 국가 중심적 이론
힐 (Hill, 1996)	• 선진 사회의 자연적 수반물로서의 사회정책: 보호적 가치(caring value) 진보 이상의 의미 부여를 하지 않음 • 기능주의적 현대화 이론(modernization theory)의 요인들: 복합적 도시공동체의 진화, 복잡한 산업화 과정, 높은 생활수준의 달성, 정치와 행정 시스템의 정비 • 동기이론적 요인들: 취약집단의 사회적 위험성에 대한 우려, 출생률 저하 등 국가적 취약성에 대한 우려, 평등정책에 대한 요구, 유권자로서의 노동계급에 대한 정치적 통합 달성, 독점 및 시장의 비효율성에 대한 규제의 필요성, 국가 관여를 옹호하는 전문가 및 관료의 역할, 이타주의
림링거 (Rimlinger, 1991)	• 산업사회로의 전환과 빈곤 문제 속성의 변화 • 사회 내 계급 간의 관계 변화 • 정치체계의 본성과 변화 • 경제적 변수의 역할 • 이데올로기
피어슨 (Pierson, 1991)	• 사회복지의 출현 요인: 산업화, 국가의 성장, 근대사회로의 전환 • 자본주의와 사회복지의 공생적 관계 분석 범주: 산업화 논리, 현대화, 사회민주주의 이념
플로라와 알버 (Flora & Alber, 1981)	• 역사적 거시 성좌(historical macro-constellation) 이론: 국민국가의 형성, 산업사회의 도래, 국제체제의 변화, 자본주의 경제체제, 대중민주주의 발달, 인구성장 및 가족구조의 변화, 이 요인들의 상호작용
이혜경 (1983)	• 경제적 요인: 공업자본주의의 영향 • 사회구조적 요인: 직업, 소득, 종교, 인종 등 • 문화적 · 역사적 요인: 이념과 역사적 변수
힉스 (Hicks, 1999)	• 산업사회이론(industrial society theory) • 계급분석이론(class analytical theory) • 국가주의 이론(statist theory) • 다원주의 이론(pluralist theory) • 네오 마르크시스트 이론(Neo-Marxist theory) • 정체중심이론(polity-centered theory) • 계급정치이론(class politics theory)

이러한 이유로 각 연구자의 모든 이론과 요인을 몇 개의 범주로 구분하는 명확한 분류 기준을 설정한다는 것은 매우 힘든 일이며, 이 책의 범위를 넘어서는 일이라고 할 수 있다. 여기서는 각 연구자의 이론이나 결정 요인 및 그 분류 기준을 구체적으로 설명하지 않는다. 다만, 각 연구의 공통점과 차이점을 고려하여 다음과 같은 몇 가지 범주로 재분류하고 각 범주의 주요 설명들을 정리해 보기로 한다.

〈표 1-1〉에 제시된 내용을 보면, 설명의 초점이 다음과 같은 여러 범주로 나뉜다. 즉, 설명의 주안점에 따라 산업화와 현대화를 중심으로 한 설명, 계급의 정치적 역관계를 중심으로 한 설명, 국가 및 관료적 시스템을 중심으로 한 설명, 다원주의적 이익집단론에 기초한 설명, 자본주의에 대한 네오 마르크시스트(Neo-Marxist)의 설명, 여기에 1990년대 이후 국내외에서 사회복지제도의 변천을 설명하기 위해 활용한 역사적 제도주의를 더할 수 있을 것이다. 또한 일관된 흐름을 찾기는 곤란하지만, 사회의식 혹은 가치 중심의 설명 등으로 구분해 볼 수 있다.[1]

1) 산업화 이론과 현대화 이론

산업화 이론은 복지국가 혹은 사회복지제도의 생성과 변화를 산업화의 결과로 해석한다(김태성, 성경륭, 1993). 주지하듯 산업화는 도시화, 제조업 중심으로의 산업구조 변화를 수반한다. 이 과정에서 산업재해, 불평등의 심화, 범죄 문제, 주택 문제, 상·하수도 문제 등 각종 도시 문제가 발생한다. 인간관계 또한 정의적(情誼的)인 1차적 인간관계에서 공식성과 경쟁이 강조되는 2차적 인간관계로 변화되면서 이전에 없었던 새로운 사회문제가 등장하게 된다. 이에 대한 사회적·국가적 대응의 결과가 사회복지제도 및 복지국가라고 할 수 있다.

현대화 이론은 산업화 이론의 주요 내용을 포함하면서도 약간의 상이성이 나타난다. 힐은 현대화를 복잡한 도시공동체의 형성과 진화, 복잡한 산업화 과정, 사회 구

1) 이에 대한 주요 논의는 김상균(1987), 김태성, 성경륭(1993), 유호선(2007), Hicks(1999), Lundstrom과 Svedberg(2003) 등을 참고하기 바란다.

성원들의 높은 생활수준 향유, 정치와 행정 시스템의 정비로 설명하고 있다(Hill, 1996). 이러한 요인들이 복지국가의 출현을 요구하는 한편, 복지국가를 가능하게 했다고 할 수 있다. 다만, 정치와 행정 시스템의 정비 등을 제시한다는 점에서 산업화 이론과 다소 차이가 있다. 힉스가 산업사회이론에서 주장하듯, 복지국가는 산업화로 인한 각종 문제를 치유하고 새롭게 확장된 국가에 필수적인 장치이다(Hicks, 1999).[2]

하지만 산업화 이론이나 현대화 이론 모두 인간의 합리적 이성에 대한 믿음을 전제로 하고 있다는 점에서 공통적이라고 할 수 있다. 합리이론에 의하면, 합리적 이성을 가진 인간은 산업화 과정에서 나타나는 각종 사회문제에 대하여 합리적인 해결책을 제시하며 이 해결책 중의 한 영역이 사회복지라고 설명한다(김상균, 1987). 또 하나 중요한 점은 경제의 발전을 중요한 전제로 한다는 점이다. 즉, 경제의 발전은 산업의 발전 및 자본주의 국가의 발전을 의미하며, 복지국가는 바로 이러한 기초 위에 성립하는 것이 된다(Hicks, 1999). 이러한 측면에서 볼 때 산업화 이론과 현대화 이론은 일종의 수렴이론(convergence theory)적 요소를 보이고 있다.

2) 계급정치이론

계급정치이론은 노동계급의 성장과 이들의 정치적 참여 시스템에 주목한다. 우선, 계급정치이론은 노동계급의 성장이 초기 사회복지제도나 복지국가의 출현에 중요한 요인이었음을 보여 준다. 예를 들면, 독일과 영국에서의 사회보험은 유권자인 노동계급에 대한 독일의 보수적 비스마르크 정부와 영국 자유당 정부(liberal government)의 흡수 혹은 지지 호소의 수단이었으며, 사회주의적 위협에 대한 대응이었다(Hicks, 1999).[3] 이에 따르면, 조직화된 노동계급의 동원은 초기 복지국가 형

2) 힉스의 경우 산업사회이론을 설명하면서 국가의 확대된 기능을 제시했고, 특히 경제의 발전이 산업 발전과 자본주의 국가의 발전을 가져온다고 설명하면서 그러한 자본주의 국가를 복지국가로 본다. 이러한 점에서 국가중심이론 및 네오 마르크시스트의 설명과 연결될 수 있는 단서를 가지고 있다(Hicks, 1999 참고).

3) 영국의 예로 Lib-Lab을 들 수 있다. 이는 1906~1914년의 허버트 애스퀴스(Herbert Asquith) 정부에서 자유당과 노조 및 노동당의 협력관계를 유지했던 것을 지칭하는 것이며, 자유당 정부가 성장하는 노동계급

성에 중요한 요인으로 작용했다고 할 수 있다. 이는 일정 부분 음모이론[4]으로도 설명될 수 있지만, 성장하는 노동계급과 그에 대한 정치적 대응의 중요성을 강조한다는 점에서 계급정치이론으로 설명할 수 있다.

다음으로 계급정치이론의 설명에서 간과할 수 없는 것은 복지국가의 성장 · 발전을 사회민주주의와 연계시킨다는 점이다.[5] 즉, 노동계급의 이해를 대변하는 사회민주주의 및 좌파 정당의 성장과 집권이 복지국가의 팽창에 중요한 역할을 했다고 보는 것이다(김태성, 성경륭, 1993). 피어슨(Pierson)은 복지국가의 발전 조건으로 노동계급에 대한 선거권 확대, 노동계급을 대변하는 사회민주당의 발달, 강력하고 중앙집권화된 노동조합운동, 우익 정당의 약화, 지속적인 사회민주당의 집권, 지속적인 경제성장, 노동자의 강한 계급의식과 사회 · 문화적 분열(종교, 언어 등)의 약화 등을 들어 노동조합(노조) 세력의 정치적 힘의 증가와 좌파 정당의 존재를 강조하고 있다(Pierson, 1991).

이러한 점은 정치적 계급 투쟁의 관점에서 설명되기도 한다.[6] 정치적 계급 투쟁의 관점은 현재 자본주의 국가(특히 복지국가)가 네오 마르크시스트 국가이론에서 주장하는 것처럼 반드시 자본가 계급의 이익만을 반영하는 것이 아니고, 자본가 계급과 노동계급의 정치적 역관계에 의해 기능이 결정된다고 본다. 이는 노조세력의 성장 및 이들의 이해를 반영하는 좌파 정당의 존재 여부와 밀접한 관계를 가지고 설명할 수 있으며, 복지국가의 발전에 노조의 조직화된 힘과 이들의 정치적 동원 시스템의 존재가 중요함을 보여 주는 것이다. 이러한 요인들이 적절히 적용되는 예로는 우리가 전형적인 복지국가라고 평가하는 스칸디나비아 국가들을 들 수 있다(김태성, 성경륭, 1993).

세력에 정치적으로 대응한 결과로서 의미를 가진다.

4) 음모이론은 음모의 내용이 자본주의 자체 모순을 은폐하기 위한 것인지, 집권정당의 정치적 이해를 은폐하고 보호하기 위한 것인지에 따라 계급정치이론 혹은 네오 마르크시스트 이론과 연결될 수 있다고 판단된다.

5) 복지국가 발전을 설명하는 사회민주주의의 이론적 논리는 김태성과 성경륭(1993)의 5장을 참고하라.

6) 정치적 계급 투쟁의 관점은 Skocpol(1980) 등을 참고하라.

3) 국가중심이론 및 정체중심이론

사회복지 및 복지국가의 발전을 공급자 측면에서 분석하고 있는 국가중심이론은 국가의 정책 결정 및 형성 능력, 국가의 제도 지향성, 국가행위자의 확대 성향에 기초하여 국가 및 관료 집단의 자기강화 경향에 주목한다. 이 이론은 자본, 노동계급, 사회의 이익집단, 산업화 등이 복지국가의 형성과 발전에 일정 정도 영향을 주고 있음을 인지하고 있으나, 기본적으로 그러한 영향이 독립적인 혹은 상대적으로 자율적인 국가에 의해 매개되고 있음을 강조한다(김태성, 성경륭, 1993).

따라서 힉스의 주장처럼 복지국가의 형성과 발전에는 국가 엘리트, 제도적 주도권(initiatives), 국가의 통제(control) 능력이 중요한 역할을 하게 된다. 이러한 의미에서 국가는 네오 마르크시스트의 상대적 자율성 이상의 강력한 자율성을 갖고 집단들과 계급을 정치적 형성의 틀(a set of political shaping forces) 속으로 종속시킨다(Hicks, 1999). 이러한 힉스의 정체중심이론은 국가의 정체(polity) 형성 능력을 분석의 중심에 놓는 일종의 국가중심이론이라고 할 수 있다.

국가중심이론은, 첫째, 국가, 특히 관료조직의 정책 형성 능력을 강조한다. 테크놀로지론에서 주장하듯이, 관료들이 복지정책의 수립과 집행에 필요한 각종 전문지식과 기술을 체득하고 적용할 수 있게 됨으로써 자신들의 신념과 이해를 사회나 민간에 의존하지 않고 독자적으로 복지에 대한 장·단기적 정책을 수립하고 집행할 수 있게 되었고, 이것이 복지의 발전에 영향을 주었다고 설명한다. 둘째, 국가의 중앙집권적이고 조합주의적인 형태가 사회복지의 발전에 중요하다고 설명한다. 즉, 사회복지는 강력한 정부와 관료조직을 기초로 한다. 셋째, 관료조직의 독자적 이해관계를 강조한다. 일반적으로 관료들은 해당 조직의 예산과 인력 자원을 팽창시키려는 성향을 가지고 있다. 이와 같은 팽창이 자신들의 권력과 영향력을 증대시킨다고 믿기 때문이다. 이에 따르면 사회복지 분야에서도 관료들의 이해관계가 프로그램과 제도를 확대하는 방향으로 작용하는 것이다(김태성, 성경륭, 1993; Hicks, 1999).

4) 다원주의적 이익집단이론

이 이론은 민주주의 사회를 전제로 하고 있으며, 다원화된 집단과 이들 간의 경쟁 및 제휴정치를 통하여 복지국가가 발전한다고 본다(Hicks, 1999). 이 이론은 계급보다는 다양한 집단의 정치적 참여를 중시하고, 권력이 국가보다는 시민사회에 분산되어 있고 국가가 중립적 위치에서 다양한 집단의 경쟁과 갈등을 조절하고 협의를 이끌어 내는 시스템 관리자로서 기능한다고 봄으로써 계급정치이론 및 국가중심이론과 구분된다. 역사적으로 볼 때 자유당(Liberal) 혹은 기독교 정당들이 제2차 세계대전 이후 좌파 민주 정당들(Left democracy parties)이 행했던 것과 같이 소득보장을 위한 개혁을 실행하였던 것처럼, 이 이론은 중도적 정당의 집권 시기에 이루어진 복지의 확대에 주목한다(Hicks, 1999).

이익집단이론은 정치적 과정을 중시하는데, 특히 중요시하는 것이 바로 선거와 로비(lobby)이다. 우선, 선거는 유권자들의 입장에서 정치적 요구를 하기에 매우 적절한 이벤트이다. 정치적으로 잘 조직되어 투표의 판세에 영향을 줄 수 있는 집단이라면 더욱더 효과적으로 자신들의 요구를 전달할 수 있다. 또한 다원주의적 이익집단이론에서 각 집단의 요구와 의견들이 집결되는 주요 통로가 의회이기 때문에 집단별 로비 능력은 해당 집단의 정책 요구와 실현에 있어서 매우 중요하게 된다.

20세기, 특히 제2차 세계대전 이후 많은 여성, 노인 등 사회적 욕구를 가진 집단들이 점차 조직화되고 이들이 민주적 선거 과정에서 자신들의 투표 영향력을 넓혀 온 것이 사실이다. 특히 계급보다는 계층, 계층보다는 이해관계를 같이하는 다양한 집단으로 사회가 분화해 가고 국가와 시장에 대하여 시민사회의 영향력이 점점 커지는 시대적 흐름을 고려하면, 복지에 대한 이익집단들의 영향력은 무시할 수 없는 변수로 작용할 수 있다. 물론 비관적 전망도 존재한다. 즉, 이익집단들 중 실제로 영향력을 발휘하는 집단은 자금력, 조직력 등이 강한 집단이며, 사회복지의 대상이 되는 집단(예: 아동, 미혼모 등)들은 이익집단으로서의 경쟁력이 약하기 때문에 복지의 확대가 생각만큼 이루어지지 않거나 왜곡될 가능성이 존재한다. 그럼에도 불구하고 대중민주주의가 확대되고 유권자 한 표의 위력이 존재하는 한, 다원주의적 이익집단이론은 일정 정도 설명력을 가진다고 할 수 있다.

5) 네오 마르크시스트 이론

독점자본이론 혹은 음모이론으로도 설명되는 네오 마르크시스트 이론은 전통적 마르크시스트 이론과는 달리 독점자본주의 단계에서 자본 축적을 돕고 자본주의 사회의 모순을 완화 내지는 은폐시키는 서구 국가들의 적극적 역할을 강조한다. 이들은 국가의 계급성을 강조하면서도 국가의 상대적 자율성을 어떻게 보느냐에 따라 도구주의(instrumentalism)와 구조주의(structuralism)로 구분할 수 있다(김태성, 성경륭, 1993).[7]

도구주의는 국가를 자본가들의 이익을 대리하는 도구로서 파악한다. 따라서 근본적으로 사회복지는 자본의 필요성, 즉 자본 축적과 하부로부터의 정치적 도전에 대한 대응이며, 이를 국가가 자본의 이해관계에 따라 대리하는 것으로 본다. 따라서 사회복지의 확대에도 불구하고 복지제도의 내용이 자본의 이해를 반영함으로써 본질적으로 자본가들의 자원을 축소하지 않는 것으로 본다.

구조주의 관점은 국가의 상대적 자율성(relative autonomy)을 인정한다. 국가는 자본주의 경제체제의 구조 속에서 필연적으로 자본의 장기적 이익에 봉사한다. 하지만 단기적 혹은 부분적으로는 자본의 이익과 대치되는 정책을 폄으로써 장기적 자본 축적을 보장하고 자본가들의 반대에도 불구하고 노동계급을 통제하고 체제에 순응시키는 기능, 즉 정당화(legitimization) 기능을 수행한다고 본다. 논자들마다 약간의 차이가 있으나, 공통적으로 자본주의 국가의 모순적 기능, 즉 '축적'과 '정당화'에 주목하고 있으며 이를 통해 사회복지의 변화, 재정 위기 등을 설명한다. 축적의

---

7) 김태성과 성경륭(1993)은 복지국가 발달 이론에 대한 네오 마르크시스트 이론을 도구주의, 구조주의, 정치적 계급 투쟁 관점으로 분류한다. 하지만 정치적 계급 투쟁 관점은 국가의 기능보다는 계급적 역관계와 계급 간의 정치성을 강조하고 있다는 점에서, 이 책에서는 계급정치이론으로 분류한다. 그리고 도구주의는 Miliband(1969), 구조주의는 O'Connor(1973), Gough(1979)를 참고하기 바란다.

기능이 확대될수록 복지의 확대가 초래되며, 이를 통해 모순이 해결되는 것이 아니고 더욱 은폐되고 확대되는 것으로 본다.

네오 마르크시스트 이론은 상대적 자율성의 개념에도 불구하고 국가의 계급성을 인정하고 있고, 국가의 기능이 자본주의 체제의 모순 위에서 기능하는 한, 사회복지 혹은 복지국가의 팽창이 가능하다고 본다. 하지만 이러한 사회복지의 발전은 자본주의의 모순을 은폐하고 자본주의적 축적체제를 공고히 하기 위한 자본주의적 수단으로 본다. 동시에 사회복지 혹은 복지국가의 발전이 자본주의 모순을 해결하지 못할 것으로 전망한다. 오히려 사회복지 지출에 의해서 재정 위기와 같은 복지국가 위기가 초래되므로, 자본주의의 극복을 통한 새로운 사회로의 변화를 주장한다.

6) 역사적 제도주의 이론

특정 사회복지제도나 정책의 변모를 고찰할 때, 시간 순서대로 해당 제도의 내용을 살펴보는 것만으로는 오늘날 해당 제도가 왜 그러한 모습으로 조형되었는가를 설명하는 데 한계를 느끼게 된다. 그래서 제시된 이론적 관점이 역사적 제도주의(historical institutionalism)이다. 이 이론적 관점에서는 횡단적이며 평면적인 현상의 비교를 뛰어넘어 종단적이고 다면적인 비교연구를 통하여 보다 다각도로 심층적인 분석을 시도한다(유호선, 2007). 즉, 현재의 제도가 오랜 시간 동안 나름의 맥락 속에서 복합적인 원인에 의해 형성·변화되어 왔다는 점에 주목한다. 이때 변화의 요인으로서 앞에 소개한 이론들이 주목한 어떤 구체적이고 확인 가능한 힘들 이외에도, 이 이론들에서 거의 언급하지 않았던 어떤 요인들, 예컨대 우연히 발생한 사건들 그리고 과거로부터 이루어져 온 발전 경로에 대한 경로의존성(path dependency) 등에 의해 변화 혹은 지속(또는 변화에 대한 저항)이 이루어진다는 점에 주목한다.

역사적 제도주의 이론에서는 역사 분석을 통하여 일반화할 수 있는 정교한 이론을 도출하고자 시도하지 않는다. 사회복지역사에 대한 설명에 있어서도 이론 중심이 아닌 문제 중심으로 구체적인 설명을 시도한다는 특징이 있다. 이 관점에서는 관심 영역에 대한 실체적인 질문과 시간의 흐름에 따른 인과를 명확히 하고 변화의 과정을 설명할 수 있는 종단적인 주장, 그리고 사회복지를 둘러싼 제도적 환경인 맥락과 관련 요인들의 다양한 결합에 주목한다. 예를 들어, 해방 후 한국의 사회복지에서는 전쟁고아와 같은 사회적 취약집단의 문제가 대두하였을 때 시설보호라는 사회복지 방식이 등장하였다. 시설보호는 해방과 한국전쟁이라는 응급 상황의 맥락에서 어쩔 수 없이 선택되었지만, 한국전쟁 70년이 지난 오늘날에도 시설보호에서 벗어나 탈시설화하는 데 상당한 저항이 제기되고 있다. 이는 1950년대부터 형성된 시설보호라는 사회복지제도가 그 관성을 잃지 않고 지속되고자 한다는 점에서 일종의 경로의존성을 형성한 것으로 설명된다(김영종, 2020).

7) 사회의식 혹은 사회가치 중심의 이론들

상기한 이론들 외에 사회적 양심, 사회정의, 시민권의 변화와 같은 사회의식 혹은 사회가치들의 변화들을 통해 사회복지의 발전을 설명하는 일단의 이론들이 있다. 이 이론들은 사회나 국가의 구조 혹은 그 내부 구성 세력 간의 역관계 등에 초점을 두기보다는 사회를 지배하는 의식이나 가치 혹은 문화적 규범 등에 초점을 두고 있다는 데 공통점이 있다. 여기서는 대표적인 것으로 사회양심이론, 사회정의론, 시민권론을 살펴본다.[8)]

(1) 사회양심이론

사회사업가들과 박애주의자들의 지지를 받고 있는 사회양심이론은 기본적으로 인간이 타인에 대한 사랑을 가지고 있다는 것을 기초로 하고 있다. 사랑이 국가나 사회를 통해 구체화된 것이 사회복지제도이며, 사회적 욕구에 대해 국민들의 인식

8) 이 세 이론의 설명은 김상균(1987)에 기초하고 있으며, 이 밖에 음모이론, 종속이론에 대해서도 같은 책을 참고하기 바란다.

을 어떻게 제고할 것인가와 그것에 대한 사회적 의무감을 어떻게 확대할 수 있는가가 사회복지제도의 성립에 중요한 변수가 된다. 또한 사회복지의 발전 과정을 단선적이고 진화론적으로 가정하며 낙관적으로 바라보아 사회복지제도가 점진적으로 계속해서 향상된다고 본다(김상균, 1987). 이상으로 보면, 사회양심이론은 사회복지 변천의 동인을 인간 내부의 감정과 정신에서 찾는다는 점에서 관념론적이라고 할 수 있다. 사회양심이론은 사회복지제도의 자비적 특성을 지나치게 강조하여 국가나 서비스 제공자의 능동적 역할을 과소평가하는 것과 역사에 대한 과도한 낙관성과 직선적 인식으로 비판을 받는다. 하지만 사회복지에 내재한 사회양심이라는 요인을 완전히 배제하기는 힘들 것으로 보인다.

(2) 사회정의론

사회정의론은 사회복지의 변천을 사회정의(social justice) 개념의 진화로 설명한다. 원시시대에는 사회가 친밀한 대인관계를 기본으로 하고 있었기 때문에 사회정의의 개념보다 관대함이 복지의 기본 요소였다. 봉건시대는 엄격한 계급적 구분이 존재하면서 계급 간의 인정적 대인관계의 친분 범위가 제한되었다. 이때의 사회정의는 1차적으로 기득권의 보호였고, 구빈이나 구호(救護)는 2차적 사회정의로 통용되었다. 이후 시장 중심의 자본주의 사회가 성립되면서 개인의 업적에 대한 보상이 사회정의 원리가 되었고, 보완적으로 욕구에 따른 분배가 사회정의의 일부를 구성하게 되었다. 이러한 시대별 사회정의 개념의 변화에 따라 정의를 실현하는 주체와 장치들이 필요한데, 이를 담당하면서 변화되어 온 것 중 하나가 사회복지제도라고 할 수 있다.

(3) 시민권론

이 이론은 시민권의 변천이라는 측면에서 사회복지제도의 변화를 설명하는 것이다. 이때의 시민권이란 완전한 사회 구성원으로서 인정되는 지위의 향유를 말한다. 마셜(T. H. Marshall)에 의하면, 영국의 경우 18세기에서 19세기 사이에 공민권이 확립되었고, 19세기에서 20세기 사이에 참정권이, 20세기 중반까지 사회권이 조성되었다고 한다.[9] 복지국가로 지칭되는 현대사회는 개인의 생활수준이 그 사람의 계급적 신분이나 경제적 교섭능력과는 무관하게 정치적 결정에 의해 합의된 권리 수준에서 보장된다고 할 수 있다. 이렇게 보면 사회복지제도는 시민권의 분화 현상과 사회권의 확립이라는 진화적 과정에 따라 개선 · 확대된 것이다. 특히 20세기 사회권의 발달은 복지권의 확립 및 복지국가의 발달에 중요한 의미를 지닌다고 할 수 있다.

3. 사회복지역사 연구의 방법론

사회복지역사를 연구하고 설명하는 방식은 다양할 수 있지만, 시대를 구분하여 접근하는 방법, 비교사회복지학적 방법, 사례연구 방법 등이 유용하게 적용될 수 있다. 즉, 시대에 따라 사회복지제도와 그것의 의미가 변화하기 때문에 통시적으로 접근하기가 힘들며, 시대를 구분하여 접근해야 한다. 또한 동일한 시대라 하더

9) 윤찬영(1998)은 마셜의 시민권을 다음과 같은 권리 개념의 변천으로 설명한다. 첫째는 공민권(civil right)이다. 이는 시민혁명 이후 시민계급이 추구했던 자유주의적 이념에 입각하여 국가권력으로부터 개인의 자유를 방어하기 위한 권리 개념이다. 즉, 신체의 자유, 언론 · 사상의 자유, 신앙의 자유, 사유재산의 자유, 계약의 자유, 법 앞에서의 만인의 평등과 같은 권리였다. 이러한 소극적 의미의 자유는 시민계급의 자유를 보장하기 위한 법치주의적 장치였으며, 국가는 야경국가(夜警國家)의 성격을 띠었다. 둘째는 참정권(political right)이다. 이 또한 시민혁명의 산물로 등장하였으며, 입법부인 의회와 지방의회에 시민계급의 대표가 진출하기 시작한 것이었다. 하지만 19세기에 선거법 개혁운동을 통해 투표권을 중심으로 한 참정권은 점차 노동계급으로 확대되는 과정을 밟게 되었다. 참정권은 신지배계급인 부르주아 계급에 대하여 노동계급이 쟁취해 낸 역사적 결과물이었다. 1인 1표를 원칙으로 하는 참정권은 민주주의적 시민권으로서의 의미를 가지며 정치적 요구를 위한 참정권의 수평적 평등화를 의미하는 것이었다. 셋째는 사회권(social right)이다. 사회권은 적정 수준의 경제적 복지 및 보장으로부터 사회적 유산을 충분히 공유하고 사회의 보편적 기준에 따라 문명화된 삶을 영위할 수 있는 권리에 이르기까지의 권리이다. 이는 공민권을 토대로 하면서도 자유권적 공민권의 한계를 극복하려는 변증법적 성격을 가진다. 이는 노동계급을 중심으로 하는 일반 국민의 생존권이 합법적으로 승인된 것을 의미하며, 적극적 자유의 실현과 연결되는 개념이다. 이제 국가는 소극적 역할에서 벗어나 국민의 복지에 적극적으로 개입하는 권리와 의무를 동시에 가지는 지위에 있게 되었다.

라도 사회와 국가마다 사회복지제도의 내용과 의미가 상이할 수 있기 때문에 비교의 방법이 필요하다. 필요에 따라서는 특정 시대, 특정 사회나 국가를 집중적으로 분석함으로써 사회복지의 미세한 역사적 사실들을 보여 줄 필요성도 존재한다.

1) 시대 구분론

앞서 기술했듯이, 시대 구분은 역사 자체가 시간의 흐름을 중요한 특성으로 하기 때문에 피할 수 없다. 즉, 특정한 기준으로 시대를 구분하여 각 시대별로 사회복지의 내용과 특성 및 의미 등을 구명해야 한다. 하지만 이러한 유용성에도 불구하고 사회복지역사의 시대 구분은 쉽지 않다. 이는 시대 구분을 위한 기준 설정이 대단히 어렵기 때문이다.

오카무라 시게오(岡村重夫)는 사회복지의 변화와 발전에 영향을 주는 요인으로 내재적 요인과 외재적 요인을 제시하고, 감정기는 여기에 매개적 요인을 추가했다(감정기, 1992; 岡村重夫, 1986). [그림 1-1]에 나타난 것처럼, 내재적 요인이란 사회복지에 영향을 주는 지배적 이념과 원리 변화와 적용 범위, 급여 방식, 대상자 범위, 재정의 원천 및 책임과 같은 사회복지의 내적 요소들의 변화를 의미한다. 외재

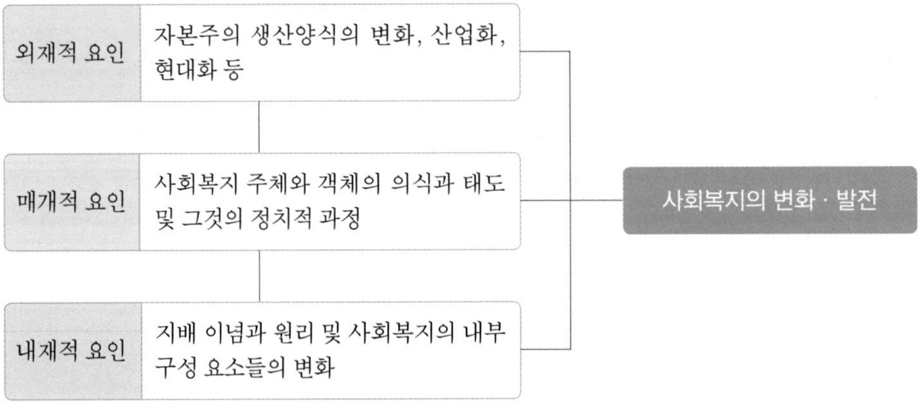

그림 1-1 사회복지 발달의 결정 요인

자료: 岡村重夫(1986), 감정기(1992), 권현수(1994) 재정리.

적 요인이란 자본주의 생산양식의 변화, 산업화, 현대화 과정에서 나타나는 사회·경제적 구조의 변화를 말한다. 다만, 현대적 입장에서 추가할 요인은 세계화와 같은 국제적 환경의 변화일 것이다. 마지막으로, 매개적 요인이란 수혜자 등 사회복지 주체와 객체들의 사회적 의식과 태도들로 구성되는 상호작용을 가리킨다. 즉, 내재적 요인과 외재적 요인을 매개하는 제도적 형성의 정치적 과정을 가리킨다고 할 수 있다(감정기, 1992; 권현수, 1994).

결국 사회복지역사에서는 이러한 중층적 요인들에 의해 초래되는 사회복지의 변화와 발전 그리고 그 과정의 특성을 파악하여 시대를 구분하게 된다. 하지만 이 역시 용이한 작업이 아니다. 연구자마다 어느 요인을 상대적으로 중시할 것인가, 요인을 기준으로 할 것인가 아니면 결과를 중요시할 것인가 등에 관하여 다른 기준과 설명들을 제시하고, 나아가 그것들이 쟁점이 될 수 있기 때문이다. 그럼에도 불구하고 현재까지 소개된 시대 구분 연구들을 몇 가지로 분류해 보면 다음과 같다.

첫째, 자본주의 발달 단계에 따른 구분이다. 즉, 자본주의의 생산양식의 변화에 따라 시대를 구분하고 이에 조응하는 사회복지제도나 정책의 변화를 분석하는 것이다. 오구치 가즈오(大河內一男)는 ① 초기 자본주의와 구빈법, ② 자유주의적 자본주의와 노동보호 입법, ③ 제국주의적 자본주의와 사회정책을 대응시키고 있으며, 마츠오 히토시(松尾均)는 ① 산업자본주의와 공장법, ② 독점자본주의와 사회정책, ③ 국가독점자본주의와 사회보장을 대응시키고 있다(이상록, 1991: 33-38). 또한 파인과 해리스(Fine & Harris, 1990)는 ① 절대적 잉여가치 생산방식과 구빈법, ② 상대적 잉여가치 생산방식과 공장법, ③ 독점자본주의와 사회보험, ④ 국가독점자본주의와 복지국가를 대응시키고 있다. 하지만 이 접근은 사회적 생산양식의 변화에 따른 사회복지의 변화를 보여 준다는 장점에도 불구하고 자본주의 이전 및 비자본주의 국가들의 사회복지역사 그리고 특정 국가나 사회의 특수성이 배제되는 한계가 있다.

둘째, 수혜자의 주체적 반응의 변화에 따라 구분하는 방법이 있다. 다카시마 스스무(高島進)는 자본주의의 발전, 사회복지의 대상 및 문제의 변화, 수혜자에 대한 인식의 변화 등이 복합적으로 사회복지에 영향을 주는 것으로 보고 시대를 구분한

표 1-2 다카시마 스스무(高島進)의 사회정책 발달 모형

<table>
<tr><th colspan="3">사회체제</th><th>주요 대상자</th><th>대상자의 반발</th><th>대상자에 관한 의식 및 사상</th><th>제도 형태</th></tr>
<tr><td colspan="3">고대노예제/중세농노제 (자급경제, 신분제)</td><td>공동체 탈락자</td><td>체념</td><td>선행의 수단 (죄장 소멸)</td><td>자선</td></tr>
<tr><td rowspan="2">근대 자본제</td><td colspan="2">자본주의 초기 (원시 축적 단계)</td><td>공동체 해체에서 발생한 부랑빈민</td><td>소극적 반항</td><td>위험하고 게으른 자</td><td>구빈법, 박애사업 (근대적 자선사업)</td></tr>
<tr><td colspan="2">자본주의 성숙기 (산업자본주의 단계)</td><td>빈궁한 노동자</td><td>상호부조 활동</td><td>열등한 자, 자조의 강제</td><td>신구빈법, 조직화된 자선사업, 공장법, 공중위생제도</td></tr>
<tr><td rowspan="2">상품 경제 민주제</td><td rowspan="2">자본주의의 말기</td><td>전기</td><td>빈곤한 노동계급</td><td>사회운동</td><td>환경에 주목, 사회연대주의</td><td>사회사업, 사회개량 사회보험, 최저임금제 실업대책</td></tr>
<tr><td>후기</td><td>생활불안을 느끼는 국민 제 계층</td><td>권리 투쟁으로서의 국민운동 (반독점민주주의)</td><td>복지국가 의식</td><td>사회보장, 완전고용, 의료 사회화, 주택 및 환경 정책</td></tr>
</table>

자료: 이상록(1991), p. 50에서 재인용.

다(이상록, 1991: 50). 내용은 〈표 1-2〉와 같다. 이 접근은 앞의 접근보다는 포괄적이고 수혜자의 반응을 제시했다는 점에서 세련되었다. 하지만 국가 혹은 정치체제의 변화가 주변적으로 다루어진다는 약점이 있다.

셋째, 통합적 접근으로서 자본주의 발전 단계를 외재적 측면으로 하고 사회정책의 형태(법, 제도, 프로그램)와 내용(대상자 및 보장 위험 범위, 위험분산, 국가개입태도), 사회정책에 대한 수혜자의 의식 및 수혜자에 대한 사회인식을 내재적 측면으로 설정하여 사회복지의 발달 단계를 설명하고 있다(이상록, 1991). 그리하여 사회복지 발달 단계와 자본주의 발달 단계를 ① 성립기-원시적 축적기, ② 구축기-산업자본주의, ③ 발전기-독점자본주의, ④ 성숙기-국가독점자본주의로 대응시키고 각 단계마다 사회정책의 형태와 내용 그리고 사회정책과 수혜자에 대한 사회의식의

변화를 대응시키고 있다.[10] 하지만 시대 구분 기준의 다양한 측면을 고려하고 있다는 장점에도 불구하고, 여전히 정치체제에 대한 고려가 약하며 앞의 두 접근보다 분류 기준이 다양해짐으로써 시대 구분의 과도한 일반화 가능성이 증가하는 딜레마가 존재한다.

넷째, 정치 · 사회적 변수를 중심으로 시대를 구분하는 접근이다. 이 접근은 복지국가의 산출구조가 국가, 세계체제, 사회계급 간의 관계에 의해 영향을 받는다는 점을 고려해야 한다거나(김석준, 1991), 정치체제와 그 내부 행위자들 간의 상호작용 속에서 사회복지의 변화를 파악해야 한다(성경륭, 1991)는 입장이다. 이러한 접근은 주로 한국의 사회복지 발달을 시대적으로 구분하여 접근할 때 많이 등장하였다. 그리하여 일제강점기 이후 한국을 정치적 안보국가, 정치적 복지국가, 신중상주의적 안보국가, 신중상주의적 복지국가로 구분하거나(김석준, 1991), 정치체제를 민주주의 체제, 권위주의 체제, 전체주의 체제로 구분하여 해당 시기의 사회복지의 변화 및 특성을 기술한다(성경륭, 1991).

이상의 접근들은 대체로 비사회복지적 기준들로 시대를 구분한 후 해당 시기의 사회복지의 내용, 특성, 변화, 의미 등을 파악해 나간다. 하지만 그 반대의 접근 방법도 가능하다. 사회복지제도나 복지국가 등 거시적 사회복지 변화 과정에서 나타나는 외양 및 내용의 질적 변화나 구분되는 특성을 중심으로 시대를 구분한 후, 해당 시기의 생산양식과 같은 외재적 요인 그리고 사회복지의 변화를 둘러싸고 발생하는 다양한 차원의 내재적 요인의 관계를 살펴봄으로써 각 시기의 사회복지에 대한 이해의 폭을 넓혀 나가는 방식이다.[11]

이 책의 경우 각 장의 구분은 이러한 접근 방식을 우선적으로 적용하고, 다른 구분 방법으로 보완한다. 이 접근의 장점은 다음과 같다. 첫째, 앞서 제시한 복잡한 시대 분류 기준을 적용하는 데서 오는 복잡성과 시대 구분의 과도한 일반화를 피할 수 있다는 점이다. 둘째, 사회복지 발달 과정의 변화를 축으로 하고 있기 때문에

10) 자세한 것은 이상록(1991: 53)의 〈표-5〉를 참고하라.

11) 한국 사회복지의 변화를 설명한 김연희(1983), 나병균(1990) 등을 참고하라.

전체적인 사회복지 발달의 흐름을 파악하기 쉽다는 점이다. 셋째, '전문사회사업의 발전 과정' '사회보험의 등장' '복지국가의 위기' 등과 같이 사회복지역사의 일부분에 대한 독립적 기술이 용이하다는 점이다. 이러한 접근은 사회복지 변화를 초래한 선행적 요인이나 역동적 변화 과정을 경시할 수 있다는 한계가 있다. 하지만 [그림 1-1]에서 보았듯이, 사회복지에 영향을 주는 내재적 요인, 외재적 요인, 매개적 요인에 대한 충분한 고려와 설명을 게을리하지 않는다면 그러한 위험성은 상당 부분 해소할 수 있을 것으로 보인다.

2) 비교 방법론

사회복지의 역사에서 동일한 시대라 하더라도 공간, 즉 국가와 사회에 따라 사회복지는 전혀 다른 특성을 보일 수 있다. 따라서 사회·문화적 전통이 다른 공간적 범주를 비교해야 할 필요성이 있다. 이때는 비교의 방법이 유용하다. 비교는 공간적으로 비교할 수도 있지만, 시대의 구분에 따라 비교할 수도 있다. 이를 통해 일반성과 특수성을 구분할 수 있으며, 각 시대에 대한 좀 더 복합적인 이해가 가능해질 것이다. 다만, 공간적 비교 단위를 어떻게 선정할 것인가가 문제로 등장할 수 있다. 하지만 1980년대 이후 국내외에서 꾸준히 관심을 기울여 왔던 복지국가의 유형에 관한 다양한 논의와 연구 결과들을 참고하면 수많은 국가를 비교하는 수고를 덜 수 있을 것이다.

라이히터(Leichter)의 비유처럼 역사적으로 그리고 공간적으로 사회복지의 변화와 특성을 완벽하게 이해하는 것은 코끼리의 각기 다른 신체 부위를 만지고 있는 네 명의 맹인이 전체 코끼리의 모습을 파악하는 것만큼이나 어려운 일이다. 하지만 네 명의 맹인이 서로 의견을 나누고 비교한다면, 코끼리의 전체적인 윤곽을 어느 정도 유사하게 추론할 수도 있을 것이다(Higgins, 1981: 3-7). 사회복지역사 역시 시대적으로는 물론 해당 시기에서 각각의 사회 간 혹은 국가 간 비교를 통한 접근 방법이 사회복지 흐름 전체를 이해하는 데 유용할 것이다.

히긴스(Joan Higgins)의 사회복지에 대한 비교 방법론

비교 방법은 연구 분야가 아니며 연구의 방법이다. 비교 방법의 성공적 수행을 위해서는 ① 일정한 시간의 확보, ② 어려움을 무릅쓰고 돌아다닐 수 있는 능력, ③ 어느 정도의 지적 능력, ④ 사실을 비교할 수 있는 능력이 요구된다(Higgins, 1981: 3-4).

3) 사례연구

사례연구(case study)는 특정 개인, 집단, 사회, 국가, 문화에 대하여 심층적이고 집중적으로 연구하는 것이다. 사례연구는 현상에 대한 깊이 있는 연구를 한다는 점에서 질적(qualitative)이고, 실험 조사나 설문 조사보다는 있는 그대로의 상황에서 관찰하고 분석한다는 점에서 자연주의적(naturalistic)이며, 총체적인 묘사를 시도한다는 점에서 전체론적(holistic)이다(김영종, 1999). 또한 앞서 제시한 비교 방법론이 가능하기 위해서는 많은 사례연구가 축적되어야 하며, 특히 역사 분야와 같이 사회·문화적 맥락에 대한 질적인 분석이 요구되는 분야에서는 더욱 그러하다.

이러한 사례연구는 사회복지역사의 연구에 있어서 특정 시대, 특정 범주 내에서 구체적인 사례를 들어 전체적인 이해를 돕고자 할 때 유용하게 사용할 수 있다. 또한 하나의 이론이 적용되는 구체적이고 경험적인 근거가 요구되는 경우, 그에 적합하고 전형적이라고 판단되는 사례를 분석하여 제시할 수도 있다. 예를 들면, 신자유주의적 공세에 가장 저항적인 것으로 평가되는 스웨덴의 1990년대 사회복지 변화를 심층적으로 살펴보는 것은 다른 복지국가들을 모두 분석하는 것보다 복지국가에 대한 신자유주의의 영향력을 평가하는 데 훨씬 유리할 수 있다.

이 책은 다음 장부터 제시되는 사회복지역사의 기술에 있어서 사회복지 중심의 시대 구분과 비교 방법 그리고 사례연구를 필요에 따라 선택적으로 이용할 것이다. 다만, 사례연구의 경우 전형적인 형태보다는 이해를 돕는 사례로서 축약적으로 제시되기도 하고, 한국의 사회복지역사 부분처럼 좀 더 심층적으로 제시되기도 할 것이다.

4. 사회복지역사의 분석 대상과 서술의 틀

사회복지역사의 대상은 사회복지역사를 연구하거나 공부하는 데 무엇을 다룰 것인가의 문제이다. 우선, 가장 중요하고도 어려운 작업이 사회복지의 범위를 설정하는 작업이다. 사회복지에 대한 개념과 범위는 수많은 학자와 개론서들에서 나름대로 정의되고 있지만, 이는 대단히 힘들다.[12] 중요한 점은 사회복지역사를 공부하는 것은 사회복지 분야 자체의 변화에만 관심을 가지는 것이 아니고, 사회복지 변화에 영향을 주고 거꾸로 변화의 영향을 받는 제반 사회과학 분야를 고찰해야 한다는 사실이다. 따라서 변화의 맥락을 좀 더 다양한 수준과 다양한 예시를 통해 분석하고 논의할 수 있으려면 사회복지 범위를 가능한 한 넓게 정의하는 것이 바람직할 것이다. 이 책에서는 사회복지를 '사회적 욕구를 충족하고 사회문제에 대처하기 위해 행해지는 공공 부문과 민간 부문의 모든 해결 노력으로서 법, 제도, 서비스, 프로그램 등을 포함하는 일체의 개입 및 원조 활동'으로 정의하기로 한다.

다음으로 사회복지역사의 대상을 이론적 측면과 실천적 측면으로 나누어 접근할 필요가 있다. 이론적 측면에서 접근한다면, 우선적 관심사는 사회과학 및 사회복지학의 이론을 적용하고 검증하거나 과거의 사료를 기초로 새로운 인과법칙을 찾아내는 것이 된다. 하지만 이러한 대상 설정은 과거의 사회복지역사를 개관하면서 현재의 실천적 의미를 찾는 데 한계가 있다. 왜냐하면 과거 역사의 사건이나 현상 그리고 제도 등이 이론적 연관성을 토대로 선별될 것이기 때문이다. 따라서 이러한 대상 선정은 전문가들을 위한 연구 작업에 적합하다고 판단된다.

실천적 측면에서의 접근은 접촉이 가능한 모든 과거의 사건, 현상, 제도 등을 소개하고 현재까지의 학문적 성과를 토대로 그것의 의미를 해석하거나 그러한 자료를 제공함으로써 현재의 실천적 유용성을 제고하는 것이다. 또한 이 접근은 이론을

12) 여기서는 구체적인 개념 소개는 생략하기로 한다. 구체적인 개념 및 범위에 관한 논의는 김상균(1987) 혹은 각종 개론서를 참고하기 바란다.

보완적으로 논의할 수 있는 여지 또한 존재하기 때문에 처음 사회복지역사에 접근하는 사람에게 유리할 것이다. 이러한 이유로 이 책은 실천적 측면에서 사회복지역사에 접근할 것이다.

이상과 같은 사회복지의 개념과 접근 원칙을 전제로 구체적인 분석 대상을 제시해야 할 것이다. 분석 대상이라 함은 앞에서 살펴본 관점 및 이론적 틀 내에서 변화하는 사회복지의 하드웨어와 소프트웨어의 구성 범주들을 의미하며, 그것의 변화가 어떠한가의 문제가 중요한 초점이 된다. 림링거는 공공정책의 주요 문제를 기초로 분석 대상을 나타내고 있는데, ① 국가의 사회보호 프로그램의 채택 문제(책임 문제), ② 정책의 정당성 확보 문제 및 대상 선정 문제, ③ 급부 지급의 방법과 수준 문제, ④ 비용지불 문제, ⑤ 행정 관련 문제를 들고 있다(Rimlinger, 1991: 15-23). 하상락(1997)은 사회복지 개념의 구성 요소를 크게 ① 욕구체계, ② 책임-자원체계, ③ 전달체계로 나누고 있다. 욕구체계란 서비스 대상자의 욕구 및 문제와 관련된 일체의 체계이며, 자원체계란 욕구 해결을 위해 필요한 인적 · 물적 자원의 조달 및 확보와 관련된 체계이고, 전달체계는 양자를 연결해 대상자에게 필요한 서비스를 직접 제공해 주는 것과 관련된 체계를 말한다. 하지만 이는 사회복지체계 내부에서 개념을 분류한 것이고, 사회복지체계에 영향을 주는 환경적 요인은 제외되어 온전한 사회복지역사의 분석 대상으로서는 한계를 지니며, 사회복지제도의 중요한 요건인 재원이 배제되는 문제 또한 있다.

이 책은 이러한 기존 연구들에서 제시된 이론 및 결정 요인과 하상락(1997)의 사회복지 구성 요소를 중심으로 하여 사회복지역사의 분석 대상과 서술의 틀을 설정하고자 한다.[13] 이는 다음 장부터 전개되는 각 시기의 사회복지역사 분석의 대략적인 구성 내용과 흐름이 될 것이다. [그림 1-2]는 이를 요약적으로 정리한 것이다.

13) 일본 사회사업사학회의 회장을 역임한 나가오카 마사미(永岡正己, 2017)는 사회복지역사의 연구 영역들을 이론사 · 사상사 연구, 정책 · 제도사 연구, 실천사 · 사업사 연구, 소셜워크사(실천사의 한 부분이나 상대적으로 독자적) 연구, 해외사회복지사 연구, 대상사(빈곤 · 생활문제사, 인권 · 억압, 배제) 연구, 지역복지사 · 재해복지사 연구, 통사적 연구와 같이 다양하게 제시한 바 있다.

이 책에서는 사회복지역사의 분석 대상을 사회복지 외부체계로서 환경과 사회복지 내부체계로 구분한다. 그리고 사회복지 외부체계는 사회복지체계의 변화에 영향을 주는 정치, 경제, 사회 및 이념으로 구분하며, 사회복지 내부체계는 욕구체계, 전달체계, 책임-자원체계로 구분한다.[14]

각 시기별 정치, 경제, 사회 및 이념의 일반적 배경

• 각 시기 사회복지제도의 변화를 추동했던 힘과 원인
• 사회복지 관련 움직임

사회복지 내부체계의 변화		
욕구체계 변화	전달체계 변화	책임-자원체계 변화
1. 사회 욕구와 문제 2. 대상자 및 선정원리 3. 보호의 수준과 범위 4. 욕구분출의 주체 및 형태	1. 행정 및 법 체계 2. 제도 · 서비스의 내용, 기능, 특성 3. 전달 주체 및 급여 4. 전문성과 과학성	1. 책임 주체 2. 대응 전략 3. 재원 조달

사회복지의 변화에 대한 역사적 평가

그림 1-2 사회복지역사의 분석 대상 및 분석의 흐름도

출처: 감정기, 최원규, 진재문(2010).

1) 일반적 배경

여기서는 각 시대별로 사회복지체계에 영향을 주는 정치적 요인, 경제적 요인, 사회적 요인, 그리고 이념 및 사상의 일반적 특성을 소개하고 분석한다. 정치적 요인으로는 사회적 갈등이 표출되고 해소되는 정치 시스템과 성격을 다루게 된다. 경제적 요인으로는 불황과 호황이 반복되는 경기 순환, 흉작 및 천재지변, 질병의 만연, 경제적 생산양식의 특성 및 변화 양상, 소득수준 등에 주목한다. 이를 통하여 각 시대별 경제적 특성과 사회복지 변화 간의 관계를 살펴본다. 사회적 요인으로는 빈곤, 범죄, 유랑, 위생, 환경, 사회적 관계, 전쟁 등 전반적인 사회적 양상과 특히 계급이나 계층의 성장과 변화 및 그들 간의 갈등, 협조 등에 주목한다. 사상과 이념으로는 한 시대에서 사회 구성원과 제도의 성격을 좌우하는 중요한 요소로서 각 시대의 지배적 이념의 내용과 변화 및 영향을 다룬다. 이러한 일반적인 사항들은 각 시대의 사회복지의 내용을 파악하기에 앞서 알아야 할 사항들로, 사회복지를 해석하는 중요한 단서들을 제시해 줄 것으로 판단된다.

2) 변화의 추동력 및 사회복지 관련 움직임

여기서는 일반적 배경에서 제시했던 여러 요인 중에서 각 시대별로 사회복지의 변화에 직접적으로 영향을 주었던 요인들에 대하여 좀 더 구체적으로 설명한다. 예를 들면, 제1차 세계대전과 제2차 세계대전이 사회복지의 변화에 미친 영향력, 경제공황이 사회복지 변화에 미친 영향력, 산업혁명과 사회복지 변화 등 그것이 무엇이든 구체적인 역사적 계기와 사회복지 변화를 다룬다.

사회복지 관련 움직임은 사회복지체계에 영향을 주지만 정치, 경제와 같은 일반

14) 하상락(1997)의 자원체계는 책임 주체를 지칭하고 있다. 하지만 이 경우 자원과 책임 주체 간의 용어상 모호성이 존재하고, 실제로 사회복지의 존립에 중요한 영향을 주는 자원(혹은 재원)에 대한 내용이 배제되는 한계가 있어 이 책에서는 책임-자원체계로 한다.

적 요인이 아니고 특정 시대에 등장하여 사회복지체계 변화에 영향을 주었던 사회복지 관련 조직 및 사회복지 운동 등을 의미한다. 예를 들면, 우리나라의 참여연대에서 사회복지실천운동으로 전개했던 국민최저선을 확보하기 위한 운동이나 서구의 자선조직협회(Charity Organization Society: COS)나 인보관운동(settlement movement) 같은 사회복지 관련 움직임의 내용, 영향, 의미 등을 살펴봄으로써 사회복지 분야에서 일어났던 역사적 움직임과 그 의미를 정리한다.

3) 사회복지 내부체계의 변화

(1) 욕구체계의 변화

사회복지는 욕구와 문제에 대한 반응이다. 따라서 각 시대의 사회적 욕구나 문제를 파악하는 것이 중요한 일이다. 욕구체계의 변화에서는, 첫째, 각 시대별 사회 구성원의 사회적 욕구와 사회문제를 확인하고 그것의 내용과 양상을 앞에서 언급한 일반적 배경과 관련하여 분석한다. 둘째, 사회복지의 대상자는 누구이고, 대상자 선정의 주요 원리는 무엇이며, 그것에 영향을 미친 요인들은 무엇인가에 대한 분석이 이루어진다. 셋째, 보호 수준과 보호의 대상이 되는 위험 범위 등을 분석한다. 마지막으로, 사회적 욕구나 문제에 대한 해결 요구가 누구에 의해서 어떻게 분출되고 그 양상과 원인은 어떠했는가를 살펴본다.

(2) 전달체계의 변화

전달체계는 욕구와 자원 그리고 정책을 연결하는 것으로 행정망의 형태와 내용, 종사자, 일선 조직의 특성, 관련 주체들의 역할 등을 고려해야 한다. 이 책에서는, 첫째, 행정체계의 주요 내용이 어떻게 변화하고 있는가 그리고 그와 연관된 법체계의 변화 및 특성은 어떠한가를 살펴본다. 둘째, 제도, 서비스, 프로그램의 종류 내용, 기능, 특성 등을 정리한다. 셋째, 전달 주체에 대해 살펴보는데, 일선 조직의 종류와 특성 및 역할을 살펴본다. 특히 시설이 서비스 주체가 되는가 아니면 지역사회(특히 가정 및 이웃)가 주체가 되는가, 현금과 현물과 같은 급여 형태는 왜 그리고 어떻게 변화하는가와 같은 현재 사회복지 전달체계의 쟁점들에 관심을 가질 것이다. 넷째, 종사자들의 충원, 전문성과 과학성 제고를 위한 노력과 변화 등을 살펴본다.

(3) 책임–자원체계의 변화

우선, 사회복지의 책임 주체가 누구인지를 살펴보고 그것의 변화에 주목한다. 주지하듯이 현재 사회복지의 주체는 크게 공공 부문과 민간 부문으로 나뉘고, 세부적으로는 중앙정부, 지방정부, 비영리기관, 비정부기관, 기업, 가족, 이웃, 지역사회 등 다양한 주체가 존재하고 있다. 이 책에서는 이러한 다양한 주체 중에서 다음과 같은 점에 특히 주목한다. 첫째, 공공 부문과 민간 부문의 역할 및 관계, 둘째, 중앙정부와 지방정부의 관계, 셋째, 시대별 민간 주체의 유형 변화이다. 다음으로는 각 주체의 대응 전략을 살펴보기로 한다. 특히 보편주의와 선별주의 전략, 국가의 시민사회 혹은 대상자에 대한 통합과 포용 그리고 통제와 배제 전략 등이 고려될 것이다. 마지막으로, 사회복지의 재원이 어떻게 조달되고 있는지를 살펴볼 것이다. 이는 물론 재원 조달의 책임과도 연결이 되지만, 한편으로는 재원의 조달 형태가 조세인지 민간 후원금인지, 그리고 민간의 경우 재원 조달 유형은 어떤 것들이 있었으며 어떻게 그리고 왜 변화하는지 등에 초점을 맞출 것이다.

4) 역사적 평가

역사적 평가는 앞에서 분석되고 제시되었던 다양한 내용이 오늘날 우리의 사회복지 이론이나 실천에 어떤 의미와 유용성을 줄 수 있는지를 살펴보는 것이다. 이 작업은 우리가 사회복지역사를 공부해야 하는 가장 중요한 이유에 해당된다. 하지만 이 책이 교재 형태로 집필된다는 목적을 고려하여 역사적 평가는 독자들인 학생들이 다양한 사고와 대안을 모색할 수 있도록 단서를 제공하는 수준에서 행해질 것이다. 즉, 학생들이 스스로 유용성을 발견하고 의미를 찾아갈 수 있는 안내자로서의 평가 작업이 될 것이다.

이상의 분석틀은 이후 각 장을 기술하는 데 중요한 지침으로 기능한다. 즉, 앞서 제시된 분석틀은 하나의 이상적 모형으로 이해할 수 있으며, 이후 각 장의 기술에서 정확하게 이 틀에 입각하여 내용을 전개하지는 않는다. 이는 자료의 문제도 있지만, 이 책에서 다루는 각 시대와 공간에 대한 구체적 연구성과들이 더 쌓여야 가능한 부분도 존재하기 때문이다. 따라서 현재로서는 확보된 자료와 선행 연구성과들의 한계 속에서 기술될 것이다. 하지만 이후 후속 작업을 통해 이 분석틀에 충실한 사회복지역사에 대한 서술이 가능해질 것으로 생각한다.

생각해 볼 문제

1. 우리가 현재의 시점에서 사회복지의 역사를 공부하는 목적은 무엇이며, 그것은 어떤 유용성이 있는가? 이를 사회복지의 이론적 측면과 실천적 측면에서 정리해 보자.

2. 사회복지의 변화와 발전에 영향을 미치는 다양한 요인을 정리해 보고, 스스로의 기준에 따라 요인들을 몇 가지 범주로 분류해 보자.

3. 사회복지 발전을 설명하는 각 이론의 한계를 다른 교재들을 참고하여 정리해 보자.

4. 시대구분론의 장점과 단점은 무엇인가?

5. 사회복지역사의 분석에서 비교의 방법이 필요한 이유는 무엇인가?

6. 사회복지역사의 분석 대상을 각자 다양한 방법으로 제시하고, 이것들을 분석틀로 묶어 보자.

추천 자료

동양과 서양에서 매우 이른 시기에 출현한 대표적인 역사서를 하나씩 살펴보자.

1. 궁형(거세형)을 당하는 아픔 속에서도 집념으로 완성한 동양 최고의 역사서로 평가받는 책이다.
   사마천(2020). **완역 사기 본기 1, 2** (史記本紀). (김영수 역). 경기: 알마.
2. 기원전 5세기에 쓰인 인류 최초의 역사서로서 '자신이 보고 들은 것만' 서술했다는 실증주의 입장의 역사서이다. 신화와 사실이 섞여 있다.
   Herodotos (2009). **역사** (*Herodoti historiae*) (천병희 역). 경기: 숲.

제1부

전통적 원조체계, 구빈법, 근대적 상호부조의 발전

사회복지는 '사회 구성원의 안락한 삶을 보호하고 보장하는 집합적 노력의 체계'로 정의할 수 있다. 이러한 노력 체계가 언제 어떤 양상으로 출현하여 발전했는지를 살펴보는 것은 지나간 인류의 역사를 고찰하거나 현재의 사회복지를 이해하는 데 그리고 나아가서는 미래의 사회복지의 모습을 전망해 보는 데 긴요한 작업이다.

동서고금을 막론하고, 혈연으로 맺어진 가족이 의존인구에 대한 보호와 원조를 제공하는 책무를 맡아 왔다. 그러나 종종 가족이 감당할 수 없는 의존인구집단에 대해서는 그 사회의 부유한 집단이 자선·박애의 형태로 보호와 원조를 제공했다. 종교적 계명을 배경으로 한 자선과 이타심을 근간으로 하는 박애는 오늘날에도 중요한 민간 사회복지로 기능하고 있다. 그런가 하면 사회 구성원들 스스로 서로 돕는 상부상조 관행과 제도도 일찍이 발전해 왔다. 각 시대의 정치적, 사회적, 경제적 환경에 따라 원조의 성격과 원리가 조금씩 변화하였지만, 그 본질이 인간에 대한 사랑과 존경을 바탕으로 자발성에 기초하였다는 점은 변하지 않고 지속되었다.

한편, 사회복지의 역사에서 첫 번째로 맞이한 가장 중대한 변화는 중세의 붕괴와 근대의 등장으로 초래되었다. 이 전환기에 전통적인 혈연 및 지연 중심의 공동체적 상호부조체계와 종교적 자선 및 부조체계의 한계가 명확히 드러났다. 중세시대에 농노의 노동과 장원경제 시스템은 상업혁명, 도시 발달, 제조업의 등장과 함께 새로운 사회경제체제 속에서 자본가와 노동자라는 새로운 생산관계에 자리를 내주었다.

근대에 들어서면서 빈곤 및 약자의 보호에 대하여 국가의 개입이라는 새로운 대응이 필요하게 되었다. 세속권력을 독점하게 된 절대왕정국가는 중상주의적 부국강병책을 추구하면서 대규모로 등장한 빈민과 사회적 약자에 대한 보호의 책무를 지게 되었다. 이후 산업혁명과 함께 자본주의가 발달하면서 「구빈법」 체제 역시 시대적 이념과 사회경제적 조건을 반영하며 진화해 갔다.

제1부에서는 중세 이전의 전통적인 원조체계인 자선, 박애, 상부상조가 근대적 민간 원조체계로 발전하는 진화 과정을 정리하고, 근대 이후 빈곤에 대한 국가의 책임과 개입의 상징인 「구빈법」의 발전 과정을 살펴본다.

제2장

전근대의 자발적 원조체계와 공공복지의 출현

"너희가 여기 내 형제 중에 지극히 작은 자 하나에게 한 것이 곧 내게 한 것이니라." (신약성서. 마태복음 25:40)

"물이 불을 끄는 것과 같이 자선은 죄를 사해 준다." (중세 기독교 교리)

"가난한 자와 버림받은 자들이 부자의 자선을 필요로 했다면, 부자들은 영혼의 안식을 위해 가난한 자들을 필요로 했다." (S. Schama)

"어떤 형제나 자매가 강도를 당하거나 화재를 당해서 혹은 자신의 과오가 아닌데도 여타 불행을 당해서 빈곤하여 스스로 살기 어려우면, 그에게 매주 14펜스씩 지급한다." (중세 영국 우애협회의 한 규정 내용에서)

"큰 흉년이 와서 전염병이 크게 돌면, 여러 지방에 명령하여 곡식이 풍작인 지방으로 흉작 지역의 백성을 이주시키고(이민, 移民), 그렇지 못할 경우에는 곡식을 흉작 지역으로 수송하며(통재, 通財), 평상시 금지하였던 유력자 소유의 연못과 삼림에서의 수렵과 채취 행위를 허용하고(사금, 舍禁), 부역을 덜어 주고(이력, 弛力), 세금을 가볍게 해서 재난을 당한 백성의 부담을 덜어 주도록 하며(박정, 薄征), 형벌을 가볍게 해서 민심을 안정시킨다(완형, 緩刑)."

(『주례(周禮)』「지관편(地官篇)」)

"빈민구호는 자신의 집을 지키고 자신의 양심을 안전하게 지키기 위해 부자들이 지불하는 일종의 보석금(ransom)이다." (M. H. D. van Leeuwen)

이 장에서는 종교적 자선과 다목적적인 박애로부터 출발한 자발적 원조체계의 출현을 살펴본 후, 그것이 오늘날의 민간복지에 어떻게 접목되어 왔는지 그 실마리를 찾아본다. 아울러 국가의 형성을 통해 성립된 공공복지의 출현과 그 발전을 근대 이전 시기까지 추적해 본다.

1. 자선 · 박애의 출현과 민간복지로의 계승

자선(charity)과 박애(philanthropy)는 종종 혼용되는 개념이나, 엄밀하게는 그 의미와 기원이 다소 다르다. 자선은 라틴어 caritas(혹은 carus, 형제애)에서 유래하였고, 박애는 그리스어 philo(사랑)와 anthropos(인류)의 합성어에서 유래하였다 (Trattner, 1999: 2). 양자 모두 주는 자와 받는 자 사이의 분명한 지위 차이를 기반으로 하는 사회복지의 형태들이다. 자선과 박애는 종종 부유한 자가 가난한 자에게 또는 부유한 자와 가난한 자 사이에 어떤 조직이 기부의 매개자로 행위함으로써 이루어지기도 한다. 역사적으로 보면 기부가 자발적으로 이루어지는 것을 이상적인 것으로 생각했으나, 기부를 자극하기 위한 사회적 압력이 행사되기도 하였다. 박애적 기부는 사회복지 이외의 목적을 위해 이루어지기도 하는데, 예컨대 박물관, 오케스트라, 극장, 대학을 지원하기 위해 이루어지기도 한다(Handel, 1982: 14).

오늘날 박애는 상당히 훌륭한 관념으로 생각되는 반면, 자선은 그렇지 않다. 양자 모두 무엇인가를 준다거나 기여한다는 의미를 담고 있다. 아울러 양자 모두에 내포된 기본적 사회관계는 주는 자와 받는 자 간의 관계이다. 박애는 보통 자선보다는 더 대규모로 이루어지는 기부를 의미한다(Handel, 1982: 41). 또한 박애는 어떤 기관에게 기부되는 대규모 기부를 의미하기도 한다. 기부에는 특정한 목적이 정해질 수 있으나, 현대적 의미의 박애에는 기부된 자원이 극빈자나 개별적으로 확인된 욕구를 지닌 사람들만을 위해 사용되어야 한다는 의미를 담는 경우는 거의 없다.

자선에서는 기부된 금품이 보다 불행한 자를 위해 사용되어야 한다는 의미가 박애보다 분명히 강조된다. 자선은 주는 자와 받는 자 사이의 불평등한 관계를 내포하는데, 자선을 받는 자가 이를 거부하는 자보다 덜 가치 있는 사회 구성원이라는 것을 의미한다. 자선은 소규모 기부로서 지역사회 생활이나 종교생활의 일부로 이루어진다. 자선은 오늘날의 사회복지 개념에 자리를 내주었지만, 여전히 현대 사회복지 스펙트럼의 일부를 점유하고 있다. 자선을 행한다는 것은 고귀함, 관대함, 종교적 의무의 이행 등과 같은 고대로부터 형성된 연상들을 함축하고 있다.

1) 자선 · 박애의 출현

자선과 박애의 뿌리는 고대 문명사회들에서 그 연원을 추적할 수 있다. 자선과 박애의 기원을 살펴보기 위해 서구 문명사회의 큰 줄기를 형성했던 그리스 · 로마 사회에서 싹튼 박애와 유대교 · 기독교 문명에서 출현한 자선, 그리고 불교 문명을 바탕으로 한 자비에 대해 고찰해 보기로 하자.

(1) 그리스 · 로마의 박애

그리스 도시국가에서 박애는 '인간에게 자애로운 신에 의한 인간 사랑'의 의미를 지닌 개념이었다(Day, 1997; Dolgoff & Feldstein, 1984; Handel, 1982). 기원전 4세기에 접어들어 박애의 의미는 권력자가 도시 재정에 기부함으로써 그 부하나 추종자들에게 친절함을 보이는 것으로 변했다. 그리스 도시국가에서는 박애의 개념이 시민권의 개념과 밀접하게 관련되어 있었다. 모든 시민은 그리스 도시국가의 정치 · 사회생활에 참여하였다. 시민들은 기부자(benefactor)에게 감사를 표하였다. 대부분의 기부는 개인이 아닌 도시국가, 클럽, 협회(콜레지아, Collegia)에 기탁되었기 때문에, 이 집단들은 기부자를 영예롭게 하는 결의를 통과시킴으로써 감사를 표하였다. 그리고 이러한 결의 자체도 박애적 선물로 간주되었다.

물질적 기부에 대해 영예로 감사를 표하는 교환방식은 그리스 도시국가의 사회생활에 중요하였다. 부유한 사람은 대개 무보수인 공직을 담당하였고, 자신의 재산을 정부 운영 경비 외에도 재정 위기나 식량 부족을 해소하기 위한 긴급자금에 기부하도록 압력을 받았다. 그리고 그 대가로 시민들은 기부자를 영예롭게 하는 결의를 민회에서 채택하였으며, 기부자 명단을 공공연하게 게시하여 부유한 사람들의 기부를 자극하였다. 기부의 압력이 강했던 만큼, 기부하지 않는 자는 그의 영예를 박탈하거나 그가 원하지 않는 힘든 공직을 맡겼으며, 극단적으로는 법정에서 처벌하거나 재산을 몰수하기도 하였다.

그리스 민회에서는 박애적 기부의 규모에 따라 영예에 차등을 두었다. 보통의 기부자는 보다 많은 재산을 기부함으로써 구원자(savior)가 될 수 있었다. 어떤 영예는 기부자 개인에게만 주어졌는가 하면, 다른 것은 기부자와 그 후손에게도 부여되었다. 기부자는 종종 기부의 성격과 내용을 기록한 비문과 함께 자신의 동상이 건립되기를 기대하였다. 그리스 시대의 박애는 가장 빈궁한 인구집단을 직접 대상으로 한 것은 아니었다. 부자들은 공동체 전체 혹은 그들이 소속된 특정 클럽이나 협회에 기부하는 것이 보통이었다. 기부 내용은 보편적으로 식량, 현금 또는 기름 등이었는데, 기부 물품은 협회 회원 또는 도시국가 시민들에게 무차별적으로 배분되었다. 따라서 욕구보다는 회원 자격 또는 시민권 보유 여부가 배분 자격을 정하는 기준이 되었다.

한편, 이 시기 생계를 위한 노동을 하지 않았던 거지들은 거의 동정을 받지 못했다. 그리스인들은 일거리가 충분하다고 생각하였으며, 따라서 거지들을 게으르고 일하려고 하지 않는 사람으로 생각했다. 전쟁에서 포로로 잡힌 다른 부족원들로 구성된 노예들은 그리스 도시국가를 위한 대부분의 중노동을 수행했지만, 그들 역시 시민권을 얻지 못했다. 외국 상인이나 직인들 역시 인구의 상당 부분을 점하였지만 마찬가지로 시민권이 없었다. 당연히 노예와 외국 상인 및 직인들은 자선을 받을 자격이 없었다.

고대 그리스에서 '구제받을 자격이 있는 빈민(가치 있는 빈민)'과 '구제받을 자격이 없는 빈민(가치 없는 빈민)'의 구분이 나타났으나, 그 의미는 후세와 현격한 차이가 있다.[1]

가치 없는 빈민은 교양 없고 항상 빈궁한 사람들로서 거의 동정을 받지 못했다. 한편, 가치 있는 빈민은 좋은 가문에서 자라나 교양 있고 유복하게 살았던 사람들 중에 곤경에 처한 사람들이었다. 이들에 대해서는 부자들이 동정심을 가졌고 도움을 주었다. 가치 있는 빈민들에 대한 부자들의 동정심은 두려움에 바탕을 둔 것이었다. 즉, 유복한 자신들도 언젠가는 궁핍해질지 모른다는 두려움이 동정심의 근거를 형성한 것이었다. 이러한 두려움으로 부자들은 클럽이나 협회가 조직한 상호부조기금에 기부금을 내게 되었다. 결국 그리스의 박애는 영예에 대한 사랑과 미래에 대한 불확실성으로부터 오는 두려움에서 비롯된 것이었지, 약자나 무능력자에 대한 관심에서 비롯된 것은 아니었다.

로마의 박애도 실질적으로는 그리스와 유사하였다. 이탈리아에 식민도시를 건설했던 그리스는 로마에 계승되었고, 로마는 강력한 공화국이 되어 후일 영국에서부터 아르메니아에 걸친 지역을 다스리는 강력한 제국이 되었다. 그리스의 관념들은 로마 지배의 세계에서도 지속적으로 영향력을 발휘했다. 박애활동도 시민권의 개념에 의해 지속적으로 형성되었으며, 수 세기 전에 그리스에서 형성된 영예의 개념도 지속되었다. 그리스와 로마는 상당 기간 그들의 박애 실천에서 매우 유사하였다.[2)]

(2) 유대교 · 기독교의 자선

기원전 14세기경에 고대 이집트인들은 유대교로 알려진 종교를 발전시켰다. 유대교의 성경과 기독교인들의 구약에 나타난 유대교의 핵심 사상은 '신은 지고의 존재이며 신의 절대존엄성을 제한하는 어떤 영역도 신 위에 혹은 신 곁에 있을 수 없

1) 19세기 후반 영국에서 처음 등장한 자선조직협회(Charity Organization Society)는 빈민을 자조와 근면의 가치에 근거한 도덕적 판단 기준에 따라 두 가지로 구분하였다. 구제받을 자격이 있는 빈민(the deserving poor)은 저임금노동자와 자력으로 빈곤 상태에서 벗어날 수 없는 장애인, 아동, 노인 등을 지칭하는 용어였다. 반면, 구제받을 자격이 없는 빈민(the undeserving poor)은 노동능력이 있는데도 불구하고 나태, 음주 등의 도덕적 결함으로 인하여 빈곤한 자를 지칭하는 용어였다(제5장 참고).

2) 시오노 나나미(鹽野七生, 1995~2007)를 참고하라.

다.'는 유일신 사상으로 요약된다. 신의 의지는 모든 창조물을 다스리는 지고의 법이고, 그의 의지와 계명은 절대 선한 것으로 여겨졌다. 신은 인간에게 도덕률과 의무들을 주었다. 이 의무들 가운데 빈민과 무능력자를 정당하게 대하는 의무가 특별히 강조되었다(Handel, 1982). 이 의무들은 "네 이웃을 너 자신과 같이 사랑하라."라고 이스라엘인들에게 명령했던 자비롭고 은혜로운 신의 개념에서 연유한다. 신은 이방인을 사랑하고 그에게 먹을 것과 입을 것을 주라고 명령하였다.

이스라엘 종교법에서는 수확기에 들이나 포도밭의 구석을 수확하지 않고 남겨두어 빈민이나 이방인이 와서 이삭을 주울 수 있도록 하였다. 의로운 사람은 무료로 나누어 주며, 빈민을 억압하지 말 것이 강조되었다. 잠언(Proverbs) 14장 31절에는 "가난한 사람을 학대하는 자는 그를 지으신 이를 멸시하는 자요 궁핍한 사람을 불쌍히 여기는 자는 주를 공경하는 자니라."라는 구절이 있다. 유대교 자선에서 크게 주목할 만한 것으로 희년(禧年, jubilee)이 있다. 안식년이 일곱 번 지난 50년마다 돌아오는 해를 희년이라 하는데,[3] 이 해가 되면 그간 매매되었던 토지와 주택이 원주인에게 돌아가고, 부채가 면제되며, 노예가 해방되었다.

유대교에서는 빈민, 과부, 고아, 이방인들에게 음식과 의복을 제공하는 행위들을 강조하고 있다. 예언자들은 부자들이 빈자들을 억압함으로써 기본 종교계율들을 어겼다고 혹평하였다. 예언자들의 가르침은 성서에 포괄되어 사회정의에 대한 유대교의 강조를 강화하였으며, 이러한 가르침이 기독교 전통의 일부가 되었다.

예수의 사후 기독교인들은 교회를 세웠으며, 교회는 종교생활과 공동체생활의 중심이 되었다. 기독교 운동의 초기 300여 년 사이에 로마제국은 점점 부패해서 계급 격차가 벌어지고 주민에 대한 수탈이 강화되었다. 이러한 결과의 하나로 빈곤이 상당히 증가하였다. 교회는 기독교인인 빈민, 과부, 고아, 늙은 가사노예, 난파선 선원, 그리고 기독교 신앙 때문에 처벌받아 투옥되거나 망명한 사람, 또는 광산

3) 창세기에 따르면, 하나님이 6일 동안 세상을 창조하고 제7일째 되는 날은 안식일로 삼았다. 같은 방식으로 6년 동안 일한 뒤 제7년째를 안식년이라 하는데, 일곱 번의 안식년이 지난 그 이듬해(즉, 7×7+1=50)를 희년이라 하였다.

에 끌려가 노동하는 사람들을 보살폈다. 또한 교회는 모든 교인에게 한 달에 한 번씩은 그런 목적을 위해 설치된 헌금함에 기부하도록 요구했다. 이러한 월정 헌금은 로마에서 특정한 사업이나 직업에 종사하는 노동자들이 콜레지아(Collegia)라고 불린 협회를 조직하여 공동기금으로 매월 회비를 납부하던 방식과 유사하였다.

자선은 초기 기독교 공동체 생활의 현저한 활동이었다. 기금의 배분은 자발적이었으며, 기독교인 사이에서만 배분되었다. 각 교회는 자선을 담당하는 집사를 두었다. 기독교 자선은 유대교의 자선에서 유래하였지만, 조직 측면에서는 콜레지아와 유사하였다.

(3) 불교의 자비

광활한 인도 대륙을 가로지르는 인더스강 유역에서 일찍이 불교 문명이 발생하였다. 후일 중국에 유입되고 이어 동양 여러 지역에 퍼진 불교의 자선 사상은 오늘날에 이르기까지도 그 영향을 살펴볼 수 있을 만큼 동양인의 정신세계에 흔적을 남겼다.

불교 자선 사상은 '자비(慈悲)'로 표현된다(임송산, 1983; 1985). 자비란 대자대비(大慈大悲)의 줄임말로, 대자(大慈)란 일체의 중생에게 즐거움을 주는 것을 의미하고, 대비(大悲)란 일체의 중생에게서 고통을 없애 주는 것을 의미한다. 이렇게 그 뜻을 분해해 본다면, 자비란 사람들에게서 고통을 덜어 주고 그 대신 즐거움을 주는 이타적 행위라고 할 수 있다. 그런 의미에서 보살(菩薩)의 이타행(利他行)은 자비행과 유사하다.

한편, 불교의 자비에서는 보시(布施)가 강조된다. 보시란 자비심에서 나오는 행위로, 널리 남에게 재물을 베푸는 일을 의미한다.[4] 중세 기독교의 '신의 빈민'과 유사한 복전(福田)이라는 관념도 불교 자비 사상에서 연유한다. 복전이란 '복을 캐는 밭'이라는 의미로 처음에는 불타만이 복전이었으나, 그 의미가 점차 확대되어 7복

4) 불교세계에서는 극단적 보시의 행위도 기록되고 있다. 예컨대, 중국 남북조시대 북량(北凉)의 법진(法進) 스님은 기근 시에 굶주린 사람들에게 자기의 살을 베어 먹여 구조하는 사신(捨身: 자신의 몸을 희사함)의 사례를 보여 주었다(임송산, 1983b).

전 혹은 8복전으로 발전하였다. 『대정장경(大井藏經)』 "불설제덕복전경(佛說諸德福典經)"에 제시된 7복전 가운데에는 '중병을 구료(救療)'한다거나 '다리를 만들어 사람을 건네줌' 등의 이타적 행위들이 열거되어 있다.[5]

2) 자선 · 박애의 변천

초기 문명과 함께 출현한 자선과 박애는 사회상의 변화에 따라 변천을 겪게 된다. 여기에서는 기독교 자선의 변천을 통사적으로 살펴보기로 한다.

(1) 로마제국 말기의 자선과 박애

로마제국 말기에 이르면서 기독교에는 일대 변화가 야기된다. 기독교가 공인되기 이전에도 꾸준히 새로운 입교자들이 증가하였다. 그에 따라 교회에 대한 기부 또한 증가하여 교회는 새로운 조직을 정비할 필요에 직면하였다. 그 결과, 그간 개별 교회가 집사들(deacons)을 활용해서 자선을 행하던 형태로부터 교구의 주교(bishop of a diocese)가 관할 교회들에 대해 재정 측면에서 통제하는 형태로 발전하게 되었다.

한편, 기원 후 4세기경에는 자선에 관한 새로운 이론이 등장하여 당시의 기독교뿐만 아니라 중세 이후 현대까지 영향을 미치게 되었다(Day, 1997; Dolgoff & Feldstein, 1984; Handel, 1982). 초기 기독교의 자선 행위(almsgiving)는 유대교와 마찬가지로 사랑의 표현으로서의 자선, 즉 하나님의 의무를 수행하기 위해 필요한 활동으로 인식되었다. 그런데 이 개념은 초대 교회 사제들이 그들의 신앙 이념을 수행하기 위해 투쟁해야 했던 다른 문제를 해결하는 데는 부적절하였다. 그 문제란 사유재산과 그에 따른 빈부격차였다.

초기 기독교 사상가 중 일부는 사유재산의 소유가 신의 의지와 율법에 반한다고

5) 유사한 내용들이 후일 발전된 8복전에서도 관찰된다. 불교 화엄종의 창시자인 현수대사(賢首大師) 법장(法藏)이 설파한 8복전 가운데에는 '병자를 공양하는 일'과 '고액을 구제하는 일'과 같은 이타적 행위들이 포함되어 있다(임송산, 1983b).

생각했지만 이런 견해가 널리 받아들여진 것은 아니었다. 교회사상의 주류는 사유재산의 소유를 이상적인 것은 아니지만 불가피한 것으로 간주하였다. 기독교가 사유재산과 빈부격차를 현실세계의 한 측면으로 받아들이게 되자, 논리적으로 자연스럽게 다음과 같은 사유가 발전하였다.

즉, 부자들이 선행을 할 수 있게 됨에 따라 부는 그 소유자를 기품 있게 해 주는(ennobling) 것으로 인식되었다. 선행은 하나님의 왕국에서 영원한 구원을 얻게 해 주는 것으로 인식되었던 것이다. 부유함을 바탕으로 한 선행을 통해 구원에 이를 수 있다는 사상은 누가복음에서 찾아볼 수 있다. 자선은 그 수혜자들이 감사기도를 드림으로써 기부자에게 신의 보상을 가져온다는 것이다. 크리소스톰(Chrysostom)에 따르면, 자선은 사소한 과오들로부터 자신의 양심을 정화할 수 있는 기회를 부자들에게 제공한다. 그래서 교회 문전에서 구걸하는 거지들이 '신의 빈민'으로 칭송되기에 이르렀다. 어거스틴(Augustine) 역시 자선을 통해 죽은 자뿐만 아니라 살아 있는 사람들도 속죄될 수 있다는 믿음을 역설하였다. 또한 그는 자선이 신에게 수용될 수 있는 삶을 살아가는 사람들에게만 주어지도록 유념하였다. 즉, 사악하다는 평판을 얻고 있는 사람은 그가 살았든 죽었든 자선을 받을 수 없다는 것이다. 자선과 그것을 받을 자격에 대한 신학적 정당화는 기독교와 로마제국 모두에 있어서 당시 발생한 사회변동과 관련이 있다.

초기 기독교는 사회의 중 · 하류층에게 특별히 매력적이었으나, 점차 부유한 사람들에게도 호소력을 갖게 되었다. 부자나 빈자 모두 자선에 대한 새로운 종교적 해석이 자신들에게 유리하다는 것을 알게 되었다. 콘스탄틴(Constantine) 황제로부터 기부와 유증을 받을 수 있는 권리를 획득한 이후, 교회는 더욱 부유해지고 더 많은 재산을 보유하게 되었다. 로마제국에서 부와 재산의 집중이 심화되어, 그 결과로 소농민은 노예나 농노가 되든가 도시로 이주하거나 구걸 혹은 강도 행각을 선택해야 할 정도가 되었다. 로마시대의 대도시 무산자들은 공공 구호품(doles)에 익숙해 있었는데, 그들은 자선에서 새로운 구호품을 얻을 가능성을 발견하였다. 4세기 말이 되어 거지들이 거의 별도의 계급(caste)을 형성할 정도로 증가하였는데, 이는 구걸이 직업으로 발전했음을 보여 준다.

기독교 성립 초기 3세기 동안 개별교회는 상대적으로 빈약한 기금으로 해당 교회의 빈민들을 구제하였다. 4세기 이후 교회재산의 증가에 따라 교회조직에 변화가 야기되었다. 교회 내에 위계가 형성된 것이다. 빈민구제행정은 각 교구를 담당하는 주교의 책임이 되었다. 어떤 도시와 인근 지역의 모든 교회는 주교의 관할하에 들어갔다. 로마제국과 그 정부의 영향력이 쇠퇴함에 따라 주교가 실질적으로 해당 지역의 행정 책임자가 되었다. 권력과 부가 교회와 그 주교에게 귀속되고, 주교는 증여와 기부를 받을 뿐만 아니라 또한 그것을 징수하기도 하였다. 이로부터 중세 전 기간을 통해 빈민구제에 있어 교회의 책임과 역할이 막중해졌다.[6]

(2) 중세시대의 자선 · 박애

서기 476년에 로마가 멸망한 이후 1500년경까지 소위 중세시대가 이어졌다. 중세와 그 이후 사이에는 자선에서 큰 대조가 나타났다(Day, 1997; Dolgoff & Feldstein, 1984; Handel, 1982). 로마제국 멸망 후 강력한 중앙정부가 없었다. 중앙정부의 부재에 따라 교역이 감소하고 도시가 침체되었는데, 11세기에 가서야 교역과 도시가 다시 부흥하기 시작하였다. 중세는 농촌사회를 기본으로 하였다. 중앙정부의 부재로 농촌은 경제적으로 불안정하였고 외부의 공격에 취약하였다. 자신들을 보호하기 위하여 농민들은 영주에게 의존하였다. 농민들은 영주에게 토지를 기탁하였고, 자유민의 지위가 아닌 토지에 긴박(緊縛)된 농노의 지위를 받아들이게 되었다. 농노는 수확의 일부를 영주에게 바치고, 그 대가로 영주의 보호를 받으며 토지에 잔류할 수 있었다. 그렇게 영주는 농노의 보호자가 되었다.

이러한 경제사회생활의 형태를 장원경제라 한다. 농노들은 장원 한편에 집단으로 거주하였다. 장원에는 교회도 세워졌는데, 종종 장원의 영주가 마을 교회의 사제를 임명하는 권력을 지니기도 하였다. 그러나 시간이 지남에 따라 장원 자체가 하나의 교구가 되어 주교의 관할에 속하게 되었다. 영주와 주교는 각각 인간 영혼

6) 즉, 이때는 종교적 자선과 행정에 의한 공공복지가 미분화된 시기였다고 할 수 있다. 근대로 접어들면서 사회복지가 세속의 권력에 의해 이루어지게 된다. 이것이 사회복지의 세속화이다.

의 현세와 내세에 대한 권위를 가진 사람으로 간주되었다. 주교는 영적 영주, 장원의 영주는 현세의 영주로서 인간사를 다스리게 되었던 것이다.

시간이 지남에 따라 기독교의 위세가 더욱 증대되자 교회들이 장원을 소유하게 되어 주교가 영적 권력 외에 현세적 권력까지 장악하기도 하였다. 많은 성직자가 속세적 관심을 발전시켜 유복한 농촌 귀족 생활을 즐긴 반면, 빈민 보호 의무를 포함한 자신의 의무를 망각하기도 하였다. 교회가 점차 세속의 물질주의에 빠져듦에 따라 일부 교구민과 성직자들은 수도원으로 알려진 은둔공동체로 회피하여 종교적으로 집중하고자 노력하였다. 수도원으로 은둔하여 수도승이 된 사람들은 기도생활과 교육 및 빈민에 대한 초기 기독교적 관심의 부활을 도모하였다. 수도원은 부자이든 빈자이든 누구나 문전에서 음식 배급이나 은전 및 거처를 제공받을 수 있는 장소가 되었다.

그러나 수도원도 그들이 회피하고자 했던 교회조직과 비슷한 조직 형태를 발전시켰다. 개별 수도원으로부터 특정 교단이 운영하는 수도원들의 조직체가 발전한 것이다. 수도원들의 수장들인 대수도원장과 부원장은 부의 축적을 가능케 하는 교회의 통제권을 둘러싸고 교구 사제들과 투쟁하였다. 빈민에게 배분되거나 소수의 빈민을 돕기 위해 항구적으로 사용되도록 기부된 돈은 교회나 수도원에 귀속되었다.

8세기에 교회는 십일조 제도를 만들어 교인들의 연소득 가운데 10분의 1을 기부하도록 하였다. 이렇게 하여 모인 교회의 재원은 네 가지 사용처에 균등하게 배분되었는데, 그것은 ① 교회의 주교 생활비, ② 교구 성직자의 생활비, ③ 교회 유지 보수비용, ④ 빈민, 과부, 장애인, 고아, 노인 등에 대한 자선 지출이었다.

중세 교회는 자체 행정부, 법원, 조세제도를 지니게 되었다. 구원에 관한 믿음은 빈민구호를 위해 교회에 자선 목적으로 기부하거나 유증하도록 하는 강력한 유인책이 되었다. 그럼에도 불구하고 빈곤과 자선에 관한 교회법과 규정에는 일관성이 없었다. 그 이유는 지방의 교회협의회가 수 세기에 걸쳐 독자적 규정들을 발전시켜 왔기 때문이었다. 교회법에 일관성이 없음을 알고 이를 교정하기 위해 이탈리아 수도승 그라티안(Gratian)은 1140년에 데크레툼(Decretum)으로 알려진 보고서를 작성하였고, 후일 경전학자들이 이 기본 작업을 보완하였다.

경전학자들은 빈곤의 원인에 주목했다. 그들은 자발적 빈곤과 비자발적 빈곤을 구분했다. 자발적 빈곤은 하나님을 즐겁게 하는 금욕주의에서 비롯된 것으로 수도승의 빈곤이 여기에 해당한다. 한편, 비자발적 빈곤은 어쩔 수 없이 궁핍한 생활을 하는 사람들의 빈곤, 즉 빈민, 피억압자, 과부, 고아들의 빈곤이었다. 교회가 이러한 비자발적 빈민들을 보호하는 특별한 의무를 지닌다는 것에 대해 경전학자들은 동의했다.

두 번째 경전학자들이 풀어야 할 과제는 사유재산 문제였다. 그라티안이 인용한 초기 교회 지도자들의 견해는 부의 남용에 대해 비판적인 것이어서, 거의 모든 사유재산을 비난하는 것으로도 해석될 수 있었다. 경전학자들은 사유재산이 신의 뜻과 상반될 수 있다는 데 관심을 갖고, 이러한 가능성이 사유재산권이 존재하고 있는 현존 사회질서와 조화를 이룰 수는 없을까 하는 문제를 풀기 위해 노력하였다. 그들의 해법은 재산의 소유와 재산의 이용을 구분하는 것이었다. 그 결과, 경전학자들은 자신이 소유한 것으로 자신의 욕구를 충족한 후에는 그 '여분의 부'를 나누어야 할 의무를 지닌다고 해석하였다. 그 이상의 소유는 빈민에게 빚을 지고 있는 것으로 해석하고, 빈민이 그러한 원조를 받을 권리를 갖고 있다는 교리를 선언하였다. 실제로 이 교리는 법적 강제력이 없었지만, 중세를 통하여 개별적 자선에 대한 태도에 분명히 영향을 미쳤다.

자신이 받은 원조에 대한 권리를 빈민이 가졌다는 교리는 중세사회에서 주는 자와 받는 자 사이의 전반적인 관계를 특징짓는다. 이 교리는 기부자 측의 감상적 자기우월 의식과 받는 자 측의 지나친 모멸감을 줄이는 데 기여했다. 이는 그리스·로마 철학과는 다른 관념이다. 또한 18세기 이후 발전된 관념, 즉 부자가 자신의 부를 빈민에게 나누어 줄 의무가 사라졌다고 보는 관념과도 유사하지 않다. 아울러 20세기에 발전된 자선에의 의존이 수치스럽고 모멸감을 준다는 것과도 대조된다. 그러나 중세 경전학자들이 자선 문제와 관련하여 표방한 교리는 그 시대 사유재산 제도에 부합하는 것이었다. 왜냐하면 특정한 사회적 의무를 수반해야 한다는 전제가 있기는 하였으나 근본적으로는 부자들의 사유재산권이 정당하다는 것으로 해석되었기 때문이다.

중세 경전학자들은 가치 있는 자선과 가치 없는 자선을 구분하였다. 예컨대, 훔친 재산으로 하는 자선기부는 가치 없는 자선으로 간주되었다. 가치 있는 기부는 정당하게 획득한 재산으로부터 나와야만 했다. 아울러 기부자는 칭송을 듣거나 비판을 모면하려는 욕망에서가 아닌 진정한 자선 정신에 의해 동기유발이 된 의로운 사람이어야 했다. 이러한 조건이 충족되면 자선기부자는 자신의 구원을 확신할 수 있었다. 12세기 유대 랍비인 마이모니데스(Maimonides)는 가장 낮은 1단계의 자선에서부터 가장 고귀한 8단계의 자선에 이르는 자선의 단계들을 설명했다.

그림 2-1 마이모니데스 (Maimonides, 1135~1204)

중세 교회는 자선이 기부자의 영혼에 어떤 영향을 미치는지에 대해 깊은 관심을 가졌다. 또한 중세 교회는 후세기에 훨씬 중요한 의미를 갖는 쟁점, 즉 자선이 그

마이모니데스의 8단계의 자선

1단계의 자선: 마지못해 후회하며 줌(손으로 주는 것이지 마음으로 주는 것이 아님)
2단계의 자선: 기꺼이 주나, 곤궁한 자의 곤경에 비추어 볼 때 부족함
3단계의 자선: 기꺼이 그리고 곤궁한 자의 곤경을 감안해서 자선을 주나, 달라고 간청할 때에 비로소 줌
4단계의 자선: 기꺼이 그리고 곤궁한 자의 곤경을 감안해서 심지어 간청받지 않고 주나, 빈자의 손에 직접 쥐어 줘서 고통스러운 수치감을 자극함
5단계의 자선: 빈자가 은전을 받고 제공자가 누군지를 아는 방식으로 자선을 제공함. 단, 준 자는 받은 자가 누군지는 모름
6단계의 자선: 제공자는 은전의 대상자가 누군지는 알지만 빈자에게 제공자가 알려지지 않게 함
7단계의 자선: 준 자나 받은 자가 서로 알지 못함
8단계의 자선: 빈곤을 예방함으로써 빈자들이 더 이상 자선을 기대하지 않도록 함. 즉, 빈자를 도와 그가 정직한 삶을 살고 자선을 얻기 위해 손을 내미는 끔찍한 상황에 처하지 않게 함

수혜자에게 미치는 영향에 대해서도 관심을 가졌다. 초기 일부 교회 지도자들은 자선을 행하는 것이 수혜자에게 해로운 경우도 있다고 보았다. 그래서 기부자들은 자선이 정당화되는 상황과 그렇지 않은 상황을 분별하도록 촉구되었다.

한편, 일부 교회 지도자들은 욕구 가운데 진정한 욕구를 구분해 내려는 시도 없이 자선이 누구에게나 주어져야 한다고 주장하였다. 13세기 경전학자들은 일상적 자선에서 개방적인 마음자세를 선호하게 되었다. 그들 역시 자선을 받는 자 중에 이렇게 함으로써 이득을 취하는 자가 있다는 것을 알았으나, 이러한 기본 자세가 전체적으로 사회를 타락시킨다고는 생각하지 않았다. 이것이 13세기 자선과 산업화 이후인 19세기 자선의 차이이다.

(3) 중세 말의 자선

중세 장원경제로부터 근대 도시사회로의 변천을 가져온 근원은 상업혁명과 그에 이은 산업혁명이었다. 상업혁명에 의해 상인들이 사회적으로 우월한 지위와 권력을 지니게 되었으며, 산업혁명에 의해 생산활동이 중요하게 대두되었다. 상업혁명으로 거대상인들이 출현하였다. 자신의 성공을 과시하고 싶어 하는 상인들은 화려한 장례식을 치렀는데, 이때 빈민구제가 이루어지기도 하였다(Dolgoff & Feldstein, 1984; Handel, 1982). 이 시기에도 여전히 기독교가 중요한 신념체계였다. 당시에는 부의 추구가 그 자체로 존경받을 만한 활동으로 여겨지지는 않았다. 상인들은 자신들의 노력과 성공을 이념적으로 정당화할 필요성을 느꼈다. 자선은 상인들에게 부의 추구가 정당하고 그들의 상업활동이 하나님을 기쁘게 하는 것이라는 점을 자신들과 타인들에게 확신시킬 수 있는 하나의 수단이 되었다. 그래서 유언에 빚(외상)을 받지 말라는 내용이 포함되기도 하였다.

장례식에서의 구호품, 즉 상인의 장례식 때 현금이나 음식을 나누어 주는 것이 빈민에 대한 자선 제공 수단으로 널리 수용되었고, 또한 빈민들도 이를 기대했다. 장례식과 1개월 후의 추도식, 그리고 1년 후의 추도식에서 구호품이 배분되었다. 상인은 가능한 한 많은 빈민에게 자선을 베풂으로써 현세에서의 그의 사회적 지위를 정당화하려 했을 뿐만 아니라, 자신이 저지른 과거의 과실을 정화하는 데 관심을 가졌다. 자선은 보통 유언장에 그 내용을 남겨 놓는 방식을 취했다.[7] 영국에서는 장례식에서의 식품과 현금 자선배급이 부랑인들에게 제공되기도 하였다. 어떤 상인은 노동을 회피하고 무차별적으로 주어지는 자선에만 의존하여 생계를 이어가는 약삭빠른 사람들을 배제하기 위해, 구호품이 근면한 빈민에게만 제공되도록 유언하기도 하였다.

(4) 구빈원과 자선원

한편, 중세에 다기능 시설이 출현하였는데, 이 시설들은 후일 기능별로 분화되었다. 그중 하나가 자선원(hospital)이었다. 자선원은 다양한 욕구를 지닌 사람들을 환대하는 다목적 센터였다. 초기에는 방문자들이 무료로 머물 수 있게 한 무료 숙박소 형태로, 이곳에서 가난한 여행자, 병자, 장애인, 노인들이 보살핌을 받았다. 유럽 주요 도시와 소규모 마을들에는 자선원들이 있었다. 자선원은 도시나 마을의 입구에 위치하였다. 12~16세기의 영국에서는 800개 이상의 자선원이 세워졌고, 그 운영 재원은 저명한 교인, 개인 기부자, 군주, 마을 주민, 직인길드 및 종교길드가 조달했다. 15세기에 이르면 다목적 자선원들은 그 시설을 후원하는 상인 후원자가 지목하는 특정한 인구집단을 보살피는 구빈원(almshouse)으로 변화되었다.[8]

중세 자선원과 구빈원은 저명한 건축가들이 설계했다. 이때 세워진 자선원과 구빈원은 세부적 실내장식과 미관을 고려한 '설계와 건축에서의 위대한 기념비들'이

7) 다양한 자선 방법이 등장하였다. 몇 가지 예를 들면, 다음과 같다.
- 1,800파운드를 들여 5,000가구의 빈민에게 1/2 마르크의 구호품을 제공
- 특정 건물에 사는 빈민세입자들에게 90년간 매주 1페니씩 주도록 유언
- 1년 동안 매주 금요일에 3페니 상당의 빵을 빈민들에게 제공
- 대부의 영혼을 축복해 달라고 하나님께 기도할 수 있을 만큼 말할 수 있는 아동들에게 1실링 상당의 과일을 40년간 매년 제공(Handel, 1982: 59).

8) 그러한 구빈원의 몇몇 사례로는, 첫째, 퇴역한 군인과 폐질 군인 및 선원을 보살피는 구빈원, 둘째, 실패한 상인을 보살피는 구빈원, 셋째, 40명의 빈곤 남녀[이 중 6명은 자선을 관리하는 Fishmongers' Company(1272년에 설립된 런던의 생선 판매 회사)에서 가장 나이가 많은 사람 중에 선발]를 보살피는 구빈원 등이 있었다(Handel, 1982: 60).

었던 것이다. 종종 자선원이나 구빈원의 현관 위에 설립자의 동상이 세워지기도 하였다. 구빈원은 부유한 상인의 욕구와 빈민·노인의 욕구가 동시에 충족되는 곳이었다. 비록 생전에 부의 축적을 위해 일생을 바쳤다 하더라도 자신의 사후에 가치 있는 기독교인으로 남아 있고자 한 부유한 상인의 욕구는 거처와 소득 모두를 필요로 하는 사람들에게 자선을 제공함으로써 충족된 것으로 인식되었다.

3) 자선·박애의 영향

자선과 박애는 산업화를 거치면서 새롭게 변용되었다. 산업화 이후 국가기구는 빈곤 문제를 비롯한 사회문제에 대한 개입의 폭을 넓혀 갔다(이 책의 제3부 참고). 그럼에도 불구하고 민간 차원의 자발적 도움과 원조의 체계인 자선과 박애는 그 기능과 역할이 쇠퇴하기는커녕 오히려 확대되고 발전하는 양상을 보여 주었다. 이 책의 제5장에서 논의하고 있는 것처럼, 산업화가 야기한 새로운 사회문제들에 대처하기 위해 자선단체들과 박애조직들은 자선을 과학화하고 조직화하기 위한 노력을 기울였다. 그러한 과정에서 사회사업(social work)이라는 전문 분야도 태동하게 되었다.

한편, 지역사회의 사회문제 해결을 위한 시민들의 자발적 기부는 많은 국가에서 공동모금 형태의 새로운 노력들로 이어졌다. 현대 공동모금 역시 그리스·로마 시대의 박애 전통을 이어받고 있다. 특징적인 것은 오늘날의 공동모금에는 기업조직이 광범위하게 참여하고 있고, 중세 이전에 비해 종교적 동기가 상대적으로 약화되었다는 점이다.

서구 복지국가들의 민간복지는 분명히 중세 이전의 자선과 박애의 전통을 이어받았다. 서구의 자선과 박애는 근대 초 이래의 공공복지에 상당한 정도의 기능과 역할을 넘겨주었다 하여도, 여전히 서구 사회에서 사회문제에 대처하는 사회적 대응양식으로 중요한 위상을 점하고 있는 것으로 이해할 수 있다. 구체적으로 현대사회에서 민간복지 부문이 존재할 필요성이나 이유는 다음과 같이 정리된다(Dolgoff & Feldstein, 1984: 120-122).

첫째, 민간기관만이 아직 공공정책이 되지 않은 서비스들을 제공할 수 있다. 한 예로 과거 가족계획서비스는 민간기관에서 먼저 창의적으로 시작하였고, 후일 그 가치를 국가가 인정하여 공공정책으로 발전하였던 것이다. 오늘날에도 민간기관만이 제공하는 서비스들이 있는데, 이러한 서비스들은 공공정책으로 발전할 수도 있고, 계속 민간기관의 서비스로 남아 있을 수도 있다.

둘째, 민간기관만이 종파적(sectarian) 서비스, 즉 어떤 특정 인종집단이나 이해집단을 위한 서비스를 적절히 제공할 수 있다. 사실 공공서비스는 모든 시민에게 평등하게 제공되어야 하고, 특정한 지위나 신념을 가진 사람들만을 위한 것이 되어서는 안 된다. 그러나 오늘날과 같은 다원화 사회에서 사정은 다소 복잡하다. 예컨대, 가톨릭 교인들이 가톨릭 청년들에게 종교의 가치들을 심어 주는 것은 정당하며, 또한 그것을 여가오락 활동을 통하여 수행하는 것도 정당하다는 의미에서 민간기관의 종파적 서비스의 의의를 찾아볼 수 있다.

셋째, 알코올 중독자 자조모임(Alcoholics Anonymous: AA)에서부터 유방절제수술 경험자들의 자조모임에 이르기까지 자조집단이 갖는 중요성에 대한 인식이 점차 증대되고 있다. 이러한 자조집단들은 시민들의 자원봉사 에너지를 동원하며, 자금을 모집하고, 보다 관료적인 체계 혹은 공공체계 속에서는 불가능한 독특한 형태의 도움을 제공한다.

넷째, 민간기관은 복지 대상자(클라이언트)가 정부와 적대적 위치에 있을 때 그들을 위해 옹호(advocacy)하고 감시(ombudsman)하는 기능을 수행하는 가장 적절하거나 가장 좋은 도구일 수 있다.

다섯째, 역사적으로 볼 때, 비록 그 활동이 사회복지에 사용되는 재원의 일부분에 그친다 하더라도, 민간 부문은 복지서비스의 제공과 관련하여 일정한 기능을 수행할 것이기 때문에 중요하다. 민간 부문이 제공하는 서비스를 위한 기금의 보다 많은 부분이 점차 공공 부문에서 조달될 것이다. 서비스의 전달은 앞으로도 공공과 민간의 혼합에 의해 이루어질 것이며, 그런 의미에서 적어도 당분간은 민간 부문이 정부를 위한 서비스의 전달자로서 계속 성장할 것이다.

2. 공공복지의 출현과 변모

공공 사회복지(public social welfare) 또는 공공복지(public welfare)란 국가가 구성원의 생존이나 안녕을 위해 제공하는 복지를 의미한다. 현대적 의미의 공공복지는 「구빈법」 이후 발전해 온 것으로 이해되고 있다. 그러나 공공복지의 역사는 「구빈법」 시기보다 훨씬 앞선다. 국가가 존재한 이래, 어떤 형태로든 공공복지가 존재해 왔던 것이다. 물론 고대국가의 공공복지가 현대 복지국가의 공공복지와 비슷하였다는 의미는 아니다. 국가가 구성원에게 복지를 제공한 동기나 방법 그리고 그 결과에서 현격한 차이가 있는 것은 두말할 필요가 없다.

국가란 '독점적 강압력, 통일적 권위, 그리고 제반 법률적 · 행정적 장치를 기초로 일정한 영토와 그 영토 내의 주민을 배타적으로 지배하는 정치적 조직(혹은 공동체)'을 의미한다(김태성, 성경륭, 1993). 이러한 국가는 세 가지의 하위 과정을 통해 형성되었는데, 이는 ① 강압력의 축적과 집중, ② 특정 영토 바깥의 경쟁자를 제거하거나 무력화하는 전쟁 유발, ③ 국가기구의 유지와 확대 및 전쟁 수행을 위한 사회로부터의 자원 추출 능력 증가이다.

고대국가는 정복국가 혹은 약탈국가로 출발하였다. 고대국가는 사회불안을 예방하기 위해 최소한의 질서유지 기능을 수행하지 않을 수 없었으며, 적어도 경제적 측면에서 재생산이 가능할 만큼은 생산인구를 보호할 필요성에 처해 있었다. 고대국가의 공공복지는 질서유지와 생산인구 보호라는 동기에 의해 시작되었다.

한편, 정복국가/약탈국가는 역사적으로 볼 때, 간접통치를 근간으로 하는 연합체적 국가나 봉건국가에서 주민에 대한 직접통치를 실시하는 국민국가로 발전해 왔다. 간접통치는 국가나 지배자의 통치력이 전 영토와 주민에게 직접 행사되지 못하고 다양한 중간 매개자(예컨대, 봉건영주, 귀족, 교회와 성직자, 지방 토호 세력 등)에 의해 간접적으로 행사되거나 공유되는 지배체제를 의미한다. 지속적인 정복과 약탈의 결과로 국가가 강압력을 독점하면서부터 국가와 주민 사이의 중간 매개자들은 모두 제거 혹은 배제되거나 국가기구 속으로 편입되었고, 국가는 방대한 국가기구를 수립하여 전 영토와 주민을 국가의 직접적 통제하에 두는 새로운 지배체제, 즉 국민국가로 발전하게 되었다.

1) 공공복지의 출현

최초의 인류사회는 수렵과 채집 사회였다. 당시에는 어떤 조직된 정부나 국가는 존재하지 않았고, 사회 구성원들은 공동으로 생산하고 공동으로 소유하며 소비하는 생활을 영위하였다(Day, 1997: 61-64). 사유재산제도의 출현은 공공복지의 출현과 관련해 중요한 의미를 갖고 있다. 사유재산제도는 수렵과 채집 생활을 하던 인류가 농업을 위해 정착생활을 하는 과정에서 발생하였다. 정착농경의 결과, 가축과 토지의 사유화가 나타나기 시작하였다. 기원전 2000년경에 출현한 청동기시대에는 남성과 여성이 평등한 지위를 지니고 있었으나, 점차 남성이 종교적 권력을 장악하게 되었다. 남성들은 부와 권력의 축적을 종교적으로 정당화하였다. 점차 타 부족에 대해 '신의 명령'을 명분으로 억압하는 일도 발생하였다. 타 부족에 대한 정복을 통해 토지, 가축 그리고 종종 사람 자체를 노예로 몰수하였다. 그 과정에서 빈부격차와 계급이 발생하였다.

기원전 6000년경에서 기원전 3000년경 사이에 역사기록이 시작되었고 문명이 발생하였다. 정착농업이 발생할 수 있는 여건이 잘 갖추어진 메소포타미아 지방(티그리스강과 유프라테스강 유역), 인도평원(갠지스강 유역), 이집트(나일강 유역), 중국(황하 유역) 등에서 문명이 발생하였다. 여기서 말하는 문명이란 국가권력의 체계화를 포함한 것이다. 국가권력은 홍수 통제를 위한 대규모 관개사업, 외적에 대한 방어 필요성 등에 의해 점차 체계화되었다.

이 시기에 사회 구성원들의 안녕이 나눔(혹은 공유)만으로는 부족한 상황이 될 정도로 빈부격차가 커졌다. 그에 따라 새로운 사회적 보호 형태가 출현하였는데, 그것이 바로 공공복지였다. 여기에는 물론 이타주의도 한몫을 했지만, 군주의 지배하에서 노동력을 동원하고 농민을 보호하기 위한 수단으로서 공공복지가 발전하였던 것이다. 그러한 사례들을 문명이 발생한 이집트와 중국을 통해 살펴보자.

(1) 고대 이집트의 공공복지

이집트에서는 기원전 5500년 이전에 강력한 부권왕조가 출현하였다(Day, 1997: 64-65; Dolgoff & Feldstein, 1984: 27-28). 이집트 제1왕조부터 파라오들은 농민 보호를 위한 법을 만들었다. 아울러 빈민이 직접 파라오에게 불만을 말할 수 있는 통로를 만들었다. 당시의 믿음에 따르면, 신은 빈민에게 그들을 억압하는 사람을 영원히 저주할 수 있는 힘을 주었다는 것이었다. 권력자들은 그 저주를 두려워했다. 이집트의 사회복지는 노동자의 경제적 욕구와 생사에 관한 종교적 욕구 양자에 기반을 둔 것이었다. 나일강의 홍수를 다스리기 위해 제방을 쌓는 일은 농민들을 동원하여 해결하였다.[9] 모든 성인 남자는 7년에 1년씩은 파라오의 일을 해야 하였다. 후기왕조에서 관개사업이 어느 정도 이루어진 후에는 농민노동이 파라오의 무덤과 사원 건축을 위해 동원되었다. 수상(grand vizier)이 지시하는 관료체계가 대규모 공공사업, 곡물의 수확과 저장, 곡물 배분 및 구제를 책임졌다(바로왕의 꿈에 대한 요셉의 해몽을 기록한 구약의 기사를 참고). 구제는 노동력을 보호하고 유지하기 위해, 즉 노동자를 보호하기 위해서 이루어졌다.

제4왕조에서 제6왕조(대략 기원전 2700년에서 기원전 2200년까지)에 농민들은 중소영주에게 소속되었다. 성실한 노동이 강조되었고, 장사를 통한 개인적 부의 축적도 강조되었다. 생필품은 정부가 통제했고, 소요가 발생하거나 식량이 제한되면 현지의 수확량과 생필품이 그 지방인구에게 충분히 조달되도록 하기 위해 국경을 폐쇄하는 것이 일반적이었다.

이집트 창제(倉制)의 시작: 파라오의 꿈과 요셉의 해몽

이집트의 왕 바로(파라오)는 동일한 주제의 꿈을 거푸 꾸게 된다. 일곱 마리의 잘생기고 살진 암소들이 강가에서 풀을 뜯고 있는데 흉측하고 야윈 다른 일곱 마리의 암소들이

9) 관개사업이나 피라미드 건설 등에 동원된 농민들에게는 임금이 주어졌다. 그래서 이러한 사업들은 오늘날의 관점에서 보면 실업자를 위한 공공일자리 창출사업이다.

나타나 이들을 잡아먹는 꿈에 이어, 토실토실하고 잘 여문 이삭 일곱 개가 있는데 열풍이 불어서 야위고 마른 일곱 이삭이 이들을 삼키는 꿈을 꾸게 된다. 이집트의 마술사와 현인들이 이 꿈들의 의미를 해석하지 못하여 요셉이 해몽한다. 요셉의 해몽에 따르면 두 꿈의 내용은 같은 것인데, 하나님이 장차 이집트에서 일어날 일과 해야 할 일을 파라오에게 미리 보여 준 것으로서 이집트 땅에 7년의 큰 풍작이 있은 후, 극심한 7년의 흉작이 있을 것이라는 것이다. 미리 대비할 일로서 전국에 관리를 두고 풍년에 수확한 것의 5분의 1을 수납하여 창고에 갈무리했다가 흉년 시에 대비하는 것이라고 조언하였다(구약성서 창세기 41장 참조).

(2) 고대 중국의 공공복지

황하 유역의 광활한 농토를 배경으로 일찍이 고대국가가 출현하였다(Day, 1997: 72-73; Dolgoff & Feldstein, 1984: 28-29). 기원전 1500년경에 왕조가 출현하였고, 기원전 1000년경에는 은나라를 멸망시키고 주나라가 출현하였다. 고대 중국에서 형성된 유교문명에서 추구했던 이상사회의 모습은 『예기(禮記)』에 제시된 대동사회(大同社會)에 관한 기록에서 엿볼 수 있다.

대도가 행해지던 세상에서는 천하가 만인 모두의 것이었다. 사람들은 현자와 재능 있는 사람을 관리로 선출하여 사회를 신뢰와 화목으로 이끌어 나가도록 하였다. 그리하여 그들은 제 부모만을 부모로 여기지 않았고, 제 자식만을 자식으로 여기지 않았다. 노인들에게는 여생을 편안하게 마칠 수 있도록 하였고, 젊은이는 각자 삶의 자리를 갖도록 하였으며, 어린이는 마음껏 자랄 수 있도록 하였고, 홀아비, 과부, 고아, 병든 자들 모두 부양을 받으며 살아가도록 하였다. 남자들에게는 소업이 있었고, 여자들에게는 결혼의 안식처가 있었다. 재물의 헛된 낭비를 싫어했지만 그렇다고 해서 그것을 사재기하지는 않았으며, 노력하지 않는 삶을 혐오했지만 그렇다고 해서 그 노력이 이기적으로 쓰이지도 않았다. 그리하여 남을 모략하는 일이 없어지고 도적이 사라져서 아무도 대문을 잠그고 살지 않았다(김기현, 2009: 383).

이러한 이상사회가 표현된 그대로 실현된 적은 없지만, 역대 왕조들은 그러한 방향을 천명하고 이를 법제화하였다. 예컨대 주나라 때에 이미 농민 보호를 위한 공공복지와 관련된 법과 제도들이 정비되어 있었다. 주나라의 법령집인『주례(周禮)』「지관편(地官篇)」대보식조(大保息條)에는 여섯 가지의 공공복지 프로그램이 소개되어 있다(최익한, 1946/2013). 그 내용은 자유(慈幼: 오늘날의 아동복지에 근사한 것으로, 고아보호 등을 내용으로 함), 양로(養老: 노인복지에 근사한 것으로, 경로잔치 등을 규정), 관질(寬疾: 장애인복지에 근사한 것으로, 환자와 장애인들의 부역 면제 등을 규정), 안부(安富: 부유한 사람들을 편안하게 하는 내용), 진궁[振窮: 환과고독(鰥寡孤獨) 사궁(四窮)의 구휼에 관한 내용], 휼빈(恤貧: 빈민을 구호하는 내용)이다.

한편, 흉년 시의 구제와 치안을 위한 정책들도 이미 주나라 때 수립되었다.『주례』「지관편」대사도(大司徒) 십이황정조(十二荒政條)의 내용을 보면, 다음과 같다.

- 산리(散利)로 공공 창고의 곡식을 풀어 백성들에게 널리 이롭게 한다.
- 박정(薄征)으로 세금을 가볍게 해서 재난을 당한 백성의 부담을 덜어 준다.
- 완형(緩刑)으로 흉년 시에는 형벌을 가볍게 해서 민심을 안정시킨다.
- 이력(弛力)으로 흉년 시에 부역을 덜어 준다.
- 사금(舍禁)으로 평상시 금지하였던 유력자 소유의 토지(연못과 삼림)에서의 수렵과 채취 행위를 허용한다.
- 거기(去幾)로 시장에서 재화의 유통을 돕기 위해 시장에 대한 기찰을 중지한다.
- 생례(眚禮)로 손님을 맞이하는 예의를 대폭 간소화한다.
- 쇄애(殺哀)로 흉년에 다수 발생하는 장례에서 서로 조문을 상쇄한다.
- 번악(蕃樂)으로 흉년 시에 음주가무를 중지한다.
- 다혼(多昏)으로 흉년 시에는 예물을 갖추지 않고 결혼을 치르도록 권장한다.
- 색귀신(索鬼神)으로 흉년의 원인을 초자연적 귀신의 조화로 생각하고, 그간 방치했던 사당이나 기도처를 찾아 귀신에게 제사를 지낸다.
- 제도적(除盜賊)으로 흉년 시 민심을 흉흉하게 하는 도적을 제거하여 민생의 안녕을 꾀한다.

그 외에도 자연재해가 닥치면 식량사정이 좋은 지방으로 백성을 이주시키거나(이민, 移民), 식량을 조달하거나(이속, 移粟), 화폐를 주조하여(작포, 作布) 물류유통의 확대를 꾀하기도 하였다. 일종의 경기부양책이었던 셈이다.

농업에 기반을 두고 있던 중국 약대 왕조에서는 흉년 시 농민들의 보호가 중요한 과제였다. 흉년이 되어 식량이 떨어지면 농업생산을 담당하는 농민들의 수가 줄어드는 것은 물론, 이듬해 종자로 사용되어야 할 곡식까지도 소비해 버릴 우려가 있었다. 이러한 사정에 대비하고자 만들어진 것이 창제도이다. 앞에서 소개한 십이황정 가운데 첫 번째인 산리(散利)는 국가가 관리하는 창제도를 기반으로 한 것이었다. 창제도는 흉년 시 구제의 기능을 수행했을 뿐만 아니라 물가조절 기능을 수행하였다. 그런 의미에서 본다면, 창제도는 사회복지제도이면서 동시에 경제제도였다. 중국의 창제도는 우리나라와 일본 등에 전파되었다(최익한, 1946/2013).

2) 그리스 · 로마의 공공복지

앞 절에서 설명한 이집트와 중국의 사례들은 공공복지의 맹아적 형태에 대한 이해의 실마리를 제공한다. 그런데 서구 국가들의 경우 공공복지의 연원은 그리스 · 로마에서 찾아볼 수 있다. 그것은 서구 국가의 통치와 관련된 각종 법제가 로마법에 뿌리를 두고 있고, 서구 국가의 문화 역시 그리스 · 로마 문화에서 대부분 비롯되었기 때문이다.

(1) 그리스 도시국가의 공공복지

그리스 도시국가는 기본적으로 전쟁을 통해 이루어진 정복국가였다(Day, 1997: 74-77; Dolgoff & Feldstein, 1984: 33-35). 기원전 700년경에서 기원전 300년경까지 다수의 식민지 획득 전쟁이 있었다. 기원전 500년경에 그리스 도시국가들이 성립되었다. 농민들이 농지를 떠나 새로운 빈곤계급이 되었다. 계급분화도 가속화되었다. 초기 그리스에서 노동은 정신을 황폐화하는 저주로 받아들여졌다. 진리를 사고하고 덕을 쌓는 것을 불가능하게 하기 때문에 노동이 천시되었으며, 그에 따라 노동자도 무시당하였다. 노예노동과 빈민노동에 기반을 두고 재산을 축적한 부자들이 엘리트계급을 이루었다. 고대 그리스에서는 노예들이 대다수 일을 수행하였다. 노예의 지위는 그 주인이 지닌 부의 크기에 따라서 종종 자유민의 지위보다 높을 수 있었다. 해방되었을 때 노예들의 다수는 궁핍한 하층민이 되기보다는 옛 주인의 근처에 머물렀다.

그리스 도시국가에서 박애는 '인간에 대한 신의 자비'를 의미하였다. 기원전 4세기경에 박애는 부하나 피후견자(client)에 대한 유력자의 의무로 이해되었다. 식량, 돈, 기름을 시 재정에 기부하여 비상사태와 식량 부족에 대비하는 것이 박애의 주된 내용이었다. 기부자들은 시민들의 상호부조협회나 재정적으로 어려움을 겪고 있는 엘리트 시민들에게 기부하면서 영예를 추구하였다. 공직에 자발적으로 봉사하는 것 또한 영예로운 일이었다. 가치 있는 빈민, 즉 일반적으로 귀족이나 상인과 같이 교양 있게 자랐으나 곤경에 빠진 사람들을 돕는 것도 영예로운 일로 여겨졌다.

가치 없는 빈민은 노동자나 실업자인 하층계급의 사람들이었다. 이들에 대해서는 엘리트들이 박애기부를 거절하였다. 그들을 돕는 것은 가치가 없는 일로 여겨졌는데, 그 이유는 그들로부터 감사(gratitude)를 받는다는 것이 전혀 영예롭지 못하다고 여겼기 때문이었다. 실업자는 게으른 사람으로 여겨져서 방치되었다. 노예는 시민권이 없었고 구호를 받을 수 없었다. 거지 역시 추방되었다. 그 이유는 거지를 돕는 것이 구걸근성(pauperism)을 조장한다고 보았기 때문이었다.

그리스에서 빈민 보호는 이타적이었다기보다는 이기적이었고 자기본위적이었다. 숙박소와 의료센터, 옛 종교사원의 잔재들이 전국에 산재해 있었다. 아테네에서는 시 당국이 식량 부족 시에 시민들에게 곡식을 배분하였다. 또한 장애인에 대한 수당과 연금도 있었다. 불경기 때에 이루어진 공공의 식량 배분 이외에도 여러 유형의 불행한 사람들을 위한 수용보호시설도 있었다. 고아원과 유족연금은 전쟁에서 사망한 자의 자녀를 위한 것이었다. 여타의 고아들은 18세 생일까지 부양되었다. 그러나 빈민에 대한 처우는 가혹하였다. 피임과 낙태, 영아살해가 정당화되었다. 플라톤(Platon)은 그의 저서 『국가』에서 장애인과 노인에 대한 안락사를 촉구하기도 하였다. 노예제, 축첩제도, 강압적 식민화가 복지로 여겨졌다. 즉, 개인보다는 국가의 안녕이 1차적 목적이었던 것이다. 마카로브(Macarov, 1978: 76)는 "그리스에서 박애의 개념이 유래함에도 불구하고, 박애의 정신은 그곳에 결코 존재한 적이 없었다."라고 하였는데, 그 이유 중의 하나는 자선에 관한 종교적 계명이 부재한 데에서 찾을 수 있다. 소크라테스(Socrates), 플라톤, 아리스토텔레스(Aristotle) 등은 '자연 미덕'에 자선을 포함시키지 않았다. 그들이 말한 자연 미덕은 사려분별(prudence), 절제(temperance), 불요불굴의 정신(fortitude), 정의(justice)였다.

(2) 로마제국의 공공복지

로마제국의 공공복지는 다분히 정치적 고려에서 이루어졌다(Day, 1997: 77-85; Dolgoff & Feldstein, 1984: 33-39). 초기 로마에서는 엘리트들이 득표를 위해 자유민들과 소년들에게 불규칙적으로 시여(dole)를 베풀었다. 이때 급여를 받을 자격은 욕구가 아닌 투표권을 가졌느냐의 여부였다. 후기 로마에는 공화제하에서(기원전 450년~기원전 150년) 시여 외에도 부조 프로그램이 존재하였다. 당시 존재한 부조 프로그램에는 부유한 로마 시민이 종종 베푸는 식량, 개인적 급식 프로그램, 개인 후원자가 베푸는 공공 연회, 장사나 제조업에 종사하는 집단이 협회(콜레지아)를 결성하여 매월 회비를 납부한 다음에 받는 상호부조, 부유한 자의 후원으로 콜레지아 소속 노동자에게 제공되는 식량, 거처, 의복, 기타 생필품 등과 같은 것들이 있었다.

초기 제국(기원전 100년경~서기 100년경)에 들어서면서 장차 병사가 될 소년들에 대한 부조 프로그램이 나타났다. 기원전 시기에서 서기 시기로의 전환기에 그리스, 로마, 유대, 이집트, 동유럽 등이 로마 지배하에 들어가게 되었다. 영국해협까지 확장된 영토는 지배계급에게 막대한 부를 집중시켰다. 부패와 빈부격차, 군사비로 인한 조세 부담 등이 심화되었고, 믿을 수 없을 정도로 빈곤이 만연하였다.

서기 2세기경이 되어서는 각종 시여와 후견인제도(patronage system)에도 불구하고 120만 로마 시민 가운데 15만 가구가 공공의 식량부조를 필요로 할 정도로 빈곤이 심화되었다. 로마 도시의 하나인 콘스탄티노플에서는 8만 가구가 무료 급식을 받기도 하였다. 빈민에게 불리한 조세체계로 기존 납세자가 파산함으로써 정부재정은 점점 축소되어 갔으며, 수 세기 동안 유지했던 용병에게 급료를 주지 못할 정도로 중앙정부가 약화되었다.

서기 361년에 기독교가 공인되었다. 교회는 궁핍자에게 국가의 자선을 베푸는 기관이 되었다. 그럼으로써 국가, 교회, 자발적 사회복지 기능이 중복되었다. 교회의 개입으로 국가는 빈민구호 부담에서 일부 벗어나게 되었다. 이탈리아에서는 개인들이 기부하여 설립한 재단이 재산을 부동산에 투자하여 얻은 수익을 도시나 국가 행정가에게 자선 목적으로 기부하기도 하였다. 비잔티움에서는 사제가 부조를 배분하는 역할을 맡았다. 로마에서는 민간자원집단이 국가 지원을 받는 사회복지 시설을 운영하였다.

지금까지 살펴본 그리스·로마의 공공복지에는 부유한 시민이 공공의 재정에 기부하여 이를 빈민구호에 활용하는 것에서 볼 수 있듯 사적 자선이 혼재되어 있다. 또한 기독교 공인 이후 국가는 구호재정을 조달하고 교회는 이를 받아 직접 구호에 나섰던 것에서 공공–민간(교회)의 역할분담도 보인다. 로마가 멸망한 후 교회가 영적 권위뿐만 아니라 세속적 권력까지도 장악하게 되는 중세에는 종교적 자선과 공공복지 사이의 구분이 거의 무의미한 상황이 전개되었다.

3) 중세의 공공복지

476년경 로마제국의 붕괴 이전에 로마 지역에서 봉건제가 출현하였다(Day, 1997: 89-99; Dolgoff & Feldstein, 1984: 39-42). 빈농은 농지를 영주에게 기탁하고 그 휘하에 예속되었다. 한편, 도시빈민은 희소한 일자리를 놓고 노예와 경쟁하는 처지에 놓이게 되었다. 이들은 도망친 노예, 탈영병, 부랑자, 세금포탈농민, 야만족 이민자 등과 함께 농노로 편입되었다. 튜튼족의 침입으로 로마의 중앙집권구조가 붕괴되었고 지방분권화가 가속화되었다. 도시가 쇠퇴하고 무역과 통상이 거의 소멸하였다. 로마제국이 멸망한 것이다. 로마제국 멸망 이후 신성로마교회가 부상하였다. 신권이 세속의 왕권보다 우위에 서게 되었던 것이다. 로마의 영토 정복자들은 기독교에 귀의하였다. 기독교는 왕을 인정하였고, 그 결과 기독교의 위세가 강화되었다.

로마제국 붕괴에서부터 1215년 「마그나 카르타(Magna Carta)」 발표 시기까지 소위 중세 암흑의 시기가 찾아왔다. 통일정부의 부재 속에 도시가 위축되고 통상이 쇠퇴하였다. 군소 국왕들은 영토전쟁에 열을 올렸고, 백성들은 전쟁의 고통을 감내해야 했다. 비잔틴 제국(소아시아, 시리아, 이집트) 농민들은 자유민으로 농장과 마을에 거주하였다. 세금은 적정하였고, 불경기에는 정부와 교회가 협동으로 상품을 구매하였으며, 수도원에서 일자리를 보장하였다. 7세기경 교회의 지원을 받는 일종의 복지국가가 알렉산드리아에서 발전하였다. 임산부병원(maternity hospital)을 비롯한 의료시설이 세워졌고 식량배급이 이루어졌다.

로마 교회는 봉건정치 속에 흡수되었다. 자체 법과 행정기구, 조세제도 및 법원과 처벌기구까지를 교회가 지니게 되었다. 육체와 정신 모두를 교회의 소관으로 하였던 것이다. 이때 세속적 지배자들은 백성을 통제하기 위하여 자선을 줄 필요가 없었다. 그러나 조금 주어진 자선도 보통 지배자의 임종 시 유언에 따라서 이루어지거나 종교적 구원을 기대하고 친척, 가까운 가신, 군 지도자 또는 교회에 주어지는 것이 보통이었다. 다수의 영주는 교회 주교를 겸임하여 십일조와 세금을 징수하였고 기부와 유산을 관리하였다. 대부분은 그 교구민을 돕기 위해서가 아니라 자신의 사욕을 위해 이용하였다.

800년경에는 「샤를마뉴법」에 의해 구걸을 금지하고 건장한 거지에게 동냥을 주는 자에 대해 벌금을 부과하는 법이 제정되었다. 10세기 영국에서는 에덜레드(Ethelred) 왕 치하에서 빈민부조가 종교관습이 아니라 국가의 법으로 규정되었다. 일부 왕, 공작, 상인, 영주들이 시여를 제공하거나 다목적 수용시설(자선원; hospital)을 설립하였다.

이제까지 살펴본 중세의 공공복지는 실상 교회의 자선과 구분되지 않는다. 세속적 권력과 종교적 권력을 함께 지닌 중세교회는 자체 행정기구를 갖추고 있을 정도여서 실상은 국가와 다름없었다. 당시 교회로부터 인정받은 세속적인 권력을 지녔던 국왕과 영주가 행한 공공복지는 시여 형태의 자선이었다. 십일조 형태의 자체 조세권을 지닌 교회는 모인 재원 가운데 3분의 1에서 4분의 1 정도를 빈민구호를 위한 자선에 할당하였다. 이러한 사정을 종합적으로 고려한다면, 중세의 사회복지는 대부분 교회에 의해 이루어졌던 것으로 정리할 수 있다. 근세 이후 종교개혁과 수도원의 해산으로 교회가 자선에 할애할 수 있는 물적 토대가 약화되자, 교회는 자선과 구제의 기능을 세속적인 국가에 양도하지 않을 수 없었다. 그것이 곧 중세에서 근세에 걸쳐 발생한 사회복지의 세속화(secularization)였다(Higgins, 1981).

4) 중세 말의 공공복지

중세 말에서 근세 초에 공공복지에서 변화들이 나타나기 시작하였다. 그 중요한 계기는 신대륙의 발견에 따른 상품화폐경제의 발전과 빈부격차의 발생, 도시의 발전, 농경지의 목초지화(인클로저 운동)에 따른 이농 부랑민의 발생 등이었다(Day, 1997; Dolgoff & Feldstein, 1984). 유럽의 도시들은 유입해 오는 빈민들의 처리 문제가 부담으로 작용하였다. 도시의 구제 능력에 비해 과다한 빈민의 유입은 긴장과 갈등을 유발할 가능성이 있었다. 여러 도시에서 빈민구호와 관련된 새로운 수단들을 강구하였는데, 거기에는 타 지역 빈민에 대해 구호를 제한하는 것과 빈민에 대한 억압적 수단을 도입하는 것 등이 포함되었다. 이에 따라 이제까지 방치되었던 빈민들을 정확히 파악하기 위해 빈민등록제도를 시행한다든가 구걸허가증을 발급하는 등의 행정적 노력들이 수반되었다. 이러한 과정에서 국가는 공공복지와 관련하여 서서히 그 기능을 확장하였다.

(1) 구빈세 전 단계로서의 공동금고

오늘날 공공복지에 필요한 재원은 일반 조세를 통해 충당한다. 그러나 「구빈법」 시기에는 일종의 목적세라고 할 수 있는 구빈세(poor rates)가 주요한 공공복지 재원이었다. 중세 말에서 근대 초에 구빈세와 성격이 유사한 공동금고(common chest)가 공공복지, 즉 구빈을 위한 재원으로 활용되었다. 공동금고에 대한 제안은 마틴 루서(Martin Luther)의 구빈개혁안에서 볼 수 있다(Friedlander & Apte, 1974: 10). 마틴 루서는 1520년 독일에서 발표한 공개선언문 「기독교 귀족에 대한 독일 국민의 호소」에서 구걸은 절대 금지해야 하며, 빈민에 대한 금전, 식량, 의복 등의 지급을 위해서 공동금고를 각 교구에 조직하여 활용하도록 해야 한다고 주장하였다. 그가 제안한 공동금고의 규정을 보면 “정직하게 수공업이나 농업에 종사하는 가난한 세대주가 다른 곳에서 도움을 구할 수 없을 경우에는 무이자로 공동기금에서 자금을 대출받도록 하며, 대출자금의 상환이 불가능할 때에는 탕감해 주도록 한다. 금고의 수입은 교구의 헌금, 자유로운 기부, 시민에 대한 과세로 충당하며, 그 관리 업무는 선출된 시민에게 맡겨야 한다.”라고 되어 있다. 프랑스, 오스트리아, 스칸디나비아제국 등에서는 이러한 루서의 제안과 유사한 계획을 발전시켜 빈민, 환자, 고아에 대한 구제기금의 모집이나 분배를 지방당국이 책임지도록 하였다. 그러나 당시에는 교구가 실질적 행정구역이었기 때문에 구빈을 실제로 수행한 것은 교구당국이었다.

(2) 공공복지 행정체계의 출현과 발전

제한된 공공복지 재원으로 구빈행정을 수행하기 위해 도입된 방안의 하나는 빈민등록제였다. 해당 지역(도시) 출신 빈민들의 명부를 파악하여 그들에게만 구호를 제공하기 위한 빈민등록제는 ① 타 지역 출신 빈민의 추방, ② 등록된 빈민에게만 일종의 구걸허가증 발급, ③ 등록된 빈민에게만 각종 구호금품 지급 등을 내용으로 했다. 빈민등록제의 아이디어는 이미 16세기에 후안 루이스 비브(Juan Luis Vives, 1492~1540)의 구빈안에서 찾아볼 수 있으며, 1531년에 영국 헨리 8세의 「구빈법」에 반영되었다(Friedlander & Apte, 1974: 10-11).

중세 말, 근대 초의 빈민은 비도덕적이고 나태한 존재로 인식되었다. 빈민에게는 음주와 도박, 도둑질, 매춘, 무책임한 결혼, 일하지 않으려는 구걸근성 등의 부정적 낙인이 부여되었다. 이 시기 구빈행정에서는 성격개조가 필요한 빈민을 처벌하고 구호와 노동을 결합하려는 시도가 나타났다. 나태한 빈민에게 엄격하고 가혹한 처우를 통해 성격을 개조한다는 이러한 제안은 후일 영국에서 무자비하게 적용된 구호억제 프로그램으로 발전하였다. 아울러 구빈에 조건을 붙여 빈민의 도덕성과 행동에 대해 감시하고 통제하려는 의도도 반영되었다(Handel, 1982: 30).

빈민을 등록하거나 구걸을 단속하거나 빈민의 성격을 개조하고 행동을 통제하기 위해서는 불가피하게 그에 필요한 행정체계와 인력이 갖추어져야 했다. 중세 말에서 근대 초의 행정은 여전히 교회 중심의 교구행정이었다. 개별 교구(parish) 혹은 교구를 여러 개 묶은 지구(district) 단위의 구빈행정이 시도되었다. 마틴 루서의 구빈개혁안에서는 구빈행정 단위가 교구였지만, 후안 루이스 비브의 개혁안에서는 몇 개의 교구가 묶여서 지구를 구성하게 되었다.

개별 교구이든 지구이든 구빈행정을 위한 별도의 행정인력이 필요하였다. 루서의 구빈개혁안은 실제로 교구위원(warden)들에 의해 수행되었지만, 비브의 개혁안에서는 각 지구에 1명의 간사(secretary)와 2명의 시의원이 자발적으로 참여하는 것으로 되어 있다. 이후 각 도시마다 차이는 있지만, 구빈감독관(commissioner of public relief, overseers)들이 무보수로 구빈행정에 참여하였다(Friedlander & Apte, 1974; Handel, 1982).

지금까지 살펴본 중세 말에서 근대 초까지 이루어진 공공복지의 변모 내용들은 서구 복지국가의 연원을 이루는 「구빈법」에 직접 반영되었다. 억압적 구빈법의 성격은 이미 그 이전 시기에 제안되었던 각종 구빈안에 뿌리를 두고 있었다. 중세까지 종교적 자선에 남아 있던 다소의 관대함은 중세 말에서 근대 초까지의 사회변동 과정에서 점차 사라지고, 대신 구빈에서의 엄격함이 강조되기 시작하였다. 인구의 지리적 이동이 적고 장원과 도시라는 한정된 공간에서 생활했던 중세사회에서 공공의 구빈 혹은 교회의 자선은 해당 공동체가 수용 가능한 범위 내에서 별다른 변동 없이 안정적으로 이루어질 수 있었다. 이 시기에는 공공구빈과 교회 자선에 의존하여 살아가는 인구에도 별 변동이 없었을 것이다. 반면, 중세 말에서 근대 초까지의 사회변동은 장원의 해체와 도시의 발달을 가져왔다. 대규모의 이농 부랑민과 걸인, 떠돌이 등의 존재가 도시 구빈행정에 엄격함과 가혹함을 초래한 원인이 되었던 것이다.

5) 산업화 이전 공공복지의 의미와 그 영향

이제까지 살펴본 산업화 이전의 공공복지, 즉 공공구빈은 그것을 제공한 엘리트와 그것을 받은 빈민에게 어떤 의미를 지녔을까? 산업화 이전 사회에서 빈민이 지닌 가장 큰 관심사항은 생존이었다(Leeuwen, 1994). 반면, 부자 혹은 엘리트들의 최대 관심은 빈민의 동태에 있었다. 산업화 이전에 유럽 각지에서 다양한 시기에 이루어진 공공구빈에 유럽의 엘리트가 관여한 방식은 서로 다른 지역과 시기에 걸쳐 놀랄 만한 유사성을 지니고 있었다. 당시의 구빈은 하나의 통제 전략으로서 엘리트들에게 유익한 방법으로 빈민의 행동에 영향을 미쳤다. 역으로 빈민은 구빈을 수용하였는데, 역시 그렇게 하는 것이 그들에게 이롭기 때문이었다. 엘리트는 구빈 대신 다른 방법으로 그들의 이익을 실현할 수 있었고, 빈민 역시 공공자선 이외의 생존 전략들에 의존할 수 있었지만, 둘 다 그렇게 하지는 않았다. 산업화 이전의 공공구빈은 양 집단 사이의 '거래과정(bargaining process)'으로 기능하였다. 엘리트는 현금, 음식 및 서비스를 제공했는데, 그것들을 제공하는 데 있어서 특정한 조건을 받아들일 것을 전제로 하는 '일괄거래(package deal)' 방식을 적용했다. 그러한 조건에는 현존 사회질서를 수용하는 것, 근면한 생활을 하는 것, 도덕적 생활방식을 수용하는 것 등이 포함되어 있었다. 빈민들은 이를 받아들였다. 엘리트가 구빈을 통제 전략으로 활용하지 않았다면 빈민은 생존 전략으로 그것을 이용할 수 없었을 것이며, 그 역도 성립한다. 구체적으로 공공구빈은 다음과 같은 다섯 가지 면에서 엘리트들의 집합적 이해에 부합하였다.

첫째, 노동시장과 관련하여 볼 때 빈민의 존재는 지방 엘리트의 이익에 기여하였기 때문에 그들에게 구호를 제공하였다. 자신의 노동력만으로는 살아갈 수 없고 구호가 없으면 타 지역으로 이주하거나 비합법적 행동에 호소하거나 혹은 아사에 직면할 가능성이 있는 노동인구에게 구호가 제공되었다. 농업의 특성상 노동력의 수요는 계절적·주기적으로 부침이 심하였다. 여름철과 경기 상승 시에는 농업노동력의 수요가 급증하는 데 비해, 겨울철과 경기 침체기에는 노동력 수요가 급감하였다. 노동시장이 불완전한 상황에서 고용주인 농장주들이 불경기에 빈민(노동자)을 구호하는 것은 합리적인 선택이 된다. 왜냐하면 노동력 수요가 많아질 때 이들의 노동력 활용을 보장하는 방편으로 구호가 작용하기 때문이다.

둘째, 사회질서의 유지라는 측면에서도 공공구호는 지배 엘리트들에게 의미가 있었다. 빈민들에게 현존 사회질서는 신이 정해 준 것으로 정당하며, 따라서 변동될 필요가 없는 것이라는 점을 인식시켜야 했다. 이를 위해서는 일종의 호혜성에 입각한 관념이 양자에 의해 받아들여질 필요가 있었다. 즉, 부자들은 빈민을 부조할 의무를 지고 있고, 빈민은 세계를 있는 그대로 수용할 의무를 지고 있다는 것이다. 구호금품을 받음으로써 빈민들은 현존 사회질서의 정당성을 수용하지 않을 수 없었다. 빈곤 아동 역시 빈민학교에 취학하여 현존 사회질서가 정의롭고, 그것이 변할 수 없다는 것을 강조하는 교육을 받아야 했다. 상향적 사회이동을 최소화하려는 엘리트의 의도가 공공구호에 잘 반영되었다. 공공구호는 또한 하향적 사회이동을 약화시키기 위해, 좋은 가문 출신의 빈궁해진 사람들에게도 제공되었다. 이러한 수치를 아는 빈민(shame-faced poor)들은 보통의 빈민보다 더 많은 구호를 덜 엄격한 조건에서 받았던 것이다.

셋째, 공공질서의 유지라는 측면에서도 공공구호는 지배 엘리트들에게 의미가 있었다. 다수의 경제적 파탄은 불만으로 이어질 수 있었다. 식품가격이 비싸지는 시기에는 특히 빈민에 대한 공포가 널리 퍼졌다. '노동계급은 위험한 계급(classes laborieuses, classes dangereuses)'이라는 인식이 엘리트들에 의해 공유된 상황에서 구빈비용이 공공질서를 유지하고 지배 엘리트의 재산과 생명을 보호하기 위한 다른 수단에 드는 비용보다 싸다면, 그것은 엘리트들에게 이로운 것이었다. 궁핍한 자에 대한 부조는 그들의 기아 상태를 점검할 수 있는 수단이 되고, 어느 정도로는 굶주린 빈민들의 난폭한 행동으로부터 부자를 지킬 수 있는 방도이기도 했다. 빈민구호는 자신의 집과 양심을 안전하게 지키기 위해 부자들이 지불하는 일종의 보석금이었던 셈이다.

넷째, 감염 위험의 경감이라는 면에서도 공공구호는 지배 엘리트들에게 의미가 있었다. 빈민을 죽이는 질병들이 동일하게 부자들도 죽일 수 있었다. 따라서 빈민들이 원하든 원하지 않든 그들이 구빈 조건의 하나로 확실히 의료원조를 받도록 하는 것은 중요하였다. 이러한 맥락에서 공공복지의 영역에 보건의료와 관련된 내용들이 점차 확대되었고, 엘리트들의 자선·박애 활동에서도 보건의료사업이 강조되었다.

다섯째, 도덕적 행위의 강화라는 측면에서도 공공구호는 지배 엘리트들에게 의미가 있었다. 도덕적으로 엘리트는 빈민을 교화(civilize) 또는 훈육(discipline)하기 위해 그들에게 새로운 가치와 규범을 교육함으로써 그들의 바람직하지 않은 행위를 교정하고자 시도하였다. 이러한 조치는 '왜 빈민들을 야만(uncivilized) 상태로 놔두지 않는가?'라는 점에서 이상하게 보인다. 그러나 당시에는 빈곤이 도덕적 문제로 생각되었고 역겨운 생활방식의 결과로 생각되었다는 점을 상기해야 할 것이다. 도덕적 조건을 부수하지 않고 부조를 제공하는 것은 빈민들 사이에 천박함과 방종을 재생산할 뿐이라는 생각이 만연하였다. 훈육의 부재와 일 대신 여가를 선호하는 것이 실업과 빈곤의 주요 원인으로 간주되었기 때문에 구빈은 빈민이 노동하도록 자극하는 방식으로 제공되어야 했다. 다른 한편, 잘못 맺어진 결혼과 혼외정사의 결과로 나타나는 빈곤의 재생산은 억제되어야 한다고 생각되었다. 후일 맬서스(Malthus)에 의해 체계화된 '도덕적 억제'라는 아이디어가 싹튼 것이다. 초기 공공구호에서 엘리트들은 빈민의 가정생활을 구빈자격과 관련시켰다.

그렇다면 산업화 이전의 공공구호는 빈민들에게 어떤 의미를 갖는가? 빈민이 선택할 수 있는 대안이 구호를 받아들이는 것 이외에는 없었는가? 중세 말에서 근대 초에 걸쳐 혹은 오늘날까지도 빈민이 택할 수 있는 대안으로는 다음과 같은 것들이 있을 수 있다. 이러한 대안들 역시 일종의 생존 전략으로 이해될 수 있다.

첫째, 부녀노동이 있다. 빈곤가정의 부녀들은 미숙련, 저임금 직종에 취업함으로써 가계소득의 증대를 꾀한다. 그 외에도 불법적이고 '명예롭지 못한' 소득 획득 활동에도 참여할 수 있다. 그 대표적인 것이 매춘이다. 둘째, 아동노동을 들 수 있다. 편지 배달이라든가 구두 닦기, 굴뚝청소 등의 일들이 빈곤가정에서 자녀에게 강요할 수 있는 구빈의 대안일 것이다. 그 외에도 아동구걸을 들 수 있다. 실상 빈곤아동들은 '뛰어난 거지'로서 활동했던 적이 있다. 셋째, 구걸 행위를 들 수 있다. 구걸은 생존을 위한 여타의 전략들이 가능하지 않을 때 선택할 수 있는 대안의 하나였다. 중세에는 구걸에 종교적 의미가 담겨 있기도 하였으므로 구걸하는 자에 대한 자선이 관대한 경우도 있었다. 그러나 점차 많은 지역에서 구걸을 단속하고 구걸하는 자를 처벌하는 조치들을 취하게 된다. 넷째, 상호부조가 있다. 제4장에서 볼 수 있듯이 다양한 동류의식을 바탕으로 한 상호부조 기제들이 가동되었지만 그 보호의 수준은 높지 않았고, 가입에는 일정한 정도의 자원 동원이 가능해야만 했던 전략이었다. 다섯째, 범죄가 있다. 빈민들의 생존 전략으로서의 범죄는 극한상황에서 이루어지는 것이 일반적이었고, 공공행정에 의해 철저하게 통제되었던 생존 전략이었다.

공공구호는 이상에서 소개한 생존 전략들과 보완적 관계에 있었다고 보는 것이 타당할 것이다. 빈민들이 구빈을 받는다는 것은 불법적 생존 전략을 포기하고 엘리트가 정한 사회통제유형을 수용한다는 것을 의미했다. 그러나 미미한 수준의 공공구호라 하더라도 구빈은 경제적 생존 전략 이상의 의미를 빈민들에게 부여했다. 특정 시설을 이용하는 데 있어서 그것의 제공자가 원했든 원치 않았든 빈민들은 이를 자신들의 생존과 관련된 욕구의 충족을 위해 활용했다. 예컨대, 빈민학교는 빈민들에게 자녀를 맡기는 탁아소로 활용되었고, 작업장이나 정신병원과 같은 수용소는 가족의 자원을 축내는 구성원을 강제로 추방하여 격리시키는 수단으로 활용하였던 것이다.

공공구호를 둘러싸고 제기되는 현대의 쟁점들 역시 근대 초에 제기되어 온 것들이다. 그중에 구빈이 자발적 실업을 증가시켰다는 주장에 대해서는 이를 지지하는 관찰이 있는가 하면, 반박하는 주장도 있다. 구빈이 자발적 실업을 증가시켰다는 주장에 대한 반박에 따르면, 구빈수준이 너무 낮아 노동에 대한 반유인기제로 가동되지 못하였다는 점이 지적된다. 반대로 구빈감독기관이 매우 효과적이어서 대규모의 '노동회피(labor evasion)'가 불가능하였을 것이라는 점도 지적된다. 구빈은 특정 집단에게만 특정 경제적 상황에서 제공되었기에, 구빈이 광범위한 자발적 실업을 가져온 것이 아니라 만연한 비자발적 실업이 특정 형태의 구빈을 가져온 것이라는 점이다.

한편, 구빈이 사회질서나 정치질서를 안정시켰는지 혹은 저해했는지에 대해서는 커다란 쟁점이 없다. 분명히 구빈은 사회질서를 유지하고 정치적 안정을 가져오는 데 기여하였던 것으로 관찰된다. 구빈은 그 수준이 적절할 때 빈민의 생존에 도움이 되었을 것이다. 반면, 그 수준이 너무 낮으면 아사자가 증가하였을 것이며, 그 수준이 다른 지역에 비해 높고 관대하면 다른 지역으로부터 많은 유입자를 불러 모았을 것이다. 이러한 가정들은 각각의 상황에 따라 다양하게 전개되었다. 한 가지 분명한 것은 구호가 빈민 수의 증가에 기여하였다는 점이다. 특히 빈민에 대한 의료구호는 빈곤아동의 생존 확률을 높여 빈민 수의 증가에 기여하였다. 마지막으로, 빈민구호는 빈민의 교육수준 향상과 영적 안녕에도 기여하였다. 아울러 빈민들의 가족생활에 대한 태도에도 영향을 미쳤는데, 구체적으로 성관계에서의 도덕성이나 전반적인 위생 상태에 영향을 미쳤다.

생각해 볼 문제

1. 현대사회의 복잡다단한 사회문제를 해결하는 데 있어서, 자선과 박애가 지닌 가능성과 한계는 무엇일까?
2. 오늘날의 비영리조직 활동에 남아 있는 전근대 자선, 박애의 흔적들은 무엇인가?
3. 고대국가에서 공공복지는 왜 출현했을까?
4. 사회불안을 예방하기 위해 제공되었던 공공복지(구호)의 역사적 사례들을 찾아보자.

추천 자료

1. 박애와 자본주의는 얼핏 서로 어울리지 않는 조합으로 보인다. 그러나 자본주의 사회에서 성공한 세계적인 거부들과 명사들은 기부에서도 현저한 활동을 보인다.

   Bishop, M., & Green, M. (2010). **박애자본주의: 승자만을 위한 자본주의에서 모두를 위한 자본주의로** (*Philanthrocapitalism: How the rich can save the world*). (안진환 역). 서울: 사월의책.

2. 우리는 중세를 암흑기로 상상한다. 그러나 과연 그럴까? 성에 살았던 중세인들의 삶을 들여다보자.

   Reitz, M. (2006). **중세 산책: 성에 살던 중세인들의 꿈과 일상** (*Leben auf der Burg*). (이현정 역). 서울: 플래닛미디어.

제3장

구빈법의 등장과 발전

"나태한 자들은 누더기를 걸쳐야 한다. 일을 하지 않는 자는 먹어서는 안 된다." (J. Bellars)

"빈민은 스스로 가족을 부양할 능력도 없이 결혼하고 있다. 구빈법은 그것이 구제하려는 빈민을 오히려 창출하는 구실을 한다." (T. R. Malthus)

14세기 이후 중세의 장원경제가 붕괴하고 농노가 토지로부터 분리되어 대규모 유랑민과 빈민이 발생했고, 이들은 점차 임금을 찾아 제조업(manufacture)이 있는 도시로 유입되었다. 이들에 대한 보장은 봉건적 사회관계나 장원이 아닌 국가였다.

농노제의 해체 과정에서 위기를 느낀 봉건귀족들이 권력의 경제적 원천인 토지의 소유권을 절대화하고 정치권력을 중앙집중화함으로써 절대왕정이 성립되었으며, 중상주의적 국가전략 속에 형벌적이고 가혹한 「구빈법」 체계가 만들어졌다.

「엘리자베스 구빈법」(1601)으로 종합되었던 「구빈법」 체계는 「길버트법」과 「스핀햄랜드법」 등 억압적 성격이 완화되기도 하였다. 그러나 이러한 변화는 구빈재정을 압박하는 등 빈곤 해결을 위한 기능에 한계를 보였다.

1984년의 「개정구빈법」은 한계에 직면한 「구빈법」에 대한 자유주의적 대안이었다. 「개정구빈법」으로 구빈제도는 다시 가혹해졌고 국가의 구빈 책임은 축소되는 등 빈곤에 대한 자유주의적 관점이 관철되었다.

1. 구빈법[1] 등장의 배경

1) 중세의 붕괴와 빈곤의 증가

14세기 중엽에 이르러 중세의 봉건제는 실질적으로 붕괴되기 시작하였다. 중세의 붕괴는 봉건제를 떠받치고 있던 장원경제의 붕괴를 의미했다. 14세기 초반 6년간의 기근과 14세기 중반 콘스탄티노플에서 시작하여 유럽을 거쳐 영국을 강타한 흑사병으로 인해 인구 감소, 노동력 부족, 임금 상승이 나타났다. 영국은 흑사병으로 인구의 약 3분의 1이 감소하였으며 노동력의 공급이 줄어 농업에 큰 타격을 주었다. 살아남은 농민들은 노동의 수요-공급 관계에서 상대적으로 지위가 높아지고 임금이 상승하였다. 그러자 농노를 풀어 주면서 영주들이 자영농으로 전환하기 시작하였다. 15세기를 거치면서 사람들을 토지와 분리하는 요인들이 더욱 증가하였다. 백년전쟁에 이어 1485년에 끝난 장미전쟁[2]을 거치면서 봉건귀족은 약화되

1) 이 장에서 다루는 「구빈법」의 등장과 변모 및 쇠퇴 과정은 영국의 역사적 경험에 국한했다. 따라서 서술 내용을 보편사적 현상으로 이해하는 것은 무리이다. 그럼에도 영국의 경험이 갖는 보편적 특성(김태성, 성경륭, 1993: 80-81)과 자료 접근의 용이성 및 서술의 간명성 등을 고려해 그렇게 하였다.
한편, 당시의 법률들을 가리키는 영문명 'Poor Laws'를 우리말로 어떻게 옮길 것이냐를 두고 약간의 견해 차이가 있다. 더러는 이 법률들이 진정한 의미에서 '빈곤의 구제'에 뜻이 있지 않았다는 사실 등을 강조하면서 '빈민법'으로 옮김이 타당하다고 주장한다(김동국, 1994: 27). 그러나 당시의 관련 법률들의 명칭이나 이에 관한 설명에서 '구빈(poor relief)'을 그 중심 개념으로 사용하고 있음을 감안할 때(이후의 본문 서술 참고), 다수가 받아들이는 '구빈법'으로 옮기는 것이 무난한 것으로 보인다. 더구나 '구빈행정' '구빈세' 등의 용어와 표현상의 일관성도 고려할 필요가 있다.

2) 백년전쟁 후 1455~1485년에 왕권을 둘러싸고 벌어진 영국의 내전으로, 붉은 장미를 문장으로 쓰는 랭카스터 왕가와 하얀 장미를 문장으로 사용하는 요크 왕가의 왕위 쟁탈전이었다.

고 왕권은 강해졌으며 젠트리(Gentry)[3]가 신흥세력으로 부상하였고, 산업 측면에서는 양모산업이 발달하면서 목양이 큰 이윤의 원천으로 등장하였다. 이에 따라 기존의 경작지를 목양지로 전환하는 인클로저(enclosure)[4]가 지속적으로 증가하였다. 목양지에서 분리된 대규모 노동력은 새로운 일자리를 찾아 지리적으로 이동해야 하는 상황이 되었다.

토지에서 분리되고 농노 신분에서 해방된 사람들은 임금을 제공할 일자리와 더 높은 임금을 찾아 이동을 시작하였다. 이 과정에서 대규모 유랑민과 걸인이 등장하였고, 사회경제적 위협 요인이 될 정도로 빈곤이 증가하기 시작하였다. 붕괴된 장원경제로부터 이탈된 빈민들을 흡수할 수 있던 것은 새로운 생산양식으로 등장하여 도시를 중심으로 성장하기 시작한 제조업이었다. 하지만 그 규모가 도시로 몰려든 이주민들에게 일자리를 충분히 제공할 정도로 발전한 상황은 아니었고, 그 결과로 농촌을 떠난 많은 사람은 빈곤해질 수밖에 없었다.

11~12세기 이후 진전되기 시작한 도시, 수공업, 상업의 발달은 중세와는 다른, 새로운 사회적 관계를 요구하였다. 농노는 사라지고, 점차 임금에 의존하여 삶을 유지해야 하는 노동자들이 등장하기 시작했다. 이제 장원에서 이탈한 사람들은 자신의 삶을 자신이 책임져야 했다. 장원에서 영주에게 예속된 대가로 누리던 농노 시절의 경제적 보장은 사라졌다(Schweinitz, 2001: 24-25).

요컨대, 중세가 붕괴하는 과정에서 농민과 노동자가 자신의 점유지나 가옥에서 분리되고, 노동이 평생 일할 수 있는 형태에서 그때그때 지속적으로 취업해야 하는 형태가 되었다. 직업은 상업과 수공업의 전개 과정에 따라 부침을 겪게 되었고, 임

3) 영국에서 귀족으로서의 지위는 없었으나 가문의 휘장을 사용할 수 있도록 허용받은 유산계층을 이른다. 요먼(Yeoman) 이상, 귀족 이하의 토지소유자(농장주) · 법률가 · 기술자 · 대기업 회장 · 중소기업 사장 · 대상인 · 은행장 · 건물주 · 공장주 등 전문적인 직업을 가진 자 및 부자 등을 핵심으로 한 유산계층으로, 16세기 이후 영국의 자본주의와 사회 발전의 근간을 이루었다. 신사를 뜻하는 '젠틀맨(Gentleman)'의 유래가 되었다(https://ko.wikipedia.org/wiki에서 발췌).

4) 인클로저는 울타리를 친다는 의미이다. 이 당시 인클로저는 노동집약적인 농장이 목동 몇 명만이 요구되는 목장으로 전환됨으로써, 이탈된 농민(농노)들이 임금을 찾아 도시로 이주하거나 유랑하게 만들었다. 이를 빗대어 "양이 사람을 잡아먹는다."라고 할 정도였다.

시 취업, 불완전 취업, 간헐적 취업, 계절적 취업, 주기적 취업이 노동자들의 삶의 수단이 되기 시작하였다. 하지만 이러한 새로운 노동 형태는 개인에게 경제적 안정을 제공하지 못하였고, 그러한 사회경제 시스템은 점차 견고하게 발전해 갔다. 불안정한 사회 구성원의 입장에서, 이러한 상황은 봉건적 사회관계나 장원이 아닌 국가라는 새로운 경제적 보장 주체를 요구하는 것이었다(Schweinitz, 2001: 38-40).

2) 절대왕정과 중상주의

(1) 절대왕정기의 정치와 경제

16~18세기의 유럽은 중세 봉건제 사회에서 근대적 시민사회로 이동하는 과도기에 속한 절대왕정의 시기였다. 절대왕정기의 정치적 지배기구인 절대주의 국가(absolutist state)는 농노제의 해체 과정에서 위기를 느낀 봉건귀족들이 권력의 경제적 원천인 토지의 소유권을 절대화하고 정치권력을 중앙집중화함으로써 그러한 위기를 모면하고자 하는 가운데 형성되었다. 한편, 이처럼 봉건제가 해체되는 것과 함께, 이 시기는 일련의 기술적 · 상업적 진보를 거쳐 산업혁명 이전의 제조업이 발전함으로써 도시 부르주아지가 성장하는 시기이기도 했다.

절대주의 국가들은 로마법을 부활시킴으로써 경제적으로는 도시와 농촌에서 자유로운 자본의 성장을 도왔고, 정치적으로는 권력의 중앙집권화를 시도하였다. 서유럽에서 절대주의가 갖는 모순점은 그것이 근본적으로는 귀족계급의 재산과 특권의 보호를 위한 장치이면서, 동시에 도시 상공업 자본의 기본적 이익을 보장해 주고자 하였다는 것이다. 즉, 절대주의는 자본주의적 생산양식이 뿌리내릴 수 있는 물적 기초가 되었던 '본원적 축적'에 부분적인 역할을 수행한 것이라 볼 수 있다.

군주들은 조세를 징수해야 할 필요성에서 신분의회(estates)를 소집했다. 영국의 의회(parliament)가 그 예이다. 이 의회는 조세에 대한 동의권과 함께 국왕의 국사에 자문할 권리를 보유하고 있었다. 이처럼 의회는 군주들의 조세 기반을 확대하기 위해 생겼지만, 차츰 군주에 대한 귀족들의 집단적 통제력을 강화하는 통로가 되기도 하였다.

그러나 절대주의 국가는 일정한 한계를 지니고 있었다. 행정적 집중화와 사법적 통일을 달성하는 데에 궁극적으로 성공하지 못하였던 것이다. 중세에서 이어진 신분집단적 특수주의와 지역적 특수성은 계속되었기 때문이다.

(2) 중상주의의 빈민관

절대왕정기의 지배적 경제정책 기조는 중상주의(重商主義, Mercantilism)였다. 중상주의의 관점에서 빈곤은 사회악이 아니었다. 오히려 일정 수의 빈민들이 유지되는 것이 사회적으로 유용한 것으로 인식되었다. 이 점이 오늘날의 복지국가가 궁극적으로 빈곤의 퇴치를 지향하고 있는 것과 대조를 이룬다. 노동력을 국부의 기반으로 생각하였으며, 따라서 인구의 감소보다는 증가에 정책의 비중을 두었다. 그리고 노동하는 자들을 관리하거나 보호하는 일을 정책의 중요 과제로 생각하였다.

중상주의

서유럽에서 16~18세기에 걸쳐 널리 성행하였던 중상주의 이론과 정책은 국가의 힘을 강화하기 위해 정부가 나라의 경제를 규제하는 것이 그 기본 특성이었다. 영국에서 엘리자베스 1세의 통치기에 채택된 이 정책은 17세기 종반까지 지속되었다. 엘리자베스 여왕은 국민의 나태심을 약화하고, 독점적 산업활동을 지원하며, 상업을 통제하기 위해 법률들을 제정하였다. 그런 가운데, 노동능력이 있는 모든 사람에게 노동을 강제하는 정책을 취했던 것이다.

중상주의는 국가의 번영과 경제의 강성이라는 공동이익을 위해 정치권력을 독점한 국가가 경제의 운영에 일관성 있게 개입하는 입장을 취한다. 이것은 또한 전쟁이 필요하며 전쟁이 국익을 가져다준다는 것을 강조하는 호전적 시각을 지니기도 하였다. 그래서 경제를 튼튼하게 해야 하는 이유는 해외 정복전쟁을 성공적으로 수행하려는 데에 있었던 것이다.

임금수준은 되도록 낮게 유지하는 것이 국제 경쟁력 면에서도 유리할 뿐 아니라 빈민들을 근면하게 만드는 길이라 여겼다. 가난이 반드시 나태에서만 비롯된다고 보지는 않았지만, 나태는 노동습관과 기술에 악영향을 줌으로써 빈곤의 주요한 원인이 되고, 따라서 본인은 물론 나라에도 해를 끼치게 된다고 보았다. 그래서 그들은 빈민의 나태심을 매우 혐오하였고, 빈민의 나태심을 제거하는 것이 통치자의 의무라고 보았다(Rimlinger, 1991: 30-33). 바로 이 점이 중상주의자가 빈곤의 유용성을 주장하면서도 빈민구제를 위한 정책을 펴는 일견 모순적인 모습을 보인 주된 이유라고 본다. 그들의 빈민구제 정책은 빈곤의 제거나 빈민의 고통을 완화하는 데에 목적이 있었다기보다는, 빈민의 '나쁜' 노동습관을 고침으로써 국부의 근원인 노동력이 훼손되지 않도록 하려는 데에 있었다고 보는 것이 적절할 것이다.

2. 구빈법 확립과 변화

1) 공적 구빈제도의 대두

영국에서 교구 단위의 빈곤구제가 시작된 것은 15세기까지 거슬러 올라간다. 수도원이 해체되고 중세적 사회구조가 붕괴되면서, 빈곤구제가 전통적인 자발적 자선에서 교구 단위의 강제조세에 기반한 구빈행정으로 전환되어 갔던 것이다.

빈민구제를 위한 초기의 입법들은 주로 걸인들과 부랑인들을 단속하기 위한 것이었다. 1348년부터 2년에 걸친 흑사병의 후유증으로 노동력의 급감과 임금의 급증 현상이 초래되었고, 이러한 문제를 해결하기 위해 노동능력이 있는 사람들의 노동을 강제하고 임금을 종전 수준으로 되돌리기 위한 법률들이 제정되었던 것이다. 노동자들이 보다 급료가 높고 노동 강제를 덜 엄격하게 하는 지역을 찾아서 떠돌아다니게 된 것은 이러한 제도들 때문이었다.

노동능력이 있는 걸인들에게 개인적 자선을 하지 못하게 한 1349년의 '노동자칙령(Ordinance of Labourers)'이나 모든 노동자와 걸인들의 이동을 금한 1388년의 「케임브리지법(Statute of Cambridge)」은 이러한 노동자들의 반응에 대한 또 다른 규제법들이었다. 후자를 통하여 노동능력이 없는 빈민들의 구제를 각 지방의 책임으로 분명히 하게 되었다. 거주지를 떠나고자 하는 천민들은 당국으로부터 '양민'이라는 증명서를 지녀야 했다. 그래서 이러한 규정을 담은 「케임브리지법」을 영국 최초의 구빈법으로 보기도 하나, 강제력이 결여되었던 관계로 그 효과는 제한적이었다.

이후 몇 개의 규제법이 뒤따랐는데, 1494년의 「부랑인 · 걸인법(Vagabonds and Beggars Act)」이나 「합법정주법(Statute of Legal Settlement)」이 그 예이다. 후자가 갖는 긍정적 측면이라면, 노동능력이 없는 빈민들을 보호하기 위한 시설의 설치를 규정하고 있다는 점 정도였다. 1564년의 법은 교구 관리로 하여금 부랑인 및 걸인에게 거주지를 지정해 줄 수 있는 권한을 부여하였는데, 이 장소가 후에 작업장으로 발전하였다. 엘리자베스 여왕 집권기인 1598년에는 「구빈법(Act For the Relief of the Poor)」이 제정되어 모든 교구에 빈민감독관을 두고, 이들에게 실업자를 위한 구직활동과 자활능력이 없는 이들을 위한 보호시설 설치의 책임을 부과하기도 하였다(Higginbotham, 2000).

2) 엘리자베스 구빈법

그림 3-1 엘리자베스 1세

이러한 시대적 · 사상적 배경에서 산발적이었던 종전의 구빈법들을 집대성한 최초의 법이자 복지국가를 향한 국가 개입의 전조로서 평가되는 법이 제정되었다. 바로 엘리자베스(Elizabeth) 1세의 집권 43년째인 1601년에 제정된 「엘리자베스 구빈법(Elizabethan Poor Law)」이다. 이 법은 실제로는 1598년의 법을 개정한 것이었으나, 종종 '구(舊) 구빈법(Old Poor Law)'으로 불리기도 한다(Higginbotham, 2000).

「엘리자베스 구빈법」(1601)은 추밀원(樞密院)을 정점으로 하는 중앙집권적 빈민 통제를 특성으로 하며, 빈민의 관리를 국가의 책임으로 하되 빈민의 권리는 아직 수용되지 않았다. 각 교구에서는 교구위원회의 임명을 받은 빈민감독관이 구빈세 징수 등의 구빈행정을 담당하여 음식물이나 돈을 배분하고 교구의 구빈원을 지도 · 감독했다.

이 법의 가장 중요한 특징 가운데 하나는 빈민의 유형을 노동능력 유무를 중심으로 분류하였다는 점이다. 먼저, 노동능력이 있는 빈민은 교정원(house of correction)이나 작업장(workhouse)에 수용하여 노동을 하게 하였고, 이들에 대한 자선은 금지하였으며, 이주도 제한하였다. 종전의 구빈 관련 법들이 지녔던 징계적 성격이 그대로 재현되고 있음을 알 수 있다. 노동능력이 없는 성인 빈민은 구빈원에 수용하여 보호함(indoor relief)을 원칙으로 하되, 거주할 집이 있으면 원외구제(outdoor relief)를 병행하였다. 가족 책임을 우선적 원칙으로 삼았기 때문에, 보호할 가족이 있을 경우에는 구제의 대상에서 제외하였다. 그리고 요보호 아동(dependent children)은 시민에게 무료 위탁보호를 시키거나, 유료로 위탁할 경우에는 최저입찰자에게 위탁보호를 맡겨 도제로서 활용하도록 하였다. 이는 빈민을 체계적으로 분류하여 노동력을 조직적으로 활용하고자 한 것으로서, 생산력 향상과 관리의 편의를 도모한 제도였다. 지역별로 징계방을 두어, 노동을 거부하거나 도망을 치거나 구걸 혹은 게으른 생활을 목적으로 타 지역으로 이동한 사람을 가두었다.

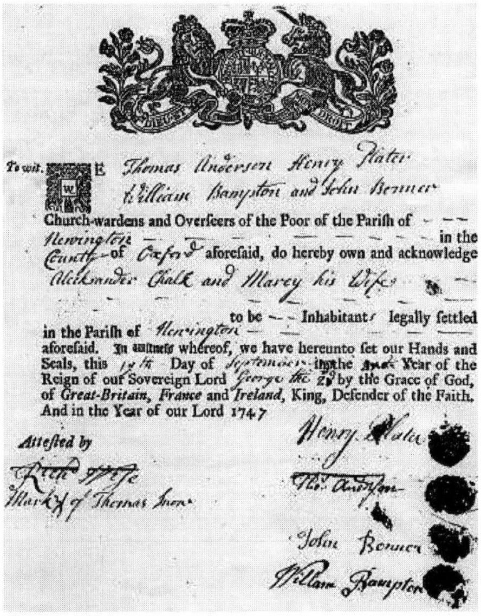
To wit. E Thomas Andersen Henry Plater William Bampton and John Bonner
Church-wardens and Overſeers of the Poor of the Pariſh of Newington in the County of Oxford aforeſaid, do hereby own and acknowledge Aleksander Chalk and Marey his Wife to be Inhabitants legally ſettled in the Pariſh of Newington aforeſaid. In witneſs whereof, we have hereunto ſet our Hands and Seals, this 19th Day of September in the Year of the Reign of our Sovereign Lord George the 2d by the Grace of God, of *Great-Britain*, *France* and *Ireland*, King, Defender of the Faith. And in the Year of our Lord 1747

Atteſted by

Henry Plater

Tho. Andersen

John Bonner

William Bampton

그림 3-2 1747년경에 사용된 「정주법」 서류

출처: The Workhouse-The Old Poor Law 페이지.

이 제도의 운영을 위해 필요한 재원은 교구 주민들에게 능력에 따라 부과하는 구빈세(poor rate)로 충당하였다. 초기에는 지방 소득세의 성격을 띠었으나, 차츰 부동산에 대한 재산세의 형태로 전환되었다. 이때 문제는 토지의 소유자에게 세금이 부과된 것이 아니라, 그 소작인에게 부과되었다는 점이었다. 구빈세를 납부하지 않으면 치안판사에게 소환당하여 벌금, 차압, 수감 등의 벌을 받았다.

「엘리자베스 구빈법」은 비록 중상주의적 발상에 기반을 둔 것이기는 하나, 빈민에 대한 공적 구제를 중앙정부의 책임으로 인정하였다는 점에서 그 역사적 의미를 찾을 수 있다. 이러한 점에서 복지국가의 출현과 무관하지 않으나, 수급자의 권리에 대한 인식보다 이들의 통제에 목적이 있었으며 잔여적 모형의 전형이었다는 점에서 복지국가의 출발로 보기는 곤란하다. 특히 17세기 후반에 있었던 두 차례의 시민혁명 등의 영향으로 중앙집권적 통제가 실효를 거두지 못한 점도 이 법의 한계이다.

3) 억압적 성격 강화

「엘리자베스 구빈법」의 억압적 성격은 중상주의적 사조의 확산과 더불어 등장한 이후의 새로운 법률들에 의해 더욱 강화되는 경향을 보인다. 말하자면, 노동력 관리와 빈민들의 잘못된 노동습관 개조의 필요성에 대한 지배계급의 인식이 더욱 확대되었음을 의미한다. 이러한 의미를 담고 있는 대표적인 법으로 「정주법」과 「작업장법」을 간략히 설명하고자 한다.

(1) 정주법

「엘리자베스 구빈법」이 제정된 지 약 60년 후에 빈민들의 거주 이전을 보다 엄격히 제한하는 새로운 법률이 제정되었다. 그것이 1662년의 「구빈개선법(An Act for the Better Relief of the Poor of This Kingdom)」인데, 통상 「정주법(Settlement Act)」으로 약칭되고 있다. 이 법은 1388년의 법을 근원으로 삼고 있다는 점에서 사실상 새로운 법률이라 할 수는 없다.

이 법이 규정하고 있는 핵심적인 사항은 구빈의 대상이 될 수 있다고 판단되는 새로운 전입자를 그들의 출생 교구로 추방할 수 있도록 한 점이다. 보다 나은 구제를 찾아 빈민들이 떠도는 것을 막음으로써, 노동력을 안정적으로 확보하고자 했던 농업자본가들의 이해가 반영된 제도였다(김동국, 1994: 66). 새로운 교구에 정착하기 위한 몇 가지 방법이 있었지만, 사실상 불가능하거나 의도적으로 제약을 당해야만 했다. 예컨대, 연간 10파운드 이상 되는 재산을 임대하여야 한다거나, 1년 이상 지속적으로 취업 상태에 있어야 한다는 것 등이 그것이다. 앞의 조건은 당시 노동자들의 능력에 버거운 것이었고, 뒤의 조건은 364일만 고용한 후 해고하는 식으로 이를 악용하는 사례들 때문에 충족하기 어려웠다(Higginbotham, 2000).

교구주의를 강화한 이 법률은 빈민에 대한 거주 이전 제한을 지방적 차원에서 전국적 차원의 제도로 강화시켰다는 점에 그 의미가 있다. 이 제도는 빈민의 기본권에 대한 침해는 말할 것도 없지만, 노동력이 부족한 지역의 발전에 걸림돌이 되기도 했다는 점에서 비판의 대상이 되어 왔다. 그 이후에도 이처럼 빈민들의 거주 이전을 제한하는 법률들이 수차에 걸쳐 제정 혹은 개정되었다.

(2) 작업장법

「작업장법(Workhouse Test Act)」(1723) 혹은 「나치블법(Knatchbull's Act)」은 에드

그림 3-3 18세기 영국 낸트위치 지역의 작업장

출처: Wikipedia-Workhouse.

워드 나치블(Edward Knatchbull) 경이 마련한 초안에 따라 입법화된 법으로, 빈민의 정주, 고용 및 구제에 관한 법률들을 개정한 것이다. 이 법은 작업장을 단일 교구 단위나 인접한 교구들 간의 연합에 의해서 세울 수 있도록 하였다. 이 법에 의해 처음으로 작업장 선서를 하게 되었다. 작업장이 구제를 억제하는 기능을 하는 곳이어서, 이 법은 작업장의 여러 열악한 조건을 받아들일 정도로 다급한 사람들만이 구제를 받도록 한 법이다. 이 법의 제정 이후 1732년까지 약 300개의 작업장이 설립되었고, 1750년까지 300개가 추가로 설립되었다(Higginbotham, 2000).

이러한 제도가 등장한 배경 역시 중상주의적 빈민관에서 찾을 수 있다. 빈곤을 죄악시하고 빈민을 노동력의 근원으로 보았기 때문에, 이들이 노동력을 제공할 것을 선서하였을 때에만 구제를 행한 것이다. 아울러 이 제도에는 구빈 신청을 억제함으로써 구빈세 부담을 줄여 보려는 의도도 포함되어 있었다. 작업조건이 매우 나쁜 작업장에서 일하기를 기피하는 빈민들이 적지 않을 것이기 때문에, 자연히 구제대상자 수를 줄일 수 있고, 따라서 구빈세 부담을 줄일 수 있을 것이라 보았던 것이다. 국가가 관리하기 힘든 빈민들에 대해서는 민간인에 보호를 청부하는 제도를 채택한 것도 이 법에 따른 것이다. 민간인에게 청부하여 빈민의 관리에 대한 부담을 분산시킴으로써 정부의 부담을 줄여 보고자 하였던 것이다.

초기 얼마간은 기대대로 구빈세 부담을 줄이는 효과가 있었으나, 차츰 작업장 운영의 부적절성 및 비경제성 문제가 불거지면서 오히려 후에는 비용 부담을 더욱 늘리는 결과를 가져와서 실패한 제도로 평가받는다. 청부제 채택으로 반인격적 제도라는 비판을 받은 것은 말할 것도 없다.

4) 억압적 성격의 완화

18세기 중반 이후 영국은 산업혁명의 영향으로 공장제 공업이 발전하는 등 생산양식의 변화가 가시화되기 시작했다. 그런가 하면, 프랑스 혁명과 나폴레옹 전쟁 등은 영국의 정치 지배자들에게 정치적 불안 의식을 갖게 하였고, 18세기 말의 흉작은 또 다른 사회불안의 요인이 되었다. 특히 「나치블법」에 의한 작업장 중심의 구빈행정이 실패하면서 구빈행정 개혁의 필요성이 대두되기 시작하였고, 교구 중심의 구빈행정이 초래하는 비효율의 문제도 인식되기 시작했다. 여기에 작업장의 비참한 생활과 착취 현상에 대한 인도주의적 관심과 국민들의 역량 결집이 필요하다고 본 정치적 판단이 작용하여, 구빈제도는 조금씩 인도주의적 성격을 띠어 가기 시작했다(김동국, 1994: 115-117). 이러한 변화를 반영한 것이 「길버트법(Gilbert's Act)」과 「스핀햄랜드법(Speenhamland Act)」이다.

(1) 길버트법

「빈민의 구제 · 고용 개선을 위한 길버트법(Thomas Gilbert's Act-For the Better Relief and Employment of the Poor)」(1782)[5]은 각 주(county) 단위로 구빈을 조직화하기 위해 제정되었다. 여기서 주는 여러 교구를 합친 행정 단위이다. 이러한 교구연합 방식을 채택하여 구빈행정을 좀 더 합리화하고자 시도하였다. 또한 교구연합은 공동으로 작업장을 설립할 수 있었는데, 이 작업장은 노인, 질환자, 신체 허약자 등만을 구제의 대상으로 삼았다. 이 제도에 의한 작업장은 「나치블법」처럼 구제신청을 억제하는 수단이 아니었다.

노동능력이 있는 구제빈민들(paupers)은 가정 근처의 지주, 농업 경영자, 기타 고용주 등에게 임금보조수당을 지원하여 고용하게 함으로써 최저생계비 수준의 급료를 지급하게 하였다. 시설 외 구제 방식을 적극 채용하였음을 알 수 있다.

「길버트법」이 제정되기 전에도 동부의 일부 교구들이 자체법을 제정하여 연합작업장을 만든 예들이 있었다. 「길버트법」은 단지 그것을 좀 더 용이하고 적은 비용으로 운영할 수 있게 한 것이었다. 그리고 교구연합에 의해 행정 단위를 확대함으로써 인클로저 운동 이래 지속되었던 농촌 지주들의 가부장적 지배를 약화하는 효과가 있었다. 그러나 이 법의 의도는 제대로 관철되지 못했다. 길버트식의 연합체는 채 100개도 설립되지 못했으며(Higginbotham, 2000), 작업장 운영도 의도했던 바대로 이루어지지 못했기 때문이다.

---

5) 보통 약칭인 「길버트법」으로 불린다.

그럼에도 이 제도가 갖는 긍정적 의미는 구빈행정의 억압적 성격이 완화되고 시설 외 구제를 확대하는 계기가 되었다는 점에서 찾을 수 있다. 그래서 이 법을 영국 구빈법의 억압적 전통을 탈피한, 1601년의 원칙을 이탈한 최초의 법으로 평가하기도 한다.

(2) 스핀햄랜드법

「스핀햄랜드법(Speenhamland Act)」(1795)은 구빈세 재정으로 저임금을 보충해 주려던 제도로서 1782년의 「길버트법」을 그 출발로 삼는다. 이 이름은 1795년에 버크셔(Berkshire) 교구의 스핀햄랜드에서 식품의 가격과 자녀의 수에 따라 등급화하여 임금을 보충해 주기로 결정한 일이 계기가 되어 붙은 것이다. 이것이 제도화되기까지 최저임금제를 도입하자는 논의도 있었으나, 그것이 현실화되지 못하고 대신 이와 같은 임금보조제도가 자리 잡게 되었다.

이와 같이 저임금에 의한 빈곤 문제를 공공재원으로 해결하려고 하였다는 점에서, 이 제도는 빈곤을 도덕적 타락과 연관시켰던 종전의 「구빈법」과는 그 시각이 근본적으로 달랐다. 그런 한편, 이로 인해 노동능력이 있는 노동자들은 자신들이 일자리를 잃게 되었을 때 교구의 구제를 받을 자격이 있다고 생각하게 되었고, 취업 중에는 근면성과 고용주에 대한 존경심이 약화되었다(Higginbotham, 2000). 이처럼 노동자들의 태도를 전반적으로 이완시키는 동시에 고용주들이 저임금 고용을 장기화하는 결과를 초래하였다. 이 때문에 시민의 구빈세 부담이 가중되어, 후일 「구빈법」 개정을 위한 움직임의 빌미를 제공하게 되었다.

3. 산업혁명과 자유주의, 그리고 개정구빈법

1) 산업혁명과 사회변화

산업혁명은 산업자본가를 출현시키고 임금 노동자를 양산함으로써 자본제적 생산관계를 바탕으로 한 새로운 사회문제를 야기하게 되었다는 점에서 역사적 의미를 지닌다. 자본제하에서 자본가는 노동비용을 최소화하기 위하여 노력하게 되고, 이것이 저임금 노동, 노동조건의 열악성, 직업병과 노동재해의 만연 등과 같은 문제를 가져오게 되는 것이다.

빈곤 문제가 발생하는 배경과 빈곤 문제를 바라보는 시각이 자본제 이전의 사회와 달라질 수밖에 없고, 그것을 해결해야 할 필요성과 해결에 접근하는 방법도 달라질 수밖에 없다. 저임금 노동과 실업 및 주기적 공황 등이 자본주의 사회의 빈곤 문제의 주된 원인이 되며, 자본가는 건강하고 값싼 노동력 확보를 통한 이윤 극대화의 필요성에서 노동자나 빈민에 대한 정책적 개입의 필요성에 착안하게 된다.

그래서 이와 같은 문제와 필요에 국가가 어떻게 대응하느냐에 따라 사회복지 양상이 달라진다. 독일에서는 일찍이 근대적 사회보장제도의 도입을 통해서 산업화 이후의 문제에 대응하였던 반면, 영국에서는 여전히 「구빈법」의 틀 속에서 문제해결의 실마리를 마련하고자 하였다. 기존의 구빈제도에 대한 비판과 새로운 대안 모색의 필요성이 제기된 것도 이러한 배경과 연관시켜 이해하는 것이 적절하다.

2) 자유주의 사상의 구빈법 비판

구빈제도에 대한 비판의 일반적인 계기는 높은 구빈비용 부담의 문제에 있었다

표 3-1 잉글랜드와 웨일스 지역의 연간 구빈비용 지출

기간	총지출 (파운드)	인구 1인당 지출 (실링)	잠재적 구제 대상자 비율(%)	국민소득 대비 지출 (%)
1696년	400,000	1.5	3.6	0.8
1748~1750년(평균)	689,971	2.3	7.9	1.0
1776년	1,529,780	4.4	9.8	1.6
1783~1785년(평균)	2,004,238	5.3	10.9	2.0
1802~1803년	4,267,965	9.5	14.7	1.9

출처: Slack (1995), p. 22.

고 볼 수 있다. 구빈비용의 증가 상황은 당시 잉글랜드와 웨일스 지역의 구빈비용 지출 증가 상황을 보여 주는 〈표 3-1〉에 잘 나타난다. 구제 대상자의 비율이 지속적으로 증가하는 가운데, 총지출액은 물론이고 인구 1인당 평균 지출액이 꾸준히 증가하고 있음을 보여 준다.

그리고 이와 같은 구빈비용의 증가를 가져온 직접적인 원인으로 주로 제기된 것이 「스핀햄랜드법」이었다. 저임금 노동자의 궁핍화를 막는다는 의도에서 구빈세를 재원으로 하여 임금보조금을 지급함으로써 고용주를 위한 제도가 되어 버렸을 뿐 아니라, 궁극적으로는 구빈세 부담의 주된 원인이 되었던 것이다.

구빈비용 부담의 문제는 절대액의 증가에만 있었던 것이 아니다. 교구 간 및 교구 내 개인 간의 비용 부담의 불공평성도 문제가 되었다. 교구의 규모가 작을수록 부담이 컸고, 산업지역보다 농어촌 교구의 부담이 상대적으로 컸다. 그리고 구빈세가 소득보다는 재산을 중심으로 부과되었던 관계로, 산업자본가보다 토지나 가옥 등의 재산 소유자의 부담이 상대적으로 컸다(김동국, 1994: 146-147). 이러한 부담의 불공평으로 인하여 상대적으로 부담이 큰 집단에서 불만이 제기되는 것은 아주 자연스러운 현상이었다. 1820년대에 들어 구빈제도에 대한 불만의 표출이 확대되었을 때, 특히 불만 표출이 강했던 집단이 구빈세 부담이 컸던 지주계급이었다. 그런가 하면, 구제 대상자인 빈민들의 불만도 적지 않았다. 특히 산업화의 뒷전에서 상대적으로 더 궁핍하였던 농촌 지역 빈민들의 불만이 커서, 이들이 폭동을 일으키거나 구빈원을 공격하는 일까지 생겨났다. 이처럼 프랑스혁명의 전야를 연상시키는 소요의 확대가 「구빈법」 개정을 서두르게 한 중요한 원인이 되었다(Jones, 1991: 13-14).

당시 구빈제도에 대한 비판의 또 다른 초점은 구빈행정상의 문제에 있었다. 「엘리자베스 구빈법」이 기도하였던 구빈행정의 중앙집권화 및 전국적 통일은 지방자치를 존중해 온 영국의 독특한 전통으로 인해 실현되지 못했다. 이것이 앞에서 지적한 혜택과 부담에 있어서 지역 간 비형평성 문제를 심화시킨 이유의 하나가 되었던 것은 물론이다.

이상과 같이 일반론적 차원에서 다루어진 구빈비용과 행정에 관한 비판의 저변에는 초기 산업자본주의의 성숙과 궤를 함께하였던 경제적 자유주의의 시각이 작용하고 있었다. 이 시각에서는 개별 경제주체의 선택과 이들 사이의 경쟁을 경제질서의 기본 원리라고 보기 때문에, 개인적 책임인 빈곤에 대한 일체의 인위적 개입은 바람직하지 않은 것으로 이해한다. 그뿐만 아니라 어느 정도의 빈곤은 오히려 노동의욕을 자극하거나 유지하게 함으로써, 전체 사회에 대해 기능적인 것으로 파악되기도 한다. 이러한 관점에서 보았을 때, 인도주의적 성격이 강화되었던 18세기 말 이후의 구빈제도가 매우 합당하지 못하게 비쳤던 것은 납득하기 어렵지 않다.

이러한 관점에서 구빈제도가 인구 증가의 원인이 되어 한정된 자원과의 불균형을 심화시키고 사회적 부담을 가중시키게 된다는 점을 강조한 대표적 인물로 맬서스(Thomas R. Malthus, 1766~1834)를 들 수 있다. 빈민들에 대한 경제적 지원이 오히려 무책임한 빈민을 양산하게 되고, 반면에 근면한 노동자들을 더욱 핍박하게 만드는 결과를 초래한다는 것이다(Rimlinger, 1991: 56). 그리하여 그는 구빈법의 폐지를 주장하고, 작업장은 빈민의 노동의욕을 자극할 수 있는 형태로 운영되어야 함을 강조하여, 후일의 구빈법위원회의 상황 판단과 「개정구빈법」의 주요 원칙 설정에 영향을 미쳤다.

맬서스

영국의 성직자이자 정치경제학자였던 맬서스는 사회에 빈곤이 생기는 원인을 인구 증가와 식량 증가의 비율이 불균형을 이루기 때문인 것으로 설명했다. 그에 의하면, 인구는 기하급수적으로 늘어나지만 식량은 산술급수적으로 늘어날 뿐이다. 사회에 빈곤과 범죄가 느는 것은 이 때문이다. 그리고 빈민의 곤궁은 무절제하게 출산하는 그들 자신의 책임이라고 보았다.

이와 같이 빈곤의 발생은 자연법칙이며 생활의 곤궁은 빈민 자신의 책임이라는 그의 이론은 부르주아들에게 유리한 것으로 볼 수 있다. 그러나 당시의 진보적 부르주아들의 생각과 반드시 일치하는 것은 아니었고, 그의 이론에는 당시 지주계급의 사상도 상당히 내포해 있었다.

임금기금론(wage-fund theory)의 관점에서 구빈제도가 보다 많은 사람을 궁핍화한다고 주장한 리카도(David Ricardo)의 궁극적인 입장도 맬서스와 일치했다. 임금으로 지급될 수 있는 사회적 기금은 한정되어 있는데, 그중 많은 부분이 빈곤구제에 지출되면 임금으로 지급될 수 있는 몫이 적어져서 결국 경제력이 있던 사람도 궁핍해진다는 것이다. 따라서 궁핍화의 악순환을 가져오는 구빈제도는 폐지되어야 한다는 것이 그의 결론이었다(김동국, 1994: 157).

한편, 공리주의(utilitarianism)의 창시자인 벤담(J. Bentham, 1748~1832)의 기본 입장도 당시의 인도주의적 구빈제도에 대해서는 부정적이었다. 우선, 행복을 증가시키기 위해서는 경제적 자유방임이 적절하다고 봄으로써 국가의 개입에 부정적이었다. 그리고 전체 사회 구성원 중 다수의 행복을 극대화하기 위해서는 빈민구제의 범위나 수준은 최소화되어야 한다고 보았다. 그런가 하면, 인간은 고통을 회피하고 쾌락을 추구하는 경향이 있다고 파악한 점은 작업장의 고통스러운 환경을 통해 구원을 억제하고 구빈세를 절감하려 했던 지배계급의 이해에 기여하였다. 이러한 시각이 「개정구빈법」의 열등처우의 원칙과 작업장제도에 이론적 기초를 제공한 것으로 보는 것이다.

벤담

영국 런던 출신의 철학자이자 법학자이다. 인간은 불가피하게 쾌락을 추구하는 대신 고통은 회피한다고 생각하면서, 최대 다수의 최대 행복이 도덕과 법률의 기초가 된다는 것을 신성한 진리(sacred truth)라고 보았다. 또 그는 도덕성이란 그 전체가 현명한 이기심(enlightened self-interest)에서 비롯될 수 있다고 보면서, 자신의 만족을 극대화하기 위해 항상 노력하는 자가 결국에는 항상 옳게 행동하는 자가 될 것이라고 보았다. 그리고 쾌락과 고통은 동일한 척도에서 양적으로 측정 가능하다고 주장했다. 이것이 그의 공리주의(功利主義)의 요지이다. 이후 쾌락에는 질적 차이가 있다고 보아 질적 공리주의를 주장한 사람이 밀(John Stuart Mill, 1806~1873)이다.

3) 개정구빈법

이와 같이 기존의 구빈제도가 갖는 문제점들에 대한 지적들과 농업 노동자들의 폭동 및 1830년대를 전후한 공황 등이 복합적으로 불거지자, 사회안정을 위해서라도 대응책의 모색이 불가피해졌다. 이러한 대응책의 하나로 결성된 것이 1832년의 왕립위원회였다. 런던 주교를 의장으로 하여 9인으로 구성된 왕립위원회는 구빈비용 증가와 구빈행정의 비형평성을 중심으로 전개되는「구빈법」의 혼란 상황을 면밀히 검토한 후에 보고서를 제출하였다. 이 보고서 작업은 주로 시니어(Nassau Senior)와 채드윅(Edwin Chadwick)이라는 두 위원에 의해 이루어졌다.

이 보고서는 빈곤이 사회경제적 환경 조건보다는 개인적 곤궁에서 비롯된다는 시각을 반영하고 있었다. 그래서 구제 대상 빈민들은 자신들이 감당할 능력이 있음에도 구제를 신청한다고 보았다. 대가족들은 대책 없는 결혼을 부추겼고, 여성들은 사생아 구제를 요구함으로써 부도덕성을 조장하였으며, 노동자들은 일할 의욕이

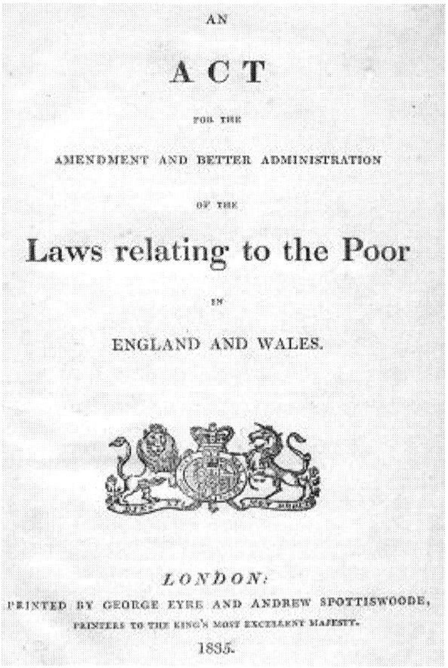
AN
ACT
FOR THE
AMENDMENT AND BETTER ADMINISTRATION
OF THE
Laws relating to the Poor
IN
ENGLAND AND WALES.

LONDON:
PRINTED BY GEORGE EYRE AND ANDREW SPOTTISWOODE,
PRINTERS TO THE KING'S MOST EXCELLENT MAJESTY.
1835.

그림 3-4 1834년의「개정구빈법」

출처: The Workhouse-The 1834 Poor Law Amendment Act.

없었고, 보조금을 의식한 고용주들은 의도적으로 급료를 낮은 수준으로 유지한다고 생각하였던 것이다(Higginbotham, 2000).

이 보고서의 제안들을 반영한 1834년의 「개정구빈법(The Poor Law Amendment Act)」에서는 크게 세 가지 원리가 부각되었다.

우선, 원외구조의 중단과 작업장 수용의 원칙이 부활하였다(심상용, 심석순, 임종호, 2016: 96). 노동능력이 있는 자들의 빈곤(poverty)에 대한 원외구제를 중단하는 대신, 노동능력이 없거나 노동의 대가로는 생계유지가 불가능한 상태(indigence)에 대해서만 구제를 제공하였다. 노동능력이 있는 경우 1722년의 「작업장 테스트법」을 부활시켜 작업장에서의 노동을 구제조건으로 제시하였다.

다음으로 '열등처우(less eligibility)'의 원칙이 적용되었다. 이는 국가에 의한 구제수준은 최하층에 속하는 독립 노동자들의 생활수준보다 낮게 유지되어야 한다는 원칙이었다. 이 원칙에는 몇 가지 배경이 복합적으로 작용한 것으로 보인다. 우선, 노동력의 상품화와 값싼 노동력의 확보라는 산업자본가 계급의 필요와 빈민에 대한 정치적 통제력의 확보를 통한 국가권력의 강화라는 정치적 필요가 크게 작용한 것으로 보는 견해(김태성, 성경륭, 1993: 78-79)가 설득력이 있다. 그런가 하면, 다른 한편으로는 구제에 대한 의존도를 낮춤으로써 구빈세의 부담을 줄이고자 하는 현실적 필요와, 구빈제도의 폐해에 관하여 앞에서 언급한 자유방임론자들의 주장들이 수용된 결과라고 볼 수도 있다.

열등처우의 원칙은 이 법에 의해 부활된 작업장 테스트(workhouse test)와 표리의 관계를 가졌다. 엄격하게 관리되는 작업장은 노동능력이 있는 빈민들이 국가로부터 구제를 받는 최후의 수단이 되도록 한 것이다. 디킨스(Charles Dickens)의 소설 『올리버 트위스트(Oliver Twist)』는 당시 작업장의 참혹상을 고발한 대표적인 작품이다.

이 밖에 중요한 원칙으로 '전국적 균일처우의 원칙(the principle of national uniformity)'이 있었다. 구빈행정을 중앙집중화(centralization)하고 빈민처우를 전국적으로 통일시킨다는 원칙(national uniformity)이었다. 이에 따라 구빈제도의 행정을 담당할 중앙 기구로 3인의 구빈법위원회(The Poor Law Commission)를 두었다. 지방에는 교구연합(parish union) 소속의 구빈위원회(Board of Guardians)와 단위 교구의 구빈감독관이 있었다. 중앙당국에 교구연합을 조직할 권한을 부여했고 교구연합의 행정당국으로 구빈위원회를 두었다. 중앙의 구빈법위원회는 보조위원(the assistant commissioner)과 구빈법위원을 통해 지방의 구빈행정을 전국적으로 통제하며[6] 통일된 행정을 실시하는 기능을 가졌으나, 한편으로는 지방조직에 부분적으로 재량권을 부여하기도 하였다(김동국, 1994: 188).

「개정구빈법」은 영국 사회정책 역사에서 중요한 분수령 가운데 하나였다. 혼란에서 질서로, 소극적 시혜에서 적극적인 억압으로, 만성적 빈곤 문제에 대한 분노로부터 빈곤 근절을 위한 냉엄한 결단으로 전환되었다는 비유적 표현(Jones, 1991: 13)이 그 변화의 성격을 시사해 준다.

생각해 볼 문제

1. 「구빈법」은 공공부조 같은 현대의 빈곤제도에 어떻게 영향을 주고 있을까?
2. 「구빈법」을 수단으로 국가가 개입할 수밖에 없었던 이유는 무엇일까?
3. 「개정구빈법」에서 도입한 '열등처우의 원칙'은 최저임금과 어떤 관계가 있을까?
4. 중상주의 시대 영국의 「구빈법」과 '권위주의적 중상주의'로 평가받았던 1970년대 박정희 유신정권의 빈곤정책을 비교하면 어떤 공통점과 차이점이 있을까?

6) 「개정구빈법」하에서 전국을 9개의 지구로 나누고, 각 지구에 보조위원을 두며, 9개의 지구를 다시 3개의 대지구로 묶어, 각 1인의 구빈법위원이 그 지역을 통제하였다(박광준, 1998: 139).

추천 자료

1. 엘리자베스 1세의 삶과 업적을 영화로 탐색하려면 세자르 카푸르(Shekhar Kapur) 감독의 두 영화를 감상해 보자. 전자는 즉위 과정의 어려움을 중심으로 하고 있고, 후자는 군주로서의 위엄 있는 삶에 초점을 맞추고 있으며 절대왕정, 중상주의 정책, 스페인과의 패권 경쟁의 상황을 볼 수 있다.
   영화 〈엘리자베스(Elizabeth)〉(1998)
   영화 〈골든 에이지(Elizabeth: The Golden Age)〉(2007)

2. 헝가리의 정치경제학자인 칼 폴라니(Karl Polanyi)가 자본주의의 자기조정적 시장과 사회성 및 공동체성의 관계를 어떻게 설명하는지, 특히 그가 「스핀햄랜드법」을 어떻게 해석하고 있는지 다음의 책을 통해 살펴보자.
   Polanyi, K. (2013). **거대한 전환: 우리 시대의 정치 · 경제적 기원** (*The great transformation: The political and economic origins of our time*). (홍기빈 역). 서울: 길.

제4장

근대 상호부조제도의 발전

"협동조합을 고취하거나 시작하기 위해 언제 어디에서 열리는 모임이라도 언제나 남성을 향한 것이 아닌가요? 참여하라! 협력하라! 투표하라! 비판하라! 활동하라! 여성들에게는 무엇을 하도록 하나요? 매장에 와서 구매하라! 이것이 우리에게 지시한 일의 한계지요." (G. D. H. Cole; 1883년 오클랜드 부인의 『협동조합 신문』의 '여성 코너' 기고문 중 일부)

고대 로마의 협회와 중세 유럽의 길드 제도는 인류 역사에서 보편적으로 존재하는 상호부조제도가 이후 근대적 상호부조제도인 사회보험과 협동조합 제도로 이행하는 과정에서 나타나는 과도기적 형태라는 점에서 중요한 의미가 있다. 이 장에서는 고대 로마의 협회와 중세 길드 제도의 특성과 근대 우애협회, 이민자들의 협회, 협동조합의 발전 과정을 다루는데, 그중에서도 19세기 말 영국, 미국, 독일 각국의 독특한 우애협회와 협동조합의 발전 과정을 다룬다. 이를 통하여 민간 영역에서의 상호부조제도의 특성을 이해하고 사회적 소수자들의 자발적 상호부조제도로서의 협동조합의 가능성을 파악할 것이다.

1. 상호부조체계의 출현과 변모

상호부조는 도움이 제공되는 방식에 대한 통제가 도움받는 사람들 자신에 의해 좌우되는 도움의 형태로, 서로 도움을 주고받는 호혜성(reciprocity)에 기반을 두고 있다. 상호부조는 도움 제공자와 도움받는 자의 입장이 서로 뒤바뀔 수 있다는 점에서 다른 사회복지의 유형, 예컨대 자선·박애, 공공복지, 사회적 서비스와 구분된다(Handel, 1982). 자선은 부자나 유복한 자가 빈자에게 일방적으로 자원을 이전하는 것이다. 공공복지는 납세자가 납부한 조세를 공적부조를 통해 혹은 사회복지서비스 기관을 통해 이러한 도움이 없이는 살아가기 힘든 사람들에게 이전한다. 사회복지서비스 역시 불평등한 관계 위에 서 있다. 기술과 지식을 가진 전문가가 그러한 것이 없는 자에게 서비스를 제공하는 도움의 형태인 것이다. 이 세 가지 모두 도움을 주는 자로부터 도움받는 자에게로의 도움의 흐름이 존재하며, 양자의 구분이 명확하다. 그러나 상호부조에서는 서로 도움을 주기 위해 사람들이 결속한다. 어떤 유형에서는 참여한 사람들이 공동기금에 기여하기도 한다. 집단의 모든 구성원은 욕구가 발생할 때 기금으로부터 지원을 받는다. 그러나 사전에 누가 언제 도움을 필요로 할지 모르는 상태인 경우가 많다.

상호부조에서는 참여자들 사이에 공유된 정체성이 존재한다. 예컨대, 직업, 소속된 인종집단, 거주하는 동네, 보유하고 있는 문제가 동일하다는 것 등이다. 그들은 프랭클린 기딩스(Franklin Giddings)가 명명한 동류의식(consciousness of kind)을 공유하고 있다(Handel, 1982: 287-288).

사회복지역사에서 상호부조는 인류가 집단생활을 영위한 이래 하나의 생존방식으로 발전해 왔다. 상호부조는 오늘날의 사회보험제도와 운영 원리를 공유하고 있고, 사회행동이나 자조집단(self help group) 등의 사회복지 방법 또는 실천과도 접맥되어 있다. 여기에서는 서구 전근대사회에서의 상호부조의 출현과 전개를 살펴본 후, 그것이 현대 사회복지에 미친 영향에 대해 탐구해 보고자 한다.

1) 상호부조의 출현

호혜성의 원리에 입각한 상호부조의 전통은 한국의 품앗이나 두레의 예에서 보듯 장구한 역사를 갖고 있다.[1] 서양에서 이러한 상호부조가 출현한 시점이 언제인지는 불분명하지만, 적어도 로마시대의 협회(콜레지아, collegia)나 중세의 길드에서 그 형태를 살펴볼 수 있다.

(1) 로마의 협회

고대 이집트의 경우 장의단체(葬儀團體)와 소금 · 석고상인들의 협회와 같은 협회조직의 존재가 확인되고 있는데, 로마시대에 이러한 협회(collegia)가 더욱 번성하였다. 로마시대의 중요한 직업협회로는 아프리카와 이집트에서 곡물을 수송해 오는 해운업자 협회와 제빵업자 협회 및 정육업자 협회 등이 있었다. 이러한 직업협회들 외에도 사교, 친목, 부조 등을 위한 비영리사단체(sodalitates, collegia sodalicia)가 있었는데, 후자의 경우 특히 소시민들의 장의단체가 대표적인 예였다(최병조, 1997).

협회는 회원 간에 일종의 상호보험(mutual insurance) 기능을 수행하였다. 로마시대 콜레지아의 회원은 매월 공동기금에 회비를 낼 의무를 지고 있었다. 협회는 회원이 사망하면 장례비를 지원하거나 유족들에게 연금을 지급하였다. 직업, 거주지, 인종집단 또는 동류의식을 갖게 하는 여타 특성을 기반으로 하는 협회의 상호보험 기능은 중세의 길드를 거쳐 오늘날까지 이어져 내려오고 있다.

(2) 중세의 길드

중세시대에 다수의 지역에서 공제조합(fraternitie)이나 길드(guild)로 불리는 자발적 협회들이 조직되었다. 길드는 봉건영주의 기득권에 대항하여 자발적 결사체를 조직할 수 있는 권리를 얻기 위한 상인과 직인들의 노력을 기반으로 발전하였다.

1) 이 책의 제11장 '해방 이전 한국 사회복지의 전개'를 참고하라.

길드와 교구 공제조합은 아프거나 소득 상실로 이어지는 불행을 당한 회원을 서로 돕는 내용을 그들의 기능에 포함시켰다(Handel, 1982: 289). 대부분의 공제조합에서는 회원이 구호를 받기 위해 그 이전에 7년 동안 회비를 납부할 것을 요구하였다.

중세시대에는 두 종류의 길드가 시민생활에 특히 중요하였다. 그 하나는 상인길드였고, 다른 하나는 직인길드였다. 상호부조 조직으로서의 길드 형태 가운데 어쩌면 최초로 출현한 조직인 상인길드(merchant guilds)는 중세 시민조직의 핵을 구성하고 있었다. 이미 10세기에 상인들은 여행 시 말과 수레 및 화물을 상호 보호하기 위한 조직을 결성하였다. 한편, 산업이 점차 세분화되어 감에 따라 등장한 것이 직인길드(craft guilds)이다. 예컨대, 제빵사, 구두수선공, 석공, 목공 등의 동일한 직업에 종사하는 직인(artisan)들이 영업의 보호와 상호부조를 위해 결사한 것이 직인길드이다. 직인길드가 이미 존재해 왔던 상인길드보다 더 중요해짐에 따라 그 지도자들은 시민행정기구에서 일정한 영향을 행사하기 시작하였다. 점차 마을의 어느 누구도 특정 길드에 소속되지 않고서는 제조업에 종사할 수 없게 되었다. 길드의 주된 설립 목적은 외부자들에 대항하여 특정 제조업의 독점권을 유지하는 데 있었다. 예컨대, 마구제작공들은 담합하여 상점 주인들이 그들에게 요구할 수 있는 물량을 정하고, 상점들이 판매할 수 있을 만큼의 마구제작가게를 열도록 장인

그림 4-1 『재단사 길드의 규정집(A Book of Statutes of Tailor's Guild)』에 실린 르네상스 시대의 직물상인들과 재단사들

들에게 허용하였다.

길드의 여러 기능 가운데 사회복지와 관련하여 중요한 상호부조 기능은 ① 빈곤한 회원에 대한 장례비 지원과 유족에 대한 지원, ② 빈곤한 회원의 딸을 위한 결혼 지참금 지급, ③ 일종의 건강보험으로 회원 모두를 포괄하여 환자에게 보호를 제공하는 것 등이다. 그 외에도 길드는 지역사회 공익을 위한 활동도 수행하였다. 예컨대, 교회당을 건축한다든가, 지방 교회나 성당에 유리창을 기증한다든가, 교회 건축 시 수시로 도움을 준다든가, 혹은 도박과 고리대금에 탐닉하는 회원의 도덕성을 감시하는 활동 등을 수행하였다. 길드 회원들은 서로 돕는 형제(confraternities)로 불렸다.

2) 상호부조의 변화

근대사회에 접어들면서 새로운 사회문제들이 출현하였다. 산업화에 따라 다수의 노동자가 빈곤한 삶을 영위하게 되었다. 빈곤에 대한 국가의 구빈법적 조치들은 지나치게 제한적이었고 또한 가혹하였다. 종교적 자선과 이타주의적 박애는 대량 빈곤에 대해 거의 무기력하였다. 이러한 상황에서 빈곤한 노동자들이 스스로를 보호하기 위한 다양한 상호부조 기제를 발전시켰다. 중세의 길드와 같은 상호부조 제도들 역시 다소의 변형을 거치면서 존속되었다. 대표적으로 우애협회, 저축은행, 우애보험, 이민자들의 협회, 협동조합이 있다.

(1) 우애협회

길드나 교구 공제조합과는 별도로 18세기 영국의 빈민들은 상호부조를 위한 우애협회(friendly societies)를 조직하였다(Handel, 1982: 290-291). 우애협회는 빈민들에 의해 처음 시작되었으나, 후일 그것의 결성과 발전을 격려했던 유복한 사람들의 관심을 끌기 시작하였다. 특정 직업, 특정 거주 지역, 특정 술집(pub)의 고객 등을 기반으로 다양한 우애협회가 만들어졌다. 대부분의 우애협회는 사교와 상호부조를 결합하였다. 그들은 회원에게 회비를 걷었고, 회비의 일부는 매우 다양한 유형의 불행에 처한 회원들을 돕기 위해 적립되었다. 질병, 노령, 과부, 고아, 사망, 난파, 직장 탐색을 위한 여행, 회원 영업에 필요한 도구의 소실 등의 상황에 처한 회원이나 그들의 피부양자를 위한 소득 보장이 우애협회의 주요한 서비스 내용이었다.

18세기 말이 되면 영국「구빈법」의 비용이 증가하게 된다. 그에 따라 우애협회는 영국 권력자들의 주목을 받게 되었다. 자조가 당시 시대정신의 일부였다.「구빈법」폐지를 제안했던 사람들은 전국적 우애협회 조직을 요청하였다. 당시에 제안된 한 계획을 보면 당시의 지배층들이 빈곤 문제에 대해 어떤 관점을 지니고 있었고, 그 해결책의 하나로 우애협회에 주목한 이유가 무엇인지를 알 수 있다.

모든 계급의 사람들이 우애협회 회비를 납부해야 한다. 회비를 납부하지 못하는 사람들은 상류계급을 제외하고는 모두 붉은 옷에 '게으름뱅이(DRONE)'라는 큰 글자를 박은 배지를 착용해야만 한다. 너무 궁핍하여 협회 회비를 납부하지 못하게 되면 배지가 제공된다(Handel, 1982: 290).

이러한 계획을 보면 빈곤이 노동자의 예견력 부족에서 비롯된 것이고, 미래에 대한 계획을 세우는 데 실패한 데서 비롯되었으며, 미래의 소득 상실에 대비한 저축과 보험계획을 세우는 데 실패하였기 때문에 야기되었다는 당시의 관념을 읽을 수 있다.

우애협회에 의무적으로 가입하도록 하는 대신, 1793년에는 우애협회 회원에게 특권을 줌으로써 우애협회의 발전을 도모하는 법이 제정되었다. 이 법에 따르면, 우애협회의 회원에게는 그가 타인에게 의존적이라는 것이 실제로 증명될 때까지는 그를「정주법」이 규정한 대로 교구 밖으로 추방하지 않는다는 특권을 부여하고 있다. 우애협회는 영국에서 번성하였다. 19세기 말에는 영국에 약 25,000개의 협회가 있었고, 400만 명 이상이 회원으로 가입되어 있었다(Handel, 1982). 우애협회는 20세기 초에 이르러 실업과 공황 등으로 대부분 파산하였다. 그러나 일부 우애협회는 후술하는 우애보험을 거쳐 상업보험으로 성장하였으며, 후일 사회보험 도입에 비판적인 입장을 견지하게 된다. 또한 일부 우애협회는 자선·박애단체로 기능하기도 하였다.

18세기 우애조합법과 영국 빈곤정책의 변화

우애협회가 18세기 영국을 비롯한 유럽 전반에 미친 영향에 관한 대표적인 연구는 톰슨(Edward P. Thompson)의 「영국 노동계급의 형성(The making of the English working class)」(1963)과 코더리(S. Cordery)의 「영국 우애협회, 1750~1914(British Friendly Societies 1750~1914)」(2003)를 들 수 있다. 톰슨에 의하면, 우애협회는 당시 유럽의 노동계층 중심으로 진보적 사상교육의 기초로서 작용하였다(Ismay, 2010: 4). 한편, 코더리의 연구에서는 당시 빈민법 개혁운동가들인 조셉 타우젠드(Joseph Towsend), 토마스 길버트(Thomas Gilbert), 존 아크랜드(John Acland) 등이 우애협회를 그 대안으로 적극 지지한 것이 강조되었다(Ismay, 2010: 6). 이 두 연구에서 알 수 있는 것은, 우애협회가 17세기 말에서 19세기에 이르기까지 당시의 '신빈민층'이라 할 수 있는 노동자들과 빈민정책가들에게 상당한 영향을 미쳤다는 점이다.

16세기까지 거슬러 올라가는 우애협회의 시초는 종교적 색채를 지닌 세속적 연회라 하겠다. 평등한 자들이 자발적으로 연회에 참가하며 종교적 색채를 지닌 사랑과 우애 또는 상호 원조에 대한 의무를 다짐하는 문화적 의례에 그 시초를 둔다고 할 수 있다(Ismay, 2010: 11). 우애협회 가입자들은 17세기를 거쳐 신용 네트워크(credit network)를 발전시키며 경제적 이익도 도모하였다. 특히 가입자들의 부채상환 신용 또는 그만한 가치 있는(creditworthy) 행동들을 강조하면서 상호협력에서 개인의 책임을 강조하였다(Ismay, 2010: 13). 이러한 원리는 다니엘 드포(Daniel Defoe)를 포함하여 18세기 사회개혁가들에게 빈곤대책의 새로운 대안으로 지지를 받게 되었다(Ismay, 2010: 19-21).

(2) 저축은행

영국의 18세기 말은 반(反)구빈법 정서가 팽배한 시기였고, 그에 따라 다양한 자조계획이 모색된 시기였다. 1795년에 어떤 성공회 목사는 적절한 이자를 줌으로써 빈민을 빈민구호로부터 그리고 나아가서는 선술집으로부터 멀어지게 하려는 소망으로 절약동네은행(provident parochial bank)을 제안하였다. 몇 년 후 최초의 저축은행(saving bank)이 스코틀랜드에 설립되었다(Handel, 1982: 290).

당시 영국에서는 저축은행과 우애협회 각각이 지닌 상대적 장점을 두고 어느 것이 자조의 통로인가에 관한 논쟁이 있을 정도였다. 가정부와 직공들은 새롭게 시작된 저축은행에 맡길 돈이 있었지만, 일반 노동자들은 그렇지 않았다는 증거들도 있다. 노동자들은 저축은행 대신 자신들이 가입한 우애협회를 선택하였는데, 그 이유는 저축은행의 예금이 아니라 협회의 회원 자격이 빈민들 스스로가 상호부조한다는 가장 큰 증거를 제공하는 것으로 받아들여졌기 때문이었다.

빈민들이 결성한 저축은행과 유사한 자조의 수단이 신용협동조합(credit union)이다. 신용협동조합은 지역, 직업, 종교 등 상호유대를 가진 개인이나 단체 간의 협동조직을 기반으로 하여 자금의 조성과 이용을 도모하였다. 신용협동조합(또는 신용조합)은 독일에서 처음 조직되었다. 1850년에 슐체델리치(Franz Hermann Schulze-Delitzsch)에 의해 도시신용조합이, 라이파이젠(F. W. Raiffeisen)에 의해 농촌신용조합이 창설된 이후, 이탈리아를 비롯한 세계 각지에 파급되었다. 우리는 이 시기의 저축은행에서 2006년에 노벨평화상을 받은 방글라데시의 그라민은행(Grameen Bank)과 같은 자조 프로그램의 원형을 찾아볼 수 있다.

그라민은행

빈민들이 스스로의 노력을 통해 빈곤의 굴레에서 벗어날 수 있도록 담보 없이 신용만으로 창업을 위한 소액금융대출을 하는 방글라데시의 법인체 기업이다. 1976년에 치타공 대학교 경제학과 교수인 무하마드 유누스(Muhammad Yunus)가 시골 지역의 빈곤퇴치를 목적으로 창설한 후 전국적으로 확산되었다. 무보증소액 창업대출(micro credit)을 통해 경제 · 사회 발전에 기여한 공로로, 그라민은행과 그 설립자인 무하마드 야누스는 2006년에 노벨평화상 공동수상자가 되었다.

(3) 우애보험

우애협회는 회원들이 서로 간에 개인적으로 이미 알고 있었거나 곧 알게 되는 지방 클럽이었다. 19세기 초에 지방 우애협회가 전국적 규모로 확장되거나, 어느 정도로는 변환되었다. 한 설명에 따르면, 당시 우애협회에서 흔히 발견된 연회와 음주에 실망한 어떤 석공이 그것을 개혁하려 결심하였다고 한다. 그는 1812년에 맨체스터에서 평범한 사람들의 모임(Order of Odd Fellows)을 조직하였다. 이는 독립적인 개별 지방 선술집들, 즉 우애협회들의 전국적 조직을 위한 첫걸음이 되었다. 여기에서 태동된 맨체스터 연합 시민단은 그 회원에게 상호보험급부를 제공하는 최초의 전국적 우애보험(fraternal insurance)의 하나가 되었다(Handel, 1982: 291). 이 개념은 미국에서도 발전되었다. 1868년에 미국 최초의 우애협회(fraternal benefit association)인 연합노동자단(the Ancient Order of United Workmen)이 결성되었다. 그리고 마찬가지로 우애보험을 시행하였다. 그러나 미국에서는 이민자들이 훨씬 이전부터 상호보험협회를 출범시켜 왔다.

(4) 이민자들의 협회

영국과 프랑스의 위그노(Huguenot)들은 칼뱅주의 청교도들인데, 이들은 프랑스에서 로마 가톨릭의 지배를 벗어나기 위해 영국으로 이민을 가게 된다. 이후 이들을 통해 1687년 영국에서 최초의 이민자 우애협회가 성립되었다. 이국에서 이민자들은 상호부조를 위해 서로에게 의존하기 시작하였던 것이다. 미국 이민자들도 이런 방식으로 결집하였으며(Handel, 1982: 291-292), 국적, 종교 또는 양자 모두를 기반으로 한 결사가 출현하였다. 미국 식민지에서 최초의 이민자 우애협회는 스코틀랜드 이민자들의 자선협회(the Scots Charitable Society)로서 1657년에 보스턴에서 설립되었다. 그 강령에는 '우리 자신과 우리가 인연을 찾을 수 있는 타인을 구호하기 위한' 것이라는 점을 그 설립 목적으로 분명히 밝혀 두고 있다. 여타 협회들은 대개 18세기에 설립되었다. 어떤 것은 식민지가 독립국가가 되고 이민이 증가하기 시작한 시기인 19세기에 설립되었다. 19세기 전반이 되었을 때에는 이미 영국계, 웨일스계, 아일랜드계, 스코틀랜드계, 쿠바계, 푸에르토리코계 등 이민자 집단들이 뉴욕에 우애협회를 두고 있었다.

이민자들의 상호부조협회는 회원이 질병에 걸린 기간 동안 소득의 일부를 지원하였고, 회원이 사망했을 때에는 장례비를 지급하였다. 일부 상호부조협회는 국적이나 종교보다는 직업을 기반으로 조직되기도 하였다. 일부 이민자들은 평범한 사람들의 모임(Order of Odd Fellows) 같은 기존 우애협회에 가입하였다. 남북전쟁 말기인 1865년에 이르러 뉴욕에 소재한 거의 모든 국적의 집단들이 적어도 한 개의 우애협회를 갖게 되었다.

(5) 협동조합

협동조합(cooperatives)은 18세기 중반부터 노동자, 농민 또는 자영업자나 소기업가들이 자조정신에 입각하여 설립된 조직이다. 거대자본의 막강한 힘에 대항하여 경제적으로 물품을 구매하기 위해(소비조합), 혹은 소생산자들의 상품 생산과 판매를 원활하게 하기 위해(생산조합), 또는 저리의 이자로 대출을 받기 위해(신용조합) 벌인 운동이 협동조합운동이었다.

소비조합은 1844년에 영국 랭커셔 공업지대의 로치데일에서 시작되었다. 동맹파업에 실망한 직물 노동자들이 조합원의 경제적 이익 및 사회적 · 가정적 지위 향상을 목적으로 한 사람당 1파운드씩 모아 자본을 조성하여 일용품을 구입한 후 저렴한 가격으로 조합원에게 판매하는 소비조합(로치데일 공정개척자조합)을 결성하게 되었는데, 이것이 근대적 협동조합의 시작이다.

한편, 19세기 초반 프랑스에서는 비교적 많은 자영업자와 소농들이 자신들의 경제적 기반을 소유하고 있었다. 이들은 협동을 통해 영세한 사업 규모를 확대함으로써 자본의 지배로부터 자신들을 방어하려는 수단으로 '생산조합' 성격의 협동조합을 발전시키게 되었다. 생산조합의 시초는 필립 뷔셰(Philippe Buchez)가 1831년에 파리에서 설립한 '목공노동자조합'이다. 독일은 영국이나 프랑스와는 달리 부분적 협동이 필요한 '생산자조합' 위주로 발전하였으며, 특히 도시와 농촌의 소생산자들에게 자금을 융통해 주기 위한 신용조합이 먼저 발생하여 협동조합을 주도하였다.

① 영국

영국에서 근대적 형태의 협동조합의 기원은 18세기 중반 울위치와 채텀 지역의 조선소에서 찾을 수 있다(Cole, 2015: 47). 1760년 당시 울위치 지역에서 제분업이 독점적으로 운영되고 이들이 담합하여 부당하게 가격을 인상하자, 이에 반대하는 노동자들이 처음으로 자생적으로 제분소를 창립하였다. 공동 소유와 공동 운영의 취지하에 설립된 제분소는 곧 화재사건으로 소실되었다. 그러나 18세기 중반 영국에서는 울위치와 채텀 지역 외에도 제분 및 제빵과 관련된 협동조합 형식의 공동 사업체들이 다수 존재하였다고 알려져 있다(Cole, 2015: 48). 당시 프랑스와의 전쟁으로 인하여 노동계급은 높은 식료품 가격이 생계에 큰 부담이 되었고, 이를 타파하기 위한 한 수단으로 공동 구매 및 공동 제분 형식을 취한 것으로 알려졌다. 이 외에도 1769년 스코틀랜드 에어셔주 펜윅의 직종조합의 생활필수품 공동 구매, 1777년 스코틀랜드 고반의 식료품공급조합, 1777년 잉글랜드 버밍엄 지역의 재단사 협동조합, 1795년 잉글랜드 올덤 지역의 협동조합 매장, 1800년 스코틀랜드 브리지턴 지역의 조합, 1812년 레녹스타운 협동조합, 1821년 라크홀 식료품공급조합 등의 소비자협동조합이 알려져 있다(Cole, 2015: 48-49).

나폴레옹 전쟁 시기의 물자 부족과 가격 급상승, 그리고 산업혁명으로 인한 노동계급의 열악한 노동환경과 생활수준은 당시 노동 대중과 사회개혁가들에게 '새로운 사회 시스템'에 대한 열망을 고취하는 계기였다. 로버트 오언(Robert Owen)은 이러한 시대적 배경에서 '협동마을'을 기조로 하는 협동조합운동의 주창자로 등장하였다(Cole, 2015: 49). 오언의 최종 사상은 협동마을의 구성원들이 각자 소유한 땅에서 함께 살면서 공동으로 소유하고 민주적으로 운영하는 공장 또는 작업장에서 함께 일하고, 상호부조와 사회적 평등 그리고 진정한 인간애를 실천하는 것이었다(Cole, 2015: 45).

맨체스터 지역에서 면방업자로 성공한 이후, 오언은 뉴래나크 지역에서 '공동 매장' 형태의 사업체를 공동 설립하였다. 당시 팽배하였던 빈민에 대한 도덕적 결함론에 반대하여 오언이 내세운 정신은 '자본배당의 제약'과 '잉여이윤의 노동자 귀속'이었다(Cole, 2015: 51). 그는 1793년에 자신의 대저택과 땅을 노동자들에게 개방하여 낡은 집을 고치거나 새로 집을 지어 살게 하였다. 그리고 '인격형성' 학교를 세워 아동교육 및 성인교육을 확산하고 식료품 매장을 열었다. 또한 노동자들의 노동시간을 줄이고 스스로를 위해 땅을 경작하게 하며 임금을 올렸다(Cole, 2015: 50-51).

오언의 공동 매장은 노동자들의 소유와 민주적 운영이라는 면에서 협동조합이라 보기는 어렵다(Cole, 2015: 54). 초기의 오언은 고용주이자 박애자로 보는 것이 정당하다. 그럼에도 불구하고 오언을 훗날 협동조합운동의 시초라 할 수 있는 점은 1813년과 1814년까지 그의 '성격 형성에 관한 에세이'에 나타난 새로운 사회 시스템 구상에서 그 맹아를 찾을 수 있다. 후에 '사회에 대한 새로운 견해'라는 제목으로 재출간된 '인격 형성' 보고서에는 두 가지 점이 강조되었다. 하나는 빈민을 비롯한 인간의 사회적 성격이 환경에 의해 결정된다는 점이고, 다른 하나는 당시 산업 시스템의 개혁에 관한 점이다(Cole, 2015: 55). 1817년 이후 본격적으로 오언은 '빈민을 고용하는 협동마을 사상을 대중에게 알리기 시작하였다. 이 시기부터 오언은 생산과 부의 축적에 관한 새로운 사회 모델의 중요성을 역설하였다(Cole, 2015: 55).

주목할 점은 로버트 오언의 새로운 사회 시스템 구상이 당시 빈민구제 방식에 대한 새로운 대안으로 제시되었다는 점이다. 당시 빈민구제 방식, 즉 구빈법 행정위원회의 현금 및 물품 제공에 대해 오언은 오늘날의 표현을 사용하자면 근로 유인의 실패로 인한 빈곤의 덫이라고 비판하며 빈민이 자활할 수 있는 기반으로서 협동마을 수립의 지원을 대안으로 제시하였다(Cole, 2015: 55). 공업 중심의 뉴래나크 지역이나 농업 중심의 지역, 농업과 공업이 혼재한 지역 등 그 지역의 특성을 살린 생산조직을 마을 단위로 형성하고 각 마을 간의 교환을 통한 부의 축적과 분배를 주장하였다. 그리고 각 마을이 이 생산조직을 자치적으로 운영하면서 마을 간의 연대를 통해 '낡은 도덕'인 경쟁과 착취를 지양하고 '새로운 도덕'인 박애와 충족을 확산하고자 하였다.

오언이 제시한 새로운 빈민구제 방식은 처음에는 구빈법 행정위원회와 당시 납세계층의 관심을 받았다. 「스핀햄랜드법」으로 인해 생계비 상승에 연동한 임금 지급 및 빈민구제가 도입되었다. 당시 급격한 인구 이동으로 인해 도시 지역에는 실업자와 불완전 노동자, 그리고 빈민들이 급격히 증가하게 되면서 「스핀햄랜드법」은 사실상 유명무실하게 되었다. 오히려 교구와 기득권 계층은 구빈세 부담에 대해 저항하였고, 구빈비용을 더욱더 절감하기 위해 방안을 모색하였다. 이러한 가운데 오언의 기존 빈민구제 방식에 대한 비판은 구빈법 행정위원에게 반가운 소식이었다. 1821년에 오언은 뉴래나크 지역을 방문한 구빈법 행정위원회 대표들에게 '래나크주에 대한 보고서'를 발표하였다. 구빈법 행정위원회는 오언의 주장이 단순히 구빈비용의 절감이 아닌 사회 시스템의 완전한 변화임을 파악하면서, 오언에게서 관심을 거두게 되었다(Cole, 2015: 57-58).

로버트 오언의 뉴래나크 지역 협동매장 이후, 협동마을 구상은 1823년에 아브라함 콤(Abram Combe)에 의해서 랭커셔 지역 오비스톤에, 그리고 1824년에 윌리엄 킹(William King)에 의해서 브라이튼 지역에 계속되었다(Cole, 2015: 60). 1829년과 1830년에 영국의 의회개혁 운동이 시작되면서 영국의 협동조합운동은 더욱 성장하였다고 볼 수 있다(Cole, 2015: 68-69). 영국 남부에서 오언의 지지자들이 '영국 협동조합 지식 보급협회'를 중심으로 하여 전국으로 협동조합을 확산하는 데 전념하였다(Cole, 2015: 59). 1827년에 맨체스터에서, 1829년에 리버풀에서 협동조합대회가 열렸고, 이후 1835년까지 버밍엄과 런던을 포함하여 매년 또는 한 해에 두 번 대회가 개최되었다(Cole, 2015: 70). 특히 1833년의 런던 대회에서 오언이 주창한 '생산계급 전국도덕 대연합'이 1834년의 '전국 노동조합대연합'으로 공식 수립되었다(Cole, 2015: 71). 1838년에 오언 주창자들이 협동마을 정신을 강조하는 '전국 우애협회 공동체'를 새로 설립하였고, 1843년에는 이를 '이성협회'로 확대하였는데, 이 단체는 애초의 오언의 협동마을과는 차이가 있다. 애초의 대중 운동이 아닌, 보편적 박애와 이성 종교적 성격으로 변화되었다(Cole, 2015: 79).

뉴래나크 마을 공동체와 오비스톤 마을 공동체에 이어, 1830년대와 1840년대에 오언의 추종자들은 오언의 협동마을 건설을 이어 나갔다. 그리고 오언의 새로운 사회 시스템의 정신은 1844년에 홀리요크(G. J. Holyoake)가 주간지에 기고한 글을 통하여 거듭나게 되었다. 또한 오언주의자였던 홀리요크는 훗날 로치데일 지역의 공정선구자협회를 다시 영국 전역에 알리는 데 주도적으로 기여하였다. 1844년에 로치데일 지역의 공정선구자협회 28인은 오언의 이상주의를 현실에 펼치고자 하였는데, 1846년의 '이상협회'가 그것이었다(Cole, 2015: 85). 다른 한편, 로치데일 지역 공정선구자협회에는 오언주의와 구분되는 차티스트 운동 주창자들도 포함되었다. 1830년대 말과 1840년대에 '인민헌장(People's Charter)'을 내건 차티스트 운동과 더불어「곡물법」폐지,「10시간법」을 포함한「공장법」개정을 둘러싸고 노동계급의 관심은 점차 실용적으로 옮겨가게 되는 과정을 거쳤다(Cole, 2015: 81-85).

19세기 전반의 영국 로치데일 지역은 양모 직물 중심지인 동시에 면산업 성장지인 맨체스터 지역과는 12마일 거리의 근교지였다. 이러한 지역적 특성은 당시 로치데일 지역이 노동계급의 사상과 운동의 정보 요충지로서 중요한 작용을 하는 배경이 되었다. 1831년에 전국 노동조합 운동이 시도되던 당시 로치데일 면산업 노동자가 적극 지지하였으며, 차티스트 운동,「공장법」, 1일 10시간 노동 투쟁에서도 로치데일은 중요한 근거지가 되었다. 특히 1808년 이후 1842년까지 임금 삭감과 관련하여 대규모의 파업과 폭동이 일어났다. 1844년의 직공들의 임금 투쟁은 지역 노동자들이 당시 사회철학에 기반한 새로운 사회 개혁에 대해 심각하게 고민하는 계기가 되었다(Cole, 2015: 100-101).

한편, 1837년에「신구빈법」이 로치데일 지역에서도 적용되었는데, 로치데일 교구에서는 다른 지역과 달리 최초로 여러 교구가 통합하여 빈민구제위원회를 결성하였다(Cole, 2015: 104). 그러나「신구빈법」이 노동능력이 있는 빈민에 대한 원외구제를 금지하자, 다른 지역과 마찬가지로 로치데일이 속한 랭커셔와 요크셔 노동계급은 크게 반발하였다. 경기불황기에 일종의 실업수당 성격의 임금보조가 교구에서 지급되던 다른 지역과 달리 로치데일은 이러한 제도가 없었던 만큼,「신구빈법」에 대한 저항은 거세었다(Cole, 2015: 104-105). 1840년에 오언파 사회주의자인 동시에 차티스트 운동의 핵심이었던 토마스 리브시(Thomas Livesy)는「신구빈법」반대의 지도자가 되었고 1845년까지「신구빈법」저지 운동을 이끌었다. 그 과정에서 리브시는 로치데일 선구자들이 협동조합을 건설할 초기부터 1864년에 사망할 때까지 중요한 자문을 제공하였다(Cole, 2015: 106).

「신구빈법」에 대한 저항과 더불어 당시 로치데일의 중요한 특징으로 차티스트 운동과 다양한 종교 종파들의 성장과 갈등이라 하겠다. 1833년「10시간법」통과 이후 로치데일 지역 노동자들은 더욱더 '인민헌장'에 대한 기대를 크게 가지게 되었다. 1838년에 로치데일 차티스트 대표로 선출된 제임스 테일러(James Taylor)는 로치데일 선구자 중 한 사람인 제임스 윌킨슨(James Wilkinson)과 함께 로치데일의 정치와 종교에 중요한 영향을 미쳤다. 로치데일 감리교 유니테리언파의 목사로서 테일러와 윌킨슨은 이후 로치데일 지역의 차티스트 운동과 공정선구자협회에 커다란 영향을 끼쳤다(Cole, 2015: 108-109).

이 밖에 로치데일 지역의 직물공장주이자 한 우애협회의 대표였던 존 브라이트(John Bright)는 자신의 공장에 고용된 피고용인 중 청년과 피고용인의 아동 자녀의 교육에 관심이 컸다(Cole, 2015: 112). 브라이트는 훗날 로치데일 공정선구자협회에 합류하였는데, 소위 로치데일 원칙 중 하나인 교육이 중요시된 것은 브라이트와 무관하지 않다고 볼 수 있다.

이러한 로치데일의 지역적·사회적 특성을 배경으로 1844년에 탄생한 로치데일 공정선구자협회(The Rochdale Society of Equitable Pioneers)에서 지금까지 알려진 28인의 창시자가 바로 오언주의자들이다(Cole, 2015: 126).

공정선구자협회는 1842년의 로치데일 임금 총파업 이후 첫 사업으로 1844년에 밀가루 공동 구매를 택하였다(Cole, 2015: 132). 이는 다른 협동조합에서도 많이 시도한 사업이었다. 선구자 중 찰스 하워스(Charles Howarth)를 포함한 일부는 1833년부터 1835년까지 협동매장을 운영한 경험이 있었다. 그리고 당시 꽤 알려져 있던 '이용실적 비례 이윤배당 원칙', 즉 사업 이윤을 배분할 때 매장 이용실적에 비례하여 배분하는 원칙을 포함하여 약 8가지의 소위 '로치데일 원칙'을 수립하였다(Cole, 2015: 132-133). '이용실적 비례 이윤배당 원칙'은 스코틀랜드 협동조합운동의 창시자라 여겨지는 알렉산더 캠벨(Alexander Campbell)에 의해 1822년 스코틀랜드 글래스고우 지역 제빵협동조합에 이미 소개되어 있었다(Cole, 2015: 139-140).

1844년에 로치데일의 공정선구자협회는 당시 영국 여러 지역의 협동조합운동에서 채택하였던 원칙들을 종합적으로 체계화하여 일명 8가지의 로치데일 원칙을 채택하였다. 첫째, 민주적 통제인데, 각 조합원은 1인 1표의 투표권을 가지고, 영향력 행사는 투자액에 비례하지 않는다는 것이다. 둘째, 회원 가입의 개방성인데, 일정한 규모에 도달할 때까지 창립 조합원과 신규 조합원은 동등한 조건으로 가입을 허가한다는 것이다. 이 두 가지 원칙은 평등과 자치의 원칙과 관련이 있다. 셋째, 출자금에 대한 고정이자 지급 제한 원칙, 넷째, 잉여금의 이용실적 비례 분배 원칙, 다섯째, 현금거래 원칙은 특히 협동조합의 지속 가능성과 관련이 있다. 여섯째, 순정 물품 판매 원칙, 일곱째, 거래와 교육을 위한 적립 원칙, 여덟째, 정치 및 종교에서의 중립 원칙은 당시 특수한 상황을 반영한다 하겠다(Cole, 2015: 133-151).

주목할 점은 현금거래 원칙과 정치 및 종교에서의 중립 원칙에 관련한 내용인데, 현금거래 원칙과 관련하여 공정선구자협회가 협동매장과 함께 우애조합을 운영하였다는 점이다(Cole, 2015: 144-145). 외상 사절(또는 외상금지) 및 현금거래 원칙은 경기 호황시기에는 절약 정신을 고무하고 경기 불황시기에는 실업, 질병, 재난을 당한 조합원의 구제를 위한 목적과 관련이 있다. 당시 공동운영가게가 빈민과 불안정 노동계층을 배제하고 그들에게 매장의 외상 구매는 허용하되 나쁜 물품을 판매하거나 비싼 가격을 청구하며 운영했던 것에 견주어 볼 때, 로치데일 공정선구자협회는 개방적이되 상호신뢰와 상호의무에 기반한 결속체라 하겠다(Cole, 2015: 145). 정치 및 종교에서의 중립 원칙과 관련하여 협의 선구자들의 구성을 살펴보면, 오언 사회주의와 차티스트 운동 주창자는 물론 종교적으로도 안식일교, 유니테리언교, 감리교, 퀘이커교, 토착 교파, 국교, 침례교 등 다양한 교파로 구성되었다. 초기에는 주말 야간에 매장을 여는 것과 관련하여 종교적 신념의 차이 때문에 갈등이 있었는데, 협동조합 운영을 통하여 정치적 · 종교적 갈등을 점차 배제하자는 목적이었다(Cole, 2015: 151).

1870년대까지의 로치데일 공정선구자협회의 성장 규모와 속도는 주목할 만하다. 초기 매출액이 4~7파운드에 불과하였고, 첫해 말 조합원 수는 74명이었다. 출자금액은 28파운드에서 181파운드로 증가하였다. 첫해 잉여금은 22파운드였다. 이후 1844년부터 1848년까지 성장은 느렸다. 그러나 1848년에 거래액이 2,276파운드, 출자액은 397파운드, 잉여액은 118파운드에 달했다. 1849년에는 임금 삭감과 로치데일 저축은행의 파산 등의 이유로 인해 조합원은 140명에서 390명으로, 거래액은 2,276파운드에서 6,612파운드로, 출자금은 397파운드에서 1,194파운드로, 잉여금은 118파운드에서 561파운드로 대폭 증가하였다. 1850년의 조합원 600명, 거래액 1만 3,180파운드를 정점으로 하여 그 이후에는 다소 완만하게 상승하였다(Cole, 2015: 160-161). 1840년에 양모업 동력 직기 종사 남성의 주급이 약 13~14실링이었다가 1849년에는 10실링 9펜스로 감소하였음을 고려하면(Cole, 2015: 164), 초기 공정선구자협회의 협동매장의 성과는 괄목할 만하였다.

1851년에 공정선구자협회는 공동 매장에서 한 단계 더 나아가 야간 영업에서 종일 영업으로 확대하였고, 1852년에는 물품을 더욱 다양화했고, 1853년에는 매니저를 고용하는 동시에 신문 열람실과 도서실을 모든 조합원에게 개방하였다. 이전에는 신문 열람실과 도서실은 따로 회비를 지불하는 조합원만 이용할 수 있었다. 이처럼 모든 조합원에게 교육의 기회를 전면 확대한 점은 역사적 중요성을 갖는다(Cole, 2015: 171). 1850년에는 제분조합을 연 동시에 도매협동조합도 열었다(Cole, 2015: 173). 1854년에는 로치데일 생산협동조합이 설립되었다(Cole, 2015: 175). 방직업을 시작하면서 당시 면화 기근도 이겨 내고 계속 성장하여 1866년에는 제2공장을 열 정도로 성장하였다(Cole, 2015: 175).

독립 생산협동조합이 탄생하면서 노동자들의 출자분과 더불어 노동자들의 노동배당, 즉 이윤배분 시 노동자 몫 우선 원칙은 이전과 구분되는 특징이었다. 출자자가 1파운드당 2실링 배당을 받는 것에 비해 노동자들이 1파운드당 4실링이 배당된 것은 획기적인 것이었다(Cole, 2015: 177-178). 그러나 1860년에 이르러 내부적 불만, 특히 노동배당에 대한 불만이 시작되어 1862년에는 마침내 노동배당을 폐지하게 되고 이윤추구 사업체로 변질되면서 종말을 맞이하였다(Cole, 2015: 179). 한편, 1861년에 공정선구자협회와 별도의 로치데일 토지주택협동회사가 설립되어 석공들의 공동 주택 소유를 지향하였는데, 선구자들과 밀접한 연관성을 가졌다(Cole, 2015: 181).

1860년대는 영국의 협동조합운동 역사에서 스코틀랜드 글래스고 지역 중심의 절정기에 해당한다(Cole, 2015: 282-286). 그리고 잉글랜드 랭커셔와 요크셔 지역의 조선소, 기계제조 중심지에서 크게 성장하였다(Cole, 2015: 286-287). 1862년에 뉴캐슬 지역에서 설립된 북부협동조합매장연합과 1875년에 설립된 맨체스터 연합채

굴협동조합을 포함하여 채탄협동조합, 광산협동조합 등이 탄광 지역을 중심으로 1870년대까지 증가하였다(Cole, 2015: 300-302).

1863년에는 영국 전역에서 약 400개 이상의 협동조합이 성행한 것으로 알려진다(Forno, 2013). 1868년에 유통사업을 시작한 도매업협동조합연합회는 1870년대에 급격히 성장하였는데, 이와 관련하여 노동배당 문제가 부상하였고, 이로 인하여 많은 내부 분쟁에 부딪히게 되었으며, 결국 1873년에 잉글랜드 지역에서는 노동배당제도를 폐지하였다(Cole, 2015: 313-315). 이후 도매업협동조합연합회가 금융업으로 분화하여 성장한 사실은 협동조합운동의 전개에 시사하는 바가 크다. 특히 애초의 외상거래 금지 및 현금거래 원칙에 비추어 볼 때 상당한 변화라 하겠다(Cole, 2015: 323). 반면, 스코틀랜드 지역에서는 계속 노동배당제도가 유지되었다(Cole, 2015: 319). 한편, 1883년에 협동조합생산자연합(Cooperative Productive Federation)이 창설되면서 각 지역별 조합들의 중앙기관으로서 각종 선전, 홍보, 교육을 담당하게 되었다(Cole, 2015: 370-371). 토마스 블랜드포드(Thomas Blandford)의 지도하에 협동조합생산자연합은 재정과 사업활동을 강화하였다(Cole, 2015: 373).

이처럼 19세기 영국 전역에서 협동조합이 확대되었지만, 여성의 협동조합 가입은 매우 제한되었다. 명목적으로는 남성과 여성 모두에게 조합 가입이 평등하게 개방되었다. 그러나 실제로 '유급노동자'인 남편과 '보조' 생계벌이 노동자인 아내가 동시에 조합원이 되는 경우는 매우 드물었다. 특히 사업 운영에 여성은 적합하지 않다는 당시의 여성관이 협동조합에도 팽배하였다. 여성을 많이 고용한 사업체가 있는 지역에는 여성 조합원이 존재하였으나, 회의 참석과 운영은 남성에게만 개방되었다(Cole, 2015: 335). 이러한 가운데 1883년에 협동조합 '여성길드(Women's Guild)'가 창설된 것은 고무적이라 하겠다(Cole, 2015: 388).

여성들도 남성들과 마찬가지로 참정권 운동에 참여하게 되는 가운데, 협동조합운동에서 여성들의 지위와 권리에 대한 관심이 높아졌다. 로치데일 공정선구자협회 28인 중 한 사람인 앤 트위데일(Ann Tweedale) 이외에는 19세기 중반 여성의 협동조합 참여가 매우 드물었다. 1870년에서야 「기혼여성재산법」이 제정되면서 여성 조합원의 배당금 권리가 제한적으로나마 인정되었고, 이로써 여성 조합원 운동이 서서히 시작되었다(Cole, 2015: 390).

1883년 초에 주간지『협동조합 신문』에 '여성 코너' 지면이 생기면서 여성 조합원 운동은 불이 붙었다고 하겠다. 앨리스 오클랜드(Alice Acland) 부인이 첫 기고를 하고 메리 로렌슨(Mary Lawrenson)이 연이어 기고를 한 이후, 같은 해 6월 협동조합대회에서 협동조합보급여성연맹이 출범하였다. 회원 50명과 연회비 펜스 납부로 시작한 이 단체는 협동조합의 선전과 동시에 여성의 지위 개선을 지향하였다(Cole, 2015: 391).

당시의 여성관에 비추어 보면, 남성 협동조합원의 반대는 예정된 것이라 하겠다. 그러나 1883년 9월에는 여성길드 최초의 지부가 햅든브리지에 설립되었고, 11월에 로치데일, 12월에 울위치, 1884년에는 코벤트리와 런던에 각각 지부가 설립되었다. 1885년 당시 여성길드의 울위치 지부 사무국장이었던 로렌슨 부인이 왕립병기창조합 교육위원회 위원으로 선출되자 여성 조합원의 입지는 점차 확대되었다. 이후 협동조합연합회가 여성길드를 승인하였고, 연합회 내의 신설 교육 협의회에 여성길드의 참여 대표권을 부여하였다. 1889년에 기독교 사회주의자 집안의 마가렛 르웰린 데이비스(Margaret Llewelyn Davies)가 여성길드 사무국장이 되자 성장 속도는 가속화되었다(Cole, 2015: 392-393).

초기 여성길드 회원들은 고등교육을 받은 여성들이 중심이었으나, 점차 노동계급 기혼 여성의 가입이 증가하였다. 마가렛 르웰린 데이비스의 지도하에 여성길드는 저임금 노동자들의 소비자협동조합 가입에 적극 나섰고, 협동조합의 고용인에게 최저임금 보장을 촉구하였다. 여성길드는 1886년에 약 500명에서 1892년에 5,000명이 100개 지부에 가입할 정도로 성장하였다. 여성 참정권 운동과 이혼법 개혁 운동에도 앞장을 섰다. 또한 1889년에 여성노동조합연맹 산하 최초의 여성 노동조합 운동이 출현하면서 여성길드는 여성 조합원에게 위원회 활동 참여와 대중연설을 적극 지원하였다(Cole, 2015: 395). 그러나 여성의 재산과 관련된 권리와 조합의 여성에 대한 개방의 문턱은 여전히 높았다. 1889년의 한 조사에 따르면, 소비자협동조합 출자자 100만 명 중 10만 명이 여성으로 나타났다(Cole, 2015: 397).

여성길드의 1899년 극빈계층의 소비자협동조합 가입운동은 매우 이례적이었다.

당시 협동조합운동이 비교적 임금수준이 나은 중산층 계층과 노동계층에게 한정된 것과 달리, 여러 비판 속에 협동조합연합회가 지지하기 시작하였고, 마침내 1902년 선더랜드 조합이 여성길드가 제안한 민중매장을 열었다. 1년의 실험 끝에 여성길드는 여성의 참정권과 아동의 건강 그리고 협동조합 고용조건 개선으로 관심을 옮기게 되었다(Cole, 2015: 401-403).

1895년 8월에는 영국 런던에서 마침내 국제협동조합연맹(International Cooperative Alliance: ICA)이 창설되었다. 유럽의 영국, 프랑스, 독일, 스위스, 이탈리아, 벨기에, 네덜란드, 덴마크, 인도, 멀리는 북미의 미국과 남미의 아르헨티나 그리고 호주 등 각국의 대표자들이 참석하였다(International Cooperative Alliance, 2020). 이것은 비정부기구로서 회원 협동조합들의 다양한 목적과 이익을 대표하는 것을 목표로 삼았다(Forno, 2013).

② 독일

1840년대 유럽 전역의 기근에 대해 독일의 라이파이젠(F. W. Raiffeisen)과 슐체(Herman Schulze)는 협동조합 대부와 신용 단체를 조직화하였다(Pitman, 2018: 2).

1860년대 영국에서 활발히 진행된 협동조합운동은 유럽 전역으로 확산되었다. 중부 유럽의 프랑스, 독일은 물론, 남부 유럽의 이탈리아, 동부 유럽의 오스트리아, 북부 유럽의 벨기에, 덴마크, 핀란드, 노르웨이, 스웨덴 등 노동자 협동조합(workers cooperatives)는 노동자들에게 큰 영향을 미쳤다(Forno, 2013).

1800년대 후반 독일, 특히 바바리아 지역의 농민과 노동자들은 세금 인상과 채무 증가로 인해 경제적으로 심한 어려움을 겪었다. 타개책으로 전기 도입 및 기계화를 진행하는 과정에서 대규모의 자본 대출은 매우 절실한 수단이었다(Farr, 2007). 1890년대에 들어 곡물 가격의 갑작스러운 폭락과 이로 인한 소득 급락, 대폭 인상된 세금은 당시 지역 빈민구제를 위한 기금과 기금조달 방식에 대한 불평을 대폭 심화시키는 계기가 되었다(Farr, 2007: 167). 1869년에 농민들에게 대출을 제공한 유일한 은행이 도산하자 농민과 노동자들은 점점 더 개인 고리대금업자나 영리 대출업체에 의존하게 되었고, 불공정 관행으로 인해 더욱 갈 곳을 잃게 되었다(Farr, 2007).

마침내 1877년 11월에 타일하임 지역에서 독일 최초의 신용협동조합이 창설되었다. 그리고 약 10년 후인 1890년대 이후로 독일 전역에 신용협동조합이 번성하였다(Farr, 2007: 172). 1894년에 바바리아 지역에서는 7만 3,000명의 개인 회원으로 구성된 139개 협동조합이 바바리아 농업대출연합연맹(Bavaria federation of agricultural loan association)과 결연관계에 있었다. 1896년에는 무려 11만 5,142명이 가입한 1,724개 협동조합으로 증가하였고, 1903년까지 그 규모는 두 배로 증가하였다. 당시 독일 전역의 신용협동조합의 절반이 바바리아 지역에 집중되었다(Farr, 2007: 172). 한편, 1898년 당시 빈민 대상의 값싼 가격의 공동판매 협동조합을 성공적으로 운영한 것으로 유명해진 협동조합운동가였던 게오르그 하임(Georg Heim)이 판매와 구매 협동조합의 연합체인 중앙협동조합을 설립한 이후, 1903년까지 협동조합의 거래 규모가 약 10배 정도로 급격히 증가하였다. 하임의 지도력에 기반한 협동조합의 급성장, 그리고 연이은 소작농 연맹의 정치적 성장은 당시 하임의 소속 정당인 중도당의 바바리아 지역 집권 정당에 대한 위협을 뜻했다(Farr, 2007: 173). 신용협동조합뿐만 아니라 공동구매와 공동판매 협동조합 역시 급격히 성장하였다. 그러나 모든 지역이 상호부조와 자조의 원칙을 지향하지는 않았다. 일부 지역에서는 시장을 통한 이윤 극대화를 지향하였다(Farr, 2007).

19세기 독일 협동조합이 성장한 이유 중 하나로 당시 국가보조금 지급을 들 수 있다. 그러나 이에 대한 해석은 다양할 수 있다. 직접 보조금과 각급 지방정부로부터의 대출금 보조와 관련하여 논쟁이 진행된 이유는 협동조합의 기본 사상이 '자조(self-help)'라는 점에 있었다. 국가로부터의 보조금 수용은 결국 '자조'가 아닌 '국가보조(state-help)'가 되기 때문이다(Guinnane, 2012: 208). 일명 '헤르만 슐체델리치(Herman Schulze-Delitzsch) 논쟁'으로도 불리는데(Guinnane, 2012: 208), 이들은 국가보조가 결국 협동조합의 독립성과 자주성을 해칠 것이라고 강력히 저항하였다.

그러나 당시 독일 각각의 협동조합의 기본 사상은 매우 다양하여 모든 협동조합이 국가와 이분법적으로 대척점에 있다고 할 수는 없었다. 슐체델리치(Schulze-Delitzsch) 그룹이 국가보조를 거절하고 국가보조금 수용 협동조합을 강력히 비판한 반면, 라이파이젠(Raiffeisen) 그룹은 기독교 사회적 사명에 입각하여 사민당 세력의 확대를 저지하려 노력하였다. 하스(Haas) 그룹은 자유당과 제휴하였고 친정부적이었다(Guinnane, 2012: 215-216). 이러한 다양한 정치적 신념의 협동조합들은 20세기에 들어 그 정치적 색깔을 더욱 분명히 드러냈다(Guinnane, 2012: 216).

이렇듯 다양한 사상적 배경의 협동조합이 존재한 가운데, 국가가 실제 지급한 보조금 규모와 그 방식을 살펴보면 당시 국가 농민과 연대하기 위해 협동조합 보조금 정책을 제공하였다는 해석은 아직 확언하기는 어렵다(Guinnane, 2012). 우선, 19세기 농촌 지역 협동조합은 단지 사상뿐만 아니라 매우 다층적인 면에서 다양하였다. 일부 지역에서는 오직 협동조합을 통해서만 대규모 자본을 대출할 수 있었다. 지역별로 협동조합의 시장점유율도 다양하였고 각 협동조합의 기본 정신도 다양하였다. 이러한 가운데 시골 지역은 크게 라이파이젠과 하스 그룹이 대출, 구매, 판매를 장악하였다(Guinnane, 2012: 212-213). 이러한 다양한 협동조합의 존재로 인하여 국가보조금에 대해 크게 예민한 반응을 보이지 않는 협동조합도 상당히 존재하였기에, 국가보조금 정책이 모든 협동조합에 절대적 영향력을 행사하였다고 보기는 어렵다.

국가의 보조금 지급은 매우 적었고, 그마저도 각 조합에 직접 제공하지 않는 대신 지역별 협동조합 연합운영위원회를 통하였다(Guinnane, 2012). 1889년에는 「제국법(the Reich Act)」을 통하여 협동조합 보조금 지급 기구를 수립하였고, 각 지역별 협동조합 연합 운영 단체에 기금을 지급하였다(Guinnane, 2012: 217). 특히 새로운 협동조합 설립을 위한 자금 지원에 저리로 대출을 제공하였다(Guinnane, 2012: 217).

그러나 확실한 사실은 1889년에 정부가 협동조합에게 민간 영리기업보다 유리한 특권을 허용하는 법을 통과시켰다는 점이다. 그리고 관세법으로 인하여 정부는 노동계급보다 농촌 소작농 계급에 더 관심을 기울이게 되었다는 점이다(Guinnane, 2012: 209). 이 외에 소비자 협동조합이 당시 사민당과 제휴하였는데, 정부는 국가보조금 미지급을 통하여 이러한 반정부 협동조합들을 처벌하기도 하였다(Guinnane, 2012: 211). 결국 19세기 국가의 협동조합 보조금 지급과 관련된 해석은 여전히 열려 있다고 하겠다. 독일 바바리아 지역 국가가 그 지역의 소작농의 정치 운동을 조직화하여 당시 그 지역의 헤게모니를 장악하였던 중도당의 존립을 위태롭게 할 목적이었다는 견해와 프러시아 국가 협동조합 중도 은행의 주도적 역할을 강조하는 견해가 이에 속한다(Guinnane, 2012: 209).

③ 미국

미국의 협동조합운동은 유럽에 비해 늦게 시작되었다(Forno, 2013). 1845년에 보스턴 지역의 '보호 조합(Protective Union)' 등 일부 자생(native) 조직들이 존재한 것으로 알려졌다(Curl, 2009). 이 보호 조합은 영국의 로치데일 모델과는 달리 회원들에게 공동 구매 및 소비의 의무를 부과하지 않았고, 대신 초기 자본 및 매월 회비 납부의 의무를 부과하였다. 그러나 곧 로치데일 모델이 보편화되기 시작하였고, 소비자 협동조합의 유형이 확산되었다. 그러나 영국과는 달리 노동자의 자치 운영에 대해서는 반대하는 협동조합들이 존재하였다(Curl, 2009).

미국의 협동조합운동은 오언의 뉴하모니 협동마을 이후 농촌 지역 중심으로 퍼져 나갔다. 미국의 협동조합운동 역시 유럽과 마찬가지로 산업혁명 초기에 대두된 빈곤과 생계 그리고 노동환경 문제에 대응하기 위한 일환으로 출발하였다. 노동길드와 사회길드 그리고 우애협회의 전통에 기대어 시작된 협동조합운동은 미국에서, 특히 농업 지역에서 성장하였다. 독일에서 시작된 농업 종사자 대상 협동조합 신용 시스템이 그 출발점이었다(Pitman, 2018: 2). 농업 지역의 협동조합은 유럽에서는 1870년대 덴마크에서 크게 활성화되었는데, 주목할 점은 정부지원 없이 자생적으로 이루어졌다는 점과 마케팅과 공급 부문에서 협동조합 방식이 활성화되었다는 점이다. 덴마크의 성공의 부분적 원인으로는 활발한 민주적 시민 참여의 교육의 장으로서 기능한 '민중 학교(Folk High School)'를 들 수 있다(Pitman, 2018: 2).

유럽 지역과 달리 미국 협동조합 역사의 특징은 19세기 당시 유독 농촌 지역에 한정되어 발전하였다는 점이다(Pitman, 2018: 2). 1752년에 벤자민 프랭클린(Benjamin Franklin)에 의해 설립된 화재보험(mutual fire insurance)이 그 시초라 할 수 있다. 이후 1810년, 낙농업과 치즈 협동조합을 포함하여 농업과 관련된 협동조합이 있었다. 미국 초기 협동조합의 특징으로는 농촌 지역에 증가하였던 점 이외에도 지역적이고 서로 독립적이었으며 수명이 짧았다는 점이 있다(Pitman, 2018: 2).

주로 공동구매가 목적이었는데, 1866년에 이르러서는 주요 산업 지역과 연결된 협동조합이 설립될 정도로 성장하였다(Pitman, 2018: 2). 한편, 서부 지역으로의 영토 확대가 진행되면서 그 지역 농부들은 저임금, 높은 마케팅 마진비용, 높은 화물 수송료, 높은 이자율의 장벽에 부딪쳤다. 이에 따라 이 지역에서는 마케팅 협동조합이 농부들에 의해 설립되었다(Pitman, 2018: 2).

한편, 1845년에 최초의 노동자 보호 단체(The Workingmen's Protective Union)가 보스턴에서 조직되었다. 이 단체 역시 초기에는 주로 단체 구매를 목적으로 하였는데, 점차 영국 로치데일 원칙을 수용하였다. 그러나 당시 미국 전역에 팽배하였던 각종 차별 문제는 협동조합에서도 문제로 등장하였고, 결국 노동자 보호 단체는 쇠퇴하게 되었다(Pitman, 2018: 3). 남북전쟁 이후 허스번드리 모임(the Patrons of Husbandry) 또는 그란지(the Grange)라고도 알려진 협동조합이 결성되었는데, 이 조직은 농업 노동환경 개선을 목적으로 하였다. 중개업자들에 의한 비용을 절감하기 위해 농업자들과 가공업자들을 직접 연결하는 사업을 펼쳤고, 이후 생산자와 소비자를 직접 연결하는 데까지 확대하였다(Pitman, 2018: 3). 그란지는 노동자 보호 단체와 달리 비교적 오래 지속되었다. 1875년에 로치데일 원칙을 지지한 이후 산하 단체로서 농업 소비자 매장은 물론 농업 마케팅 협동조합과 구매 협동조합의 수가 수백 개로 증가하였다. 그러나 농업 이외에 다양한 분야까지 진출하자 경영 미숙과 조합원 참여 결여 등의 이유로 1880년대에 이르러 그란지 역시 점차 쇠퇴하였다(Pitman, 2018: 3).

농업 부문에서 구매 및 마케팅 관련 협동조합과 별도로 미국에서도 정치적으로 진보적인 색채를 지닌 협동조합이 등장하였다. 남부 지역의 농부 단합체(Farmers' Alliance)와 공정 협회(the Society of Equity)가 이에 속한다(Pitman, 2018: 3). 남부 지역 소규모 자작농과 소작농들의 만성 채무에 대응하기 위해 조직된 농부 단합체 역시 남부 지역에 특히 강했던 차별 관행으로 인해 흑인 농부의 가입을 절대 반대하면서 분리 정책을 고수하였다. 그 결과, 흑인의 독립단체가 1886년에 결성되었다. 그러나 1890년대에 들어 「짐 크로(Jim Crow) 법」과 여러 차별법의 통과로 인해 결국 흑인 독립단체 역시 쇠퇴하였다(Pitman, 2018: 3).

유럽과 마찬가지로 미국의 대표적인 노동단체인 노동기사단(the Knights of Labor)과 산업주권자(the Sovereigns of Industry) 역시 협동조합과 관련된 새로운 시도를 하였다. 로치데일 원칙을 수용하였고, 각 하부 단체는 협동조합 사업을 독립적으로 운영하였다. 그러나 지역적 특성으로 인하여 넓은 지역에 산재한 독립 사업체들이 연대하기는 쉽지 않았다. 공동구매의 어려움과 더불어 자본 부족, 경영 미숙, 자문 결여 등으로 인하여 노동단체들의 협동조합 실험 역시 실패로 돌아갔다(Pitman, 2018: 4). 미국노동자연맹(The American Federation of Labor)과 함께 노동기사단이 정치적 목적을 지향하였으나, 협동조합운동에서는 '식료품(bread and butter)' 이슈에 집중하였다. 특히 미국노동자연맹이 운영하는 협동조합에서 노동자 자주생산 협동조합을 반대한 것은 주목할 만하다. 이는 당시 조직의 급진파들이 고용주와 피고용인 간의 엄격한 구분을 지향한 것과 관련이 있다. 미국노동자연맹은 이후 소비자 협동조합을 노동조합주의(trade unionism)의 쌍둥이 자매 조직으로 승인할 정도로 우호적이었고 자본가에 의한 가격 상승 및 이윤 착취에 대항하는 효과적 기능을 높이 평가하였으나, 자주생산 협동조합에 대해서는 매우 회의적이었다(Curl, 2009).

20세기에 접어들면서 독점과 자본의 횡포는 다시 미국의 협동조합 성장에 계기가 되었다. 1916년에 미국 협동조합 리그(the Cooperative League of the United States of America)가 창설되었는데, 특히 중동부 북부 지역의 핀란드 이주민 중심의 사회민주주의 협동조합이 그 중심에 있었다(Pitman, 2018: 4). 이 밖에 1909년 매사추세츠 지역에서 신용협동조합 조례가 제정된 이후 1920년까지 활발히 성장하였다(Pitman, 2018: 4).

제1차 세계대전 이전 미국의 대표적인 대규모 협동조합들은 캘리포니아 과일 생산자 교환(the California Fruit Growers' Exchange)과 버지니아 동부 연안 농산물 교환(the Eastern Shore of Virginia Produce Exchange)을 들 수 있다. 20세기 이후 미국의 협동조합운동이 비로소 활발히 성장하였는데, 여전히 지역적이고 독립적인 특징을 유지하였다(Forno, 2013).

20세기에 들어 미국 협동조합의 성장에 중요한 촉매제는 바로 미국 농업청과 전국 농부 유니언의 설립이라 하겠다. 이로 인해 연방정부와 주정부는 농업 부문 협동조합에 각종 기술적 · 재정적 지원을 제공할 수 있었고, 이로 인하여 최대 규모의 협동조합 사업체들이 탄생할 수 있었다(Pitman, 2018: 4). 이와 더불어 미국 협동조합의 독특한 특징을 제공한 인물인 사피로(Aaron Sapiro)와 노스(Edwin G. Nourse)는 유럽 협동조합 사상가들이 사회 및 정치 운동의 성격을 띤 것과는 달리 실용적인 성격, 즉 효율적 경영을 강조하였다. 특히 사피로는 협동조합 생산자의 시장점유율을 높이고 좋은 가격을 받을 수 있도록 하기 위해 1919년에 협동조합 마케팅법을 통과시키는 데 주력하였다(Pitman, 2018: 5).

20세기 전반에 걸쳐 미국 협동조합의 흥망성쇠는 대개 미국 경제 순환구조와 연관성이 있는 것으로 알려져 있다. 경제 상승 국면과 경제 하강 국면에는 협동조합의 공동 구매 아이디어가 성행하였으나, 경제 불황 또는 호황의 한복판에서는 협동조합의 아이디어가 쇠퇴를 겪는 것으로 나타났다(Curl, 2009). 다른 한편, 1930년대 대공황 시기 신용조합과 소비자 협동조합에 대한 미국 정부의 재정 지원은 경제 불황을 타개하고 협동조합을 부흥하는 데 기여한 것으로 나타났다(Curl, 2009).

2. 근대 상호부조제도가 현대 사회복지에 미친 영향

동서양을 막론하고 상호부조제도들은 현대 사회복지에 다음과 같은 중요한 영향을 미쳤다. 첫째, 상호부조제도의 근간을 이루었던 호혜성의 원리 혹은 보험원리로부터 근대 사회보험제도의 기본 원리가 태동하였다. 물론 그렇다고 하여 상호부조제도들과 사회보험이 동일한 것은 아니다. 전근대사회 상호부조제도들에 의해 운영되었던 상호보험(mutual insurance)은 대면집단 혹은 지역, 직업, 인종, 종교, 특정 클럽 회원과 같이 자신들과 타인들을 구분해 주는 뚜렷한 정체성을 가진 소규모 집단에서 가동되었다. 반면, 근대 사회보험(social insurance)은 어떤 국가의 전 국민 혹은 실업, 노령과 같이 소득 중단을 가져오는 특정한 경험을 하는 모든 사람을 위한 보험이다. 사회보험은 특정한 소속감(loyalty)을 지닌 소수의 사람들을 배제하기보다는 포섭하는 것을 특징으로 한다.

양자 모두 사람들을 결합함으로써 소득을 제공한다는 유사성이 있으나, 상호보험은 자발적(임의적)인 데 비해 사회보험은 강제적이라는 점이 다르다. 국가가 노령(혹은 유족, 장애) 인구에게 최소의 소득을 그들 상호 간에 보장하도록 기여를 강제하는 것은 오늘날 널리 받아들여지고 있다.[2)]

둘째, 전근대사회의 상호부조는 현대 사회복지의 한 방법인 자조집단의 출현에 영향을 미쳤다. 상호부조에 내재된 가입과 운영에서의 자발성은 오늘날 비슷한 문제를 안고 있는 사람들 사이에서 문제해결의 경험을 공유함으로써 서로 간에 도움을 주는 자조집단의 운영 이념과 일맥상통하고 있다. 전문사회사업이 발전한 사회에서 비전문가인 문제 공유자들이 스스로 모임을 만들어 문제해결을 도모하게 된 것은 사회사업 전문주의가 지닌 한계에서 비롯되었다.

사회사업 전문조직들은 지나친 지적 경향을 보여 클라이언트들에게 거리감을 느끼게 한다. 또한 학위나 자격증을 문제해결능력과 동일시하는 과도한 학력주의(credentialism)에 빠져 있다. 그로 인하여 전문가들은 다양한 문제집단이 존재함에도 불구하고, 그들이 전문성을 발휘할 수 있는 한계 내에서 제한된 접근을 하기 때문에 특정의 문제들을 해결하려고 시도하지 않거나, 종종 그들에게 해결능력이 없는 경우도 있기 때문에 자조집단이 출현한 것이다. 그러나 전문적 원조와 자조 사이에는 보완적 관계가 실재하는 것으로 보아야 한다. 전문가는 자조집단의 조직을 돕고 그 기능을 촉진할 수 있으며, 자조집단 운영의 효과성을 제고하기 위해 그들의 기술을 가르칠 수도 있다. 카츠(Katz, 1976: 151)는 자조집단과 전문사회사업 간의 관계를 다음과 같이 말하고 있다. "무엇보다도 자조집단은 사회적 관계에서 상호 평등한 지위를 제공한다. 전문주의에 대해 우리가 그 어떤 것을 상정하더라도, 전문주의는 절대 평등주의 분위기 또는 평등한 지위를 제공할 수 없다. 전문적 관

2) 그러나 노벨경제학상을 받은 밀턴 프리드먼(Milton Friedman)과 같이 전통적 자유방임사상을 가장 극렬히 옹호하는 사람들은 강제보험의 개념을 개인의 자유에 대한 위험하고도 정당하지 못한(unwarranted) 침해라고 믿는다. 그는 자발적 자조로 되돌아가기를 원하는 것처럼 보인다(Friedman & Friedman, 1980).

계에는 항상 상하의 관계에서 오는 부담, 즉 '권위'가 부담으로 남게 되나, 자조집단에서는 공통의 문제를 가졌을 뿐만 아니라 공통의 사회적 지위를 갖고 있는 동등한 동료들 사이의 수평적 관계가 가능하다."

카츠(1976)에 따르면, 자조집단이 보다 큰 사회환경에 어떤 영향을 미치려면 동맹자가 필요하다. 전문가 중에서 전문적 지위 향상 혹은 개인적 지위 향상이나 체제 유지가 아닌 인간복지와 인간잠재력의 만개를 가장 큰 소명으로 삼는 배려 깊고 융통성이 있으며 가장 덜 관료적인 동반자, 즉 사회사업가가 어쩌면 가장 적합한 동맹자일 수 있다. 적절히 결합되면 전문사회사업과 자조의 관념은 양립할 수 있다.

셋째, 전근대사회의 상호부조가 현대 사회복지에 미친 영향의 하나는 문제해결을 위해 문제를 지닌 구성원 스스로가 나서거나 참여하는 사회행동(social action)의 발전이다. 상호부조에서는 자발적이고 자율적 조직 운영이 강조되었다. 오늘날의 사회행동은 참여자들에 의해 자발적으로 구성되고 자율적으로 운영되는 것이 이상적이라고 생각한다.

물론 사회행동의 실제에 있어서는 전문가의 개입이 요청될 때가 있지만, 전문가들의 기능은 보조적(auxiliaries)인 것에 그치는 경우가 많다. 그들은 촉진자(facilitators)이지, 집단을 주도하는 지도자는 아니다. 지역사회 행동이나 자조집단 모두 공공, 민간의 전통적 도움 형태에 대한 불만족에서 연유하였다. 그러한 불만에는 공공복지에 대한 불만, 전통적 사회사업가와 클라이언트 간의 관계에 대한 불만, 정신분석학에 관한 불만 등이 있다.

다소 차이가 있음에도 불구하고 오늘날 널리 확산되고 있는 이 세 가지 상호부조 형태는 공통의 원칙과 하나의 강력한 충동을 지니고 있다. 즉, 자발적 행동의 원칙, 자신들 스스로가 고안해 내고 자신들 스스로가 방향을 결정하는 결사체에 결집한다는 원칙, 그리고 자신의 삶을 독자적으로 스스로 책임진다는 원칙이 그것이다.

생각해 볼 문제

1. 근대 유럽의 우애조합과 협동조합이 등장한 사회적, 정치적, 경제적 배경에 대해 생각해 보자.

2. 근대 유럽의 우애조합과 협동조합이 「구빈민법」과 다른 점이 무엇인지 생각해 보자.

3. 근대 유럽의 우애조합과 협동조합이 현대 제3섹터의 공제조합과 협동조합에 미친 영향을 생각해 보자.

추천 자료

1. 서구 협동조합의 초창기 역사에 대한 내용으로, 행위자들과 시대적 배경에 대해 균형 있게 다루고 있다.

   Cole, G. D. H. (2015). **영국 협동조합의 한 세기** (*Century of co-operation*). (정광민 역). 충남: 그물코.

2. 서양의 중세 사회복지역사를 폭넓게 다루고 있다.

   Handel, G. (1982). *Social welfare in Western society.* New York: Random House.

3. 서양 근대 초기 도시 지역의 상호부조제도 형성과정을 깊이 있게 다루고 있다.

   Ismay, P. G. (2010). Trust among strangers: Securing British modernity 'by way of friendly society', 1780s–1870s. University of California at Berkeley Ph. D Dissertation.

제2부

구빈법을 넘어 새로운 길 모색:
사회사업 전문직, 사회보험, 자유주의 개혁입법

산업혁명 이후 자유주의 사상의 대두는 「구빈법」 체제에서 국가의 책임을 축소하고 개인과 시장의 책임을 강조하는 흐름을 낳았다. 산업혁명으로 급격하게 산업화를 추진하던 유럽 국가들은 자본주의적 산업혁명이 야기하는 다양한 사회적 위험에 직면하였다. 하지만 국가 개입을 축소하는 자유주의적 「개정구빈법」은 빈곤 등 사회적 위험에 대한 공동화를 초래하였다. 자본주의적 산업화는 빈곤 규모를 증가시킴은 물론 「구빈법」 대상자 이외에 일반 노동계급 역시 각종 사회적 위험에 노출시켰으며, 산업화를 추진하는 국가들은 새로운 형태의 보호 장치를 요구하는 시대적 흐름에 직면하였다. 「개정구빈법」은 이러한 상황에 전혀 대응하지 못했으며, 그 공백은 「엘리자베스 구빈법」만큼이나 사회복지의 역사에서 특기할 만한 새로운 흐름을 등장시켰다.

전통적인 자선과 박애는 조직화 및 전문화의 길을 추구하면서 다음 세기의 사회복지 전문 영역과 전문인력을 예비하는 움직임으로 발전하였다. 현대국가의 전문적 민간사회복지의 싹이 사회복지의 역사에 출현하고 발전해 갔다. 또한 자본주의 생산체제가 야기한 궁핍과 사회문제는 자본주의의 내부 논리를 해부하여 모순을 날카롭게 지적한 사회주의를 등장시켰다. 이를 자양분으로 하여 노동계급은 정치적으로 단결된 세력으로 성장하였으며, 19세기에서 20세기의 전환기에 유럽의 정치적, 경제적, 사회적 지평을 새롭게 변화시켰다. 정치적 지배계급과 자본가 계급은 노동계급의 요구에 대하여 전통적인 「구빈법」을 넘는 새로운 차원의 제도로 대응하였으며, 독일에서부터 사회보험제도가 도입되어 유럽 전역으로 확산되기 시작하였다. 한편, 사회개혁에 대한 요구는 자유주의 진영 내부에서도 제기되었다. 자유주의 개혁가들은 사회조사를 통해 빈곤의 실태를 정확히 파악하는 것에서 출발하여 각종 개혁 입법을 만드는 등 큰 흐름을 만들었다. 이들은 19세기에서 20세기로의 전환기에 사회주의(혹은 사회민주주의)만큼이나 사회보장제도의 발전에 많은 영향을 주었다.

제2부에서는 「개정구빈법」 이후 민간 원조체계의 조직화 및 전문직화의 흐름, 사회보험의 등장과 확산 과정, 그리고 자유주의 개혁의 흐름을 다룬다. 또한 그 흐름 속에서 「구빈법」이 역사적으로 소멸되는 과정과 20세기 복지국가를 구성하는 주요 제도 형태가 어떻게 진화하는지를 살펴본다.

제5장

사회사업 전문직의 발전

"사회사업 전문직의 등장은 20세기 초 빈민에 대한 사회적 인식의 변화의 원인이자 결과였다." (S. N. Patten)

사회복지의 역사에서 19세기 말 영국에서 시작된 자선조직화운동과 인보관운동은 전 세계적으로 큰 의미가 있다. 영국은 물론 미국과 전 세계적으로 사회복지서비스의 근대화와 사회사업 전문직의 이론적·철학적 토대 형성에 커다란 영향을 미쳤다. 이 장에서는 자선조직화운동과 인보관운동이 영국에서 시작되어 미국으로 건너가기까지의 과정과 내용에 대해 다룬다. 그리고 사회사업의 전문직화 과정과 시대적 배경, 사회사업의 전문직화 과정에서 나타난 주요한 이슈, 사회사업의 전문직화의 성과와 주요 인물에 대해 다룬다. 이를 통하여 사회복지서비스의 기본 관점을 이해하고 사회사업 전문직이 가져야 할 직업적 소명과 사회적 지향성을 파악할 수 있을 것이다.

1. 사회사업의 맹아(萌芽)

사회사업의 출발점이 된 움직임으로는 영국에서 시작된 자선조직화운동(Charity Organization Movement)과 인보관운동(Settlement Movement)을 든다. 전자는 산만하게 이루어지던 개별적 자선활동을 지역 단위로 보다 조직적으로 행하려고 하였던 운동을 가리키며, 후자는 빈민지역에 활동의 거점을 두고 그 지역의 빈민들에게 필요한 서비스를 직접 제공하려 하였던 운동을 가리킨다. 양자 모두 민간 수준에서 이루어진 자발적 활동으로, 종종 조직적 자원봉사활동의 역사적 사례로서 거론되기도 한다. 이제 이 운동들이 영국에서 시작하여 미국으로 건너가 자리 잡게 되기까지의 과정과 그 내용에 대해 좀 더 자세히 알아본다.

1) 자선조직화운동과 사회사업

자선조직화운동(Charity Organization Movement: 이하 COM)이 대두한 1860년대의 영국은 산업혁명 이후 한 세기를 지나면서 비롯된 자유방임적 자본주의의 폐해와 함께 기근과 전염병 등이 겹치면서 만연하게 된 빈곤 문제로 어려움을 겪고 있었다. 당시 「개정구빈법」 체제하의 구빈행정은 이를 감당하기에는 역부족이었고, 이와 때를 같이하며 확산되고 있던 자선활동들은 무원칙 · 비효율 · 무책임 · 상호대립 등의 난맥상을 드러내고 있었다(김동국, 1994: 231-232).

그런가 하면, 만연한 빈곤에 대한 급진주의적 관심과 움직임들이 일부 지식인과 이들의 영향을 받은 빈민들에 의해 대두되어서, 가진 자들 사이에 이에 대한 대응책이 절실해지기도 하였다. 이러한 배경 속에 빈곤의 원인에 대한 접근과 민간 자선활동단체 상호 간의 조정 및 구빈행정과의 역할분담 등이 필요하다는 인식과 주장들이 대두하면서 지역 단위의 조직적 자선을 위한 움직임이 나타나게 되었다. 1868년 이후 시작된 자선조직협회(Charity Organization Society: 이하 COS)의 발족이 그것이다. 영국에서 최초로 COS가 세워진 것은 1869년의 일이며, 미국으로 건너가서는 1872년 뉴욕에 최초의 주 단위 COS가 세워졌고, 시 단위로는 1877년에 버팔로시에 세워진 것이 처음이다.

이처럼 지역 단위로 결성된 이 협회에 자선단체들이 등록하게 함으로써 자선활동들을 조정하고자 하였던 것이다. 이 협회는 기본적으로 구빈행정의 적용을 받지 못하던 빈민들에게 관심을 갖되, 자조와 근면의 가치에 근거한 도덕적 판단기준에 따라 빈민을 '구제받을 자격이 있는 빈민(the deserving poor)'과 '구제받을 자격이 없는 빈민(the undeserving poor)'으로 구분하였다. 전자는 저임금 노동자나 장애인 혹은 연소아동 등과 같이 본인으로서는 어쩔 수 없이 가난해진 사람들을 가리키며, 후자는 노동능력이 있으면서도 나태나 정신적 퇴폐 등의 도덕적 결함으로 인하여 가난하게 된 사람들을 일컫는다. 자선조직협회의 구제 대상이 전자에 한정되었던 것은 물론이며, 후자는 억압적 구빈행정으로 관리되었다.

이처럼 COS의 활동은 구제의 대상과 수준을 제한하려 하였던 구빈행정의 원칙과 조화를 이루는 가운데, 실질적으로는 빈민들을 사회적으로 통제하는 양상을 띠기도 했었다. 또 이 활동은 빈곤을 개인의 책임으로 돌리면서, 능력이 있는 자만이 누릴 수 있다고 보는 당시의 사회진화론(social darwinism)적 지배 이데올로기를 관철하는 기능을 수행하였던 것이다.

빈곤한 가구를 방문하여 빈곤의 원인을 조사하여 판단하고 분류하는 활동은 자원봉사 인력이었던 우호방문원들(friendly visitors)이 담당하였다. 이뿐만 아니라 도덕적 문제를 가진 빈민들에 대한 상담을 통하여 이들을 감화하는 일도 우호방문원들의 몫이었다. 이러한 활동의 성격으로 보아, 우호방문원들이 빈민들과 인격적으로 평등한 관계를 형성한 것이 아니었음을 알 수 있다. 그럼에도 COS의 활동을 전문적 사회사업의 출발로 삼는 것은 우호방문원들의 활동이 체계적 교육과 훈련의 과정을 거쳐 후일의 개별사회사업(casework)으로 발전하였다는 점에서이다. 그리고 지역 단위의 자선활동의 조직화와 조정활동이 지역사회조직(community organization)의 모태가 되기도 했고, 우호방문원들의 빈곤가정 조사가 사회사업조사의 발전에 일정하게 기여하기도 했다. 1900년대에 들어 차츰 유급인력에 대한 수요가 늘어나고, 빈곤의 원인을 도덕적 결함이 아닌 사회적, 경제적, 심리적 요인에서 찾는 경향이 대두하고, 우호방문의 유효성에 대한 회의와 함께 봉사활동의 전문직화를 추구하는 움직임이 나타나면서, 우호방문원들의 역할은 차츰 감소되어 갔다(김융일, 조흥식, 김연옥, 1995: 42).

2) 인보관운동과 사회사업

COM보다 다소 늦게 등장한 운동이면서 사회사업의 발전에 영향을 미친 운동으로는 인보관운동을 들 수 있다. 이 운동은 경제적 상류층들에 의해 주도된 COM과는 달리 급진적이고 개혁을 지향하는 중류층 지식인들을 중심으로 이루어졌다. 활동가들이 빈민들의 거주지역에 뛰어들어 그들과 적극적으로 동조하는 가운데, 그들이 필요로 하는 각종 서비스들을 제공할 뿐 아니라 사회를 개혁함으로써 빈곤의 문제를 해결하려는 노력도 병행하였다는 점에서, 이 운동은 COM과 구분된다.

여기서 제공한 주요 프로그램으로는 탁아, 급식, 아동과 청소년의 클럽활동, 레크리에이션, 교양강습 등이 있었고, 사회개혁 활동으로는 빈민의 조직화와 의식화 활동, 빈민보호를 위한 입법활동 등의 정치참여 활동 등이 중심이었다. 영국의 「아동교육법」(1906)과 「무갹출 노령연금법」(1908) 및 「국민보험법」(1911)의 제정 과정에 정치적 영향력을 행사하였던 일이 정치활동의 좋은 예가 된다. 미국에서도 여성 참정권의 확보와 노동조건의 개선 등을 위한 활동을 전개하였으며, 그 당시의 활동가로는 노벨평화상을 받은 제인 아담스(Jane Addams)가 유명하다.

그림 5-1 토인비 홀

영국에서 유명한 인보관으로는 토인비 홀(Toynbee Hall)이 있다. 이것은 당시 개혁 지향적이었던 경제학자 아놀드 토인비(Arnold Toynbee, 1852~1883)의 헌신적이었던 인보관운동을 기리기 위해 그가 사망한 이듬해에 바네트(Samuel Barnett)가 세운 것이었다. 런던

그림 5-2 헐 하우스

의 빈곤 실태를 조사한 찰스 부스(Charles Booth)가 그와 사촌관계이던 처녀 시절의 비어트리스[Beatrice, 후에 시드니 웹(Sidney Webb)의 부인이 됨]와 함께 조사활동의 거점으로 삼았던 곳이 이 토인비 홀이었다. 이곳은 또한 페이비언 사회주의자들이 종종 대면하는 장소가 되기도 했었다. 미국에서는 코이트(S. Coit)가 1886년에 뉴욕에 세운 근린조합(Neighborhood Guild)과 1889년에 아담스가 시카고에 세운 헐 하우스(Hull House)가 잘 알려진 초기의 인보관이다.

이와 같은 인보관운동이 사회사업의 발전에 미친 영향은 대략 두 가지로 축약된다. 그 하나는 각종 집단 서비스 프로그램이 나중의 집단사회사업(group work)의 출발점이 되었다는 것이고, 다른 하나는 빈민들의 조직화 활동이 지역사회조직의 발전에 기여하였다는 점이다. 그러나 이러한 인보관운동도 제1차 세계대전 이후 빈곤의 감소와 함께 대학생들의 참여 열기가 식으면서 쇠퇴하였다(김융일 외, 1995: 43).

2. 사회사업의 전문직화 과정과 시대적 배경

앞에서 제시한 전문직의 여러 조건을 갖추어 가는 가운데 사회사업이 전문직으로서 사회적 인정을 받기까지는 오랜 기간이 걸렸다. 언제쯤 사회사업이 전문직으로서 사회적 인정을 받게 되었다고 보는지에 대한 견해는 다양하다.

비교적 이른 시기에 전문직으로 자리 잡았다고 보는 견해로는 20세기 초의 10년간 혹은 제1차 세계대전 직후로 보는 견해가 있다(History of Social Work, 2020). 반면에, 플렉스너(Flexner)는 1915년의 전국 자선·교정회의(National Conference of Charities and Correction)에서 발표한 논문에서 당시의 미국 사회사업이 다섯 가지 이유로 전문직으로 인정받을 수 없다고 주장함으로써, 이 부문에 대한 사회사업계의 커다란 관심을 불러일으키기도 했다. 그 다섯 가지 이유란 ① 사회과학적 기초의 결여, ② 독자적이고 명확한 지식체계 및 전수 가능한 전문기술의 결여, ③ 국가가 관리하는 자격시험제도의 부재, ④ 전문적 조직체계 부재, ⑤ 전문적 실천의 강령 부재이다(Cohen, 1957: 120에서 재인용). 이후 사회사업의 발전 과정은 플렉스너가 지적한 결함들을 보완해 가는 과정이었다고 볼 수 있다.

반면에, 20세기 후반에 들어서도 사회사업의 전문직적 지위에 대한 회의론이 적지 않았다. 대중의 인정이 뒷받침되지 않고 있다는 윌렌스키와 르보의 지적(Wilensky & Lebeaux, 1980: 311)이 그 한 예이다. 그리고 짧은 훈련기간, 불완전한 지위, 권한의 부재, 지식체계의 결여, 독자성의 부족 등을 들어 반(半)전문직으로 칭한 에치오니(Etzioni)의 지적(NASW, 1977: 1069에서 재인용)도 있다. 그런가 하면, 에치오니와 비슷한 이유를 들어 역시 사회사업의 전문직성에 회의론을 편 데일리(Dailey, 1974: 429-432)와 우드루프(Woodroofe, 1974: 223)의 지적도 있다. 이러한 몇 가지 예만 보더라도 1970년대에 이르기까지 사회사업의 전문성에 대한 부정적 시각이 존재하고 있었음을 알 수 있다.

그런가 하면, 이와 같은 부정적 시각들을 일축하면서 사회사업이 전문직으로서의 요건을 명백하게 갖추었음을 확신하는 주장들이 이들보다 이르거나 같은 시기에 적지 않게 발표되었다(Cliento, 1949; Friedlander & Apte, 1974; Meyer, 1977; Stroup, 1948). 결국 시각에 따른 인식상의 차이는 있지만, 우리는 사회사업이 실천 방법과 이론의 개발, 체계적인 교육과 훈련, 종사자들의 조직화, 자격증 제도의 정착, 윤리강령의 채택 등을 통하여 전문직으로서의 요건을 갖추게 되었다고 파악한다. 이제 미국에서 이러한 노력들이 전개된 과정을 살펴봄으로써, 사회사업이 전문직으로 자리 잡게 되었음을 이해하고자 한다.

전문직의 요건

하나의 직업이 전문직으로 인정받기 위해서는 다음과 같은 조건을 구비하여야 한다. 첫째는 과학적 이론과 실제 경험을 바탕으로 하는 전문적 기술이다. 대개 이러한 기술은 구체적 문제의 해결과 같은 실질적 목표의 달성을 위해 독특하게 활용되며, 체계적 교육과 훈련을 거쳐서 전수된다. 둘째는 개별 실천가에게 부여되는 전문가로서의 권한과 권위이다. 이것은 각각의 실천가가 스스로의 판단에 따라 자율적으로 적절한 조치를 취할 수 있음을 가리키며, 이는 사회적 신뢰와 인정에 의해 뒷받침되어야 한다. 셋째는 직업 자체의 독자성이다. 독자성이란 실천가들에 의한 배타적 조직과 법률이 인정하는 자격제도 등에 의해 고유의 영역이 확보된 상태를 말한다. 넷째는 윤리적 규범과 전문적 문화이다. 실천가는 자신의 전문적 권한을 부당하게 남용하여서는 안 되며, 서비스 대상자의 욕구를 우선으로 하면서 사회적 책임을 중시하는 자세를 지녀야 함을 말한다. 사회사업이 전문직으로 발전해 온 과정이란 이 네 가지 요건을 두루 갖추게 되기까지의 과정을 말한다.

19세기 말엽부터 20세기 초에 걸쳐 미국이 세계적 강국으로 등장하면서 세계 각국으로부터의 이민이 급증하였다. 대부분이 미숙련인이었던 이주민들이 대도시 지역으로 유입되어 정착하면서, 빈곤을 비롯한 많은 사회문제의 원인을 제공하였다. 이에 미국 정부는 1924년에 「이민법」을 제정하여 이민을 억제하는 한편, 이주 빈민들에 대한 조치를 병행하지 않을 수 없었다.

인구구조 및 가족기능의 변화가 가속화됨으로써 개인의 문제에 대한 사회적 개입의 필요성이 확대되는 상황도 진행되었다. 그러나 전통적으로 자유주의적 시장경제를 중시해 온 미국으로서는 이러한 문제에 대한 국가의 개입보다는 자발적 민간활동에서 그 해결의 실마리를 찾았다. 앞에서 언급한 자선조직화운동이나 인보관운동 외에도 YMCA나 YWCA, 보이스카우트 활동, 재단 형태의 사회단체의 박애사업, 종교단체의 활동 등이 활기를 띠게 된 것도 이와 맥을 함께한다. 1907년에 설립되어 사회환경 연구, 사회사업적 방법 활용, 사회개량 활동 자극 등의 활동을 하였던 러셀 세이지(Russell Sage) 재단은 그 대표적인 예이다.

러셀 세이지 재단은 특히 자선조직부를 설치해서 전국의 COS 사회사업가들을 상대로 한 4주 단위 교육을 실시하기도 하였는데, 여기에 리치먼드(Mary Ellen Richmond, 1861~1928) 여사가 중심 역할을 담당했었다. 종교단체의 경우를 보면, 개신교에서는 교육이나 사회적 서비스를 사회의 책임으로 보아 소극적으로 관여하려 했던 반면, 가톨릭에서는 사회적 서비스 활동을 종교조직의 중요한 사업으로 받아들이면서 활동하였다. 유대교는 이 둘의 중간 입장에서 세속적 차원의 활동을 하면서 사회사업 분야와 교류를 하는 가운데, 개별사회사업, 집단사회사업, 지역사회조직 등의 발전에도 기여하였다.

메리 리치먼드

사회사업 발전의 초창기에 그 방향 설정에 커다란 영향을 미쳤던 미국 여성이다. 세 살 때 어머니를 여의고 할머니와 숙모 밑에서 자랐다. 고등학교 졸업 이후 사무원, 회계원 등의 일을 하다가 1889년에 볼티모어 COS에서 활동하기 시작하였는데, 여기서 능력을 인정받아 2년 만에 총무로 발탁되었다. 빈곤 문제의 이해와 전문사회사업가 교육의 필요성을 일찍이 역설하였으며, 영국에서 쓰이던 용어 'case work'를 새로운 사회사업 접근법을 가리키는 용어로 도입해 쓰기 시작했다. 1900년 초에 전국적인 유명인사가 되었으며, 그녀가 저작한 책 가운데 『사회진단론(Social Diagnosis)』(1917)과 『개별사회사업이란 무엇인가(What is Social Case Work?)』(1922)가 유명하다.

제1차 세계대전이 있기 전까지는 두 가지 흐름, 즉 COM처럼 개인의 책임을 강조하면서 개인의 변화에 역점을 두는 흐름과, 인보관운동처럼 사회개량 활동을 통해 사회 변화에 역점을 두던 흐름이 있었다. 정치 지도자로서 사회개량과 국가의 개입적 역할을 강조한 경우도 있었는데, 바로 제26대 대통령이었던 루스벨트(Theodore Roosevelt)와 제28대 대통령이었던 윌슨(Woodrow Wilson)이 그러했다. 루스벨트는 소속 정당이던 공화당의 입장과 달리 이러한 활동을 지원하면서 많은 반대에 부딪히기도 했다. 또 윌슨은 '신자유(New Freedom)' 정책을 펴면서, 국민의 복지를 위해 정부가 정치적, 경제적, 사회적 측면에 적극적 수단을 동원하고 국민의 권리를 보호할 책임이 있음을 선언하였으나, 제1차 세계대전의 발발로 무산된 바도 있다.

제1차 세계대전 중에는 사회사업 서비스를 위한 공동재정과 공동계획이 시도되기도 했다. 또 제1차 세계대전으로 인한 정신적 피해자들을 대상으로 한 전문인력 수요가 증가하게 되면서, 유급 사회사업가의 수도 증가하게 되었다.

전쟁이 끝나자 환멸과 불만의 태도가 만연하면서 보수반동의 움직임이 나타나기 시작했다. 사회개량보다는 현상유지를 지향하면서, 현실에 직면하기보다는 이를 도피하려는 기제가 팽배해졌음을 가리킨다. 현상유지 지향적 사회사업 실천이 강화된 것도 이러한 분위기의 영향을 받았다(Cohen, 1957: 138).

1920년대부터 공황을 겪은 1930년대까지는 공공복지 서비스가 확대되었던 시기이다. 이후에 공공 부문 사회사업가의 수가 급증한 것은 말할 것도 없다. 1940년대의 제2차 세계대전을 거치면서 정신건강서비스 영역에서 사회사업가의 수요가 다시 증가하게 되어, 사회사업의 전문직화(professionalization)에 일정하게 기여한 것으로 보인다.

3. 사회사업의 전문직화 과정에서 나타난 주요 이슈

1) 학문 정체성 논쟁과 발전

사회사업이 전문직으로서의 면모를 갖추어 가는 과정의 단면은 그 실천의 방법과 이를 뒷받침하는 이론이 어떻게 변화하고 발전해 왔는가를 봄으로써 파악할 수 있다. 잘 알려진 바와 같이 사회사업 실천의 방법과 이론은 일부 직접적 실천 경험을 통해서 개발되는 경우를 제외하고는 대부분 인접 학문 분야의 것을 원용한 것들이었다. 지식의 구체적 내용은 상황에 대처하는 사회사업적 접근방법의 변화와 인접 학문 분야의 지식체계의 변화를 동시에 반영한 것으로 볼 수 있다. 20세기 초 ·

중반에 팽배했던 진단주의와 기능주의의 대립과 1960년대 말까지의 일반주의적 접근의 대두가 대표적인 내용이라 하겠다.

19세기 후반 이후 초기 사회사업의 접근방법에는 크게 두 가지의 다른 흐름이 있었다. 그 하나는 개인의 문제에 영향을 미친다고 보는 환경의 변화를 추구하는 사회개량적 접근이며, 다른 하나는 개인 문제의 근원을 개인적 결함에서 찾아 개인의 변화에 초점을 두는 접근이다. 미국에서는 전자를 '원인(cause)', 후자를 '기능(function)'이라 칭했다. 이 두 가지는 사회사업 접근방법의 변화 과정에서 서로 자리를 바꾸기도 하고, 때로는 심각한 논쟁의 소재가 되기도 하였다. 여기서는 전자를 사회개량적 접근, 후자를 개인변화적 접근이라 구분하고, 그 흐름을 간략히 더듬어 보려 한다. 전자는 주로 진보적 운동이 일던 1900년대 초, 공황이 있었던 1930년대, 민권운동이 활발하던 1960년대에 득세했었고, 후자는 보수적 움직임이 강했던 1920년대, 1950년대, 1980년대에 강세를 보였다(Hopps & Collins, 1995).

먼저, 사회개량적 접근의 추이와 관련 지식의 개발 혹은 원용 과정에 대해서 살펴본다. 사회사업과 관련시켰을 때, 이러한 접근의 출발은 인보관 운동에서 찾을 수 있다. 일례로 시카고 헐 하우스의 설립자였던 아담스(Jane Addams)는 1910년에 전국 자선·교정회의의 회장으로서 사회사업을 '대규모 사회운동의 일부'라고 파악하면서, 그 목표달성을 위해서 사회사업가가 사회행동(social action)에 관여하여야 함을 역설한 바 있다. 클라이언트들에 대한 교육과 입법활동 등을 통하여 정치적·경제적 상황의 변화에 개입함으로써 이들의 생활조건을 향상시킬 수 있으리라 기대했던 것이다(Cohen, 1957: 553). 이러한 경향의 실천활동을 뒷받침한 것은 가족과 지역사회 등에 관한 이론적 자원을 제공한 사회학 영역의 지식이었다.

그림 5-3 아담스
(J. Addams, 1860~1935)

그러나 이러한 접근방법은 오래 지속되지 못했다. 자선조직화운동에서부터 비롯된 개인 변화 중심의 접근이 제1차 세계대전을 계기로 더욱 강화되면서 환경 중심 접근이 약세를 보였기 때문이다. 자선의 과학화 움직임과 함께 이 영역의 접근방법이 보다 정교화되기 시작했다. 특히 제1차 세계대전으로 인한 전쟁공포증

(shell shock) 환자의 치료에 사회사업이 관여하게 되면서, 정신의학 영역의 지식에 대한 의존도가 커졌다. 사회사업 실천가들에 대한 공식 훈련 프로그램이 발달하면서 이러한 접근법은 더욱 확대되었다. 1920년대에 들어 유럽으로부터 소개된 프로이트(Freud)의 정신분석이론은 이러한 움직임에 박차를 가한 셈이었다. 개별사회사업의 초기 실천가이자 이론가였던 리치먼드의 『사회진단론』은 이러한 접근법을 뒷받침하는 독자적 지식을 제공한 최초의 교과서였다는 점에서 특히 의미가 있다. 이 저서를 통해서 사회사업의 대상자는 '빈민'이 아닌 포괄적 의미의 '클라이언트(client)'로 대체되었던 것이다(Cohen, 1957: 131).

어떤 의미에서는 이처럼 개인의 변화를 중심으로 하는 접근방법이 기술적 · 이론적 측면에서 정교화됨으로써 전문직으로서 사회사업의 지위 확보를 앞당겼다고 볼 수도 있다. 차츰 정신분석이론과 함께 발달심리학 등의 영역에서 발전된 이론들이 널리 활용되었다. 특히 초창기에는 의학적 지식이 활용되거나 확산된 점이 독특한데, 건강상의 문제가 모든 사회악의 근원이 된다는 관념이 작용한 것 때문으로 이해된다.

이러한 상황이 계속되는 동안에도 사회개량적 시각은 완전히 소멸된 것이 아니었다. 다만, 상대적으로 약세를 띰으로써 드러나지 않았을 뿐이다. 그래서 대공황기에 이르러 이러한 관점과 접근법이 되살아났던 것이다. 대규모의 만성적 빈곤이 공황이라는 자본주의의 구조적 모순에서 비롯된다는 점에 대한 인식이 발전하면서, 개인의 변화만이 능사가 아니라는 데에 착안하였음을 말해 준다. 정부기관과 같은 공공 영역에 사회사업가들이 대거 진출하게 되는 것도 이 시기이다. 물론 이 기간 및 이후의 기간에도 개인 중심의 접근법이 사회사업의 주류를 형성하며 이어지고 있었음을 간과해서는 안 된다. 그런 가운데, 앞에서 언급한 바와 같이 사회 상황의 변화와 함께 이후에도 한두 차례 자리바꿈을 반복했던 것이다.

사회사업 교육이 발전하면서 인접 학문은 물론 실천을 통하여 새로운 이론들을 발굴하기 위한 노력이 활발해졌다. 특히 인간의 행동에 대한 개인 중심의 접근과 환경적 접근 사이에 조화를 이루려는 노력이 계속되어, 현장에서는 리치먼드 스타일의 개별사회사업과 경제학 및 사회학 이론을 접합하려는 시도를 하게 되었다. 오늘날에는 두 가지 모두를 절충적으로 수용하는 것이 타당한 것으로 받아들여지고 있다.

이와 같은 두 시각의 대립이 있는 가운데, 개인의 변화를 강조하는 개별사회사업 내부에서도 접근법을 달리하는 학파들 간의 대결이 있었다. 그것이 진단주의 학파(Diagnostic School)와 기능주의 학파(Functional School) 사이의 대립이다.

진단주의는 개인의 정신역동적 · 사회적 변화에 관한 이론을 강조하면서 통찰요법(insight therapy)을 중시했던 시각이다. 따라서 이는 진단적 조사와 생육사 파악을 중시하면서, 프로이트 이론 혹은 신프로이트 이론을 주로 따랐다. 여기에 속하는 대표적인 인물로는 해밀턴(Gordon Hamilton), 홀리스(Florence Hollis), 오스틴(Lucille Austin) 등이 있다.

반면에 기능주의는 한시적(time-limited) 상황에서 사회사업기관의 기능의 범주에 드는 이슈들에 초점을 두는 전략을 강조하였다. 기관이 사회사업가에게 제공하는 초점, 방향, 내용에 따라 사회사업가와 클라이언트 사이의 관계에 의해 이루어지는 원조과정(helping process)을 중시했다. 여기에 속하는 인물로는 로빈슨(Virginia Robinson)과 태프트(Jessie Taft)가 대표적이다.

이 두 집단 간의 논쟁은 25년간 지속되었고, 사회사업기관에서 상대방 학파 출신의 학생들을 받아 주지 않는 일까지 있었다. 대공황 이후의 사회혼란이 진정되면서 기능주의는 약화되었으나, 사회사업의 실천에 일정한 기여를 한 것으로 평가받는다. 이 두 집단의 논쟁을 정리한 사람이 문제해결 접근법을 창안한 펄먼(Helen Perlman)이다(김융일 외, 1995: 49).

이와 같은 대립적 상황이 계속되는 상황에서, 타울(Charlotte Towle)과 펄먼 등은 개인의 행동과 사회환경 간의 관계에 초점을 두는 일반론적 접근법(generic approach)을 개별사회사업에 도입해야 함을 강조하기에 이른다. 집단사회사업 이론이 이러한 시각에 동참하고 나섰고, 레이놀즈(Berta C. Reynolds)나 영달(Benjamin Youngdahl) 등과 같은 사회행동주의자들은 클라이언트와 지역사회에 미치는 사회적, 정치적, 경제적 영향에 대해 관심을 기울여야 함을 강조하였다(Council on Social Work Education 페이지).

한편, 1960~1970년대에는 사회사업 실천의 공통기반을 발견하기 위한 시도들이 활발하게 이루어졌다. 이것은 사회사업 전반에 걸친 통일적 지식, 목적, 가치, 기법 등을 규정해 보려는 시도를 가리킨다(김융일 외, 1995: 51-52). 근자에는 저메인(Carel Germain)과 같은 학자의 생태학적 관점이 이처럼 다양한 접근법을 통합하려는 시도를 하기도 하였다(Council on Social Work Education 페이지).

사이먼 넬슨 패튼과 사회사업 정체성 논쟁

1870년대와 1880년대에 독일에서 공부한 사이먼 넬슨 패튼(Simon Nelson Patten)은 1890년대 이후 미국의 경제학, 사회학, 사회사업학의 제1세대로 다방면에 영향을 미쳤다(Lohmann, 2020). 경제학 분야에서는 '풍요의 사회' 아이디어로 훗날 케네스 갈브레이스(Kenneth Galbraith)에게 영향을 미쳤고, 사회사업에서는 처음으로 '사회사업(social work)'의 명칭을 주조한 것으로 알려졌다(Lohmann, 2020). 1890년대부터 1920년대까지 컬럼비아 대학교에서 훗날 미국 뉴딜정책의 핵심 인물이라 할 수 있는 프랜시스 펄킨스(Frances Perkins)를 비롯하여 에드워드 드바인(Edward Devine), 사무엘 린제이(Samuel Lindsey), 윌리엄 알렌(William Allen), 벤자민 마시(Benjamin Marsh) 등 다수의 미국 사회복지정책 입안자들을 가르쳤다. 주목할 점은 그가 메리 리치몬드와 벌인 사회사업 전문직 논쟁이다. 그는 사회사업의 목표가 풍요의 사회 속에서도 극심해지는 부자와 빈자 간의 간극의 변화를 위한 개혁이라고 했다. 그리고 사회사업 전문직은 경제학을 공부해야 하며 전문직의 목표는 경제제도 개혁을 위한 조직화 역량이라고 주장하였다(Patten, 1968).

2) 교육 및 훈련체계의 발전

교육 및 훈련의 체계는 경험과 연구를 통하여 확립된 전문적 지식과 기술을 전수하는 수단이다. 주로 COS에서 봉사활동을 하였던 우호방문원들이 대상이 되었던 초기의 훈련 방법은 도제식이었다. 차츰 우호방문원들의 역할이 확대되면서 이러한 인력들에 대한 수요도 늘어났다. 무급의 자원봉사에서 유급의 활동가들이 늘어나게 된 것도 이러한 상황과 연관이 있다. 이와 같은 변화에 부응하기 위해서는 종전의 도제식 훈련 방법으로는 역부족이었다.

그래서 1897년의 '자선 · 교정회의'에서 교육의 필요성이 강하게 제기된 이후 1898년 뉴욕에 '뉴욕 박애 스쿨(New York School for Philanthropy)'이 세워졌다.[1] 비록 여름 6주간의 단기적 교육 프로그램이었으나, 이것이 사회사업 교육의 효시가 되었다는 점에서 그 역사적 의미는 결코 작지 않다. 1903년에 동계 6주의 과정이 추가되었고, 1904년에는 1년 과정으로 확대되었다. 이것이 발전하여 오늘의 컬럼비아 대학교 사회사업전문대학원이 되었다. 뉴욕 박애 스쿨은 설립 이후 시카고, 보스턴, 필라델피아 등으로 확산되었다. 특히 제1차 세계대전 이후 전문인력에 대한 수요가 증가하고 유급 종사자의 수가 확대된 것이 이러한 교육훈련 체계의 발달에 중요한 요인이 되었다.

초기의 스쿨들은 실무현장과 긴밀한 관계를 유지하였고, 이것이 오늘날까지 실습을 사회사업 교육의 특성으로 자리 잡게 한 출발점이 되었다. 차츰 실무기관의 필요에 주로 부응하는 독립된 교육기관이 아닌 대학 소속의 대학원 과정의 교육체제로 전환하자는 움직임이 대두되었다. 그것이 전문직화를 위한 길이라 보았기 때문인데, 시카고 대학교에서 그 첫 시도를 하였다. 그리하여 1930년에는 최소한 1년 이상의 대학원 수준의 교육을 실시하는 대학 소속 스쿨이 34개가 되었다. 그리하여 이러한 수준에 이른 교육기관인지를 확인해서 인가 여부를 결정하는 기구로서 처음 등장한 것이 '미국사회사업스쿨협회(American Association of Schools of Social Work)'였다(Council on Social Work Education 페이지).

대공황 이후 공공복지 부문의 인력 수요에 맞추어 대학 출신자들을 대거 충원하게 됨에 따라 학부과정의 교육이 나타나게 되었다. 한때 대학원 교육 담당자들이 학부 수준의 교육이 전문인력 양성 기능을 다하지 못하리라는 시각을 가졌던 관계

1) 여기서 단기 교육기관에 속하는 'school'을 '스쿨'이라 옮기는 것은 사실상 적절한 우리말 용어가 없기 때문이다. 후에 이 school은 석사 이상의 과정을 포함하는 전문대학원 수준으로 발전하며, 이 경우는 전자와 구분해서 '전문대학원'이라 옮겨 쓰기로 한다.

로 학부 수준의 교육기관들이 따로 '전국사회행정스쿨협회(National Association of Schools of Social Administration)'를 만들었다가, 오랜 논란 끝에 1952년에 '사회사업교육협의회(Council on Social Work Education: 이하 CSWE)'로 통합했다.

사회사업 교육이 자리를 잡게 되는 데에는 CSWE의 역할이 작지 않았다. 사회사업전문대학원이나 대학에서 기본적으로 가르쳐야 할 교과목을 비롯한 전문적 사회사업 교육기관의 요건에 관한 기준을 제시하면서, 이를 근거로 개별사회사업대학원 혹은 대학의 사회사업학과를 평가하고 승인하는 역할을 수행해 온 것이다. 이러한 역할을 통해 사회사업 교육의 위상을 강화하고, 독자성을 지닌 전문 영역으로서 사회사업을 인정받게 하는 데에 일역을 담당하였다.

일례로 1944년에 CSWE의 전신인 미국사회사업스쿨협회가 책정한 사회사업 교육과정의 8개 기본 과목에는 개별사회사업, 집단사회사업, 지역사회조직사업, 공공복지, 사회행정, 사회조사, 정신의학개론, 의학개론 등이 있었다. 당시까지만 해도 정신의학은 물론 의학을 사회사업의 주요 과목으로 설정하고 있었다는 사실이 흥미롭다. 이 사실은 20세기 초기 사회사업의 전문직화 과정에서 개인의 행동상 문제가 사회사업적 접근의 주된 대상이었음을 반영한다. 대공황을 겪는 가운데 사회사업가의 활동 영역이 공공 부문에까지 확대되면서 공공복지 과목이 사회사업 교육과정의 주요 과목으로 포함되기 시작한 것은 의미 있는 변화였다.

3) 전문조직의 발전

사회사업 종사자들의 다양한 조직 결성 활동이 활성화된 것도 이들로 하여금 전문가적 정체성을 형성하고 대외적으로 독자적 영역을 확보하게 하는 데에 중요한 역할을 담당하였다. 지역 단위의 조직체가 있었는가 하면, 이들이 결합된 전국 단위의 조직체도 있었다. 개별 기관을 회원으로 하는 기관조직의 형태가 있었는가 하면, 개별사회사업가가 개인 자격으로 참여하는 전문가 조직의 형태도 있었다. 이러한 조직들은 대개 1910년 이후에 활발하게 결성되었다.

기관조직의 예로는 1911년의 '전국인보관연맹' '미국가족봉사협회', 1918년의 '미국지역사회조직협회' 등이 있었다. 이 가운데 미국지역사회조직협회는 제1차 세계대전 당시의 상부상조적 사회 분위기를 반영한 것으로서, 후에 '전국 공동모금 · 심의회'로 전환되었다.

전문가 조직의 효시로는 종종 1873년에 결성된 '전국 자선 · 교정회의'를 꼽는다. 그러나 이 시기는 우호방문원들의 활동이 중심이 되었던 시기로서, 이때의 활동가들로 구성된 이 단체를 사회사업 전문가 조직이라고 보기는 곤란하다. 본격적으로 전문가 조직이 출현하게 된 것은 대개 1918년의 '미국의료사회사업가협회(American Association of Medical Social Workers: AAMSW)'를 출발로 삼는다. 이것은 보건 및 의료 서비스와 관련한 사회사업 서비스의 질과 효과를 증진시키는 것을 목적으로 한 것이었다. 이듬해인 1919년에는 '전국방문교사협회(National Association of Visiting Teachers: NAVT)'가 설립되어 이후에 명칭만 '미국방문교사협회(American Association of Visiting Teachers: AAVT)'로 바뀌었다가, 1945년에는 '미국학교사회사업가협회(National Association of School Social Workers: NASSW)'로 발전되었다. 이것은 학교사회사업을 효과적으로 수행하고, 자격기준을 설정하며, 조직과 행정을 향상시키고, 이론적 기반을 확충 · 강화하는 것을 목적으로 삼았다.

활동의 영역을 달리하는 전문가 조직이 계속해서 설립되었다. 미국정신의료사회사업가협회(American Association of Psychiatric Social Work: AAPSW, 1926년 설립), 미국집단사회사업연구회(the National Association for the Study of Group Work: NASGW, 1936년 설립)가 발전한 미국집단사회사업가협회(American Association of Group Workers, 1946년 설립), 지역사회조직연구회(Association for the Study of Community Organization: ASCO, 1946년 설립) 등이 그것이다. 한편, 최초로 회원의 자격요건을 유급 사회사업가로 한정하되, 앞의 여섯 가지와는 달리 특정 전문 영역에 국한시키지 않은 전문가 조직으로 1921년의 미국사회사업가협회(American Association of Social Workers: AASW)가 있었다.

1940년대까지 이러한 일곱 가지의 전문가 조직이 각각 활동하다가, 1949년에 이들 중 다섯 개 조직이 모여 단일 협회 설립 문제를 고려하게 되었다. 그리하여 1952년부터 이 다섯 개 조직과 별도의 두 개의 연구회가 대표자 모임을 통해 새로운 조직을 위한 원칙과 절차 등을 공식화하면서 협의를 거듭한 결과, 1955년에 오늘날의 '전미사회사업가협회(National Association of Social Workers: NASW)'를 발족하게 되었다. 이것이 중점적으로 추구한 것은 서비스의 질을 향상시키며 사회사업 전문직에 대한 일반인의 이해를 돕는 가운데, 전문직으로서의 정체성을 확립하는 것이었다. 따라서 초기에는 CSWE가 공인하는 사회사업전문대학원 졸업자들만을 회원으로 받아들였다. 이즈음의 회원 수는 전체 유급 사회사업가의 38%인 2만 2,500명 선이었다.

4) 자격제도 확립

NASW를 통해서 회원자격을 관리하는 것만으로는 사회사업의 전문직적 정체성을 다지는 데에 한계가 있었다. 서비스의 질을 향상시키고자 하는 관심이 확대되는 것과는 달리, 미숙련 사회사업가들이 늘어나게 됨으로써 숙련된 사회사업가와 수적 불균형이 초래하는 상황이 발생한 것이다. 이뿐만 아니라 숙련도 여부에 따라 담당할 수 있는 실천 분야를 한정할 것인가를 둘러싸고 사회사업계 내부에서 의견 충돌까지 생기게 되었다. 이에 법적으로 그 자격을 규정하는 것이 필요하다는 인식들이 확산되기 시작했다(Cohen, 1957: 343).

이리하여 최초로 1929년에 캘리포니아주에서 법정 자격제도에 관심을 보였다. CSWE로부터 공인받은 대학원 졸업자 혹은 최소 3년의 실무경험이 있는 사람으로서, 필기 및 구두 시험에 합격한 사회사업가에게 자격을 부여하는 제도를 도입하고자 하였던 것이다. 그러나 수차례 수정을 거듭하면서도 법은 통과되지 못했으며, 대신 1933년 캘리포니아주 사회사업가협회의 후원하에 임의 등록제를 도입하게 되었다. 주의 등록법으로 자격제를 공식화한 것은 훨씬 후인 1945년이었다. 미주리주처럼 1934년에 임의등록제 채택을 시도하였다가 입법화에 이르지 못하고 10년 만에 중단한 사례도 있었다.

대공황 이후 공공 서비스에 대한 사회사업가들의 진출이 늘어나면서, 1930년대 후반 이후 자격증 제도에 대한 각 주의 관심과 시도가 늘어났다. 그러던 중 1945년에는 AASW에서 입법화를 지원하기 위한 위원회를 설치하였고, 1947년에는 AASW의 대의원 총회에서 각 주별로 입법화를 실현시킬 수 있도록 연구, 교육, 활동 등을 포함하는 장기 프로그램 개발에 협회가 책임을 져야 함을 공식화하였다. 후에 NASW가 이러한 책임을 이어받았다.

법률상의 자격기준은 아니지만, 1973년에 NASW가 사회사업가의 책임성 정도를 구분하고 질서를 세우기 위해 교육 및 훈련의 정도를 기준으로 설정한 전문적 수준의 분류는 참고할 만하다. 이에 따르면, 크게 두 개의 수준으로 구분된다. 하나는 전문대학 이하의 학위를 가진 준전문직(prefessional)의 수준이며, 다른 하나는 공인 사회사업 학사 이상의 학위를 가진 전문직(professional)의 수준이다. 전자는 다시 ① 고등학교 졸업 수준의 사회사업 보조자(aide), ② 전문대학 졸업 수준의 사회적 서비스 기술자(technician)로 구분된다. 후자는 ① 공인된 대학의 사회사업 학사 수준의 사회사업가, ② 공인된 대학의 사회사업 석사 수준의 사회사업가, ③ 사회사업학 석사 이후 2년 이상의 경험과 시험을 거친 공인사회사업가(Academy of Certified Social Workers: ACSW), ④ 사회사업학 박사 학위 소지자 또는 공인사회사업가로서 2년 이상 실무경력을 가진 특별 사회사업가(social work fellow) 등으로 구분된다 (Hopps & Collins, 1995).

5) 윤리강령 채택

사회사업을 전문직으로 자리 잡게 한 요소로서 마지막으로 언급할 것은 윤리강령이다. 사회사업가의 윤리강령이란 전문가로서 사회사업가가 지녀야 할 자세와 지켜야 할 책무 및 행동상의 지침을 제공하는 것이다. 미국의 사회복지사 윤리강령은 1960년의 NASW 대의원 회의에서 처음으로 채택되어, 1967년, 1979년, 1991년, 1993년 등 몇 차례 수정을 거쳤다. 가장 최근에 수정된 것으로는 1999년의 NASW 대의원 총회에서 채택된 것이 있다.

이 강령의 전문에서는 전문직으로서의 사회사업의 사명을 밝히고, 사회사업가는 클라이언트와 더불어 그리고 클라이언트의 입장에서 사회정의와 사회변화를 촉진하여야 함을 전제했다. 이때 사회사업의 사명은 서비스(service), 사회정의(social justice), 인간의 존엄성과 가치(dignity and worth of the person), 인간관계의 중요성(importance of human relationships), 통합(integrity), 적격성(competence) 등의 핵심 가치를 기초로 한다고 설명했다.

다음으로 이 윤리강령을 설정한 목적에 대해 서술했다. 이 강령은 사회사업가가 어떤 결정을 내리거나 윤리적 문제와 관련된 행위를 할 때 지침이 되는 가치, 원칙, 기준을 제시하는 것이지, 반드시 지켜야 할 규칙을 제시하는 것이 아님을 밝혔다. 아울러 이러한 가치, 원칙, 기준 등의 상호 간에는 어떠한 우선순위도 없으며, 이들이 법적 구속력을 가질 수는 없음도 분명히 했다.

이러한 목적에 관한 설명에 이어 앞서 언급한 여섯 가지 핵심 가치별로 윤리적 원칙(ethical principles)을 약술한 후에, 마지막으로 강령의 본문에 해당하는 윤리적 기준(ethical standards)을 여섯 영역으로 나누어 상세하게 규정했다. 이 여섯 영역은 모든 사회사업가의 전문적 활동에 관련되는 것으로서, 내용은 ① 클라이언트에 대한 윤리적 책임, ② 동료에 대한 윤리적 책임, ③ 실천의 장(practice settings)에 대한 윤리적 책임, ④ 전문가로서의 윤리적 책임, ⑤ 사회사업 전문직에 대한 윤리적 책임, ⑥ 전체 사회에 대한 윤리적 책임 등으로 구성되었다(National Association of Social Workers 홈페이지).

4. 사회사업의 전문직화의 성과와 주요 인물

1) 20세기 초반 미국 사회복지정책의 확산과 여성 사회개혁가

그레이스 애봇(Grace Abbott)은 1920년대와 1930년대를 걸쳐 미국 아동복지정책의 확산에 중요한 역할을 하였다. 유년 시절 노예 해방과 여성 참정권 운동에 선구적이었던 부모의 영향을 받은 그레이스 애봇은 20대에 시카고 유력 일간지 『The Chicago Evening Post』의 기자로 활동하면서 주로 이민가정 여성과 아동들의 빈곤 현실에 관한 기사를 다루었다. 이후 1908년부터 1917년까지 이민자 보호단체(Immigrants' Protective League)의 총괄 책임자로서 노동 현장 개혁에 힘썼는데, 대표적으로「아동노동착취금지법」제정과 아동의 학교수업 의무화에 관한 정부안을 들 수 있다. 이 외에 여성 노동자 조합 협의회 활동을 통하여 의류업의 노동조건 개선을 위해 애썼다. 그레이스 애봇은 1919년에 일리노이주 아동국(Children's Bureau) 아동노동 부서로 자리를 옮긴 후 1921년에 전미 아동국 최고 책임자에 오르는데, 미국 역사상 최초의 여성 고위공직자가 되었다. 그레이스 애봇의 재임 중 아동국의 대표적인 아동복지정책은「셰퍼드-타우너 법(Shephard-Towner Act)」의 제정이다. 이를 통해 미국 최초로 빈곤 아동에 대한 연방정부의 지원이 가능하게 되었다. 이 외에도 지방정부와 연방정부가 함께 아동과 어머니에 대한 보건서비스를 제공할 수 있게 되었는데, 이는 그레이스 애봇의 선구적이고 끈질긴 노력의 결과라 할 수 있다(The University of Chicago 홈페이지).

그레이스 애봇은 조사에 기반한 사회복지정책에 주요한 기여를 하였는데, 모성 사망률에 관한 연구와 청소년 범죄에 관한 연구가 대표적이다. 국제적으로는 1921년부터 1934년까지 국제 연맹 산하 여성납치 및 아동복지 자문위원회 미국 대표로 활동하였다(The University of Chicago 홈페이지).

제인 모이(Jane Moey)는 1936년에 연방 공공부조국(Bureau of Public Assistance) 총괄책임자로 임명되면서 아동, 노인, 장애인에 대한 공공부조를 총괄하였다. 제인 모이는 1916년에 컬럼비아 대학교 정치학 석사 학위와 아직 컬럼비아 대학교에 정식으로 소속되지 않았던 뉴욕 박애 스쿨 졸업장을 취득한 이후, 1935년에 연방정부 경제보장위원회(Committee on Economic Security) 산하 아동복지위원회에 입직하기 전까지 뉴욕의 아동복지, 건강, 빈민복지 업무를 담당하였다. 약 10년간의 복지 협의회(The Welfare Council) 경험과 미국사회사업가협회 회장 경험 등에 기반한 빈민과 아동에 대한 지식은 이후 1936년부터 1953년까지 공공부조청 총괄자로서 제인 모이가 미국 연방정부 최초의 공공부조를 실행하는 데 크게 기여하였다고 할 수 있다. 제인 모이는 당시 연방정부의 공공부조 정책에 반대하는 연방정부 관료와 주지사들을 끈질기게, 때로는 거칠게 설득하였고, 특히 통계자료 보고 시스템과 주정부 산하 전문 공공복지 부서 수립을 요구하였다(Sorensen, 2010).

2) 사회복지 전문 대학원의 확산과 성장

에디스 애봇(Edith Abbott)은 1920년 당시 시카고 시민윤리 및 박애 스쿨(The Chicago School of Civics and Philanthropy)을 시카고 대학교 소속 전문 대학원(The School of Social Service Administration)으로 성장시키는 데 주도적인 역할을 했다. 당시 시카고 대학교 사회복지대학원은 지방정부 공무원을 대상으로 사회복지 정책 및 행정 교육에 주의를 기울였다(Sorensen, 2010).

애봇은 1925년부터 1927년까지 미국사회사업스쿨협회 회장으로서 교육과정의 전문화와 표준화에 기여하였다. 또한 1927년에는 전문 연구학술지인 『사회서비스연구(Social Service Review)』를 공동 창간하고 오랫동안 편집위원장으로서 사회복지 연구의 전문화에 기여하였다. 1937년에는 전미사회복지협의회(National Conference of Social Welfare)의 회장으로서 사회복지 실천현장에서 사회복지 정책과 프로그램의 정착에 기여하였다(Sorensen, 2010).

3) 사회복지 전문교육 및 훈련의 국제적 확산

독일인인 앨리스 살로몬(Alice Salomon)은 세계 사회복지대학원 협의회 창설에 지대한 영향을 미쳤다. 1923년부터 1924년까지 미국 사회복지 교육의 현장을 접하고 독일로 돌아온 후 앨리스 살로몬은 『사회진단(Social Diagnosis)』을 독일어판으로 출판하고 독일에 미국식 사회복지 교육을 확산하는 데 힘썼다. 이후 벨기에와 네덜란드를 비롯하여 유럽 전역의 사회복지 교육 운영학교들과 미국의 학교들 간의 연합체를 설립하는 데 공을 들여 마침내 1929년 6월 베를린에서 국제사회복지대학위원회(International Committee on Schools of Social Work)를 개최하였다. 이후 위원회는 '국제사회복지대학협의회(International Association of Schools of Social Work)'로 이름을 변경하였는데, 앨리스 살로몬은 사회복지 교육과정과 교육방법의 표준화를 주장하였다(History of Social Work, 2020).

국제사회복지대학협의회 창설은 세계사회복지협의회(International Council on Social Welfare) 창설과 밀접한 연관이 있다. 1919년 미국을 비롯하여 여러 나라에서 전문 사회복지단체들의 국제 공조 필요성이 제기되었는데, 1921년부터 1926년까지 국제적십자연맹 사무총장이었던 벨기에 출신의 르네 상드(René Sand)는 국제사회복지위원회 창설을 위해 적극 노력하였다(Zelenev, 2018). 1927년에 프라하에서 국제사회복지대회 운영 가이드라인을 승인하였고, 다음 해인 1928년에 파리에서 세계사회복지대회가 열렸다. 당시 사회복지뿐만 아니라 보건 분야 전문가들을 포함하여 42개국 약 2,500명의 대표자가 참석하였다. 42개 국가 중 31개국은 이미 국내에 사회복지협의회가 설립되어 있었다. 그리고 초대 세계사회복지협의회 회장으로 당시 체코슬로바키아 적십자연맹 회장이었던 앨리스 마자리코바(Alice Masarykova)가 당선되었고, 르네 상드가 사무총장으로 임명되었다(Zelenev, 2018).

1928년, 최초의 세계사회복지대회에서는 사회복지의 전문화를 위하여 세계사회복지대학협의회와 세계사회복지사협회(International Federation of Social Workers: IFSW)가 함께 창설되었다. 세계사회복지대학협의회가 교육과 연구의 전문화를 추구하였다면, 세계사회복지사협회는 세계 사회복지사의 이익 대표를 추구하였다(Zelenev, 2018).

1928년에 파리에서 열린 최초의 사회복지협의회 주제는 '사회복지와 산업'이었고, 이와 관련된 보건 및 사회복지, 그리고 사회복지 교육 전문화 이슈를 다루었다(Zelenev, 2018). 주목할 점은 국가와 별도의 시민사회 중심의 비정부기구로서 사회복지 정책 및 프로그램에 대하여 상향식(bottom-up) 접근을 지향하였다는 점과 개별 사례가 아닌 거시적 관점과 학제간 협력을 강조하였다는 점이다(Zelenev, 2018). 또한 사회복지 전문직 자격 강화를 위하여 교육과 훈련의 강화를 강조하였다는 점이다(Zelenev, 2018). 1932년에 프랑크푸르트, 1936년에 런던에서 열린 이후 제2차 세계대전으로 말미암아 세계사회복지대회는 주춤하였다가 1946년 벨기에에서 다시 시작되었다(Zelenev, 2018). 2년 후인 1948년에 미국 애틀랜타시에서 열린 세계사회복지대회에서는 도시와 농촌의 사회복지를 다루었고, 1966년에 UN에서 인권 조약을 채택한 직후인 1968년에 헬싱키에서 열린 세계사회복지대회에서 인권 이슈를 다루면서 세계사회복지대회는 보다 다양한 이슈를 다루게 되었다(Zelenev, 2018). 이는 20세기 초반 사회복지의 선구자들이라 할 수 있는 제인 아담스, 그레이스 애봇, 에글랑틴 젭(Eglantyne Jebb), 앨리스 살로몬, 베르타 레이놀드(Bertha Reynold) 등이 시민권, 그중에서도 여성과 아동의 권리를 주창하였던 시도에 견주어 생각할 만하다(Healy, 2008).

생각해 볼 문제

1. 영국과 미국의 자선조직화운동과 인보관운동 선구자들의 이념과 운동 방식을 생각해 보자.
2. 미국의 사회사업 전문직 발전 과정에서 나타난 학문 정체성, 교육과 훈련, 전문가조직, 자격제도, 윤리강령의 중요성을 생각해 보자.
3. 미국 사회사업의 전문직화의 성과와 주요 인물을 생각해 보자.

추천 자료

1. 미국 사회사업 전문직 교육과 실천의 초창기 선구자인 그레이스 애봇을 다루고 있다.
   The University of Chicago https://crownschool.uchicago.edu/grace-abbott
2. 미국 사회사업 전문직 교육의 역사에 대해 다룬 내용이다.
   Council on Social Work Education (CSWE) http://www.cswe.org
3. 미국 사회사업 전문직의 발전과정에 대해 다룬 내용이다.
   National Association of Social Workers (NASW) https://www.socialworkers.org

제6장

사회보험제도의 등장과 확산

"어떤 나라도 국론을 무시할 수는 없다. 다만, 정치가는 국민의 여론이 자기와 동조하도록 이끌어 나가야 할 것이다." (O. v. Bismarck)

"좋은 가정에는 평등, 배려, 협동, 조력 등의 미덕이 있다. 이러한 미덕이 국가와 사회라는 가정에서도 이루어진다면, 오늘날 시민들을 분리시키는 사회적 장벽들은 사라질 것이다." (P.-A. Hansson)

산업혁명 이후 심화되는 산업화는 전통적인 「구빈법」 대상자가 아닌 임금노동자의 최저생활을 위협하는 각종 사회적 위험을 야기하였다. 그 결과로 노령, 질병, 산재, 실업 등의 사회적 위험에 대하여 노동자들의 조직화 및 정치세력화가 점차 강해졌고, 빈곤 및 사회적 위험에 대하여 개인의 책임을 강조하는 자유방임주의에 반대하고 국가개입을 통한 해결을 옹호하는 집합주의가 대두하였다.

이러한 조건에서 국가는 「구빈법」을 넘어 산업사회의 사회적 위험에 대한 대비와 위험 분산을 강제하는 국가 주도의 공적 사회보험을 도입하였다. 다만, 사회보험 도입 과정의 맥락과 성격은 국가마다 차이를 보였다. 독일이 권위주의적 개혁에 기초했다면, 영국이나 스웨덴은 자유주의적 개혁의 맥락에서 사회보험을 도입하고 정착시켰다.

이렇게 등장한 사회보험제도는 「구빈법」의 한계를 극복하며 등장한 공공부조와 함께 20세기 복지국가의 핵심 제도로 발전하였다.

1. 사회보험의 등장 배경

1) 산업화와 국가개입의 확대

복지국가의 시작을 강제적 사회보험제도가 등장한 때로 보는 것이 무난할 듯하다.[1] 서구의 각국에서 이러한 사회보험제도가 도입되기 시작한 것은 대개 19세기 종반에서 20세기 초반까지의 시기이다. 이 시기는 산업화의 진척에 따라 자본의 독점화가 진행되는 가운데 자본주의의 구조적 특성에서 비롯되는 문제들이 사회문제로 부각되던 때이다. 이러한 문제들 중에서 노령, 질병, 재해, 실업 등과 같은 임금노동자의 최저생활을 위협하는 각종 사회적 위험(social risks)에 대한 국가의 개입이 본격화되는 출발점이 바로 강제적 사회보험제도의 도입인 것이다.

물론 앞에서 밝힌 바와 같이 국가가 빈곤 문제 등에 관심을 갖고 국민의 삶에 개입한 역사는 길며, 빈곤구제에 대한 공식적 책임을 수용하면서 개입하기 시작한 것은 구빈제도를 통해서였다. 그러나 구빈제도나 이후의 자유주의 국가들에 의한 공공정책들은 국민의 권리에 대한 명확한 언명이 없거나 이를 부인하고 있다는 점에

1) 이와 관련한 논의가 많은데, 최근에 크리스토퍼 피어슨(Christopher Pierson)은 복지국가의 기원을 사회보험의 최초 도입, 시민권의 신장과 공공복지에 의한 빈곤 퇴치, GNP의 3% 이상의 사회적 지출 등을 복합적으로 고려할 것을 제안하면서, 1880~1914년의 기간을 복지국가의 탄생기로 설정하고 있다(Pierson, 1991: 105-107). 한편, 국민국가(nation-state)와 복지국가의 기원을 동일하게 보는 시각도 있다. 이에 따르면 중세가 끝나고 절대왕정이 대두한 시기, 곧 구빈법 시대가 복지국가의 기원이 된다(Midwinter, 1994: 26).

표 6-1 주요 사회보장제도의 최초 도입기

	첫 번째	두 번째	세 번째
산재보험	독일(1871)	스위스(1881)	오스트리아(1887)
건강보험	독일(1883)	이탈리아(1886)	오스트리아(1888)
연금보험	독일(1889)	덴마크(1891)	프랑스(1895)
실업보험	프랑스(1905)	노르웨이(1906)	덴마크(1907)
가족수당	오스트리아(1921)	뉴질랜드(1926)	벨기에(1930)

주: 최초 도입기는 임의적 사회보험제도가 도입된 시기를 포함함.
자료: Pierson (1999), p. 169.

서 근대적 사회보험제도와 차이점을 보인다. 그런 점에서, 우리는 이러한 사회보험제도 등장 이후의 시기를 복지국가로의 진행의 출발점, 곧 여명기로서 그 역사적 의미를 규정하고자 하는 것이다.

유럽에서 사회보험제도가 등장하게 된 구체적 배경과 시기는 나라마다 다양하다. 그러나 일반적으로는 ① 산업화 이후의 자본주의 발전과 병행한 각종 사회문제의 심화, ② 그러한 문제의 해결에 대한 가족 및 시장기능의 한계와 그것에 대한 인식, ③ 노동운동의 정치세력화를 통한 정치적 압력, ④ 근대국가의 성장과 개입 기능의 확대 등을 든다. 이러한 조건 아래 국가가 당면한 각종 사회문제 해결을 위한 유용한 국가개입 방법으로서 사회보험제도를 선택하게 된 것으로 파악한다.

〈표 6-1〉을 보면, 대부분의 주요 사회보험제도들은 물론 가족수당제도 역시 대체로 1930년 이전에 선행 복지국가들에 의해 도입되었음을 보여 준다. 따라서 사회보험제도의 등장기에 초점을 맞추는 이 장에서는 대공황 발생 이전의 시기까지를 주로 다룬다. 그러므로 대공황 발생 이후인 1935년에 사회보장제도를 처음으로 도입한 미국은 여기서 제외된다. 개인주의, 자유주의, 지방분권주의가 지배적이었던 미국에서는 각계의 간헐적 시도에도 불구하고 연방정부가 책임지는 사회보험제도 도입이 늦었기 때문이다. 여기서는 세계 최초의 사회보험제도 도입국이자 권위주의적 개혁을 이루었던 독일, 이와는 대조적으로 자유주의적 개혁의 전형이자 정액제 방식을 채택했던 영국, 그리고 늦게 제도화되었지만 대중적 참여의 기반이

가장 강하였던 스웨덴을 중심으로 다루고자 한다.

2) 산업화와 노동자의 정치세력화

제1장에서 다룬 사회복지제도 발달 이론들 가운데 '산업화론'을 반드시 수용하지 않더라도, 사회보험제도의 등장을 설명하기 위해서는 산업화와 그것이 미친 영향을 언급하지 않을 수 없다. 왜냐하면 산업화가 곧 자본주의 발전의 출발점이 되었고, 자본주의 발전 과정에서 배태된 각종 사회문제에 대한 대응의 하나로서 등장한 것이 사회보험제도이기 때문이다.

그러나 우리가 주의를 기울여야 할 점은 산업화가 본격화된 시기의 나라 간 차이가 사회보험제도 등장 시기의 차이와 반드시 부합하는 것은 아니라는 사실이다. 정치적 상황과 같은 산업화 이외의 요인이 어떻게 작용하였느냐에 따라, 일종의 정치적 선택인 사회보험제도 도입의 시기와 형태가 달라질 수 있다. 이제 독일, 영국, 스웨덴에 초점을 맞추어, 복지국가로 향하는 발전 과정에서 중요한 역사적 전환점을 제공하였거나 제도화의 과정이 독특하였던 제도의 사례들을 중심으로, 산업화가 진행된 양상과 그것이 사회보험제도의 대두에 영향을 미친 형태에 대해 살펴보고자 한다.

(1) 독일

세계에서 강제적 사회보험제도를 가장 먼저 채택한 시기와 나라는 1880년대의 독일이다. 이처럼 독일에서 가장 일찍 사회보험제도를 도입하게 된 과정을 산업화에서부터 설명해 보고자 한다. 독일에서 산업화가 본격화된 것은 영국보다 훨씬 늦은 1840년대 이후이다. 이후 '제2제국'의 건설을 가져온 1871년의 통일을 거쳐, 19세기 말에 이르러 유럽에서 선두적 산업국가의 하나로 급부상하게 되었다.

이러한 급성장 과정에서 등장한 자유주의 부르주아지는 보수적인 귀족과 자본주의를 배격하는 사회주의자의 틈에서 상대적으로 그 힘이 약한 상황이었다. 사회주의자들은 물론이고, 위계적이며 가부장적인 사회질서를 강조하는 보수주의자들이 가세해서 자유방임의 원리를 반대하였기 때문에, 개인에 대한 사회적 보호의 관념이 비교적 쉽게 받아들여질 수 있는 조건이 되었다.

이러한 분위기에서 힘의 우위를 점한 쪽은 정부 관료들이었고, 이들의 주도 아래 경제개혁은 물론 사회보험제도의 도입이 추진되었던 것이다. 그리고 그러한 관료의 핵심에 비스마르크(Otto von Bismarck, 1815~1898)가 있었다(Rimlinger, 1991: 108-111). 이러한 정황이 뒤늦은 산업화에도 불구하고 독일에서 사회보험제도의 등장이 상대적으로 빨랐던 주된 이유로 보인다.

한편, 산업화가 수반한 저임금과 장시간 노동 및 사회적 불평등 현상 등에 대한 노동자의 불만은 노동조합운동의 확산을 초래하였다. 1840년대에 상부상조적 성격으로부터 시작한 노동운동은 노동자 단결권이 허용된 1860년대 이후 점차 정치적 성격을 띤 사회주의 운동으로 전환되어 갔다. 정치적으로 사회주의 운동 노선을 띤 조직된 노동세력은 정치권의 입장에서 하나의 부담 요인으로 대두되었다.

오토 폰 비스마르크

무인 집안에서 기병장교의 6남매 중 넷째 아들로 태어났다. 어릴 때부터 성격이 괴팍하고 활동적이었던 그는 괴팅겐 대학교 진학 1년 반 만에 베를린 대학교로 전학하여 법률 공부를 하였다. 1862년 프로이센 왕국의 재상이 된 후 군비 확장을 강행하여 '철혈재상'으로 불린다. 왕권을 수호하기 위해 자유주의자들과 맞서야 했고, 이를 위해 자유주의 부르주아지를 타도의 대상으로 삼은 노동자와 일시 제휴의 관계를 맺기도 하였다. 1871년 독일제국의 재상이 되어 자본주의 발전을 주도한다. 1878년에 「사회주의자 진압법」을 제정하기도 하나, 곧 강단사회주의자의 주장을 받아들여 사회보험제도를 도입한다.

노동운동이 정치적이자 사회주의적인 성격을 띠었다는 것은 궁극적으로 노동자 정당의 출현으로 설명된다. 1863년에 라살레(Lassalle)가 이끈 점진적 개혁노선의 '전 독일 노동자연맹(Allgemeiner Deutscher Arbeiterverein: ADAV)', 1869년에 베벨(Bebel)과 리프크네히트(Liebknecht)가 이끈 급진노선의 '사회민주주의 노동자당(Sozialdemokratische Arbeiterpartei: SDAP)'과 같은 노동자 정당이 등장한 것도 이 시기이다. 이 두 정당은 우여곡절 끝에 1875년에 '사회주의 노동당'으로 통합하여 1877년에는 제국의회 의원선거에서 12석을 차지하는 저력을 보이기도 하였다.

이러한 노동운동의 정치세력화는 당시의 귀족이나 자본가로부터 경계의 대상이 될 수밖에 없었는데, 1878년의 「사회주의자 진압법」은 그것을 잘 말해 준다. 사회주의 노동당은 1890년에 '사회민주당'으로 개칭하게 되며, 1890년대 후반에는 혁명노선을 폐기하고 점진적 수정주의 노선을 채택하게 된다. 이와 같은 노동계의 일련의 움직임은 단기적으로는 국가의 회유적 사회정책을 낳게 한 원인이 되었고, 장기적으로는 독일 사회복지 발전기에 중심 역할을 한 사회민주당의 탄생을 가져왔다는 점에서 의미가 있다.

(2) 영국

영국의 산업화 과정에서 비롯된 문제와 그것에 대한 대응의 과정은 「엘리자베스 구빈법」에 대한 초기 자유주의자들의 비판과 「개정구빈법」 등장의 과정을 기술한 제3장에서 이미 다룬 바 있다. 영국에서 강제적 사회보험제도가 도입된 것은 「개정구빈법」의 극복을 주도한 개혁주의적 자유주의자들에 의해서였다. 여기에 비록 직접적 형태로는 아니었지만, 정치세력화한 노동운동 역시 영향을 주었다.

영국에서 노동조합이 합법화된 것은 1825년에 「단결금지법」이 폐지되면서부터였다고 볼 수 있다. 이어진 1830년대의 노동자 참정권 확대 조치와 차티스트 운동(1838~1848)의 경험을 거치면서 영국 노동운동은 점차 정치성을 띠어 갔다. 특히 '인민헌장(People's Charter)'(1838) 실천운동으로서 의회개혁을 추구하였던 차티스트 운동은 부르주아지를 상대로 한 노동계급의 세계 최초의 합법적 정치운동으로 평가를 받기도 한다.

노동운동이 전국적으로 조직화된 것은 1868년의 노동조합총협의회(Trade Union Congress: 이하 TUC) 결성을 통해서였다. 숙련공 중심의 전국 단위 직업별 조합이었던 TUC는 초기에는 주로 공제적 활동이나 경제적 목적의 활동(고용조건의 개선 등)

에 주력하였다. 노동조합운동이 정치성을 본격화하게 된 것은 1800년대 후반의 일이다. 노동조합이 미숙련공 중심의 일반조합(general union)으로 전환되고 노동조합운동이 차츰 정치적 성격과 사회주의적 성격을 강화해 간 것이다. 노동자를 핍박하는 각종 문제의 해결에 국가가 책임져야 한다는 인식도 이러한 추세와 함께했다. 이 시기에 이처럼 국가개입의 필요성에 착안하게 된 배경에는 1873년에 시작된 경제공황이 있었다. 대규모의 실업 문제 해결에는 자조의 원리가 설득력을 잃을 수밖에 없었고, 당시 집권당이던 자유당의 개혁적 역량을 국민들이 불신하고 있었던 것이다.

이 시기에 대두되어 노동운동의 향방에 영향을 크게 미친 것으로 페이비언 사회주의(Fabian Socialism)를 들 수 있다. 이것은 1884년에 결성된 페이비언 협회(Fabian Society)의 기본 사상을 가리키는데, 이것이 지향하는 바는 한마디로 '점진적 사회주의화'라고 표현할 수 있다. 의회정치를 활용하여 재정정책과 사회보장 및 노동입법 등에 의한 부와 소득의 평등화 정책을 추진함으로써 사회주의가 실현될 수 있는 것으로 낙관하는 것이다. 우리가 이것에 주의를 기울일 가치가 있는 것은 후일 노동당이 이 사상을 기본 강령으로 채택함으로써 사회정책적 개입의 기초로 삼았다는 점에 있다. 노동당이 결성된 것은 1906년의 일이며, 1880년대부터 그 뿌리가 자라고 있었다.

페이비언 협회

웹 부부

이 단체의 명칭은 카르타고의 한니발 장군을 지공작전으로 물리친 로마의 파비우스(Fabius) 장군의 이름을 땄다고 전해진다. 초기에 버나드 쇼(B. Shaw)와 웹 부부(Sidney & Beatrice Webb) 등 16명이 참여하였고, 1884년에 결성한 이후 80여 년을 활동하였다. 단체 출발 시부터 뚜렷한 역사관이나 이론 혹은 학설을 설정했던 것은 아니다. 다만, 여기에 참여했던 주요 인물들의 저작들을 통하여 유추하건대, 점진적 방법으로 사회주의를 실현하되, 이 과정에는 노동자뿐만 아니라 착취의 폐지를 주장하는 누구나 참여할 수 있다고 보았다. 제1차 세계대전 후의 제2사회주의 인터내셔널에서 대폭적인 지지를 받았다.

(3) 스웨덴

스웨덴은 독일보다도 훨씬 늦은 1870년대에야 산업화가 시작되었다. 산업화 이전의 스웨덴은 풍부한 삼림과 지하자원에도 불구하고, 이를 개발하지 못한 채 농업과 어업 등에 종사하는 국민이 대부분인 매우 가난한 나라였다. 그러나 산업화가 늦게 시작되었음에도 그 진척 속도는 매우 빨랐다. 여기에는 스웨덴 나름의 몇 가지 특수한 상황이 유리한 조건으로 작용하였기 때문인 것으로 보인다.

우선, 인종이나 종교의 동질성을 바탕으로 비교적 안정된 사회 분위기를 유지할 수 있었던 점을 들 수 있겠다. 일찍이 노르만[2] 민족이 정착한 이래 인종적 동질성을 유지해 왔고, 가톨릭에서 루터파 기독교로 전환하기는 하였지만 종교의 국교화 정책을 통해 종교적으로도 일체감을 가질 수 있었던 것이다. 그리고 남북한을 합친 면적의 두 배에 달하는 넓은 국토에 비해 인구가 800만 명 남짓에 불과하여 인구의 부담이 많지 않았던 점도 산업화에 유리하게 작용한 요소인 것으로 보인다. 그런가 하면, 편리한 해양교통과 발전한 조선기술을 바탕으로 유럽 시장을 겨냥한 산업화 정책을 추진하여 성과를 거두었고, 1840년대에 시작한 의무교육제도로 양질의 노동력 확보가 용이했던 점 등도 산업화의 속도를 빠르게 한 요소가 되었다.

그리하여 1900년경에는 새로운 산업국가로 부상하게 되었던 것이다. 이러한 신속한 산업화가 사회보장제도 발전을 위한 경제적 기반을 제공한 한편, 저임금, 장시간 노동, 불량한 노동환경 등의 문제를 확대시킨 점에서는 스웨덴이라고 예외일 수는 없었다. 이와 같은 노동문제의 확대는 곧 노동운동의 확산을 가져온 직접적인

2) 노르만(Norman)은 북방 게르만족을 이르는 프랑스어이다.

이유가 된다.

스웨덴의 산업화 초기 노동운동은 일찍부터 발달한 다양한 대중운동의 일부에 속하였다. 대표적인 대중운동으로는 종교부흥운동, 절제운동, 노동운동 등을 들 수 있다. 이 가운데 노동운동이 가장 늦게 발달하였는데, 1840년대에 시작된 상호부조적 성격의 활동을 벗어나서 본격적인 활동을 하게 된 것은 산업화 이후의 일이다.

그런데 스웨덴의 노동운동은 비슷한 시기의 다른 나라들보다 상대적으로 덜 과격하였던 것으로 알려지고 있다. 거기에는 고용주들의 온정주의적 노무관리와 정부의 노동운동에 대한 유연한 대처 방식이 주된 이유로 작용한 것으로 보인다. 그런가 하면, 앞서 언급한 대중운동이 평등한 투표권 확보를 위한 참정권 운동으로 발전하여 정치의 민주화가 일찍 이루어진 점도 노동자가 물리적 투쟁을 선택하지 않고 제도권 내에서 정치세력화할 수 있었던 배경이 되었다고 본다. 후일 노동자와 자본가가 정치적 타협을 이루고[살트셰바덴(Saltsjöbaden) 협정, 1938] 이른바 사회조합주의(societal corporatism) 방식의 이해조정을 성공적으로 추진한 전형으로서 스웨덴을 꼽게 된 것도 이러한 배경과 무관하지 않다.

조합주의

조합주의(corporatism)는 일반적으로 국가와 이익집단의 전국 단위 대표체가 이해관계의 조정을 통하여 국가의 주요 정책을 결정하고 시행하는 제도적 장치라고 볼 수 있다. 이익집단의 참여가 큰 비중을 차지한다는 점에서 엘리트주의와 다르며, 소수의 중앙집권화된 리더십을 가진 대표자들에 의해 이해관계가 조정된다는 점에서 다원주의와도 구분된다. 슈미터(Schmitter)의 분류 방식에 따라 통상 국가조합주의(state corporatism)와 사회조합주의(societal corporatism)로 구분한다. 전자는 국가의 권위에 의해 위로부터 조직화가 이루어진 경우이며, 주로 제3세계에서 발견되는 유형이다. 후자는 이익집단의 성장에 의해 아래로부터 조직이 이루어지는 것으로서, 스웨덴의 노사정 협약이 그 전형에 속한다.

스웨덴의 사회민주당은 1889년에 창당되었다. 창당 초기에는 당시 산업화와 함께 급속하게 성장하고 있던 산업노동자들을 대상으로 고전적 사회주의 이념을 전파하는 일에 주력하였다. 그리고 사회주의 혁명을 표방하면서도 사실은 참정권 확보에 실천적 비중을 두었고, 이 점에서 당시 자유주의자들과 힘의 연대도 가능했다. 1898년에 조직한 전국노동조합총연맹(Lands Organisation: LO)이 이러한 사회민주당과 상호 긴밀하게 협력하는 가운데 노동운동의 중심이 됨으로써, 국가 및 자본가와 대등하게 협상에 임할 수 있는 정치적 입지를 확보할 수 있었던 것이다.

3) 집합주의 관념의 대두

사회보험제도가 등장하게 된 보다 직접적인 요인은 빈곤의 원인 및 빈곤 문제 해결의 책임 소재에 대한 관념의 변화에 있었다. 당시 대세였던 자유방임주의를 거부하면서 국가의 개입적 역할을 강조하는 집합주의(collectivism)가 대두하였다. 그리하여 빈곤의 원인을 개인의 도덕적 결함에 두면서 국가가 억압적이고 제한적 역할만을 하였던 종전의 구빈제도를 극복하고, 국가가 보다 적극적으로 개입함으로써 빈곤을 비롯한 생활상의 문제를 예방하거나 해결하려는 사회보험제도를 등장하게 한 것이다. 집합주의적 관념은 노동자를 비롯한 국민 대중보다는 주로 지식인이나 지도급 인사들에 의해 제기되고 발전하였고, 그것이 대두된 시기와 형태는 나라에 따라 약간씩의 차이를 보인다.

독일에서는 '신역사학파'로도 불리는 강단사회주의자들이 국가개입의 필요성을 주장한 대표적 집단에 속한다. 이들은 당시에 산업화의 영향으로 악화되고 있던 실업, 불평등 등의 사회문제를 해결하고 확산되고 있던 사회주의 세력을 약화시키기 위해서는 국가의 적극적 역할이 중요하다고 함으로써 집합주의 관념의 확산을 주도하였다.

이러한 관념적 수준에서의 논의 외에, 현실적 목적에서 국가의 개입을 요구하는 움직임도 있었다. 중공업 대자본가들은 자신들이 부담해 왔던 노동자 보호의 책임을 국가에 전가하려는 실리적 목적에서 국가개입을 요구하였다. 이 밖에도 일부 지도급 관료들과 제국의회 의원들도 국가개입의 필요성을 제기하였다.

강단사회주의

1860년대부터 1890년대에 걸쳐 독일 경제학의 주류를 이루었던 신역사학파의 경제학자들이 주창한 사회정책이론이다. 강단사회주의(講壇社會主義, Kathedersozialismus)라는 이름은 교단을 통해 사회개량운동을 벌였던 이들을 빗대어 자유주의자들이 붙인 것이다. 이들은 고전경제학파의 자유방임론에 반대하고, 국가의 개입에 의한 사회개량을 통해 사회문제 해결을 시도하였다. 이것이 사회주의의 성장을 막는 방법이라 보았던 것이다. 슈몰러(G. Schmoller)를 중심으로 사회정책학회를 설립하여 비스마르크에게 정책의 윤리적 기초를 제공하였다. 슈몰러 외에 바그너(A. G. H. Wagner)와 브렌타노(L. Brentano) 등이 참여하였다.

영국에서는 사회보험제도에 관한 논의가 본격화되기 전부터 자유방임 원칙을 고수하려는 구시대의 자유주의와 자유시장의 원활한 기능 수행을 위해서는 일정한 국가개입이 필요하다는 새로운 자유주의 사이의 이념적 갈등이 지속되고 있었다. 제7장에서 다루는 자유주의적 사회정책들은 이러한 갈등을 거쳐 개입주의가 자리를 잡기 시작하였음을 보여 주었다.

자유방임주의에 대한 비판이 강세를 띠게 된 배경으로 림링거는 다음의 두 가지를 제시하고 있다(Rimlinger, 1991: 76-77). 먼저, 노동자 조직의 힘이 강화된 점을 든다. 노동자의 정치세력화를 통하여 권력의 민주화를 이룸에 따라, 빈민 등의 권리에 대한 관념의 변화가 촉진되었다는 것이다. 다음으로 든 것이 중상류층 일부의 태도 변화이다. 빈곤 문제에 대한 사회적 양심이나 빈민이 야기할 수 있는 사회적 위협에 대한 인식으로 집합주의를 지지하거나 묵인하게 된 것을 가리킨다. 이러한 태도의 변화에는 빈곤 실태의 심각성을 고발한 앤드류 먼스(Andrew Mearns)의 『런던 부랑인의 절규(The bitter cry of outcast London)』(1883)라는 소책자, 1889년 이후 수차례 발표된 부스(Charles Booth)의 런던 조사보고서, 1901년에 발표된 라운트리(Seebohm Rowntree)의 요크시 사회조사 등이 큰 영향을 미쳤다.

스웨덴에서 국가개입과 사회보험을 둘러싼 활발한 찬반 논쟁을 불러일으킨 계기가 된 것은 1884년에 자유주의자 헤딘(Alford Hedin)이 독일, 영국 등의 유럽 사회입법을 연구한 후 의회에 사회보험안을 상정한 일이었다. 질병, 산업재해, 노령 등의 사회적 위험을 포괄하는 안이었는데, 하원에서는 만장일치로 통과되었으나 보수주의자들의 벽에 부딪혀 상원 통과는 좌절되고 말았다. 국민의 조세 부담을 늘리고, 개인 및 기업의 자유를 구속하며, 아직까지는 사치스러운 제도라는 것 등이 그들이 내세운 주된 이유였다. 이러한 논쟁의 과정을 거쳐서 차츰 집합주의 및 사회보험의 제도화가 이루어지게 되었다.

2. 사회보험 입법의 성격

1) 입법화의 과정

(1) 권위주의적 개혁: 독일

독일에서 세계 최초로 사회보험제도를 등장하게 한 요소가 무엇인가에 대한 대답은 단순하지 않다. 우선 당시의 상황을 다시 요약해 본다면, 늦게 시작하였으나 빠르게 진행된 산업화와 이에 따른 노동자 생활조건의 악화, 이러한 상황에 대처하기 위한 수단으로 확산된 노동운동의 정치세력화와 이에 대한 지배세력의 견제, 사회문제에 대한 국가개입의 필요성에 관한 관념의 대두, 비스마르크의 독특한 통치 스타일 등을 꼽을 수 있다.

특히 비스마르크와 같은 당시 정치 지도자의 통치 스타일에 주목할 필요가 있다. 왜냐하면 이러한 상황들에 대한 정치적 대응수단의 결정에 정치적 최고 실권자의 판단과 의지가 가장 직접적으로 작용하는 정치구조였기 때문이다. 비스마르크는 '선량한' 노동자에 대한 보호와 '소요자'들에 대한 제재 조치를 구분함으로써 노동자들을 제도권으로 흡수할 수 있을 것으로 기대하였다. 그런 의미에서 당시의 사회보험제도는 사회통제를 목적으로 한 집권자의 정치적 동기가 크게 작용한 것이었다고 볼 수 있다.[3)]

이러한 배경 아래 제정된 것이 1883년의 질병보험, 1884년의 재해보험, 1889년의 노령폐질보험이다. 그런데 이 제도들은 적용 대상에서 비정규직 저소득 노동자와 많은 여성 노동자를 제외했다. 또한 보험료를 가입자 및 사업주에게 부담하게 했고, 수급조건이 까다로웠으며, 위험 발생 시 지급되는 급여의 수준도 매우 낮았다. 이 때문에 노동자와 자본가 양측 모두에게 불만족스러운 것이 되고 말았다. 특히 노동자들은 이런 형태의 제도보다는 노동조건이나 노사관계에 대한 국가의 보호와 지원 및 노동자의 정치적 권리 확보에 더 관심이 컸던 것이다.

따라서 단기적으로는 이 제도들을 도입한 정치적 의도가 실현되지 못했으며, 비스마르크 자신도 이 점을 시인했던 것으로 전해진다. 그러나 이 제도들이 자본주의 사회 노동자가 당면할 수 있는 대표적인 사회적 위험들에 대해 국가가 보험의 원리에 따라 공식적으로 개입한 최초의 사례였다는 점에서 독일은 물론 세계의 사회복지역사에서 역사적 의미를 갖는 것은 사실이다.

그리하여 이 시기 이후 발전한 사회보장제도들이 장기적으로 20세기 사회주의 혁명의 열기를 식히는 데에 기여하는 등 자본주의 체제 안정에 일익을 담당하였던 것이다. 1900년대 초까지 유럽의 여러 나라가 자국의 사회보장제도를 도입할 때 독일의 관련 제도들을 참고하였음은 물론이다.

(2) 자유주의 개혁: 영국, 스웨덴

① 영국

영국에서 사회보험제도가 등장하기까지의 과정에는 전술한 독일의 경우와 비슷한 점이 있는가 하면 다른 점도 있다. 비슷한 점은 산업화에 따른 폐해와 이에 병행한 노동운동의 성장이 배경으로 작용하였다는 점이다. 그런데 산업화가 세계에서 가장 먼저 시작된 나라였음에도 사회보험제도가 후발 산업화 국가인 독일보다 늦게 등장한 사실은 산업화가 그러한 제도의 발전에 영향을 미친 직접적 요인이 아닐

3) 이러한 맥락을 반영하여 비스마르크의 사회보험 도입을 음모이론(conspiracy theory)으로 부르기도 한다.

수 있음을 말해 준다.

그렇다면 좀 더 직접적인 요인은 무엇이었는가? 영국 사회보험제도의 등장 과정에서 발견할 수 있는 독일과의 차이점이 그 답의 일부를 제공한다. 차이점의 핵심은 권위주의적 정치권력에 의하여 노동자 세력을 통제하기 위해서 사회보험제도를 도입한 독일과 달리, 노동자 정당인 노동당과 일시적이나마 우호적 관계에 있던 자유당 정권에 의해서 포괄적 개혁정책의 일환으로 사회보험제도가 채택되었다는 사실에 있다.

이처럼 영국에 최초로 사회보험제도를 도입한 때는 노동당이 아니라 자유당이 집권하고 있던 시기였다. 노동자와 연대하여 1906년의 총선에서 승리한 자유당이 추진한 자유주의적 개혁(Liberal Reform)의 맥락에서 추진되었던 것이다. 집권 후 자유당은 1906년부터 1909년에 걸쳐 「노동쟁의법」과 「최저임금법」 등의 노동관계법, 「교육법」과 「아동법」 등의 아동복지법 및 무갹출 「노령연금법」과 같은 노인복지법을 제정하였다.

이 가운데 사회보장제도에 속하는 무갹출 「노령연금법」의 제정 배경과 입법화 과정을 좀 더 자세히 살펴볼 필요가 있다. 일찍이 1878년에 블랙클리(William L. Blackely)가 갹출제 노령연금을 제안했으나, 자선조직협회(COS)와 우애조합(friendly society)들의 반대에 부딪혔다. 전자는 강제보험제도가 독립과 근면의 정신에 반한다고 반대했고, 후자는 단체의 이해와 충돌하고 조직의 위축을 가져올 것이라는 점에서 그랬다. 이후 챔벌린(Chamberlain)과 같은 이도 갹출제 연금을 제안했으나, 역시 우애조합의 반대로 무산되었다. 이러한 상황에서 1892년의 총선에서 근소한 차이로 다수당이 된 자유당이 '노령빈민에 관한 왕립위원회'를 설치하였고, 여기에 챔벌린과 찰스 부스가 참여하였다(함세남 외, 1996: 93).

이 시기에 뉴질랜드에서 먼저 실시한 무갹출 노령연금제도를 받아들이자는 움직임이 있었는데, 런던 정치경제대학교(London School of Economics and Political Science: LSE) 학장이었던 리브스(William P. Reeves)와 부스 등이 주장하고 노동조합 지도자들이 동조하여 일부 지역에 확산되었다. 1899년에는 부스가 연금계획안을 발표하였고, 이어서 노동조합을 중심으로 그것을 추진하기 위한 위원회가 발족되기도 했다. 차츰 우애조합도 노령 조합원의 소득 문제를 생각하지 않을 수 없게 되면서 입장이 바뀌어 갔다. 그러한 가운데 1906년 총선 결과, 노동자들이 의회에 진출하면서 노동당을 결성하자, 자유당 정부는 노동조합이 주장해 왔던 노령연금제를 받아들일 수밖에 없는 상황이 된다. 그리하여 자유주의자들의 입장과 재정 부담 능력 등을 고려하여 수정 입법화한 것이 1908년의 무갹출 노령연금제도이다(함세남 외, 1996: 93-94).

이어서 제정한 것이 1911년의 「국민보험법」이다. 재무장관 로이드 조지(Lloyd George)가 독일을 방문한 후에 영국의 특성을 반영하여 제정하게 된 이 법은 독일과 달리 질병보험 외에도 실업보험을 포함하는 사회보험제도였다.[4] 이 가운데 건강보험의 경우 제도화 과정에서 우애조합, 노동조합, 보험회사, 의사회(British Medical Association: BMA) 등과의 이해 마찰로 어려움을 겪어야 했다. 특히 의사회의 반발과 요구가 강력해서 법률 제정 전후로 가입 범위, 급여 결정 방식, 의사의 진료보수, 보험관리기구의 구성 등에 대해 타협을 봄으로써 시행할 수 있었다.

건강보험제도의 도입을 촉진한 요소로는 국가적 효율성(national efficiency) 관념과 국민생활 최저선(national minimum) 관념의 영향을 들 수 있다. 전자는 영국이 남아프리카의 트란스발 공화국과 벌인 보어전쟁(1899~1902)을 수행하면서 다수의 지원병이 심각한 건강불량 상태에 있었다는 사실을 발견하고 충격을 받은 데서 비롯된 것이다. 이로써 국민건강의 증진을 위한 정책적 조치의 필요성을 절감하게 되었음을 의미한다. 후자는 노동이 가능한 국민의 최저생활을 보장함으로써 빈민화를 막고, 사회주의 혁명의 위협으로부터 자본주의 체제를 보호할 필요에서 제기되던 개념이다. 실업보험은 이해관계가 대립되는 단체가 특별히 없어서 비교적 무난히 채택되었다(원용찬, 1998: 70; Jones, 1991: 101-102).

4) 「국민보험법」(1911)의 전반부는 건강보험(health insurance)에 대하여 규정하였고, 후반부는 실업보험(unemployment insurance)에 대하여 규정하였다.

② 스웨덴

스웨덴에서 최초로 강제적 사회보험제도가 도입된 것은 1913년의 일이다. 2년 전에 다수당이 된 자유당이 추진한 개혁정책의 일부로서 보편적인 노령연금 및 장애보험제도가 도입된 것이다. 사회보험제도가 최초로 도입된 시기나 그것이 자유주의 집권당에 의해 주도되었었다는 점에서는 영국과 비슷하다. 이러한 점이 절대권력의 정치적 필요를 반영한 독일과 비교하여 제도 도입의 배경과 과정에서 발견할 수 있는 가장 두드러진 차이점이다.

그리고 이러한 사회보험제도 도입을 전후한 시기에 사회개혁에 관한 논의와 움직임이 활발했었는데, 이를 주도한 집단은 사회민주당이나 노동조합이 아닌 자유당과 다른 사회운동단체들이었다. 헤딘의 사회보험안 상정과 이를 둘러싼 논쟁도 그 한 예가 된다. 이 시기에 이처럼 개혁의 필요성이 제기되었던 것은 산업화로 인한 각종 사회문제들이 심각하게 인식되었기 때문이다. 농민의 무산계급 전락 현상과 빈곤 문제, 도시 노동자들의 문제, 주기적으로 반복되던 공황과 실업 문제, 국민의 알코올 중독과 같은 생활자세 문제 등이 당시의 주된 관심사였다. 대중운동의 꾸준한 발전과 정치 민주화의 진전이 이와 같은 사회개혁 움직임을 촉진한 요소이기도 했다.

1911년에 실시된 스웨덴 최초의 남성들만의 평등선거에서 자유당이 다수당이 되었다. 국방을 강조한 보수주의자들과 달리 사회복지의 필요성을 강조한 자유당이 집권함으로써 사회보험제도 도입에 주도적 역할을 하였고, 사회민주당과 노동조합이 이를 지지하였던 것이다. 이때만 해도 사회민주주의자들은 사회복지정책에 대한 구체적인 구상이 없었던 편으로, 정책의 형성 과정에 주체적으로 역할을 할 수 있는 상황이 아니었던 것이다. 이렇게 자유주의자들에 의해 추진된 사회정책은 그 자체가 복지국가의 요건을 갖추는 데에는 불충분했지만, 이후 사회민주당에 의한 복지국가 건설에 기초가 되었다고 볼 수 있다.

2) 초기 사회보험제도의 주요 성격

1880년대 독일의 3개 사회보험제도의 특성을 간략히 제시해 보면 다음과 같다. 질병보험(1883)은 광산, 공장, 철도, 수공업에 종사하는 일정 소득 미만의 정규직 노동자를 의무가입의 대상으로 삼았다. 보험료는 노동자가 3분의 2, 사용자가 3분의 1을 부담하도록 하였고, 질병금고를 설치하여 가입자 발병 시에는 무료 진료가 가능하도록 하였다. 재해보험(1884)은 광산, 공장, 건설업에 종사하는 일정 소득 미만의 노동자를 의무가입 대상으로 한 것으로, 업무상 재해에 대해 사용자가 전적으로 책임을 지게 하는 제도였다. 노령폐질보험(1889)은 제국의 관리나 몇몇 직종의 도제를 제외한 일정 소득 미만의 저소득 노동자를 의무가입 대상으로 하였다. 70세 이상의 가입자에게 노령연금을 지급하였고, 자신의 잘못이 아닌 이유로 장애인이 되면 폐질연금을 지급하였다. 재원은 노사가 동등하게 부담하는 갹출금과 약간의 국가 보조금이었다.

이상의 세 가지 사회보험제도 모두 비정규직 및 여성 노동자를 제외하였으며, 급여수준이 낮고 수급조건이 까다롭다는 등의 한계를 지녔다는 점에서 공통적이다. '선량한 노동자'와 '소요자'를 분리하여 조치함으로써 정치적 효과를 기대하였던 점에서 종종 사회통제적 동기가 작용한 대표적인 제도로 평가된다.

그러나 법안의 검토 과정에서 지방분권적 조직과 조합 방식의 노사 자주관리 원칙을 채택하였고, 각 보험제도 간에 가입 범위, 행정과 재정, 급여 등이 상이하여, 사회적 연대와 정치적 의도의 실현에는 실패한 것으로 평가되기도 한다. 그리하여 사회보험의 도입 의도와는 다르게 이 제도를 통한 즉각적 사회주의 억제효과는 없었고, 비스마르크 자신도 이 점을 수긍했던 것으로 알려져 있다.

노동자들도 처음에는 긍정적인 반응을 보이지 않았다. 노동자들은 노동조건이나 노사관계에 대한 국가의 보호와 지원을 요구하였고, 노동자의 정치적 지위를 향상시키는 데에 더 관심이 컸기 때문이다. 이러한 제도가 자신들에게 도움이 되는 것을 인식하고, 그것들의 점진적 개선을 위해 사회주의자들이 다양한 요구를 하거나 정치적인 개입을 하게 된 것은 제도 시행 이후의 일이었다. 이처럼 단기적으로는 사회주의 억제의 효과가 없었으나, 장기적으로는 20세기 사회주의 혁명의 열기를 식히는 데에 일정한 기여를 하였다고 볼 수 있다.

영국의 1908년 무갹출 노령연금제도의 내용은 노동조합의 요구와 자유주의적 입장이 절충된 것임을 보여 준다. 제도의 기본 골격은 갖추되 수급자격을 엄격히 제한하였던 것이다. 예컨대, 영국 국민으로 20년 이상 거주한 70세 이상의 노인이 연간 소득이 일정 수준 이하일 때 급여신청을 하면, 각 지방의회가 지명하는 연금위원회에서 심사를 거쳐 수급자격을 최종 결정하게 되어 있었다. 그리고 유죄판결을 받은 경험이 있는 사람이나 상습적으로 노동을 하지 않은 자, 또는 가족부양의 의무를 다하지 않은 자 등에게는 수급자격을 주지 않았다. 이처럼 수급자의 수를 제한하려 했던 데는 자유주의적 입장이 크게 반영된 것으로 볼 수 있다.

한편, 로이드 조지가 독일의 사회보험제도를 탐방한 후에 도입한 「국민보험법」(1911)은 건강보험(제1부)과 실업보험(제2부)으로 구성된 것으로, 소득연계 방식의 독일 제도와는 달리 정액제(flat rate)를 채택하였다. 두 보험제도 모두 보험료는 노 · 사 · 정 3자 부담 방식을 적용하였다. 이 제도들은 임금이 낮고 불안정한 소수 산업(건축, 조선, 기계, 제철, 차량, 제재)에 강제적용하기 시작하여 1920년대에 보편화되었다(함세남 외, 1996: 93-102).

스웨덴에서 1913년에 도입된 노령연금보험은 강제적일 뿐만 아니라 보편주의적인 특성을 지니고 있었다. 비교적 일찍부터 보편성을 띠었던 것은 당시의 집권당인 자유당이 노동자와 농민을 제도로써 끌어안아야 할 필요성도 있었고, 다양한 사회세력이 정치적으로 영향력을 행사한 것 때문이기도 하였다.

3. 사회보험제도의 확산

1) 사회보험제도 도입의 확산

여기서는 초기 사회보험제도의 도입 이후 세계적으로 복지국가 발전의 획기적 전기가 된 대공황기까지의 변화 과정을 그 특성을 중심으로 간략히 설명하고자 한다.

먼저, 독일에서는 1880년대에 입법화된 3대 사회보험제도들이 1911년에 「제국보험법」으로 단일화되었다. 이를 통하여 전반적으로 가입자 범위는 확대되고 새로운 급여가 추가되는 등의 발전이 있었다. 그러나 가입자의 범위, 행정체계, 재정 등에서 일원화되지는 못했다. 또 같은 해에 중산층을 겨냥한 「직원보험법」이 따로 제정되었는데, 사무직 및 기술직 노동자를 주된 대상으로 하였다는 특징이 있다. 그리하여 이 두 제도가 이후 오랫동안 독일 사회보험제도의 중심이 되었다.

제1차 세계대전 기간 중에 이 제도들이 한때 존폐의 위기를 맞은 적도 있었고, 종전 후 1919년에 출범한 바이마르 공화국의 집권당이 된 사회민주당에 의해 몇 가지 사회보장제도가 추가로 제정되었다. 전쟁 희생자 유족 보훈제도인 「제국부양법」(1920), 광업 종업원들에 대한 노령 · 질병 · 폐질 보험인 「제국 광업 종업원법」(1923), 빈민구제제도를 전반적으로 조정한 「공공부조법」(1924), 직업보도를 일원화하고 종전의 실업급여를 실업보험으로 정착시키려 한 「직업보도 및 실업보험에 관한 법률」(1927) 등이 그것이다. 직업보도 및 실업에 관한 법률은 뒤이은 세계 대공황으로 대량실업이 발생하면서 사실상 효력을 상실하였다.

영국에서는 「국민보험법」(1911)이 제정됨으로써 구빈법적 전통을 탈피할 계기를 마련한 것으로 평가를 받고 있으며, 이 법에 기초한 사회보험제도는 1942년의 「베버리지 보고서(Beveridge Report)」에 따라 제2차 세계대전 후에 노동당이 포괄적인 사회보장 시스템으로서 「국민보험법」(1946)을 제정하기까지 영국 사회보험제도의 근간이 되었다. 이러한 일련의 사회보장제도의 등장이 있는 가운데, 선별주의에 입각한 「구빈법」의 시기는 가고 보편주의가 지배하는 복지국가의 시기로 진입하게 된다.[5)]

스웨덴 사회민주당은 1917년의 선거에서 다수당이 되면서 자유당과의 연정을 이룬 가운데 참정권의 확대에 힘을 기울이게 된다. 1921년에 여성들에게 비로소

5) 구빈제도의 소멸에 관한 논의는 제7장에서 다루며, 제2차 세계대전을 전후한 시기의 상황은 제8장에서 자세히 다룬다.

투표권이 인정된 일은 무혈혁명이자 귀족주의에 대한 민주주의의 승리로 평가받는다. 이러한 성과를 바탕으로 세계 대공황에 즈음하여 실업 극복과 비상구호 사업을 공약한 사회민주당이 드디어 1932년에 단독으로 집권하게 된다.

스웨덴 사회민주당의 적극적 사회복지 개혁을 뒷받침한 통치이념의 하나로서 '인민의 가정(people's home)'을 들 수 있다. 이는 1930~1940년대에 사회민주당의 지도자였던 한손(Per-Albin Hansson)이 구성원 간의 평등과 배려 및 협력을 속성으로 하는 가정과 같은 나라를 만들겠다는 취지에서 부르짖은 이념적 상징이다. 이것이 스웨덴 사회복지가 모든 국민을 포괄하는 보편주의적 특성을 확고히 하게 한 중요한 요소의 하나임은 말할 것도 없다.

스웨덴이 이 시기에 이처럼 보편주의적 사회복지를 추구하게 된 데에는 또 다른 현실적 필요도 작용하였다. 노동자뿐만 아니라 농민을 포함한 폭넓은 사회집단의 지지를 필요로 하였던 점이 그것이다. 이와 같이 위험률이 높은 다수의 저소득층을 포괄하는 사회보험제도였던 관계로 보험급여는 충분히 지급될 수 없었다. 최소한의 삶을 보장하는 이른바 적정수준의 급여(modest benefits)를 특징으로 하였던 보편주의는 1960년대에 들어 소득수준의 향상과 중간계층의 성장에 따라 소득대체(earnings-replacement)의 원칙으로 전환될 때까지 지속되었다.

2) 사회보험제도 도입 및 정착의 의미

독일에서 사회보험제도가 도입되어 20세기 전반에 유럽 및 세계 주요국에 확산된 것은 16세기와 17세기에 빈곤에 국가 책임의 원칙을 만들어 온 「구빈법」만큼이나 중요한 의미를 가지는 것이었다(Schweinitz, 2001: 351). 16세기 이후 「구빈법」 중심으로 이어져 오던 국가의 복지개입에서 「구빈법」이 아닌 새로운 사회보장제도가 등장한 것이다. 이로써 현대 복지국가가 구축한 사회보장의 중요한 한 축이 확립되기 시작했다. 사회보험제도의 도입이 사회복지역사에서 가지는 의미는 다음과 같이 요약할 수 있을 것이다.

첫째, 사회보험은 사회복지의 대상자를 「구빈법」 외부로 확대하였는데, 빈곤한 사람들의 욕구보다는 산업혁명 이후 사회적으로 보편화되고 있던 새로운 사회적 위험(social risks)에 대한 국가 주도의 제도적 개입이 시작되었다. 노령, 실업, 질병, 산업재해 등으로 인한 소득의 중단과 삶의 위협에 대한 집합적 대응책으로서의 제도가 마련된 것이다. 새롭게 인식된 사회적 위험은 구빈 대상자들이 가진 욕구의 틀로 묶을 수 없는 사회경제적 위협 요인이었으며, 「구빈법」과 다른 방식의 대응이 요구되었다고 할 수 있다.

둘째, 사회보험의 등장은 사회복지의 미래위험 발생에 대한 준비의 성격을 제도화한 의미가 있다. 기존의 구빈제도는 확인된 결핍이나 욕구에 사후적으로 대응하는 것이었다. 반면, 사회보험의 등장은 미래에 필연적으로 발생할 위험에 대하여 공적 제도를 통한 기금을 기초로 미래의 위험 발생에 미리 대비한다는 점에서 근본적인 차이가 있다(Schweinitz, 2001: 351-352).

셋째, 사회보험의 등장은 구빈제도의 '욕구에 대한 권리(right of need)'를 '계약의 권리(right of contract)'로 대체하였다. 사회보험에서 개인은 자신이 처한 경제적 상황에 대해 책임을 지는 주체로 여전히 존재하며, 이는 그 책임을 국가가 지던 「구빈법」의 원리와 다르다. 사회보험에서 기여금(보험료)을 내는 것으로부터 미래의 급여 혹은 보장의 권리가 발생한다. 욕구의 크기가 아니라 계약에 기초해서 권리가 발생하는 것이다(Schweinitz, 2001: 352-353).

이렇게 사회보험의 등장은 국가가 공적으로 보장해야 하는 사회 구성원의 삶의 범위를 대폭 확장함은 물론, 보장 방식도 국가의 일방성에서 개인 혹은 근로자, 고용주에게 책임을 강제로 분산시켰다. 또한 시간적 차원에서 과거 회고적인 구빈제도를 넘어 미래에 대한 준비 성격이 강화되었다. 이러한 사회보험제도의 도입과 진화는 「구빈법」의 한계를 극복하며 등장한 공공부조와 함께 복지국가 확립의 제도적 기본 구조를 이루게 되었다.

생각해 볼 문제

1. 사회보험제도의 등장이 사회복지역사에서 가지는 의미는 무엇인가?
2. 노동계급의 정치세력화가 사회복지제도의 도입과 발전에 미치는 영향을 사회보험과 향후 복지국가의 발전 과정을 탐구하면서 추적해 보자.
3. 비스마르크가 주도한 독일의 사회보험 도입이 갖는 역사적 의미를 어떻게 평가할 것인가?
4. 사례로 다룬 각 나라에서 사회보험제도가 도입된 과정과 제도의 특성에서 드러나는 차이를 통해 우리가 배울 점은 무엇인가?

추천 자료

1. 「개정구빈법」을 주도한 자유주의 주장과 대비되는 영국 페이비언의 사상과 열정, 그리고 향후 복지국가 발전에 대한 이들의 영향을 알아보자.

   Shaw, G. B. (2006). **페이비언 사회주의** (*Fabian essays in socialism*). (고세훈 역). 서울: 아카넷.

2. 독일 비스마르크의 독일이 사회보험을 만들어 가는 과정을 복지정치의 관점에서 면밀하게 탐색해 보자.

   박근갑(2009). **복지국가 만들기: 독일 사회민주주의의 기원**. 서울: 문학과지성사.

제7장

자유주의 개혁과 구빈법 해체

"(욕구결정법은) 실업이 이제 더 이상 개인의 일이 아니라 국가 전체의 공동 관심사임을 인정한 것이다." (F. W. Pethick Lawrence)

"나는 빈곤을 야기하는 사회경제적 원인을 접어 둔 채 단순히 구제의 제공을 거절하는 것만으로는 빈곤을 없앨 수 없다고 확신한다." (W. G. Martley)

자유주의에 기초한 「개정구빈법」은 턱없이 낮은 구제수준, 형벌적 성격 등 「구빈법」 초기의 잔혹성을 부활시켰다. 또한 산업혁명으로 새롭게 대두된 구빈 대상자 외의 거대한 빈곤집단에 대하여 무기력함은 물론 구빈비용의 축소에 초점이 맞추어짐으로써 사회경제적 보호의 거대한 공백을 초래하였다. 무기력하고 잔혹한 「개정구빈법」에 대한 다양한 저항이 전개되었고 이에 따라 「개정구빈법」의 변화가 지속되었지만, 근본적인 개선은 이루어지지 않았다.

이러한 배경에서 「구빈법」과 다른 대안을 모색하는 흐름이 등장하였다. 한편으로는 사회주의적 대안들이 제시되고 독일에서 사회보험이 도입되어 유럽으로 확산되던 시기에 영국에서는 빈곤의 규모와 실태를 과학적으로 파악하려는 사회조사가 실시되었고, 자유주의적 개혁입법이 속속 등장하여 「구빈법」이 미치지 못하는 사회 구성원의 삶을 보호하고자 하였다.

1905년의 소수파 보고서가 빈곤 원인의 사회구조적 관점, 빈곤의 구제에서 예방으로의 전환, 빈곤대응의 사회적 책임을 제시한 이후 「구빈법」은 그 원리들이 점차 제거되면서 해체되었다. 그 대신 사회부조 혹은 공공부조가 빈곤에 대응하는 현대적 사회보장제도의 한 축으로 등장하였다.

1. 개정구빈법의 한계 및 변화

1) 개정구빈법의 문제점

1834년에 「개정구빈법」이 시행되자마자 많은 비판이 제기되었다. 일례로 아직 법이 통과되기 전인 4월 30일에 『타임스(The Times)』는 이 법률이 "법전을 더럽히게 될 것"이라고 주장하기도 했다. 새 법에 의해 애빙던에 설립된 새 작업장이 문을 연 지 몇 주 만에 시설장이 피살의 위험에 처하기도 했다. 이처럼 「개정구빈법」은 시행 초기부터 많은 비판과 저항에 직면해야 했다.

첫째, 「개정구빈법」의 가장 큰 문제점은 그것의 잔혹성에 있었다. 「개정구빈법」은 형벌적이고 통제적이었던 1601년 「엘리자베스 구빈법」으로의 회귀라고 할 수 있었다. 이 법이 본격적으로 시행되면서 작업장에 수용된 노동 가능한 빈민은 비인간적인 수준의 처우를 받아야 했다. 작업장에 수용되어 노동하는 빈민들에게는 19세기에 주어졌던 중요한 정치적 권리, 즉 선거권도 주어지지 않았다.

여기에 열등처우의 원칙은 의존하는 빈자와 자립적인 일반 노동자 사이의 구제 수준에 대한 형평성을 규율하는 원리임에도 불구하고 「개정구빈법」의 급여를 받는 빈민은 최소한의 기본 욕구 충족도 불가능한 상태였다. 임금이 기아 수준으로 하락한 상황에서 열등처우의 원칙을 강제 적용할 경우, 작업장에 수용된 빈민의 기본적인 욕구 충족은 기대하기 어려울 수밖에 없다. 노동시장의 최저임금 자체가 이미 기본 생활이 불가능한데 열등처우의 원칙은 이보다 더 낮은 임금을 강요하기 때문이다. 그 결과 작업장에 수용된 빈민의 삶의 수준은 매우 열악했다. 식사는 양적으로 줄어들었고 질적으로도 형편없었다. 작업장에 수용되는 빈민들은 욕구에 따른 구분도 이루어지지 않고 연령과 성별로만 구분되었다. 또한 7세 이상의 아동은 엄마와 강제 분리되었고, 면회도 허용되지 않았다. 1847년까지는 노인 부부도 분리되었다(심상용, 심석순, 임종호, 2016: 98-99).

둘째, 「개정구빈법」의 또 다른 한계는 산업혁명 이후 새롭게 등장하는 빈곤집단에 대응할 수 없었다는 점이다. 오늘날도 그렇듯이 과학기술과 결합한 급격한 산업구조의 변화는 예기치 못한 사회경제적 현상을 발생시킨다. 19세기는 새로운 기계의 도입이 활발해지고 중공업이 활성화되면서 노동자의 노동 강도가 높아지고 실업이 증가하는 추세였다.[1] 증가하는 실업자, 특히 기계의 등장과 중화학공업의 격한 노동 강도에 적응이 힘들었던 고령노동자들의 퇴출은 「개정구빈법」 체제가 흡수할 수 있는 빈곤이 아니었다. 인구센서스 자료에 의하면, 잉글랜드와 웨일스에서 1836~1854년에 성인 남성의 평균 수명은 59.5세였고, 1890~1900년에는 62세로 높아졌다. 65세 이상의 고령자는 같은 기간에 약 70만 명에서 150만 명으로 증가하였다. 새롭게 빈곤집단으로 편입될 고령노동자 집단이 대규모로 노동시장 밖으로 쏟아져 나오면서 19세기 중반 이후 자연스럽게 고령노동자의 빈곤화에 대응할 목적으로 노령연금에 대한 논의가 촉발되었다(이영석, 2016: 284-321). 무기력한 「구빈법」 체제 밖에서 다른 유형의 빈곤에 대한 대응책이 요구되고 있었다는 점에서 중요한 변화라고 할 수 있다.

셋째, 「개정구빈법」 체제하에서 집권층과 당국이 구빈비용을 줄이려는 노력 속에 「구빈법」의 사각지대가 확대되고 있었다. 튜더 시대의 「구빈법」 역사를 관통하

1) 「개정구빈법」이 등장하기 전인 19세기 초에 영국 중부와 북부의 직물공업지대에서 노동자들이 일자리를 줄이고 임금을 저하시키는 원흉으로 기계의 도입을 문제 삼아 '기계파괴운동(Luddite Movement)'을 일으키기도 하였다.

표 7-1 1850~1914, 잉글랜드와 웨일스의 평균 구제빈민 수[1]

연도[2]	원내 빈민 수		원외 빈민 수		전체	
	평균	%	평균	%	평균	%
1850	123,004	0.77	885,696	5.0	1,008,700	5.7
1855	121,400	0.65	776,286	4.2	897,686	4.8
1860	113,507	0.58	731,126	3.7	844,633	4.3
1865	131,312	0.63	820,586	3.9	951,898	4.5
1870	156,800	0.71	876,000	3.9	1,032,800	4.6
1875	146,800	0.62	654,114	2.8	800,914	3.4
1880	180,817	0.71	627,213	2.5	808,030	3.2
1885	183,820	0.68	585,118	2.2	768,938	2.9
1890	187,921	0.66	587,296	2.1	775,217	2.7
1895	208,746	0.69	588,167	2.0	796,913	2.7
1900	215,377	0.68	577,122	1.8	792,499	2.5
1910	275,075[3]	0.78	539,642[3]	1.5	916,377	2.6
1914	254,644[3]	0.69	387,208[3]	1.0	748,019	2.0

주: 1) 당해 연도 및 바로 전년도 1월 1일에 공표된 수의 평균

2) Lady Day(3월 25일) 기준(중세 이후 시민생활의 회계연도 첫날을 의미함—필자 주석)

3) 임시근로자(casuals)와 정신이상자는 포함되지 않음

자료: Local Government Board, 31st Annual Report(1901-2), Appendix E, p. 312: Rose (1982), p. 53 Appendix A에서 재인용.

는 기본적인 기조는 증가하는 유랑과 걸식을 금지하고 노동을 할 수 없는 생활무능력자를 구호하는 데 있었다. 이러한 기조가 「길버트법」과 「스핀햄랜드법」에서 다소 완화되었지만, 「개정구빈법」에서 엄격하게 부활하여 작동하였다. 이러한 기조 속에서 구빈행정 당국은 구호비용을 줄이는 데 초점을 두고 있었고, 여기에 수치심과 낙인이 심리적 기제로 작용하였다.

「개정구빈법」 이후 노동능력이 있는 사람 스스로 원외구조를 받거나 구빈원에 입소하는 것은 혐오감과 수치심이라는 사회심리적 비난을 각오해야 했다. 이러한 분위기가 조성된 이면에는 점증하는 구빈비용을 줄이려는 구빈행정 당국과 집권

층의 의도가 크게 작용했다. 1870년대 이후 구빈행정 당국은 '원외구제와의 성전(crusade against outdoor relief)'을 전개하여 구호비용을 줄이고자 하였다. 그 결과, 구빈 대상자는 1848년에 인구 1,000명당 55명이었다가 1882년에는 19명 수준으로 떨어졌다. 19세기 말쯤에는 구빈비용이 적지 않게 부담이 되면서 정작 구호를 받아야 될 사람들의 상당수가 배제되고 있었다(이영석, 2016: 293-294). 〈표 7-1〉에서 보듯이 19세기 중후반기의 「개정구빈법」 하에서 구빈 대상은 점차 축소되었다. 문제는 이러한 구제빈민 규모의 감소가 사회경제적 빈민의 감소에 따른 자연스러운 결과가 아니었다는 점이다. 자유주의 개혁가들의 사회조사 활동은 영국의 빈민 규모를 실증적으로 드러냄으로써 「개정구빈법」이 대규모 사각지대를 만들어 냄은 물론 영국의 빈곤을 해결할 수 없음을 분명하게 드러냈다.

2) 개정구빈법에 대한 저항

앞에서 본 것처럼 「개정구빈법」은 많은 한계를 가지고 있었다. 빈곤 문제에 대한 실효성 있는 어떠한 해결책도 제시하지 못했으며, 노동계급의 물적 혹은 도덕적 조건을 향상시키지도 못했다. 이에 대한 저항운동이 나타났는데, 구빈법위원회가 교구연합(Unions)을 조직하고 새로운 구빈제도를 출범시키기 위해 보조위원을 북부 잉글랜드 산업 지역에 파견한 1837년 이후 저항이 정점에 도달했다. 랭커셔, 요크셔의 웨스트라이딩에서 조직화된 반구빈법 운동이 등장했다. 「개정구빈법」의 반대자들은 법은 물론 행정가들을 공격하였으며, 「개정구빈법」이 이미 작동하고 있던 남부의 작업장 구제 신청자에게 적용된 조치들에 대하여 격한 비판을 가했다. 산업노동자들, 특히 쇠락하는 수공업 종사자들이 심각한 빈곤의 고통을 겪었다. 이들은 「개정구빈법」이 시행되면 더 이상 원외구조를 받을 수 없게 되고, 「개정구빈법」의 '바스티유'라고 할 수 있는 작업장에 그들의 가족을 수용할 것에 대한 공포감을 가지고 있었다. 이런 불안감과 저항은 북부 잉글랜드에서 초기의 차티스트 운동(Chartist Movement)에 동력을 제공하기도 하였으며, 「개정구빈법」의 확산을 지체시켰다(Rose, 1982: 10).

「개정구빈법」에 저항한 것은 빈곤구제의 대상이 될 수 있었던 노동자만이 아니었다.「개정구빈법」이전 체제에서 행정을 담당하던 교구 민생위원(parish overseers), 치안판사(magistrates), 교구의 구성원 중 선택된 자(members of select vestries) 등이 중앙의 구빈행정 당국의 개입에 분노하였다. 이들은 북부 교구에서「개정구빈법」이전의 구빈체계가 경제적이며 인도적인 방식이었다고 생각하였다. 나아가 잘 규율된 작업장에서만 노동 가능한 빈민을 구제한다는 아이디어는 산업 지역의 교구에는 적용되지 않는다고 생각했다. 왜냐하면 산업 경기가 좋을 때는 물론 경기 침체기에도 신체 건장한 빈민이 거의 없거나 많지 않기 때문이다(Rose, 1982: 10-11). 여기에는 지방자치의 전통을 파괴한다고 보는 중앙집권적 구빈법위원회에 대한 반발도 만만찮았다. 이러한 저항의 국면에서 노동계급과 중간계급의 위험스러운 결합에 우려를 하게 된 구빈법위원회는「개정구빈법」의 확대 시행에 조심스러운 행보를 보였다. 그 결과, 노동 가능한 빈민에게서 원외구제를 박탈하는 규율을 적용하지 않고「개정구빈법」이전의 구제 방식을 지속적으로 인정하기도 하였다.

다른 한편으로 보면,「개정구빈법」의 위기는 미시적인 저항보다 좀 더 거시적이고 구조적인 차원에서 진행되고 있었다.「엘리자베스 구빈법」이후「개정구빈법」체제가 착근해 온 자본주의에 대하여 근본적인 문제제기를 하는 사회주의가 19세기에 본격적으로 확산된 것이다. 따라서 자본주의하에서 자유주의 사상에 뿌리를 둔「개정구빈법」에 대하여 사회주의적 비판은 필연적이라고 할 수 있었다.

영국의 사회주의는 다양한 분파가 존재했다. 오웬주의, 마르크스주의, 기독교사회주의, 버밍엄 급진주의, 사회민주주의자연맹, 독립노동당 등이 사회주의 계열에 속하는 분파들이다. 이들은 억압적인 구빈정책에 대하여 다양하게 비판하였으며, 빈곤에 대한 개인의 책임보다는 자본주의의 구조적 문제로서 빈곤에 대한 새로운 관점을 제시하였고, 빈곤정책의 대안으로 공동체주의와 연대에 기초한 새로운 접근을 다양하게 모색하였다. 영국에서는 1883년에 결성한 페이비언주의자(Fabian)[2]들이「개정구빈법」체제에 대하여 가장 직접적이고 예리하게 비판하였고,「구빈법」의 해체는 물론 빈곤에 대한 새로운 접근,「베버리지 보고서」등 현대 복지국가의 발전

2) 페이비언과 페이비언 협회에 대해서는 이 책의 제6장을 참고하라.

에까지 강력한 영향을 미치게 되었다(박광준, 1998: 42-124).

마지막으로, 개인주의적이고 억압적인 「개정구빈법」의 전개에 대한 실증적이면서도 설득력이 강한 비판적 흐름이 개혁사상을 가진 자유주의자들에 의해서 형성되었다. 대표적인 사례가 사회사상적으로 엄청난 파장을 불러온 찰스 부스의 사회조사였다. 자본가였던 부스는 1886년 런던 시민들의 삶과 노동에 관한 조사를 실시하였는데, 조사 결과는 「개정구빈법」이 뿌리를 내리고 있었던 빈곤에 대한 개인책임주의를 근본적으로 흔들었다. 이후 사회개혁가들에 의해 수많은 사회조사가 행해지면서 자유주의 진영에서 사회개혁을 위한 중요한 흐름이 만들어졌다. 이들은 19세기 후반의 자본주의의 비인간적인 사회를 바꾸려고 했지만 결코 사회주의자는 아니었다. 조지 랜스베리(George Lansbury)에 의하면, 찰스 부스가 사회조사를 실시한 것은 사회주의가 오류임을 보여 주기 위한 의도로 시작되었다(Schweinitz, 2001: 302-313). 이러한 흐름은 과학적 접근을 통해 산업혁명 이후의 자본주의하에서 사회 구성원들의 가난과 고통을 객관적으로 드러냈다. 이를 통해 빈곤 규모, 구호 책임, 구제방식 등에서 새로운 사고를 자극하고 좀 더 혁신적인 대안을 고민하게 함으로써 1834년 「개정구빈법」의 한계를 명확하게 보여 주었음은 물론 「개정구빈법」의 추진동력을 약화시키는 데 영향을 주었다.

3) 개정구빈법 이후 구빈법의 변화

「개정구빈법」에 대한 비판과 저항으로 「구빈법」의 개정이 몇 차례 있었다. 1834년 「개정구빈법」 원칙을 근본적으로 바꾸기보다는 당시의 정치적 · 행정적 상황의 변화에 적응하여, 「구빈법」 내의 민주적 원리와 「구빈법」의 정치적 위상을 강화하는 것은 물론 「구빈법」의 자치행정을 통합적으로 정비하려는 것이 주요 내용이었다.

첫째, 「개정구빈법」 시행 후 10년간의 비판을 거쳐 1844년에 부분적으로나마 '제2차 구빈법 개정'이 있었다. 사생아에 대한 내용을 담은 것이 특징적이었으나, 주목할 점은 구빈법 내의 민주적 선거제도에 대한 정치적 개선을 시도한 점이다. 각 교구연합의 구빈위원 선거에서 투표권을 부동산 소유자와 주민에게 동일하게 할

애하였고, 선거방법도 민주화를 도모하는 것이었다(박광준, 1998: 140-141).

둘째, 1847년에 「구빈법평의회법(The Poor Law Board Act)」이 제정되었다. 1834년에 실시된 「개정구빈법」에 의한 구빈법위원회(Poor Law Commission)는 정치적 부서가 아니었고, 이 시기에 그 권위를 상실하였다. 구빈행정이 의회에서 발언권을 가짐으로써 제도적으로 안정을 확보하기 위해 구빈법위원회는 해체되었고 새로운 구빈법평의회(Poor Law Board)가 설치되었다. 구빈법평의회의 설치에 의해 구빈행정을 위한 장관이 임명되었다. 이는 상원 혹은 하원에 의석을 가지고 각료인 장관 및 행정차관(의회 서기)을 두는 것을 의미하였고, 「개정구빈법」이 정치적인 위상을 확립하는 것이었다(박광준, 1998: 141-142).

셋째, 1871년에 「지방정부평의회법(Local Government Board Act)」이 제정되었다. 1847년에 설치되었던 구빈법평의회는 이 법에 의해 '지방정부평의회(Local Government Board)'로 대체되었다. 지방정부평의회는 1860년대 말에 부분적으로 행해진 일련의 개혁성과를 반영하여 지방자치, 공중위생, 구빈법행정의 세 부분을 흡수하였다. 이로써 구빈법행정과 공중보건서비스 그리고 기타 여러 활동이 통합되었고, 그중에서도 「구빈법」 업무가 가장 중요한 지위를 차지하였다(박광준, 1998: 142-143).

2. 자유주의 개혁

시기상으로는 더러 겹치거나 엇갈리기도 하였지만, 구빈제도에서 사회보장제도로 이행해 가는 과도기에 교량 역할을 한 것이 개혁적 사회입법이었다. 구빈제도가 억압적이고, 전근대적이며, 중상주의 혹은 자유방임주의에 기반을 둔 선별주의적 성격을 지녔었다면, 근대적 사회보장제도는 수급자의 권리를 수용하고, 근대적이며, 집합주의 혹은 사회민주주의에 기반을 둔 보편주의적인 성격을 띤 점에서 양자가 구별되며, 개혁입법은 그 중간자적 성격을 지닌다. 이와 같은 사회복지 성격의 변화는 빈곤 문제의 원인과 책임 소재에 대한 사회의 지배적 시각이 변화하

였음을 반영하는바, 이러한 변화에 실마리를 제공한 것이 빈곤 실태에 관한 사회 조사 활동이었다.[3)]

1) 사회조사

19세기에서 20세기 초에 걸쳐 영국에서 있었던 사회조사는 다양하였다. 1842년 채드윅(Chadwick)의 「영국 노동인구의 위생상태 보고서(The Report on the Sanitary Condition of the Labouring Population of Great Britain)」, 1851년에 세 권으로 발간된 메이휴(Henry Mayhew)의 폭넓은 인터뷰 자료집『런던의 노동자와 런던의 빈민(London Labour and the London Poor)』, 1886년의 찰스 부스(Charles Booth)의 런던 빈민 및 노동자 가족 조사, 1890년 구세군 창시자 윌리엄 부스(William Booth)의『극빈지역 연구』, 1901년의 라운트리(B. Seebohm Rowntree)의 요크시 빈곤조사 등이 있었다. 이러한 조사들을 통해서 빈곤이 개인의 결함과 같은 도덕적 차원의 문제가 아닌, 사회경제적 구조와 결부된 사회적 문제로 널리 인식되게 된 것이다. 이들 가운데 상대적으로 영향력이 컸던 찰스 부스와 라운트리의 조사에 대해 좀 더 상세히 알아본다.

(1) 찰스 부스의 런던시 조사

사회주의자 힌드만(Hyndman)을 중심으로 발표한 1885년의 사회조사 보고가 과장된 것임을 밝히기 위해 리버풀의 사업가였던 찰스 부스가 착수한 연구였다. 전액 자비로 실시하였으며, 연구 보조원 중에는 그의 사촌이자 후에 시드니 웹의 부인이 된 비어트리스 포터(Beatrice Potter), 주택개량 운동가로서 자선조직협회(COS)의 열렬한 후원자였던 옥타비아 힐(Octavia Hill) 등이 포함되어 있었다. 조사활동의 본거지는 토인비 홀(Toynbee Hall)이었다.

1886년 4월부터 시작하여 당시 런던 거주 세대의 거의 전수인 100만 세대를 조사한 결과, 1889년부터 17권 분량의「런던 주민의 삶과 노동(Life and Labour of the

3) 이에 관한 좀 더 상세한 논의는 김동국(1994: 258-263)을 참고하라.

표 7-2 찰스 부스의 런던 인구 등급 구분

등급	분류명	백분율(%)
A	부랑인, 술꾼, 준범죄자	0.9
B	부정기적, 당일 벌이 소득자	7.5
C	계절직 혹은 소액 정규직 소득자	22.3
D		
E	정규직의 상당 수준 소득자	51.5
F		
G	중하층 계급	17.8
H	중상층 계급	

자료: Jones (1991), p. 61.

People in London)」이라는 보고서를 발간하게 되었다. 피조사 주민의 65%가 빈곤선 이상, 22%가 빈곤선 수준, 13%는 그 이하임을 밝혔다. 이러한 결과는 힌드만이 한 '25% 빈민' 주장이 결코 과장이 아니라 오히려 그 반대임을 보여 주었다. 그런가 하면, 당시 구빈행정 당국은 전 인구의 3% 미만만이 빈민이라고 공식적으로 발표하여 큰 대조가 되었다. 찰스 부스는 조사 결과에 따라 런던 시민을 8계층으로 구분하였는데, 그 내역은 〈표 7-2〉와 같다. 이 분류에 의하면, A부터 D까지의 30.7%가 빈민의 부류에 속한다.

이 조사는 특정 신조나 이념에 구애되지 않은 객관적이고 과학적인 방법으로 사실 파악을 통한 기초자료 제공에 주력하였다는 점에서 그 가치를 인정받는다. 그리고 이 조사를 통하여 빈곤 문제에 대한 많은 사람의 사고방식 변화에 큰 영향을 줌으로써 「개정구빈법」을 공략한 대표적 조사로 평가받게 되었다.

첫 조사에 이어 노인 문제에도 관심을 가지고 노인 빈곤에 대한 조사를 추가로 벌여, 노령이 실업 · 질병 · 음주 등에 비해서 훨씬 중요한 빈곤 원인임을 설명하였고, 무갹출 노령연금제도를 제안하기도 하였다.

(2) 라운트리의 요크시 조사

라운트리에 의한 조사는 1899년 요크시에서 실시되어, 그 결과는 1901년에 『빈곤: 도시생활의 연구(Poverty: A study of town life)』로 출간되었다. 지방도시도 런던과 유사한 상황임을 확인하면서, 부스의 연구가 타당하였음을 입증해 주었다.

그는 인간의 생존에 필요한 열량으로 식비를 계산하고, 여기에 최저생활 영위에 필요한 각종 경비를 포함시켜 '이론생계비 방식'의 최저생계비를 산출하였다. 그리고 빈곤 개념을 두 가지로 구분하였다. 자신의 수입으로 최저생활 욕구 충족이 불가능한 경우를 '1차 빈곤', 적은 수입이나마 음주나 도박 등에 낭비하지 않으면 빈곤선 이상의 생활을 영위해 나갈 수 있는 수준을 '2차 빈곤'이라 구분한 것이다. 이러한 구분은 도덕적 해석이라는 비판을 받기도 하였다. 어쨌든, 이러한 구분에 따라 1차 빈곤선 이하의 주민은 9.9%이고, 2차 빈곤선까지는 전 주민의 27.8%가 해당한다고 밝혔다.

라운트리는 이러한 사실 외에 주택, 빈약한 위생시설, 과밀한 주거환경 등에 관한 자료도 제시하였다. 그런가 하면, 첫 조사 후 같은 조사를 두 번 더 실시하여 『빈곤과 진보(Poverty and Progress)』(1936), 『빈곤과 복지국가(Poverty and Welfare State)』(1950) 등을 발표함으로써, 종단적 변화를 보여 주는 시계열적 연구로 가치를 인정받고 있다.

2) 자유주의적 개혁입법

19세기 후반과 20세기 초에 등장한 사회입법들은 전근대적 구빈제도로부터 근대적 사회보장제도로 전환해 가는 과도기에 교량적 역할을 하였다는 점에서 사회복지역사상의 의미를 갖는 것으로 앞에서 요약한 바 있다. 이러한 역할은 사회복지의 발전 혹은 성격 변화가 기본적으로 혁명적(revolutionary)이라기보다는 개혁적(reformatory)으로 진행됨을 보여 주는 좋은 예가 된다. 이 시기의 개혁입법 등장에 구체적 계기로 작용한 현상들을 몇 가지로 요약해 보면 다음과 같다.

첫째, 자본주의의 발전에 따라 사회의 지배적 계급관계의 축이 지주와 농업노동자의 관계에서 산업자본가와 산업노동자의 관계로 전환되었다. 이 때문에 중심적 사회문제들은 자본제적 모순을 반영한 새로운 사회문제들로 대체되어 갔다. 예컨대, 노동력의 도시 이동, 노동력 공급의 상대적 과잉에 따른 저임금 노동과 실업 및 이에 따른 새로운 빈민층 형성, 열악한 노동환경과 이로 인한 재해의 증가, 급속히 팽창한 도시의 주거환경과 위생 문제, 주기적 공황 등이 이미 중요한 사회문제로 부각되고 있었던 것이다. 이 밖에 의학기술의 진보에 따른 사망률의 감소와 이에 의한 노령인구의 증가도 새로운 사회문제로 부각되기 시작했다.

둘째, 앞에서 다룬 각종 사회조사 활동을 통해 빈곤의 실태와 원인에 대한 사회적 인식이 변화하였고, 이에 따라 빈곤 문제에 대응하는 원칙에 대한 시각도 변화하였다. 말하자면, 산업화 초기 단계의 축적을 뒷받침하였던 자조의 윤리와 자유방임적 대응은 사회적 지지를 잃게 되었을 뿐 아니라 실효성도 떨어지게 되었다는 것이다. 변화된 상황에서 자본의 축적을 도울 새로운 대응원칙이 필요하게 되었고, 그렇게 등장한 것이 제한적 국가개입을 수용하는 새로운 자유주의이다.

셋째, 시민권의 확장을 들 수 있다. 남성 노동자들에 대한 보통선거권의 부여로 노동자들의 정치적 권리가 확대된 것을 가리킨다. 이러한 변화는 노동자들의 움직임이 정치적 부담 요인으로 대두되기 시작하였음을 의미한다. 이와 함께 노동운동이 발달하고 거기에 사회주의 사상의 영향이 확산됨으로써, 노동운동이 정치적이면서 사회주의적 성격을 띠게 된 것도 중요한 변화였다.

넷째, 국민생활 최저선(national minimum) 개념이 대두한 점을 들 수 있다. 찰스 부스와 함께 빈곤 연구에 참여하였던 비어트리스 포터가 개인적으로 주장하기 시작하여, 1890년대 이후에 페이비언 사회주의의 공식 슬로건으로 발전하였다. 이것은 임금을 포함한 생산, 여가, 위생, 교육 등 노동자 생활의 포괄적 영역에서 최소한의 수준은 보장되도록 정책적으로 뒷받침하여야 한다는 시각이다. 이러한 사상의 이면에는 기본권 관념 외에 국가적 효율성(national efficiency) 관념도 포함되어 있었다. 국민생활 최저선의 확보를 통하여 국민의 건강을 유지함으로써, 국력의 쇠잔에서 오는 국민적 비효율의 문제를 극복할 수 있다는 것이다.

다섯째, 현실적으로 자유당이 집권당으로 등장한 점이다. 1906년 총선에서 356개의석을 차지하게 되었던 것이다. 그런가 하면, 노동당 측도 29명의 당선자를 내면서 그해에 '노동당'을 결성하게 되어 실질적인 정치적 영향력을 행사할 수 있게 되었다.

이상과 같은 상황 변화를 배경으로 사회입법들이 마련된 일을 통상 자유주의적 개혁(liberal reform)이라 부른다. 이때 만들어진 주요 법률들 가운데 사회보험제도를 제외한 것들을 중심으로 간략히 살펴본다.[4] 주요 법률들로는 ① 노동자의 파업을 합법화한 「노동쟁의법(Trade Disputes Act)」(1906), ② 지방행정 당국으로 하여금 초등학교 아동에게 급식을 할 수 있게 한 「교육법[Education (Provision of Meals) Act]」(1906), ③ 아동들이 신체검사와 치료를 받을 수 있게 하여 「구빈법」의 원리를 벗어난 최초의 건강 관련 제도로서, 후에 '국민보건서비스(National Health Service: NHS)'의 출발이 되었다고도 볼 수 있는 「교육법[Education (Administrative Provisions) Act]」(1907), ④ 위험한 직종 노동자의 산업재해에 대해 고용주가 책임지도록 한 「노동자 보상법(Workmens' Compensation Act)」(1907), ⑤ 아동의 생명 보호와 학대 예방 및 청소년 비행에 관한 조치 등을 규정하여 아동의 독자적 인간으로서의 권리를 인정한 「아동법(The Children Act)」(1908), ⑥ 범죄자가 일정한 보호관찰 조치에 따라 지역사회에 거주하면서 도움받을 수 있도록 한 「보호관찰법(Probation of Offenders Act)」(1908), ⑦ 구직자들에게 직업 관련 정보를 제공할 전국적 네트워크 구성을 규정한 「직업소개법(Labour Exchanges Act)」(1908), ⑧ 저소득 노인에 대한 무갹출 원칙의 「노령연금법(The Old Age Pensions Act)」(1908), ⑨ 탄광 노동자의 8시간 노동을 규정한 「탄광규제법(The Coal Mines Regulation Act)」(1908), ⑩ 노동조건이 열악한 산업을 지정하여 임금위원회를 설치하게 하고 그것이 정한 최저임금이 법적 구속력을 갖게 한 「최저임금법(The British Minimum Wages Act)」(1909) 등이 있다.

4) 사회보험에 관해서는 이 책의 제6장을 참고하라.

3. 새로운 사고와 구빈법의 소멸

1) 빈곤에 대한 새로운 접근

(1) 새로운 사고: 1905년 소수파 보고서

20세기가 시작될 무렵, 공적인 구빈을 둘러싸고 논쟁이 격화되었다. 한쪽에서는 구빈국이 초기의 「개정구빈법」의 원리가 훼손되었다는 불만을 제기하였고, 반대편에서는 페이비언들과 노동자들이 구빈제도의 변화와 개선이 너무 느리다는 판단하에 불만을 표출하였다(Schweinitz, 2001: 315-316). 이러한 격한 논쟁 상황을 해결하기 위해 1905년 12월 4일에 '구빈법과 빈곤구제에 관한 왕립위원회(Royal Commission on the Poor Laws and Relief of Distress)'가 구성되었다. 주목할 점은 이 위원회에 구빈행정 현장에서 성장하는 또 다른 변화의 기운이 감돌고 있었다는 점이다. 하나는 많은 여성이 구빈위원으로 선출되었다는 점이며, 다른 하나는 1892년에 구빈위원 선거권 획득을 위한 재산요건을 완화함으로써 노동계급이 위원으로 선출될 수 있게 되었다는 점이다. 이러한 아래로부터의 변화 기운은 왕립위원회의 논의에서 기존과는 다른 주장이 반영되어야 하는 전조로 이해할 수 있다.

왕립위원회의 연구과제는 ① 구빈법률들의 빈민구제 효과와 ② 심각한 산업불황기의 고용부족 현상 때문에 겪어야 했던 고통을 해결하기 위해 구빈법 범위 밖에서 추진되었던 다양한 대책을 분석하는 일이었다. 이를 통하여 당면한 문제 해결을 위해 구빈법률들의 개정이나 행정절차상의 수정 혹은 새로운 입법이 필요한지를 판단하고, 필요하다면 어떻게 해야 할 것인지에 대해 검토하고 보고하도록 하였다. 이후 4년간 1832년의 위원회 이래 가장 광범위한 조사연구가 이루어졌다. 이 위원회에 소속되었던 인물들로는 로크(C. S. Loch; 런던 COS 간사), 스마트(William Smart; 글라스고우 대학교 정치경제학 교수), 힐(Octavia Hill; 주거개량 운동가), 사회주의 개혁론자였던 랜스베리(George Lansbury)와 웹(Beatrice Webb), 전직 구빈위원들, 구빈담당 공무원과 성직자 등이 있었다. 이 위원회는 양분되었고, 제안서도 다수파 보고서와 소수파 보고서로 나뉘어 출판되었다.

위원들 중에서 14명이 서명을 한 다수파 보고서는 빈곤의 원인과 책임을 개인적 특성과 연관시켰다. 따라서 만성적 빈곤 상태에 있는 사람들을 빈곤에서 벗어나게 하는 것의 가능성에 대해 회의적 입장을 표했다. 그들은 성격상의 결함을 지녔기 때문에 그것을 극복하지 않는 한 정상적 시민으로서의 생활은 보장받을 수 없다고 보았다(함세남 외, 1996: 86-87). 그리고 종전의 작업장은 아동, 노인, 실업자, 정신질환자 등의 각 분야별로 별도의 전문화된 서비스를 제공하는 시설로 전환하고, 대신 각 주 혹은 자치시별로 새로운 구빈기구를 설치할 것을 제안했다.

웹, 랜스베리, 찬들러(F. Chandler), 웨이크필드(Russell Wakefield) 신부 등의 네 명이 서명한 소수파 보고서는 좀 더 급진적이어서, 구빈법률들을 전면 폐지하고 다양한 집단에 대한 보호는 다른 기구에 이양할 것을 제안했다. 이것이 강조한 것은 빈곤의 구제가 아닌 예방이었다. 소수파는 빈곤의 원인을 사회적 요인에서 찾으려 하였다는 점에서 다수파와 달랐다. 그렇기 때문에 빈곤의 예방은 사회의 책임으로 이해되었던 것이다. 다수파는 빈곤을 일시적이고 개인적인 현상으로 본 반면, 소수파는 불합리하고 불건전한 사회질서의 결과로 보았다. 따라서 빈곤구제를 위한 가능한 수단을 긴급히 마련하고, 빈곤을 예방할 근본적인 대응책 마련을 주장한 것도 소수파였다(함세남 외, 1996: 87).

소수파 보고서는 페이비언 협회에서 별도로 시중에 유료로 발행하여 활기 있게 판매되기도 했다. 「구빈법」의 폐기를 통해 궁핍을 예방하자는 제안을 지지하는 대규모 운동이 웹 부부에 의해 조직화되기도 하였다.

두 보고서 사이의 견해 차이는 구빈행정의 미래에 대해서도 드러났다. 다수파는 현행 제도를 개선하고 구제의 종류가 어떠하든 국가 또는 지방정부가 처리할 것을 주장한 반면, 소수파는 「구빈법」 자체를 해체하고 빈곤을 예방하는 기능을 하는 각종 전문 위원회를 설치할 것을 제안하였다.

이러한 차이에도 불구하고, 두 보고서 사이에는 몇 가지 공통점도 있었다. 첫째, 「개정구빈법」 제도를 전면적으로 개혁해야 한다는 점에서 일치했다. 양자 모두 억압적 「구빈법」 개념을 폐기하여야 한다고 보았다. 이 당시 다수파와 소수파 모두 '공공부조'라는 용어를 사용하고 있었다. 좀 더 구체적으로는, 1834년 법의 소산인 구빈위원회와 교구연합 및 빈민을 혼합수용한 종합작업장 등을 폐지해야 한다는 점에서 일치했고, 노동능력이 없는 빈민의 대다수에 대해 열등처우의 원칙은 부적절한 것으로 본 점에서도 그랬다. 둘째, 두 보고서 모두 예방(prevention)과 사회적 급여(social provision)의 개념을 수용하였다. 빈곤의 예방이나 치료를 위한 비용은 공공지출로 충당하는 것이 바람직하다고 보았고, 환자 · 정신질환자 · 정신지체인 등에 대한 처우를 개선할 것을 공통으로 제안했다. 셋째, 1834년에 시작된 구빈행정의 광역화를 수용하여 발전시키고자 하였다. 구빈행정의 기본 단위를 카운티로 하고, 일부 기능은 중앙정부가 담당해야 하며, 구빈행정의 인력은 과거 「구빈법」 시대에 선출하던 것에서 임명하는 것으로 전환할 것을 주장하였다(김동국, 1994: 298-299; Schweinitz, 2001: 334-335).

비록 위원회의 보고서에 따라 곧바로 새로운 법률이 제정된 바는 없지만, 이후에 다양한 주요 사회입법들이 등장하는 데에 영향을 미친 것은 사실이다. 예컨대, 1909년 1월에 도입된 노령연금제에 대해서는 두 보고서 모두 찬성했고, 1911년의 「국민보험법」에서 채택한 실업보험제도에 대해서도 두 보고서 모두 그 필요성을 제기했던 것이다.

(2) 구빈법 원리의 제거와 공공부조

「엘리자베스 구빈법」 이후 「구빈법」은 시대의 조건에 따라 다양한 변화를 하면서 진화해 왔다. 그럼에도 불구하고 「구빈법」의 시작부터 '가난은 범죄'라는 관점은 일관되게 관철되었다. 1905년 12월 5일에 영국 자유당 정부가 시작한 사회 프로그램이 현대적 사회보장으로 나아가는 데 중요한 영향을 주었지만 구빈법의 기본 구조는 유지되었다.

그러나 제1차 세계대전의 막바지에 이른 무렵, 「구빈법」의 기본 원칙이 흔들리기 시작했다. 가난을 범죄로 다루는 「구빈법」 전통은 남녀 모두에게 참정권을 확대한 1918년 「선거법(Representation of the People Act)」이 개정되면서 제거되었다. 개정된 법에는 자기 자신이나 피부양자가 구제 혹은 기타 부조를 받는다는 사실로 인해 의

회선거나 지방선거에서 선거권자 등록 및 투표 참여에 있어서 배제되지 않도록 규정하였다(Schweinitz, 2001: 355-356). 가난하여 국가에 의존하는 자를 일반 국민과 구분하여 배제하던 형벌적 주홍 글씨가 제거된 것이다.

1941년 3월에 제정된 「욕구결정법(Determination of Needs Act)」은 「구빈법」 역사의 또 다른 중요한 원리를 제거하였다. 1601년 「엘리자베스 구빈법」 이후 유지되어 온 조부모와 부모의 자녀부양책임과 자녀의 부모부양책임의 원칙의 적용 범위가 축소되었다. 이제는 부조신청 당시 부조신청자에게 생계를 의지하고 있는 가구원에 대해서만 가족이 책임을 지는 것으로 제한하였다.[5] 실제 적용 과정에서는 다소 완화되었지만, 부조를 제공하기 전에 먼저 부조신청자 가족들의 물질적 기여를 국가가 강제해야 한다는 「구빈법」의 원칙으로부터 상당히 벗어나고 있다는 점에서 매우 중요한 변화였다(Schweinitz, 2001: 374-377).

이러한 「구빈법」 원리로부터의 이탈과 함께 새로운 형태의 사회보장제도가 등장하였다. 1930년대 말 영국은 독일로부터 확산되어 사회보장의 가장 큰 비중을 차지하게 된 사회보험은 물론, 국민부조와 공공부조의 형태로 진화하고 있었다. 국민부조는 실업자, 노인, 과부, 전쟁 피해자들에게 수당 등의 형태로 도움을 주었으며, 공공부조는 사회보험과 국민부조 모두에서 배제된 사람들을 대상으로 한 소득보장제도였다(Schweinitz, 2001: 378).

국민부조 방식의 소득보장은 이전의 「구빈법」 방식과는 차이가 있었다. 「구빈법」 체제하에서 구빈신청자는 그가 어떤 처우를 받을지 예측하기 힘들었다. 구빈신청자에 대한 처우는 각 지방정부의 재량권에 전적으로 달려 있었고, 재량권의 범위와 방식을 예측한다는 것은 거의 불가능했다. 반면, 보편적 시민권의 보장에 기초한 1908년의 「노령연금법」에 의한 노령연금 부조와 1934년의 「실업법」 이후의 실업수당 부조 등은 법은 물론 시행령과 행정지침을 통해 어느 정도의 명확하고 예측 가

5) "부조신청자 본인, 부조신청자의 배우자, 또는 부조신청 당시 부조신청자에게 생계를 의지하고 있는 가구원을 제외한 나머지 가구원이 가진 자원은 부조신청자가 가진 자원으로 간주하지 아니한다."(1941년 「욕구결정법」)

능한 행정이 가능해졌다(이영석, 2016; Schweinitz, 2001: 377). 기존 구빈행정의 재량권에 의한 처우의 불안정성과 비예측성을 중앙정부 중심의 책임과 통제력이 강화된 법적 정비를 통해 극복해 갔다.

하지만 국민부조는 여전히 자산조사제도를 가지고 있었다. 이후 자유의 침해나 낙인 없이 보편적 권리로서 국민생활 최저선을 보장하려는 본격적인 논의와 제도적 발전이 시작되어 1948년에 「국민부조법(National Assistance Act)」이 제정되면서 현대적인 공공부조제도로 발전하였다.

2) 작업장의 소멸과 구빈법 해체

1913년 이후 공식문서에서 '작업장(workhouse)'이라는 용어는 '구빈법 시설(poor law institution)'로 대체되었다. 한편, 제1차 세계대전에 이은 전반적 불황으로 1926년에 광부 파업은 극에 달했고, 구빈체제가 심각한 위기에 직면하게 되는 가운데, 일부 구빈연합은 사실상 파산되는 상황이 발생했다. 구빈행정에 대한 사회 구성원들의 평가나 반응은 지역 사정에 따라 서로 다르게 나타났다.

이러한 상황 속에 구빈행정을 담당했던 기구들을 청산하기 위한 움직임이 대두되었다. 1925년 보수당 정부의 보건부 장관이었던 챔벌린(Neville Chamberlain)은 구빈체제에 개혁이 필요하다고 생각하여, 1926년에 「구빈위원(해촉)법」 제정을 강행하였다. 이 법은 지방의 구빈위원회(Boards of Guardians)를 해체하고 그것을 정부의 공무원으로 대체하도록 하는 내용을 담고 있었다. 이어서 1927년에 「구빈법에 관한 법률(Poor Law Act)」이 제정되었고, 1928년에는 「지방정부법(The Local Government Act)」이 제정되어, 1909년에 왕립위원회 보고서가 제안했던 다양한 조치가 채택되었다. 이렇게 함으로써 지방의 구빈위원회가 해체되고 그 모든 권한과 책임이 지방의회로 이관되었다.

비록 공식적으로는 작업장이 더 이상 존재하지 않았다 하더라도, 1930년대까지 존속한 구빈법 시설들은 사실상 그 성격 면에서는 종전의 작업장과 커다란 차이가 없었다. 그만큼 구빈제도의 변화는 매우 서서히 이루어지고 있었음을 알 수 있다.

결국 1929년에 공식적으로 「구빈법」이 해체되었지만, 실제로 완전히 그것을 청산하였다고 단정할 수 없다. 단지 행정절차의 일부를 개혁하였을 뿐이고, 이름 몇 가지를 바꾸었을 뿐이었다. 구빈법 시설은 공공부조 시설로 바뀌었고, 구빈위원회의 통제를 받았다. 그런 중에도 피수용자들을 위한 물리적 환경은 다소 나아졌으며, 피수용자들의 대다수는 여전히 노인, 정신장애인, 미혼모, 부랑인 등이었다. 1946년에 「국민보건서비스법(National Health Service Act)」이 제정되어 1948년 7월에 시행되었고, 비록 기대만큼 영향이 크지는 않았지만 이로써 종전의 「구빈법」 전통을 일소하는 변화가 있었다.

그런데 구빈제도가 소멸된 시점에 대해서는 견해가 분분하다. 영국에서 남성의 보통선거가 확립된 1918년으로 보는 견해, 「구빈법」이 공식적으로 폐지된 1929년으로 보는 견해, 「국민부조법」이 시행된 1948년으로 보는 견해 등이 그것이다(김태성, 성경륭, 1993: 80). 1900년대 초에 이미 다양한 사회보장제도가 입법화되고 사회복지 수급권이 시민권의 일부로 수용된 사실 등에 근거할 때에는 1910년대를 「구빈법」 원칙의 소멸기로 볼 수도 있다. 그러나 1948년에 「국민부조법」에서 비로소 빈민의 공공부조 수급권이 확립된 점에 착안한다면, 빈곤대책에 관한 한 구빈제도의 소멸 시기는 1948년으로 보는 것이 옳다.

생각해 볼 문제

1. 구빈제도의 변화는 시대 상황과 지배 이데올로기의 변화를 어떻게 반영하고 있는가?
2. 사회복지의 역사에서 19세기 후반에 등장한 여러 사회조사는 이후 사회복지 정책 및 제도의 발전에 어떤 영향을 주었는가?
3. 자유주의(liberalism)하에서도 국가개입이 이루어지게 되는 이유를 어떻게 설명할 수 있겠는가?
4. 이 시기의 상황 전개 양상이 사회복지제도 발달에 대한 엘리트와 민중의 역할에 대해 시사하는 바는 무엇인가?

추천 자료

1. 소수파 보고서를 주도하고 노동당 창당에 깊이 관여했던 비어트리스 웹(Beatrice Webb, 1858~1943)과 시드니 웹(Sidney Webb, 1859~1947) 부부의 삶과 사상을 통해 「구빈법」 시대가 어떤 사상과 실천적 흐름에 의해 극복되어 갔는지 알아보자.
   박홍규(2018). **복지국가의 탄생: 사회민주주의자 웹 부부의 삶과 생각**. 경기: 아카넷.
2. 「개정구빈법」 시대의 사회상을 통해 당시 「구빈법」의 실태에 대하여 정리해 보자.
   영화 〈올리버 트위스트(Oliver Twist)〉(2005)

제3부

현대 복지국가의 출현과 변모

19세기 후반에 출현한 현대적 의미의 복지국가는 두 차례의 세계대전과 대공황을 거치면서 그 기반을 마련하였고, 제2차 세계대전 종전 후 경제성장과 복지국가의 선순환을 바탕으로 비약적으로 성장하였다. 복지국가의 출현과 발전으로 많은 사람이 복지국가의 보호 속에서 보다 질 높은 삶을 누릴 수 있었고, 복지국가는 한때 인류가 도달해야 할 궁극적인 국가 형태로 보이기도 했다. 그러나 1970년대 이후 후기산업사회로의 전환, 노동계급의 분화 및 약화, 타협정치의 붕괴, 급격한 인구 · 사회학적 변화와 함께 이른바 '복지국가의 위기'가 도래하면서 복지국가는 인류의 성장과 진보를 저해하는 장애물로 인식되어 많은 오명을 얻기도 했고 후퇴와 감축의 압력에 직면하기도 했다. 그럼에도 불구하고 복지국가의 제도와 원리들은 여전히 인류의 삶 속에 깊숙이 자리 잡고 있으며 스스로의 적합성을 찾아 변화하고 있다. 우리에게 풍요를 가져다준 과학과 기술을 인류가 포기할 수 없는 것처럼 사회복지 또한 포기될 수 없는 것이라면, 복지국가는 변화하는 환경에 적응하고 미래지향적인 방향으로 자기변신을 해야 하는 것이다. 복지국가의 변화 · 발전 과정에 대한 이해는 사회복지 혹은 복지국가의 적응과 자기진화를 위한 필수 과제라고 할 수 있다.

한편, 복지국가의 출현 및 발전 과정은 주로 서구 자본주의 국가 중심이었고, 개발도상국 및 저개발국은 복지국가의 주변부 정도로 인식되어 왔다. 19세기 이후 제국주의의 침략으로 인한 장기간의 식민통치는 식민지 국가들의 전통적 사회구성을 파괴하였고, 이후에 전개되는 분열과 갈등의 뿌리를 심어 놓았다. 제2차 세계대전 이후 많은 식민지가 독립 국가를 형성하였으나 식민지 시기의 유산에서 비롯된 정치적, 경제적, 사회적 불안과 갈등은 여전히 존재했고, 냉전체제에 휘말리면서 사회복지의 발전을 위한 기회와 자원을 상실하기도 했다. 이러한 요인들은 이 국가들이 빈곤과 불평등으로부터 벗어나지 못하는 질곡으로 작용하였다. 최근 경제성장이 이루어지고 민주주의가 진전되면서 이 국가들의 사회복지 역시 발전하는 모습을 보이고 있으나, 개발도상국 및 저개발국가의 사회복지 발전 과정은 서구 복지국가들과는 상이한 모습을 보이고 있다.

이러한 맥락에서 제3부에서는 복지국가의 출현과 발전 그리고 재편 과정에 대하여 탐구하고, 변화하는 경제적, 정치적, 사회적 환경과 정합성을 지닌 복지국가의 방향성에 대해 전망해 본다. 제8장에서는 대공황과 두 차례의 세계대전이라는 암흑 속에서 복지국가가 어떻게 기반을 마련해 나갔는지, 제2차 세계대전 종전 이후 자본주의의 풍요 속에서 복지국가가 어떻게 발전했는지 살펴볼 것이다. 제9장에서는 1970년대 이후 세계적인 경제위기 속에서 복지국가의 위기가 발생한 과정 및 원인과 위기에 대응하여 재편되는 과정을 다룬다. 또한 급격히 변화하는 경제적, 정치적, 사회적 맥락 속에서 복지국가의 미래에 대해 간략히 조망해 볼 것이다. 제10장에서는 개발도상국 및 저개발국을 중심으로 서구 복지국가와는 상이한 사회복지의 발전 과정 및 내 · 외적 요인에 대해 살펴볼 것이다. 이를 통해 복지국가의 발전 및 재편 과정과 복지국가의 변화를 추동하는 제 요인들을 확인하고, 미래를 위한 혜안을 얻기를 기대한다.

제8장

복지국가의 형성과 발전

"평화와 전쟁의 시기에 정부의 목표는 통치자 혹은 특정 민족의 영광이 아니라 보통 사람들의 행복이다. …… 승리의 목적은 지난 시기보다 더 좋은 세상에서 살게 되는 것이다." (W. H. Beveridge)

"전쟁은 뜻밖에도 사회진보의 위대한 엔진으로 밝혀졌다." (C. Jones)

"오늘날 정당 사이의 차이는 주로 강조점의 차이이다." (S. W. Churchill)

"그 시작이 무엇이든지 간에…… 복지국가에 대한 반대조차도 단지 그 확장에 대해서만 논한다." (C. Schottland)

플로라와 앨버(Flora & Alber, 1981: 48)는 독일에서 최초로 사회보험이 도입된 19세기 후반을 '현대적 복지국가의 이륙'으로 표현했다. 이 시기는 이전 시기와의 단절과 새로운 출발을 의미하기도 하는데, 18~19세기 동안 사회정책을 지배했던 자유주의 사상에 기반을 둔 전산업적(pre-industrial)인 의존과 보호의 개념 대신 산업화와 민주화의 진전을 바탕으로 사회보장의 현대적 개념이 등장한 것이다. 또한 사회보장제도를 통해 국가가 국민의 삶에 전례 없는 규모로 개입하기 시작하면서 국민국가의 기능과 역할이 확대되었고, 국가·시민·복지의 관계에 일대 변화가 나타나기 시작했다.

19세기 후반 독일에서 최초의 사회보험이 도입된 이후 현대적 복지국가는 빠르게 발전하였다. 학자들마다 다소의 차이는 있지만 복지국가의 발전 단계를 시기별로 구분해 보면, 19세기 후반 사회보험 도입부터 제1차 세계대전이 종결된 1918년까지의 시기를 복지국가 출현기, 제1차 세계대전 종전 이후 1950년까지의 시기를 복지국가의 공고화 시기, 1950년 이후 1970년대 중반 오일쇼크로 인한 경제위기 시기까지를 복지국가의 팽창기 또는 황금기(golden age), 1970년대 중반 이후 현재까지를 복지국가의 재편 및 조정기로 볼 수 있다.

이 장에서는 복지국가의 출현(1870~1918년) 및 공고화 시기(1918~1950년), 복지국가의 팽창기(1950~1970년대 중반)를 중심으로 복지국가 형성과 발전의 경제적, 정치적, 사회적 배경 및 특징들을 살펴보고, 시기별 제도의 발전 과정에 대해 논의할 것이다. 또한 서구 복지국가를 중심으로 복지국가의 국가별 차이를 에스핑-안데르센(Esping-Andersen)의 복지국가 유형화 논의를 바탕으로 하여 간략하게 살펴본다.

1. 복지국가 출현(1870~1918년) 및 공고화 시기(1918~1950년)

1) 복지국가 형성의 배경

18세기 후반 현대적 복지국가의 출현과 발전은 16세기 이후의 「구빈법」 전통과 1883년 비스마르크(Bismarck)의 사회보험 도입, 18~19세기 사회정책을 지배했던 자유주의 이데올로기, 산업화의 진전과 자본주의의 발달, 19세기 이후 발전하기 시작한 민간 자선사업의 전통 등 이전 시기의 유산들이 다양한 진화와 변이 과정을 거치면서 나타난 결과라 할 수 있다. 여기서는 복지국가의 출현과 공고화에 보다 직접적인 영향을 미친 몇 가지 배경을 살펴보고자 한다. 특히 두 차례에 걸친 전쟁과 대공황, 전체주의 정치세력의 등장으로 인한 국가 책임주의의 확립, 노동계급의 성장 및 정치세력화, 케인스주의(Keynesian) 경제체제의 등장, 「베버리지 보고서」와 국제적 노력 등의 요인을 중심으로 살펴본다.

(1) 국가 책임주의의 확립: 전쟁, 대공황 및 전체주의

오늘날 우리가 복지국가(welfare state)라고 부르는 역사적 실체로서의 자본주의 국가의 변형체는 두 차례의 세계대전과 대공황을 겪으면서 대략 1950년 이전에 형성되었다.[1] 이 시기를 규정짓는 가장 주목할 만한 특징은 인류가 역사상 그 유례를 찾아볼 수 없는 엄청난 규모의 대공황과 두 차례의 세계대전을 겪었다는 점이다. 또한 이 두 가지 끔찍한 경험의 와중에서 유럽과 아시아를 중심으로 전체주의 국가가 등장했는데, 하나는 히틀러(A. Hitler)의 독일과 무솔리니(B. Mussolini)의 이탈리아에서 파시스트(Fascist)의 형태로 등장했고, 다른 하나는 1917년 러시아의 볼셰비키 혁명 이후에 동유럽과 중국처럼 공산주의(혹은 사회주의) 국가 형태로 등장했다. 이러한 과정을 겪으면서 국민의 삶에 직접적으로 개입하는 국가의 책임과 역할이 빠르게 확대되었다.

두 차례의 세계대전은 참전국은 물론 인류사회에 엄청난 인명 피해와 경제적 손실을 초래했다. 유럽은 제1차 세계대전 기간 중 약 800만 명이 목숨을 잃었으며, 미국에서도 약 15만 명이 사망하였다. 또한 전쟁에 들어간 총경비는 영국의 경우 국가 총자산의 32%, 프랑스는 30%, 독일은 22%였으며, 미국의 경우 약 9%였다. 1913년의 공업생산지수를 100으로 할 때 1920년은 미국이 141, 영국이 100, 프랑스가 62, 독일이 61로(Beaud, 1987: 5장), 미국을 제외한 유럽 국가의 피해가 매우 컸다. 제1차 세계대전이 종결된 이후의 상황은 더욱 암울하게 전개되었다. 유럽 전체에서 제조업 부문의 생산은 1920년에서 1921년 사이에 9.5% 감소했고, 영국에

1) 복지국가의 공고화 시기와 이후 복지국가의 '황금기'를 구분하는 구체적 시기는 학자에 따라 1945년 재2차 세계대전 종료 시점으로 보는 경우(김태성, 성경륭, 1993; Pierson, 1991; Schustereder, 2010 등)와 1950년 이후로 보는 경우(원용찬, 1998; Midwinter, 1994 등)로 나뉜다. 이 책에서는 1950년을 분기점으로 보았으나, 엄격한 연도의 구분보다는 대략 1945~1950년 사이로 생각할 수 있을 것이다.

서는 실업률이 2%에서 11%로 증가했으며, 미국에서는 생산이 20% 하락했고 실업률이 11.5%에 달했다(Armstrong, Glyn, & Harrison, 1993: 25). 1920년에서 1922년 사이에 영국의 물가는 27% 하락했고, 같은 기간에 독일의 물가는 거의 15배나 상승했다(Armstrong et al., 1993: 25-26).

제2차 세계대전은 서구 자본주의 국가들을 더욱 궁지에 몰아넣었다. 사뮤엘슨(Paul Samuelson)은 1943년에 최악의 양상으로 전개되는 인플레이션과 디플레이션의 악몽 같은 조합의 개연성을 제기하면서, 어떠한 경제도 여태껏 경험해 보지 못한 최악의 실업률과 산업 혼란의 도래를 우려하기도 했다(Armstrong et al., 1993: 26에서 재인용). 이러한 경제적 거시지표 이외에도 도시 지역의 대규모 난민 발생, 지방으로의 아동 후송(evacuation) 및 전사로 인한 가족 해체, 주택의 파괴, 배급(ration), 기아, 질병 등으로 인해 수많은 빈민과 보호가 필요한 클라이언트가 양산되었다(Armstrong et al., 1993: 1장; Jones, 1991: 121).

두 번에 걸친 세계대전, 특히 제2차 세계대전이 초래한 엄청난 재난은 경제적 위기와 함께 수많은 사회 문제와 욕구를 발생시켰고, 기존의 공적·사적 복지제도들을 파산시키거나 작동 불능의 상태로 만들었다(김태성, 성경륭, 1993). 이는 자연스럽게 국가의 책임과 개입의 확대로 연결되었다.

제2차 세계대전이 끝날 무렵, 빈자는 물론 거의 모든 사회계급의 고통에 대한 보호가 국가의 의무인 동시에 중요한 기능으로 간주되었다(Titmuss, 1950: 506). 이처럼 전쟁은 예상치 않게 '사회진보의 위대한 엔진'으로 작용했는데, 이때 사회적 진보란 새로운 이타주의(altruism)와 사회정의에 대한 열정으로 표현되기도 하였다(Jones, 1991: 121). 즉, 전쟁을 겪으면서 공통적으로 경험한 전례 없는 궁핍과 위험은 사회계급 간의 차이를 감소시켰으며, 새로운 공동체에 대한 기대는 좀 더 개방적이고 평등한 사회에 대한 요구로 나타났다(Jones, 1991: 121-122). 이러한 변화는 총력전 양상의 전쟁에서 승리하기 위해 구미 국가들이 국민 동원 전략의 효과적인 수단으로서 한 약속, 즉 종전 후의 평화 시에 더 나은 삶을 보장할 것이라는 약속의 결과이기도 했다(김태성, 성경륭, 1993: 104-105).

즉, 두 차례에 걸친 전쟁의 경험은 전후 사회 발전의 궤적에 지대한 영향을 미쳤다. 전쟁 비용을 충당하기 위한 높은 세율의 세금 부과와 국가의 개입을 통한 공공지출의 급격한 확대는 전후 복지지출을 위한 중요한 기반이 되었고, 전쟁 기간 동안 형성된 국민들 간의 연대는 계층 · 지위를 넘어선 보편적 복지국가를 향한 정책적 노력의 바탕이 된 것이다(Titmuss, 1950).

이 시기의 복지국가 형성에 직접적 영향을 준 또 다른 중요한 사건은 대공황이었다. 1929년 미국 증권시장을 무기력하게 만드는 것으로 시작한 대공황은 당시 자본주의 국가에서 새로운 강자로 부상하고 있던 미국을 비롯하여 세계 자본주의 산업국가에 경제적 · 사회적으로 매우 큰 충격을 주었다. 미국을 중심으로 몇 가지 지표를 보면 실질국민총생산(Gross National Product: GNP)은 1929년 1조 8,180억 달러(1954년 경상가격)에서 1933년에는 1조 2,066억 달러로 3분의 2로 감소했다. 1939년이 되어서야 실질국민소득이 1929년 수준으로 회복되었으며, 이 과정에서 개인은 소득의 상실은 물론 자산의 상실로도 고통을 받았다(Rimlinger, 1991: 262). 또한 공장이 멈추고 대규모 해직사태가 발생하면서 1933년 3월에는 전체 노동인구의 29%인 1,500만 명 정도가 실업 상태에 있었다. 그리고 1930년대 전체로 보면 평균 실업률이 전체 노동인구의 18%에 이르렀다(Rimlinger, 1991: 262).

유례를 찾기 힘든 사회 · 경제적 위기는 경제와 국민 생활에 대한 개입 및 관리자로서 국가의 위상을 높이는 데 큰 영향을 주었다. 즉, 대량실업에 의한 빈곤은 민간과 지방 차원에서는 도저히 감당할 수 없는 문제였고, 빈곤에 대한 구조적이고 체계적인 발견은 좀 더 영구적인 국가 차원의 사회복지 프로그램을 요구하게 되었다(Dolgoff & Feldstein, 1984: 82).

가장 극적인 예를 보여 주는 나라는 미국일 것이다. 미국은 전체보다 개체를 중시하는 사회진화주의(social darwinism)의 영향으로 개인주의와 자조정신이 유럽의 영국과 프랑스보다 강하였다(원용찬, 1998: 74-75). 사회진화주의는 자유방임주의(laissez-faire)와 같이 개인주의의 경쟁 원리에 근거한 것이었지만, 경쟁의 중요성과 사회 내부의 불평등의 정당화, 불간섭의 원칙이 더욱 강조된 것이었다(원용찬, 1998: 74에서 재인용). 이러한 사상적 기초로 인해 미국 국민의 다수는 국가의 개입과 책임에 의한 빈곤구제 및 사회보호에 대하여 거부감을 가졌고, 이는 미국의 사회보장 발달을 지연시키는 원인으로 작용하였다(Rimlinger, 1991: 3장). 하지만 대공황 이후 1930년대를 거치면서 연방정부는 점차 국민의 생활과 경제에 개입하여 중요한 역할을 담당하기 시작했다. 국민의 사고와 행동 속에 자유주의와 개인주의적 전통이 가장 강하게 남아 있던 미국에서조차 대공황을 경험하면서 국가 개입에 대한 정당성이 크게 증진되었다는 점은 주목할 만한 변화였다.

역사적으로 보면, 20세기 전반의 역사는 자본주의에 대한 가장 강력하고도 위협적인 체제가 인류 앞에 구체적으로 등장한 시기였다. 바로 공산주의와 사회주의의 등장이다. 또한 자본주의 내부에서도 제국주의 전쟁으로 불리는 제1차 세계대전을 거치고 1920년대와 1930년대를 거치면서 파시스트 국가가 등장하였다. 서구 민주주의 국가와 전체주의 국가들은 제2차 세계대전이라고 하는 미증유의 전쟁에 돌입하게 되었다.

제2차 세계대전의 과정에서 서구 민주주의 국가들은 전체주의 국가들에 대한 견제를 분명히 하였으며, 이러한 적대적 대응이 정치와 외교 부분에만 적용된 것은 아니었다. 파시스트 국가인 독일, 스페인, 이탈리아, 일본 혹은 공산주의(communist) 국가인 러시아 같은 권력국가(power state)도 비록 독재적일지라도 모든 구성원에게 구제(succor)를 제공할 수 있었다. 이는 제한받지 않는 자유방임적 시장의 힘이 너무도 많은 사람을 사회적 위험에 방치하고 있었던 의회민주주의 사회에 있어 분명 위협적이었다(Midwinter, 1994: 95). 이러한 위협은 러시아에서 볼셰비키 혁명이 성공한 이후 거의 모든 서구 국가에 드리워진 두려움이라고 할 수 있었다. 서구 국가들은 이러한 위협에 대응하기 위하여 모든 시민에 대한 보호와 지원을 약속하고 실행해야 했고, 이러한 공적 책임은 종전 후에 국가가 집합적 공공재 및 서비스를 제공하는 계획에 모두가 합의하는 분위기로 이어졌다.

이상과 같은 세 가지 큰 흐름, 즉 두 차례의 세계대전, 대공황, 그리고 파시스트 국가와 공산주의 국가의 등장은 서구 자본주의 국가들에게 사회복지와 관련하여 적어도 다음과 같은 공통의 영향을 주었다. 이 세 가지 경험은 '사회정책의 완전한 국유화'에 심각한 장애물을 제거하고, 1945년 이후 복지국가의 성립과 확장에 대한 논쟁의 여지를 없애 주었다(Pierson, 1991: 116). 즉, 사회문제의 급격한 증가로 민간

단체 혹은 자선단체의 원조를 통한 구제, 민간보험을 통한 해결책의 한계가 드러났고(Ashford, 1986: 107), 그 대안으로 국가의 책임과 적극적 개입이 보편적 제도로서 큰 반대 없이 등장하였던 것이다.

(2) 케인스주의 경제체제의 성립

1929년 대공황이 세계 자본주의를 덮치면서 고전파 경제학은 몰락의 길을 걷게 되었다. 케인스(Keynes)의 주 공격 대상은 세이의 법칙(Say's law of market)이었다. 즉, 케인스는 공급이 수요를 창출한다는 대단히 낙관적인 고전파의 주장을 의심했다(Buchholz, 1998: 285-286). 세이의 법칙이 사실이라면 대공황이나 실업은 발생하지 않고 언제나 완전고용 상태에 있어야 했다. 하지만 대공황은 현실이었으며, 케인스에게 불황이란 총수요가 총생산에 미달하는 경우 발생하는 것으로 인지되었다(Buchholz, 1998: 289-290). 즉, 사람들이 소비를 충분히 하지 않으면 상품은 팔리지 않고 기업은 감원을 할 것이며 총생산량은 감소할 것으로 보았다.

따라서 케인스의 입장에서 최선의 불황 타개책은 소비를 진작하는 것, 즉 총수요를 진작하는 것이었다. 그렇다면 누가 소비를 늘릴 것인가? 이미 기업은 파산상태였으며 노동자들(가계)은 직장도 돈도 없었다. 결국 소비를 늘려 생산량과 수요량의 차이를 극복할 수 있는 주체는 정부가 유일했다. 정부는 재정 정책(정부의 지출과 조세 정책)을 사용하여 총수요(총소비)를 조절해야 했다. 즉, 경기가 침체되면 세율을 낮추고 정부 지출을 늘리며, 경기가 과열되면 세율을 올리고 정부 지출을 줄여야 했다.

이러한 케인스의 논리는 사회복지에 있어서 대단히 중요한 의미를 가진다. 정부의 재정지출은 크게 공공사업 및 정부 소비 부문과 사회 부문(복지, 교육 등) 지출로 나눌 수 있다. 따라서 대공황 당시 미국의 뉴딜(New Deal) 정책과 같이 대규모 공공사업을 통하여 일자리를 늘리고 실업을 줄여서 소비능력을 증진하며 사회보장급여를 통해 구매능력을 늘리는 것은 불황 타개를 위한 케인스 이론과 잘 들어맞는 것이었다. 실제로 케인스는 미국의 루스벨트(Roosevelt) 대통령에게 국민소비계획의 추진을 권고하여 뉴딜 정책과 사회보장지출을 늘리는 데 영향을 주었으며, 이후 30여 년간 미국의 경제정책에 중요한 역할을 하였다(Buchholz, 1998: 294-298). 또한 완전고용을 전제로 국민의 소득안정을 꾀하고자 하는 영국의 「베버리지 보고서」 역시 국가의 재정지출 영역의 구체적 프로그램이라는 점에서 케인스의 전략과 합치하는 것이었다.

대공황을 이겨 내면서 국가는 케인스 이론에 따라 경기순환을 조절하기 위해 재정정책을 적극적으로 시행하게 되었으며, 경제에 있어 자유방임주의는 포기되었다. 또한 거의 모든 나라가 복지국가를 향하여 사회보장제도를 확대하였다. 이는 자본주의를 포기한 것이 아니라 국가에 의해 보완되는 것이었으며(Buchholz, 1998: 296), 민간 부문의 활동과 정부 부문의 활동이 공존하고 혼합된 이른바 혼합경제(mixed economy)의 경제운용방식이었다. 이는 결국 복지의 확대를 경제적 측면에서 정당화해 주는 이론적 · 실천적 무기라고 할 수 있었다.

(3) 노동계급의 성장과 정치세력화

복지국가 형성에 영향을 또 다른 중요한 요인으로 노동조합 및 사회민주주의 정당(이하 사민당)의 정치세력화를 들 수 있다. 서구 유럽에서 1870~1939년의 노동운동은 권력 중심부로부터 격리된 채 주변부에 머물러 있던 노동계급이 정치권과 기업경영 영역에서의 권력을 획득하려는 과정으로 이해된다. 특히 1914년 이후 1939년까지의 기간은 정치세력화의 관점에서 볼 때 사민주의의 개화기에 해당하는 시기로서, 노동운동이 부르주아적 정치논리를 수용하면서 정치적 지지시장의 확보를 통한 권력에의 길을 다지고자 했던 기간이라고 할 수 있다(송호근, 1997: 105-108).

19세기부터 조직화되기 시작한 노동운동은 1920년대를 기점으로 노동계급의 정치적 분화를 완료하였고, 서구의 정치적 정당들은 부르주아 및 지주계급의 정당(보수당, 자유당, 농민당)과 노동계급의 정당(사민당, 노동당, 공산당)의 유형으로 크게 분화하였다. 실제로 대공황과 전쟁이라는 절박한 상황에서 미국의 민주당, 영국의 노동당, 유럽 대륙 국가의 사민당 등 진보적 정당들이 등장하여 집권에 성공하였다.

이 정당들은 조직화된 노동계급, 개량적 자본 분파, 많은 중간계급 및 농민들과 연합하여 개혁적 선거연합을 형성하였고 국가권력을 장악해 갔다(김태성, 성경륭,

1993: 104-112). 특히 이 시기의 사회복지 입법이나 제도의 형성에는 선거라는 정치적 국면에서 사민당 및 그에 연계된 노동자 · 농민의 계급적 힘이 상당히 중요한 역할을 하였다. 스웨덴의 경우 1932년 선거에서 노동계급과 농민당과의 적-녹 동맹(red-green alliance)을 통하여 사민당이 집권하게 된다. 이를 통하여 노동계급에 대해서는 복지개혁과 완전고용, 그리고 농민들에 대해서는 농업가격을 지원하는 정책의 타협이 이루어졌다(Pierson, 1991: 122). 이러한 움직임은 1933년 덴마크 사민당 정부의 「사회개혁법(Social Reform Act)」 도입, 1938년 뉴질랜드의 「사회보장법」 입법 등을 통해 확대된다.

하지만 복지국가를 향한 질주는 노동계급의 일방적 주도로 이루어진 것은 아니었다. 여기에는 제2차 세계대전 이후 복지국가 황금기의 토대가 된 계급 간의 대타협이 있었다. 이미 제2차 세계대전 종결 이전에도 노동계급과 조직화된 자본 간에 조정과 타협이 이루어지고 있었다. 스웨덴을 예로 들면, 자본소유와 즉각적 사회화에 대해 압력을 가하는 전통적인 사회주의 정책을 추구하기보다는 역사적 절충안(historical compromise)을 택하였다. 즉, 노동조합의 권리에 대한 보증을 조건으로 작업장 내에서 자본이 관리상의 특권을 그대로 유지하였으며 자본주의적 경제성장을 보장했다(Pierson, 1999).

아직 모든 자본주의 국가에서 노동계급의 조직화와 이에 기반한 좌파 정당이 등장한 것은 아니었지만, 1920년대 이후부터 1950년까지 유럽과 미국에서는 좌파 정당과 진보 성향의 정당들에 의해서 다양한 복지제도가 만들어졌다. 특히 영국에서는 1945년 종전 이후 등장한 애틀리(C. Attlee)의 노동당 정부에 의해 「베버리지 보고서」에서 제시된 포괄적 사회보장 프로그램과 원칙을 반영한 「국민보험-산업재해법(National-Industrial Injury Act)」 「가족수당법(Family Allowance Act)」 「국민보건서비스법(National Health Service Act)」 「국민부조법(National Assistance Act)」 등이 제정되었는데, 이는 이 시기 복지국가 토대의 완성을 상징적으로 보여 주는 것이었다.

(4) 베버리지 보고서

「베버리지 보고서(Social Insurance and Allied Services)」는 대공황과 세계대전을 경

험하는 과정에서 국가의 책임과 개입에 의해 선별주의적 구빈법 체계로부터 탈피하여, 보편적이고 보다 평등한 사회를 지향하고자 하는 정치적, 사회적, 경제적 분위기에서 등장하였다. 1942년에 발간된 「베버리지 보고서」는 전후 국민보험(National Insurance)의 기초를 제공했고, 복지국가를 떠받치는 일련의 원칙과 전제들을 제공하였다(Cochrane, 1998: 301-306). 이러한 의미에서 베버리지(William Beveridge)는 케인스와 함께 전후 복지국가의 상징이 되었으며, 복지국가는 종종 '베버리지의 자식(children of Beveridge)'으로 여겨졌다(Cochrane, 1998: 301).

베버리지의 주요 공격 대상은 5대 거인(giants)으로 표현된 결핍(빈곤; want), 질병(disease), 무지(ignorance), 불결(squalor), 나태(idleness)로, 특히 결핍(빈곤)이 주요 퇴치대상이었다(이인재, 류진석, 권문일, 김진구, 1999: 83-87). 이러한 5대 거인을 퇴치하기 위해 사회보장 프로그램을 제시한 것이 「베버리지 보고서」이다. 베버리지는 사회보장 계획의 기본 원칙을 다음의 세 가지로 요약했다(Jones, 1991: 125-126). 첫째, 미래를 위한 어떤 제안도 이해관계자 집단에 의해 제약되어서는 안 되고, 둘

표 8-1 베버리지의 사회보장 프로그램

주제도	보조제도
• 강제적(compulsory) 사회보험의 원칙 1. 정액급여(flat-rate benefits)의 원칙 2. 정액기여(flat-rate contribution)의 원칙 3. 행정 책임 통합(unification of administration responsibility)의 원칙 4. 급여 충분성(adequate benefits)의 원칙 5. 포괄성(comprehensiveness)의 원칙 6. 피보험자의 세분(classification)의 원칙	• 국가부조(national assistance): 사회보험에 포함할 수 없는 빈자 • 임의보험(voluntary insurance): 강제 사회보험 대상자 중에서 소득이 많은 사람들을 위한 소득비례보험
• 사회보장의 3대 전제(assumptions) 1. 아동수당(children's allowance) 2. 포괄적 의료 및 재활 서비스(comprehensive health and rehabilitation service) 3. 완전고용의 유지(maintenance of employment)	

출처: 박광준(1994), p. 42 [그림 1-2]와 이인재 등(1999)의 2장을 참고하여 재구성. 사회보험의 여섯 가지 원칙에 대한 설명은 이인재 등(1999)의 2장을 참고.

째, 보고서의 사회보장 계획이 주로 결핍(want)의 퇴치와 소득보장에 초점을 두고 있지만 이는 사회진보를 위한 포괄적 정책의 일부로서 간주되어야 하며, 셋째, 사회보장은 정부와 민간의 협력(co-operation)에 의해 달성되어야 한다는 것이었다. 이러한 조건하에서 사회적 진보를 위한 포괄적 정책의 일부, 즉 5대 거인 중 결핍(빈곤)에 대한 대응으로서 사회보장 프로그램을 제시하였다. 그 주요 내용은 〈표 8-1〉과 같다.

현재 시점에서 주목할 점은 그가 사회보장 프로그램의 성공을 위해 제시한 세 가지 전제인데, 즉 '아동수당, 포괄적 의료 및 재활 서비스, 완전고용이 왜 전제 조건으로 필요했는가?' 하는 것이다. 아동수당은 베버리지의 사회보장 프로그램이 '남성 생계부양자 모델(male breadwinner model)'을 가정하고 있다는 데서 비롯된다. 하지만 남성 생계부양자의 임금은 가구 규모를 고려한 가족임금(family wage)이 아니라 개인 단위의 임금이다. 따라서 가구 단위의 소득 유지와 빈곤 함정(poverty trap)을 유발하지 않기 위해 보편적 수당제도가 필요했다(Cochrane, 1998: 304-305). 또한 포괄적 의료 및 재활 서비스는 궁극적으로 질병수당이나 장애수당 등에 대한 수요를 줄여 사회보장 프로그램의 재정 안정을 도모할 수 있다는 의미가 있었다. 마지막으로, 사회보험을 중심으로 한 사회보장 프로그램은 무엇보다도 보험료를 지불할 수 있는 완전고용이 절대적으로 요구되며, 또한 사회보장 프로그램과 여타 정책을 위한 세원 확보의 전제 조건이기도 하였다(Cochrane, 1998: 301).

확실히 「베버리지 보고서」는 재분배적 조세제도 및 최저수준의 생활보장과 같이 평등주의적이고 보편주의(universalism)적인 성격이 강하며, 시민들을 통합할 수 있는 중요한 수단을 제공하는 혁명적인 것이었다. 이는 기존의 「구빈법」 체계를 실질적으로 폐기했다는 것을 의미하였다. 1930년대의 대량실업에 대한 대응으로서 「구빈법」 체계는 실질적으로 많은 변화를 겪었다. 하지만 1940년대 노동당 정부가 등장하면서 「구빈법」에 기초한 소득유지의 책임은 국가에 의해 대체되었으며, 실질적으로 「구빈법」 체계가 무너지게 된 것이다.

이제 빈자들은 구제받을 자격이 있는 빈민(deserving poor)과 구제받을 자격이 없는 빈민(undeserving poor)으로 구분되지 않았으며, 지방 차원에서 빈자들을 관리하려는 의도도 없어졌다. 모든 노동자와 피부양자, 취약계층이 사회보험을 중심으로 하는 사회보장의 대상이 되었다(Cochrane, 1998: 306). 모두가 돈을 지불하고 모두가 급여를 받는 보편주의적 성격의 제도가 된 것이다. 이러한 의미에서 베버리지의 개혁 프로그램은 사회복지 발달 과정에서 전혀 다른 출발점을 제시한 것으로 평가할 수 있다. 그럼에도 불구하고 「구빈법」 원리 중 자산조사(means-test)와 열등처우의 원칙(less eligibility) 등은 여전히 존속하였고, 이후 사회복지의 발달 과정에서 지속적인 영향을 주게 된다.

(5) 국제적 노력[2)]

제2차 세계대전 종전 후 사회보장을 위한 국제적 차원의 노력이 있었고, 이는 복지국가 형성과 확산에 중요한 영향을 미친 또 다른 요인이었다. 가장 대표적인 것이 대서양 헌장, 국제연합(United Nations: UN) 인권선언, 국제노동기구(International Labour Organization: ILO)의 노력, 국제사회보장협회(International Social Security Association: ISSA)의 노력 등이다.

1941년에 미국의 루스벨트 대통령과 영국의 처칠(Churchill) 수상은 역사적인 '대서양 헌장'을 발표하였다. 대서양 헌장은 제2차 세계대전 후의 세계 질서를 논의하고 사회보장을 실현하기 위해 국가 간 경제적 공동 작업을 제안하고자 하는 것이었다. 여기에서 제2차 세계대전의 승리를 위한 정치적 슬로건으로 '공포와 결핍으로부터의 자유(freedom from fear and want)'라는 청사진이 제시되었으며, 이것의 핵심 내용이 사회보장이었다. 이러한 대서양 헌장의 슬로건은 서구 국가들이 사회보장에 대한 권리를 국민의 기본권으로 인정하는 계기로 작용했으며, 이러한 정신이 「베버리지 보고서」에 반영되었다고 할 수 있다. 이어 1948년에 UN의 인권선언에서는 사회보장의 권리 개념의 근거라고 할 수 있는 "모든 인간은 사회 구성원으로서 사회보장을 받을 권리가 있다."라는 규정을 두어 대서양 헌장의 정신을 반영하였다. 하

2) 이 부분의 내용은 이인재 등(1999)의 1장과 권오구(2000)의 5장을 바탕으로 요약정리하였다. 보다 자세한 내용은 두 자료를 참고하라.

지만 대서양 헌장은 선언적 의미와 이후의 파급력에도 불구하고 구체적인 프로그램이나 사회보장의 수준들을 제시하지는 못했다(이인재 외, 1999: 20).

사회보장이 구체적 제도로 자리 잡아 가는 데는 ILO와 ISSA의 노력이 상대적으로 컸다. 1919년에 창설된 ILO는 1942년에 『사회보장의 길(Approach to Social Security)』을 발간했으며, 1944년에는 소득보장의 권고(67조), 의료보장의 권고(69조), 고용서비스 권고(72조)를 「사회보장법」 체계의 3대 기본 요소로 채택하였다. ILO는 최선의 정책 실천사례 전파, 각종 통계자료, 법안 및 문서의 보존과 전파, 사회보험의 제 영역에 대한 규범의 확산 및 자문 등 다양한 활동을 통해 서구 국가들 간 사회보장제도의 확산 및 발전, 저개발국으로의 전파에 크게 기여하였다(Perrin, 1969). 또한 1927년에 질병보험을 확대하고 강화하기 위해 창설된 ISSA는 사회보장의 주무관청, 즉 국가행정기구를 회원으로 하여 구성되었다. 곧이어 활동 영역을 노령, 장애, 유족연금까지 확대하였다. 이후 ISSA는 1944년에 필라델피아에서 열린 ILO 회의에서 사회보장 조직 간의 협력과 사회보장에 관한 정보의 공유 및 공통의 문제에 대한 연구 증진을 결의하는 등 복지국가의 정착과 사회보장제도의 발달에 많은 영향을 미쳤다.

2) 복지국가의 형성: 법과 제도의 도입 및 확대(1880~1950년)

(1) 제도의 도입 및 확대

피어슨(Pierson)은 복지국가 출현의 세 가지 기준으로 사회보장제도의 최초 도입 시기, 복지지출의 수준(GDP 대비 3~5% 이상), 보편적 참정권의 도입으로 표현되는 시민권의 확장을 들었다(Pierson, 1991). 먼저, 사회복지제도의 도입 및 확장과 직접적으로 관련이 있는 사회보장제도의 도입 시기와 복지지출 수준에 대해 간략하게 살펴볼 것이다.

국가별 사회보장제도의 최초 도입 시기가 〈표 8-2〉에 제시되어 있다. 독일에서 1883년에 질병보험, 그 이듬해인 1884년에 산재보험이 도입된 이후 다른 서구 국가들로 빠르게 확산되었다. 1914년의 제1차 세계대전 발발 전까지 다수의 유럽 국

표 8-2 국가별 사회보장제도 최초 도입 시기 (단위: 년)

	질병 또는 모성 관련 급여	노령, 장애, 유족 연금	산재보험	실업보상	가족, 아동 관련 수당
오스트레일리아	1912	1908	1900	1944	1941
캐나다	1935	1927	1902	1940	1944
덴마크	1892	1891	1898	1907	1952
핀란드	1963	1937	1895	1917	1943
프랑스	1928	1910	1898	1905	1932
독일	1883	1889	1884	1927	1954
아일랜드	1911	1908	1897	1911	1944
이탈리아	1910	1861	1898	1919	1936
일본	1922	1941	1905	1947	1971
네덜란드	1913	1913	1901	1916	1939
뉴질랜드	1938	1898	1900	1930	1926
노르웨이	1909	1936	1894	1906	1946
스페인	1929	1919	1922	1919	1938
스웨덴	1891	1913	1901	1934	1947
영국	1911	1908	1897	1911	1945
미국	1965	1935	1908	1935	–

주: 제도가 도입되지 않은 경우 줄표(–)로 표시.

출처: Kuhnle & Sander (2010), pp. 71-75 Table 5.1을 바탕으로 수정.

가가 적어도 두 개 이상의 사회보험을 도입했는데, 특히 영국에서는 1897년에 산재보험, 1908년에 노령연금이 도입된 이후 1911년에 「국민보험법」이 제정되면서 건강보험 및 세계 최초의 강제적 실업보험이 도입되었다. 이후 1950년까지 서구 선진 국가들에서는 현대적 사회복지제도를 구성하는 제도들을 완비하게 된다.

제도 도입의 공통적 순서는 없지만, 대체로 산재보험이 처음 도입되고 실업보상과 가족, 아동 관련 수당제도는 다른 제도들에 비하여 시기적으로 가장 마지막으로 도입되었다. '구제받을 자격이 없는 빈민'으로 인식되었던 근로능력이 있는 실업자에게 국가가 급여를 제공하는 실업보상은 개인의 책임, 호혜성(reciprocity), 최소한의 국가 개입을 강조했던 이전 시기의 자유주의 전통과 가장 급진적인 단절이 필요한 제도였기 때문이다(Flora & Alber, 1981: 52). 가족, 아동 관련 수당제도의 경우도 대상자 수에서 보편적이면서도 기본 욕구를 충족해야 하기 때문에 재정 부담이 매우 컸다.

한 가지 주목할 만한 사실은 독일에서 사회보험이 최초로 도입되었으나 모든 국가가 독일과 동일한 형태의 제도를 도입한 것은 아니라는 점이다(Flora & Alber, 1981). 예컨대, 덴마크의 경우 1890년대에 독일에서 도입된 세 가지 사회보험을 순차적으로 도입하였으나, 노령연금은 독일의 기여형 사회보험이 아닌 자산조사 방식의 비기여형 제도였다. 뉴질랜드(1898), 오스트레일리아(1908) 등도 자산조사 방식의 비기여형 연금제도를 도입하였다. 노르웨이는 독일과 유사한 강제적 사회보험 방식의 산재보험(1894) 및 질병보험(1909)을 도입하였으나, 같은 북유럽 지역의 스웨덴, 덴마크는 국가가 보조하는 자발적 질병보험을 도입하였다. 1913년에는 스웨덴에서 최초의 보편적 기여형 노령연금이 도입되었다.

제1차 세계대전이 종료된 이후 1950년까지 제도의 질적 확대 역시 빠른 속도로 이루어졌다. 특히 사회보장제도가 포괄하는 사회적 위험의 종류, 제도의 적용 범위 측면에서 많은 발전이 이루어졌다. 예컨대, 사회보험제도의 적용을 받는 노동자의 범위가 지속적으로 확대되었고, 노동자의 부양가족까지 포괄하게 되었다. 1911년에 독일에서 유족연금이 도입되었고 노르웨이의 경우 1909년에 질병보험의 적용대상을 부양가족으로 확대하였다. 1920년대 중반 뉴질랜드에서는 최초의 가족수당제도가 도입되었다. 이러한 확대는 제2차 세계대전을 거치면서 다른 국가들에서도 빠르게 나타났다.

제도의 확대와 함께 급여수급자 역시 빠르게 증가하였다. 산재보험, 질병보험, 노령연금, 실업보험 등 네 가지 복지제도에 의해 보호되는 대상자의 수를 1890년 이후 1970년까지 시계열적으로 분석한 플로라와 앨버에 따르면, 전체적으로 보아 1919년까지는 약 27% 수준에 머물러 있었으나 1920~1945년에 약 60%로 급상승한 것으로 나타났다. 또한 국가 간의 차이를 보면 제1차 세계대전 이전에는 어느 정도 동질적인 분포를 보였으나, 이후 수혜 범위에 있어 국가 간의 편차가 지속적으로 증가하였다(Flora & Alber, 1981: 54-57).

다음으로 총량적 측면에서 사회복지 지출을 살펴보면, 〈표 8-3〉은 서구 선진국들이 사회복지 지출에 있어 GDP 대비 3%와 5%를 달성한 시기를 각각 제시하고 있다. 1920년을 기준으로 9개 국가가 GDP의 3% 이상을 지출하였고, 1940년이 되면 거의 모든 국가가 GDP의 5% 이상을 사회복지 지출에 투입하게 된다. 일반적으로 사회복지 지출에 가장 소극적이라고 알려진 미국조차도 유럽 국가들 못지않게 사회 분야에 대한 공공재정의 팽창을 보였다(Pierson, 1991: 111-113). 국가가 GDP

표 8-3 사회지출의 증가 (단위: 년)

국가	GDP의 3% 이상 시기	GDP의 5% 이상 시기
프랑스	1921	1931
노르웨이	1917	1926
덴마크	1908	1918
영국	1905	1920
네덜란드	1920	1933
핀란드	1926	1947
이탈리아	1923	1940
벨기에	1923	1933
오스트리아	1926	1947
스위스	1900	1920
독일	1900	1915
스웨덴	1905	1821
미국	1920	1931
뉴질랜드	1911	1920
캐나다	1921	1931
오스트레일리아	1922	1932

출처: Pierson (1991), p. 173.

의 3~5%를 사회복지를 위해 지출한다는 것은 전쟁 수행 등 국가의 전통적 기능을 상대적으로 약화하고 국가의 복지기능을 새롭게 강화했다는 것을 의미한다. 이는 이전의 국가와는 다른 복지국가의 출발이라고 할 수 있다(김태성, 성경륭, 1993: 109-110; Pierson, 1991).

(2) 제도 발전의 내용과 특성

제1차 세계대전 이후 사회보장제도는 전 서구권 국가들로 확산되었고 급속히 발전하였다. 사회권의 제공과 보호를 위한 국가의 역할은 점차 명확해졌고(Briggs, 1961), 사회복지는 국가의 정책과 정치의 핵심 영역으로 발전했다.

19세기 후반부터 1920년대까지가 사회보장제도가 도입되는 혁신의 시기였다면, 1920~1940년대는 이러한 혁신이 재정적 성과로 드러나는 시기라고 볼 수도 있다(Pierson, 1991: 116-118). 이전 시기에 도입된 사회보장제도에 대한 권리가 성숙되고 인구학적 변화와 맞물리면서 사회지출 수준이 점진적으로 증가하였다. 이러한 과정은 제1차 세계대전을 겪으면서 더욱 가속화되었는데, 전쟁으로 인해 연금, 건강, 주거, 재활 등에 대한 욕구가 급격히 증가한 것이다. 또한 전쟁 시기 동안 국방비 등 지출이 급증하면서 감내할 수 있는 재정적 부담 수준에 대한 정치가 · 관료 · 납세자의 인식이 변화하는 이른바 '전치효과(displacement effect)'가 나타났고, 이는 전쟁이 끝난 이후에도 정부 지출 확장을 가능하게 했다. 마지막으로, 전쟁은 새로운 형태의 정부 통제와 행정을 필요로 했고, 새롭게 등장한 정부의 기능과 역할은 전쟁이 끝난 후에도 유지되었다.

대공황으로 인해 심각한 경제위기가 발생하면서 '복지국가의 첫 번째 재정위기'가 나타났는데, 초기의 대응은 사회복지급여를 삭감하는 것이었다. 그러나 대공황과 같은 심각한 경제위기 상황에서 급여 삭감 정도로 문제를 해결하는 것은 불가능했고, 대규모 실업과 빈곤으로 인해 복지에 대한 수요가 급증하는 데 비해 국가의 경제적 능력은 급격히 감소했다. 사회지출의 삭감은 경제적 문제를 완화하는 것이 아니라 오히려 강화하는 것이었다(Pierson, 1991: 117-118).

표 8-4 미국의 1935년 사회보장법의 주요 내용

1. 연방-주(state) 실업보험 프로그램
2. 아래 사항의 원조를 위한 각 주에 대한 연방 프로그램
   ① 빈곤층 피부양 아동, ② 시각장애인, ③ 노인
3. 아래 사항에 대한 각 주의 지출에 대한 연방기금 보조(매칭 방식)
   ① 직업재활, ② 유아와 모성 보건, ③ 장애 아동에 대한 원조
4. 연방 노령연금 프로그램

출처: Berkowitz & McQuaid (1980), p. 103: Pierson (1991), pp. 120-121에서 재인용.

이러한 맥락에서 본다면, 대공황 이후 사회복지역사에서 중요한 사건 중 하나는 1935년 미국의 「사회보장법」 도입일 것이다. 루스벨트 정부의 뉴딜은 대규모 실업 문제를 해결하기 위해 연방정부의 재원으로 충당되는 공공사업과 체계적인 복지급여를 제공하는 사회보장제도를 결합하였다(Clarke & Piven, 2009). 1933년에는 공공근로청(Public Works Administration)이 만들어졌고, 1935년에는 「사회보장법(Social Security Act)」이 도입되었다. 미국은 서구 선진국 중 「사회보장법」이 늦게 등장한 편이나, '사회보장'이라는 용어를 법적으로 사용한 점과 자유주의와 개인주의가 강한 미국에서 등장했다는 점에서 이 시기의 국가 책임주의와 연결시켜 생각할 때 이는 대단히 상징적인 것이었다. 〈표 8-4〉에 「사회보장법」의 기본 내용이 제시되었다.

대공황으로 인한 전례 없는 실업과 빈곤, 다양한 사회문제가 발생하면서, 자유주의와 개인주의가 지배적인 미국에서도 기존의 공공부조와 자선을 대신할 통합적인 사회보장체계의 도입이 필요했다(Piven & Cloward, 1993). 그러나 실제 입법 내용을 보면 다른 국가들과 비교하여 상당한 제한점을 가지고 있기도 했다(이인재 외, 1999: 81). 복지급여는 주로 개별 주에 위임되었고, 일반 조세보다는 역진적 임금과 세로부터 기금이 조성되었으며, 개별 주에 대하여 상당한 재량권과 많은 예외를 인정하고 있었다(Pierson, 1991: 121). 사회보장제도가 뉴딜 정책의 보완적 기제였다는 측면에서 이는 뉴딜 정책의 한계이기도 했다. 즉, 시장의 활성화가 정책의 가장 큰 방향이었으며 노동자들의 생활안정을 꾀했음에도 불구하고 시장의 기능을 위축시

키는 정책 요소들은 최대한 억제되었다(이인재 외, 1999: 82-83). 대표적인 예가 질병보험이었다. 애초에 경제보장위원회는 질병보험에 대한 계획을 가지고 있었으나, 미국의사협회(American Medical Association: AMA)는 국가에 의한 제반 통제를 우려하여 질병보험안을 반대하였다. 이에 경제보장위원회는 질병보험제도를 「사회보장법」에서 독립시키고 차후에 입법할 것을 제안하였다. 그러나 현재까지 전 국민을 대상으로 하는 공적 건강보험제도는 도입되지 못하고 있다. 이러한 민간 영역의 자율성과 관련한 공적 양보 혹은 연방정부의 부담 축소의 양태는 실업보험과 노령연금에서도 나타나고 있다(이인재 외, 1999).

또한 이 시기에 도입된 사회보장제도는 농업 부문 또는 가내수공업에 주로 종사하던 흑인 및 여성 노동자들을 광범위하게 배제하고 있었고(Quadagno, 1994), 기여를 통해 권리가 획득되는 사회보험과 자산조사에 기반하여 조세를 통해 재정이 충당되는 공공부조 간의 명확한 구분도 제도 운영의 주요 원칙이었다(Clarke & Piven, 2009). 이러한 원칙들은 이후 미국의 사회복지제도 발전에 지속적인 영향을 미치게 된다.

한편, 스웨덴의 경우는 경제적 어려움을 경험하고 이를 극복하는 과정에서 미국과는 다른 특성을 보여 주었다. 우선, 스웨덴은 발달한 관료제와 중앙집권적 전통을 가지고 있었고, 1932년에 사민당이 집권하면서 보편적 복지국가를 향한 긴 여정이 시작되었다.

1930년대 스웨덴의 사회복지는 사회복지정책의 혁신보다는 케인스주의 경제정책이 중심이었다고 이해된다. 그러나 1934년에 실업보험제도에 대한 국가의 개입을 강화했고, 1933~1938년에 ① 새로운 고용창출 프로그램, ② 보조금과 이자가 보조되고 건축 대부가 가능한 다자녀 가구를 위한 주택 프로그램, ③ 생활비의 지역적 차이에 따른 연금의 연동화, ④ 모든 어머니의 약 90%에게 지급되는 가족수당, ⑤ 무료 출산 서비스, ⑥ 신혼부부를 위한 국가의 대부, ⑦ 모든 민간·공공기업 종업원을 위한 2주일 휴가의 도입을 위한 입법을 하였다(Pierson, 1991: 123-124). 이러한 스웨덴의 사회복지제도는 미국에 비해 보편적이고 강제적이었으며, 1930년대에 이미 GDP 대비 사회지출에서 미국(4.2%)의 약 2배에 가까운 7%를 보이고 있었다. 또한 완전고용정책과 사회복지정책이 상당히 밀접하게 연계되기 시작했다. 즉, 1930년대 사민당 정부는 완전고용을 위해 케인스주의 경제정책을 우선적으로 고수하면서, 경제적 불평등의 감소, 교육 · 보건 · 주택 분야의 욕구 충족을 위해 누진과세를 적용하는 등 보완적 사회정책을 실시했다.

이 시기 스웨덴 복지국가 형성에 있어 중요한 토대는 정부 · 노동 · 자본 간의 협력과 타협을 통해 보편적 복지국가의 비전을 강화해 나갔다는 점이며, 이는 적어도 1970년대 복지국가 황금기 시기까지 지속되었다. '하르스푼드 민주주의(Harspund Democracy)'로 대표되는 정당 간, 계급 간 타협과 협력의 정치, 1938년 살트셰바덴 협약을 통한 자본(SAF)과 노동(LO) 간의 대타협은 스웨덴 노동시장의 안정과 이후 경제 및 복지국가 성장의 핵심적 기반이 되었다(Salonen, 2009).

영국의 경우 20세기 첫 20년 동안 많은 시민에게 복지급여 및 서비스를 제공하는 국가의 새로운 역할이 시작되었다. 연금제도, 실업 및 질병 보험이 도입되었고, 12세까지 지역 공립학교를 통한 교육, 보건부(Ministry of Health)의 도입, 공공임대주택을 통한 주거복지의 시작 등을 포함한다(Alcock, 2009). 대공황 시기 동안 영국 역시 극심한 경기침체를 겪었고, 대공황의 영향으로 사회적 욕구가 급증하는 데 비해 복지제도는 오히려 다소의 감축을 경험했다. 영국 복지국가가 비약적인 발전의 기틀을 마련한 것은 제2차 세계대전 종전 직후부터 1950년까지의 시기였다. 종전 직후 선거에서 승리한 영국 노동당은 보편적인 정액(flat-rate)급여, 포괄적인 건강 및 교육 서비스, 완전고용의 지원 등을 포함하는 「베버리지 보고서」의 구상을 바탕으로 보편적인 복지국가를 만들어 나갔다. 1940년에 보충연금제도가 도입되었으며, 「장애인고용법」(1944), 「가족수당법」(1945), 「국민보험법」(1946), 「국민보건서비스법」(1946), 「국가부조법」(1948) 등이 잇따라 제정되었다.

이 시기에 주목할 또 다른 국가로 독일이 있다. 1918년의 제1차 세계대전 이후 1933년의 대공황으로 인한 경제위기 시기까지 민주주의 체제하의 신헌법을 바탕으로 사회권이 확장되었는데, 실업보험의 도입과 함께 지역정부 수준에서 건강 및 가족 서비스가 시작되었다(Leisering, 2009). 그러나 극심한 경제위기와 사회문제, 정치적 혼란으로 국가사회주의(National Socialism)가 출현하게 되었는데, 나치 정부

(1933~1945)하에서 독일의 사회보장 정책은 전체주의 국가의 목표에 적응하는 형태였다. 인종주의와 권위주의가 사회정책에 깊은 흔적을 남겼는데, 건강, 가족 및 교육 정책은 우생학적 목적을 향했고 유대인과 체제 비판자들은 복지서비스에서 광범위하게 배제되었으며 노동조합과 좌파 정당은 파시스트 조직으로 대체되었다(Leisering, 2009; Rimlinger, 1991: 4장). 그러나 이러한 변화에도 불구하고 사회보험제도를 중심으로 하는 사회보장의 기본적 구조는 온전한 형태로 남아 있었다.

제2차 세계대전 이후에는 패전국으로서 1946년에 난민수용을 개시하였고, 1949년에는 「긴급원조법」과 같이 전후의 복구와 난민문제를 해결하기 위한 프로그램들이 다른 국가와는 달리 좀 더 직접적으로 제도에 반영되었다. 하지만 이러한 재건 과정에서 복지국가로의 발전 과정은 영국이나 스웨덴과는 달랐다. 즉, 원래의 가부장적 전통에서 탈피하여 유사-자유주의적(quasi-liberal) 체계로 전환하는 경로였다(Rimlinger, 1991: 122). 1949년에 중도우파 정당인 기독교민주연합(Christlich Demokratische Union: CDU; 주로 '기독교민주당'이라고 함)이 집권하면서 '사회적 시장경제(Socialist Market Economy)'를 채택하였는데, 이는 제한받지 않는 자유주의와 전체주의의 경험 양자 모두에 반대하는 '제3의 길'이라 할 수 있다(Leisering, 2009). 사회적 시장경제의 주창자이자 1949년부터 경제부 장관을 역임했던 에르하르트(Erhard)는 복지국가를 부정적으로 바라보았는데, 국가가 제공하는 복지급여 및 서비스보다는 사회 전 구성원의 임금, 소비, 자산이 증가하는 것에 초점을 두었다(Leisering, 2009; Rimlinger, 1991: 190-200). 이는 당시 케인스주의 이론과 베버리지의 원리가 결합하여 복지국가를 확대해 가고 있던 다른 국가들과는 분명히 다른 길이었다.

2. 복지국가 팽창기(1950~1970년대 중반)

1) 복지국가 팽창의 경제적, 사회적, 정치적 배경

1940년대 후반 복지국가의 토대가 완성된 이후 1950년대부터 1970년대 중반까지 복지국가는 비약적으로 발전하게 된다. 복지국가를 통해 인류의 희망인 평등의 실현과 '요람에서 무덤까지'의 사회적 보호 속에서 보람 있는 삶을 살 수 있다는 자신감이 서구 사회를 지배하게 되었다. 이러한 배경에는 공유된 시민권 이념을 기반으로 더 포괄적이고 보편적인 복지국가를 만들기 위한 급속한 초기의 개혁, 확대된 제도 내에서 급여와 적용 범위를 확대하려는 노력, 케인스주의 경제체제와 확대된 사회복지제도의 선순환, 복지국가에 호의적인 폭넓은 기반의 정치적 합의, 경제성장과 완전고용의 실현 등이 있었으며(Pierson, 1991: 125-126), 평화와 민주주의의 정착과 발전 또한 중요한 배경으로 작용했다고 할 수 있다. 여기에서는 복지국가 팽창의 경제적, 사회적, 정치적 배경에 대해 살펴본다.

(1) 자본주의의 대호황: 복지국가와 경제체제의 선순환

베버리지는 자신이 계획한 사회보장 프로그램의 전제 조건으로 완전고용을 제시하였다. 이는 전후 경제성장과 함께 복지국가 확대의 중요한 기초로 작용하였다. 이제 서구 선진 자본주의 국가들은 경제성장과 완전고용을 유지하면서 전쟁 중에 약속한 희망과 진보의 새로운 질서를 실현할 물질적 기반을 갖추고 이를 현실로 옮길 수 있었다.

이 시기는 세계 자본주의가 엄청난 경제적 도약을 이룬 시기로서 한마디로 '풍요의 시기'라고 할 만했다. 특히 포드주의(Fordism)적 대량생산방식이 확산되면서 대량생산과 대량소비 간의 선순환이 이루어졌다. 이러한 경제적 성공은 복지국가와 사회복지의 발달 측면에서 중요한 의미를 지니는데, 서구 선진 복지국가들에게 급여의 수준이나 적용 대상 등을 계속해서 확장할 수 있는 물질적 기반을 제공해 주었기 때문이다.

〈표 8-5〉에는 복지국가 팽창기 동안의 경제지표들이 제시되어 있다. 주요 선진국들의 경우 1950년대에 4.4%, 1960년대와 1970년대 중반 오일쇼크 이전에 약 5.5%의 연평균 GNP 성장률을 기록하였다. 1959~1967년 주요 서구 선진국들의 평균 실업률은 약 2.8%로 매우 낮게 유지되었고, 오일쇼크로 인한 국제적 경제위기가 시작된 1975년에는 4.7%로 실업률이 약간 상승하였다. 이러한 수치는 1930년

표 8-5 복지국가 팽창기 동안의 주요 경제지표(주요 OECD 국가) (단위: %)

	연평균 GNP 성장률			실업률				연평균 물가상승률	
	1950~1960년	1960~1973년	1973~1981년	1933년	1959~1967년	1975년	1983년	1963~1972년	1973~1982년
오스트리아	−	−	−	−	−	−	−	3.9	6.4
프랑스	4.5	5.6	2.6	−	0.7	4.1	8.0	4.7	11.1
독일(서독)	7.8	4.5	2.0	14.7	1.2	3.6	8.0	3.2	5.2
이탈리아	5.8	5.2	2.4	5.9	6.2	5.8	9.7	−	−
영국	2.3	3.1	0.5	13.9	1.8	4.7	13.1	5.9	14.2
미국	3.3	4.2	2.3	20.5	5.3	8.3	9.5	3.7	8.8
캐나다	4.0	5.6	2.8	−	−	−	−	−	−
일본	10.9	10.4	3.6	−	1.4	1.9	2.6	6.0	8.8
스웨덴	−	−	−	−	−	−	−	5.4	10.0
평균	4.4	5.5	2.3	13.0	2.8	4.7	8.5	4.7	9.2

주: 원출처에서 자료가 이용 가능하지 않은 경우 줄표(−)로 표시.
출처: Pierson (1991), p. 131, p. 132; 김태성, 성경륭(1993), p. 114를 바탕으로 작성.

대 대공황 이후와 오일쇼크로 인한 경제위기의 영향이 가시화된 1980년대 초반의 경험과 비교하면 상당히 양호한 고용 상태, 즉 완전고용 상태에 가까운 수준이었다. 이러한 낮은 실업률은, 첫째, 사회복지 정책의 확대를 위한 납세자의 풀(pool)을 확대한다는 점, 둘째, 취업자들이 스스로의 소득을 획득함으로써 국가의 보호에 대한 필요성이 줄어든다는 점, 셋째, 사회보험의 적용 대상을 확대할 수 있다는 점에서 베버리지의 사회보장 프로그램 원리와 잘 부합하는 것이었다.

한편, 물가상승률도 이후 제2차 세계대전 이전과 1980년대 초반에 비해 매우 안정적인 상태를 유지했다. 〈표 8-5〉를 살펴보면, 1963~1972년에는 평균 4.7%의 물가상승률을 보인 데 반해, 1973~1982년에는 9.2%로 급격하게 증가하였다. 복지국가 황금기 시기의 안정적 물가상승률은 경기과열을 방지하고 실질임금을 보장하였으며, 복지급여의 실질적 구매가치를 유지하는 등 다양한 순기능을 하였다.

이러한 경제성장과 정치적 합의구조 속에서 서구 선진국들의 사회복지 지출은 급격하게 증가하였다(〈표 8-7〉 참조). 여기서 한 가지 중요한 점은 경제성장으로 인해 복지국가의 발전이 가능해진 것과 동시에 복지국가의 발전이 경제성장에 다시 순기능을 하는 이른바 '경제성장과 복지국가 간의 선순환'이 이루어졌다는 점이다. 케인스주의 경제체제의 수요 관리를 통한 완전고용과 경제성장의 달성은 복지국가의 확대의 기반이 되었고, 복지제도를 통한 소비 증대와 수요 창출은 다시 경제성장에 기여한 것이다. 또한 포드주의 생산체제하에서 노동자와 자본 간의 안정적인 타협은 이 시기 경제성장의 중요한 기반이 되었는데, 노동과 자본 간의 타협과 협상에 복지가 중요한 매개 역할을 하였음을 부인하기 어렵다. 즉, 1950년대부터 1970년대 중반까지 20여 년의 시기는 복지의 확대와 경제성장이 선순환을 하며 유례없는 호황과 풍요를 이룬 시기였고, 대다수 서구 선진국 국민들의 삶의 질이 크게 향상된 시기였다.

(2) 노동계급의 영향력 확대

19세기 후반 이후 계속해서 확대되어 온 노동계급의 조직화와 정치세력화는 복지국가 황금기에 이르러 더욱 강력한 영향력을 발휘하였다. 전통적으로 사민당은 노동계급의 지지를 기반으로 하는데, 노동계급의 '계급투표 성향(class voting)'은 이 시기의 주요 집권세력인 사민당과 노동계급이 정치적으로 어느 정도 긴밀하게 연계되어 있는지를 보여 준다. [그림 8-1]은 노동계급의 정당 지지도를 보여 주는 알포드 지수(Alford Index)의 변화 추이이다.[3]

미국을 제외한 유럽의 주요 국가들은 대체로 1950년대와 1960년대 중반까지 알포드 지수가 높게 유지되고 있었다. 하지만 1970년대 이후에는 국가마다 차이는 있으나 대체로 계급투표 성향이 감소하고 있음을 알 수 있다. 스웨덴, 영국 등 이 시기에 상대적으로 발달한 복지국가일수록 노동계급의 계급투표 성향이 높게 나

3) '알포드 지수'는 노동계급과 중간계급의 사민당 지지율의 차이를 비교하여 만든 수치이다. 예를 들어, 노동계급의 75%가 사민당에 투표하고 중간계급의 25%가 사민당을 지지했다면 알포드 지표는 50이 된다. 몇 가지 한계에도 불구하고 간편하고 직관적이어서 계급투표 성향을 분석하는 데 광범위하게 사용되는 지수이다.

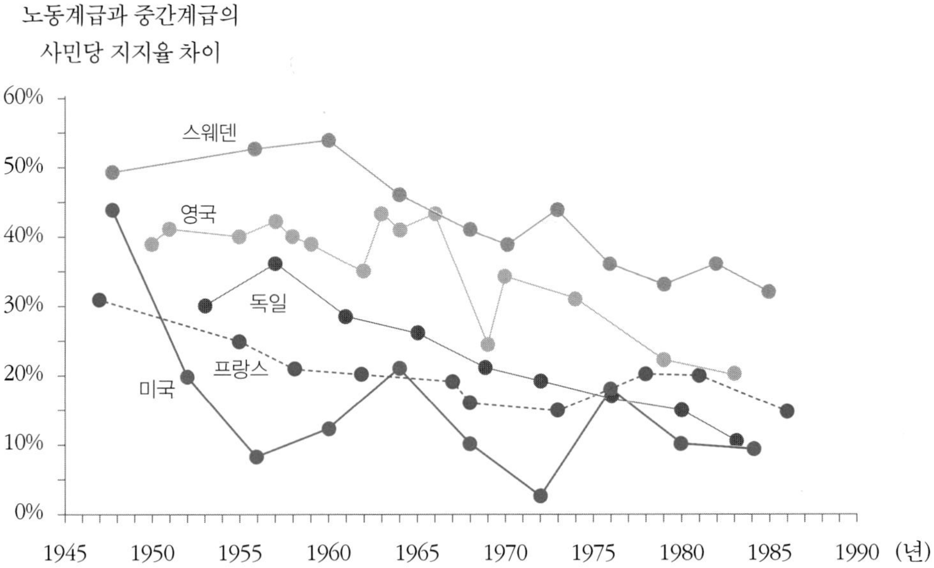

그림 8-1 계급투표 성향 추이(알포드 지수)

출처: Clarke, Lipset, & Rempel (1993), p. 312 Figure 3.

타났다. 이는 복지국가 황금기의 사회복지 팽창에 대하여 노동계급의 정치적 영향력이 직・간접적으로 영향을 미쳤음을 보여 준다.

한편, 제1장의 사회복지 발달 이론에서도 살펴보았듯이 권력자원론(power resource theory)은 복지국가 발전에 있어 노동계급의 힘에 주목한다. 자본주의 사회에서 자본계급이 생산수단의 소유를 통한 경제적 권력을 보유하고 있다면, 다수의 노동자들은 민주주의적 제도를 이용한 조직화를 통해 정치적 권력을 획득할 수 있다(Korpi, 1983). 노동계급의 조직화된 힘을 대표하는 노동조합과 사민당은 복지국가의 발전에 주요 요인이 될 수 있다. 권력자원론이 모든 국가, 모든 시기의 복지제도 발전을 잘 설명하는 것은 아니지만(김영순, 2013), 복지국가 황금기의 복지국가 발전에 노동계급 및 조직화된 노동을 대표하는 노동조합과 사민당의 영향력이 지대했음은 부인하기 어렵다.

(3) 합의의 정치구조와 버츠컬리즘

전후의 합의(consensus)는 여러 가지 차원이 있을 수 있으나, 계급 간의 합의와 정당 간의 합의가 중요하다. 계급적 차원의 합의는 노동자들의 전통적 염원인 경제의 사회화 및 계급 전쟁의 이념과 실행의 포기를 수반하였다. 자본 측은 복지국가를 위한 완전고용과 전략적 공익사업의 국유화 및 지원의 이행을 수락한다는 것을 의미했다. 노동과 자본 양자는 지속적인 경제성장이라는 목적을 공유했으며, 이를 위한 절충적 합의는 정부에 의해 관리되는 것으로서 정부는 노동조합과 고용주 사이의 관계를 조정하고 경제성장을 위한 유리한 조건을 만들어 냄으로써 복지국가를 관리했다(Pierson, 1991: 128-132). 이런 측면에서 보면 이 시기의 복지국가는 국가에 의해 '관리되는 자본주의'라고 할 수 있었다(Armstrong, Glyn, & Harrison, 1993).

결국 '소유-생산-경영-분배-소비'의 자본주의 경제과정에서 국가나 노동계급은 소유 · 생산 · 경영에 관한 자본가 계급의 특권적 지위를 인정하고, 노동계급은 자본가 계급과의 합의 및 국가의 보장하에 경영 참가와 단체협약의 방식으로 경영-분배 과정에 부분적으로 참여하게 되었다. 그러나 이 경우에도 소유와 생산을 사회화하려는 급진적인 시도는 하지 않았다. 또한 국가 · 노동 · 자본 간의 삼자 협력 결과로 이루어지는 경제성장은 자본가 계급에게 이익을 주는 것은 물론 노동계급에게도 완전고용과 향상된 복지혜택을 보장하였고, 국가에게는 재정수입의 증가를 보장하여 모두에게 유리했다(김태성, 성경륭, 1993: 113). 이러한 측면에서 본다면, 복지국가의 지출은 노동계급과 일반 국민을 체제에 순응시키는 기능을 했다는 해석도 가능하다(Midwinter, 1994: 114).

이러한 합의의 정치 형태는 복지국가 황금기 동안 그 정도의 차이에도 불구하고 소위 '조합주의(corporatism)' 정치 시스템, 특히 '사회조합주의(societal corporatism)'가 지배적이었음을 의미한다.[4] 조합주의는 국가와 사회의 연결구조이면서 다원주의

4) 슈미터(Schmitter)는 사회 발전에 따른 제도화의 관점에서 사회조합주의(societal corporatism)와 국가조합주의(state corporatism)로 분류한다. 사회조합주의는 선진 자본주의적, 후기 자유주의적인 조직화된 민주-복지국가에서 나타날 수 있는 조합주의 유형으로, 이는 상대적으로 자율적이고 다분포적인 지역적 단

와 구분되는 이익대표체라고 할 수 있다(진재문, 1994: 14).[5] 이러한 합의의 정치구도에서 주요 주체, 즉 국가 · 자본 · 노동은 조합주의를 구성하고, 이 틀 내에서 경제

표 8-6 전후 영국의 사회보장 확충 과정

집권당	수상	사회보장 확충 내용
노동당 (1945~1951)	애틀리(C. Attlee)	• 국민보험법 • 가족수당법 • 국민보건서비스법 • 국민부조법
보수당 (1951~1964)	처칠(S. W. Churchill: 1951~1955) 이든(A. Eden: 1955~1957) 맥밀란(H. Macmillan: 1957~1963) 홈(A. D. Home: 1963~1964)	• 사회보장급여 인상 • 가족수당 증액 • 국민보험법 개정 • 소득비례연금 도입
노동당 (1964~1970)	윌슨(H. Wilson)	• 단기급여 소득 보족 • 사회보장성(DHSS) 설립 • 국민부조를 보족급여제로 전환 • 가족수당 증액
보수당 (1970~1974)	히이스(E. Heath)	• 가족수당보족(FIS) 제정 • 연금생활자에 크리스마스 보너스 신청
노동당 (1974~1979)	윌슨(H. Wilson: 1974~1975) 캘러한(J. Callaghan: 1975~1979)	• 연금 개선, 신연금법 • 아동급여 시행

출처: 박광준(1994), p. 45.

위로 구성된 정치체계에서 배양된다고 보고 있다. 반면, 국가조합주의는 엄격한 중앙관료적 권력에 종속된 하위의 지역적 단위를 지닌 정치체계와 관련된 것으로서 이익집단은 국가의 권위에 의해 위로부터 조직되며 국가에 의하여 사회 부문에 침투되어 제도화된 것이다. 특히 라틴아메리카에서와 같이 개발도상국이 직면한 산업화의 조건 마련을 위해 국가가 자본 축적 과정에 직접 개입하여 사회의 안정과 통제를 위해 적극적 역할을 하는 이익대표체계라고 주장한다(진재문, 1994; 최경구, 1991 참고).

5) 슈미터는 조합주의를 '구성단위들이 단일적, 강제적, 비경쟁적, 비위계적인 서열을 지닌, (그러면서도) 기능적으로 분화된 범주에 따라 제한된 수로 조직된 것으로서, 그 구성단위들이 그들 지도자의 선출, 요구 및 지지의 표명에 대하여 국가에 의한 통제를 받아들이는 대가로 (만일 조직되지 않더라도) 그들의 국가에 의해 승인을 받거나 각개의 범주에서 구성원의 이익을 대표할 독점적 권리를 부여받는 이익대표체계'라고 정의한다(Schmitter & Lehmbruch, 1979).

정책과 사회정책 등의 다양한 정책과 제도를 생산하였다. 이러한 의미에서 '삼자 합의구도'의 조합주의 체계는 분명 복지국가 팽창의 중요한 기반 중 하나였다.

이러한 합의의 정치 구도 속에서 마셜(Marshall)의 주장처럼 제공되어야 하는 서비스에 대한 의견 차이는 거의 없어졌으며, 서비스 공급의 주체가 누구이든지 간에 전체적 책임은 국가의 것이 되어야 한다는 데에 일반적 동의가 존재했다(Pierson, 1991: 128-130). 또한 완전고용의 유지, 모든 시민에 대한 일련의 서비스 제공, 빈곤의 방지와 경감에 대한 국가의 약속은 전후 사회에서 필수적이어서 거의 역행할 수 없었으며(Mishra, 1984: 1), 복지국가에 대해 반대하는 경우에도 단지 그것의 확장에 대해서만 논해야 할 정도의 분위기가 정착되었다(Pierson, 1991: 130). 이러한 시대적 조건하에 복지제도는 급여수준이나 적용 범위 등 그 내용이 더욱 확대되어 갈 수 있었다.

정당 차원에서의 합의 구조는 정치적 게임의 법칙의 지배를 인정하고 좌파와 우파 양극단의 주장과 논리를 피하게 되는 결과를 낳았다(Pierson, 1991: 129).[6] 합의의 정치구도는 서구 복지국가에서 정치적 버츠컬리즘(Butskellism)[7]을 형성하였다. 이는 영국에서 나온 개념으로, 서로 다른 정치적 입장임에도 불구하고 정치적 합의 구도하에서 보수당과 노동당의 정책적 합의 기조가 만들어진 것을 의미한다(김

6) 하지만 모든 연구자가 전후의 합의에 동의하는 것은 아니다. 디킨(Deakin)은 "주요 정당과 개인 사이의 정책에서 실제 수렴은 복지국가 내부에서 확실한 위치를 차지하고 있지만…… 일반적으로 생각하는 것보다 동질성이 훨씬 더 작다."라고 했으며, 벤 핌롯(Ben Pimlott)은 합의를 하나의 신화(the myth of consensus)로 묘사했다(Pierson, 1991: 129-130). 이런 의미에서 본다면 전후의 합의는 갈등과 대립적 요인이 잠재한 채로 진행된 일종의 정전협약이라고 할 수 있다(김태성, 성경륭, 1993: 113).

7) 버츠컬리즘(Butskellism)이라는 용어는 1950년대 초 시사주간지 『이코노미스트(The Economist)』에서 보수당과 노동당의 정책적 합의 기조를 나타내기 위해 사용한 말로, 당시 보수당 정부의 재무장관이던 버틀러(R. M. Butler)와 그의 노동당 예비내각(shadow cabinet)의 상대역이었으며 후에 노동당 내 수정주의 흐름을 주도했던 게이츠컬(H. Gaitskell)의 이름을 합성한 것이다(고세훈, 1992: 165). 버틀러는 우파연구소인 IEA가 창설되어 보수당의 좌경화를 공격했을 때 "실업의 풀(pool)을 만들어야 한다고 주장하는 사람은 그 풀 속에 던져 넣어 헤엄쳐 보게 해야 한다."라고 일갈한 보수당 내 개혁분파의 대표자였으며, 게이츠컬은 자본주의의 인간화야말로 노동당의 임무라고 믿었던 노동당 내의 대표적 수정주의자였다(김영순, 1996: 86). 마치 오월동주(吳越同舟)의 형태라고 할 수 있다.

영순, 1996: 86; Midwinter, 1994: 7장). 보수당과 노동당 중에서 어느 정당이 집권하더라도 제도의 근본적 변화 없이 복지 프로그램은 꾸준히 확대되어 갔다.

〈표 8-6〉에 제시된 영국의 예를 보면 집권당의 변화에도 불구하고 급여의 인상과 수당의 증액 등이 있었다. 이러한 현상에는 전후 대합의의 영향도 있었지만 선거를 통한 대의민주주의가 정착된 국가에서 득표를 위해 사회복지의 확장을 수단으로 경쟁한 것도 중요한 이유가 되었다고 할 수 있다. 특히 복지국가의 확대 과정에서 급여와 서비스의 주된 수혜자인 동시에 공급자로서 복지국가 시스템에 깊숙하게 편입된 중산층과 노동조합 결합은 선거 과정에 우파들의 입지를 좁히는 기제로 작용했다(Therborn, 1987). 즉, 중산층의 복지 편입(middle-class involvement)은 1970년대 중반 이후 신우파로부터 복지국가의 주된 위기의 원인으로 지목되기도 하지만, 그 이전에는 우파를 복지에 종속시키는 역할을 수행했다고 할 수 있다.

(4) 국제기구의 역할 및 시민권 운동

한편, ILO와 같은 국제기구의 사회보장에 대한 관심의 증대도 이 시기 사회복지의 세계적 확대에 많은 영향을 주었다. 이 시기에 ILO의 영향력은 더욱 증가하여 사회보장에 대한 국제적 기준을 제시하고 그 기준의 이행 여부를 감독하는 기구로서 위상이 높아졌다(이인재 외, 1999: 32-36). 특히 ILO의 활동은 사회 · 경제적 조건이 상이한 가입국들의 정부 대표, 노동자 대표, 사용자 대표 등 삼자 협의에 의해 이루어졌는데, 이는 조합주의에서 노동계급의 영향력이 중요한 요소인 것처럼 국제기구에 대한 노동계급의 영향력도 증가했음을 보여 주는 것이라 할 수 있다.

사회복지 부문에 한정해서 보면 ILO는 1952년 사회보장의 최저 기준에 관한 조약을 제시한 이후 '사회보장의 내 · 외국인 균등처우에 관한 조약'(1962), '출산보호에 관한 조약'(1952), '고용재해급여에 관한 조약'(1967), '의료 및 상병급여에 관한 조약'(1969)을 제시하였다. 또한 '출산보호에 관한 권고'(1952), '고용재해급여에 관한 권고'(1964), '장애 · 노령 · 유족급여에 관한 권고'(1967), '의료 및 상병급여에 관한 권고'(1969)를 제시하였다.[8] 이러한 ILO의 조약에 대한 해당 국가의 비준 여부를 살펴보면 개별 국가의 사회복지 증진에 상당히 중요한 역할을 했음은 물론, 사회복지에 대한 보편적 국제 표준을 제시했다는 의의가 있다.

한 가지 주목할 것은 이 시기, 특히 1960년대에서 1970년대 초반의 사회복지 확대는 노동계급의 영향력만으로 설명하기 어렵다는 점이다. 즉, 이 시기에 근로능력과 관계없이 취약계층, 특히 비노동 취약층까지 기초적 생활보장이 확산되었던 현상은 '시민 각성의 시대' 혹은 '시민권 운동(Civil Right Movement)의 시대'로 불릴 정도로 미국과 유럽을 휩쓴 시민운동에 힘입은 바가 컸다(박능후, 2000). 특히 반전운동, 신좌파 운동과 더불어 소수집단을 위한 복지권리운동이 경제적 번영기에 활발히 전개되었다. 그 결과 미국에서는 긍정적 차별(Affirmative Action)과 관련된 입법이 이루어졌고, 유럽에서는 장애인, 노인, 한부모 등 취약계층에 대한 배려가 '사회적 배제(social exclusion)'의 담론 과정에서 본격화되었다(박능후, 2000).

2) 사회복지제도의 팽창과 발전

전후 25년간 복지국가는 1973년 오일쇼크로 인한 경제위기 전까지 사회복지에 대한 재정지출을 더욱 확대해 나갔다. 하지만 제도의 외형적 측면에서 급진적인 변화가 일어난 것은 아니다. 다만, 전후 엄청난 호황과 합의의 정치구도 속에서 사회복지 지출을 늘려 나갔고, 복지국가의 형성과 함께 출범한 다양한 제도의 내용이 조금씩 변화·발전하면서 급여수준, 적용 대상이 확대되어 갔다. 이런 과정을 통해서 복지국가는 더욱 세련되게 발전했으며, 복지국가의 여러 제도가 세계 전역으로 확산되어 갔다.

(1) 사회복지제도의 확대 및 발전

제2차 세계대전 이후 양적인 측면에서의 사회복지 지출은 물론 질적인 측면에서의 제도의 범위와 수준이 급격히 확대되었다. 1960~1980년 시기의 서구 복지국가의 사회복지 지출 추이를 제시한 〈표 8-7〉을 살펴보면, 서구 각국은 1960년

8) 1990년대까지 ILO는 15개의 조약 및 권고를 하였다. 자세한 것은 이인재 등(1999: 34)을 참고하라.

에 GDP 대비 평균 10.6%를 사회복지 영역에 지출하였는데, 1970년에는 14.5%, 1980년에는 18.8%로 증가하였다. 특히 복지국가 황금기가 종결된 시기인 1980년의 사회복지 지출을 살펴보면 덴마크(29.1%), 스웨덴(28.8%) 등 북유럽 국가는 매우 높은 수준을 보였고, 네덜란드(26.9%), 독일(23.0%), 프랑스(22.6%) 등도 이 시기에 사회복지 지출이 크게 증가하였다. 반면, 미국, 일본, 그리스 등의 국가는 다른 국가들에 비해 사회복지 지출의 증가율이 다소 낮아 1980년에 이르러서도 상대적으로

표 8-7 서구 각국의 공공사회지출의 증가(GDP 대비 공공사회지출 비율) (단위: %)

	1960년	1970년	1980년
오스트레일리아	7.4	7.4	11.3
캐나다	9.1	11.8	14.3
아일랜드	8.7	11.9	19.0
영국	10.2	13.2	17.9
미국	7.3	10.4	13.3
덴마크	–	19.1	29.1
핀란드	8.8	13.6	18.5
스웨덴	10.8	16.8	28.8
오스트리아	15.9	18.9	22.9
벨기에	12.7	19.3	24.1
프랑스	13.4	16.7	22.6
독일	18.1	19.5	23.0
네덜란드	11.7	22.4	26.9
그리스	7.1	9.0	11.5
이탈리아	13.1	16.9	18.4
포르투갈	–	–	10.9
스페인	–	–	15.9
일본	4.1	5.7	10.2
평균	10.6	14.5	18.8

출처: Castles (2006), p. 18 Table 2의 내용을 바탕으로 작성.

낮은 수준의 사회복지 지출을 보여 주고 있다. 한 가지 주목할 점은 1960년에 비해 1980년에 사회복지 지출 수준의 국가 간 차이가 커졌다는 점인데, 이는 복지국가 황금기 동안 국가 간 복지의 차이가 증가했음을 의미한다.

(2) 제도 발전의 양상 및 특징: 중산층 복지와 공공 부문의 고용 증대

피어슨은 전후 사회복지의 급격한 확대와 성장의 주요 특징 및 결과로 중산층을 포함한 복지국가 수급자의 보편화와 노동력 구성에서의 급격한 변화를 들고 있다(Pierson, 1991: 132-133). 스웨덴, 영국 등 여러 국가의 사례에서도 알 수 있듯이 전후 복지국가의 발전은 중산층을 복지의 대상으로 포섭하면서 보편성을 확대해 나간 점진적 과정으로 볼 수 있다. 한편, 앞서 살펴본 것처럼 완전고용은 이 시기 복지국가 발전의 주요 기반인 동시에, 사회복지제도의 확대 및 발전이 다시 고용의 성격에 영향을 미치게 된다.

① 복지국가의 보편화: 중산층 복지

사회복지의 주요한 목적 중 하나는 빈곤한 사람들에 대해 최후의 안전망을 제공하는 것이지만, 이 시기의 복지국가는 단지 빈곤한 사람들만의 보호 장치는 아니었다. 거의 모든 국가에서 중산층을 포함한 빈곤하지 않은 사람들이 복지국가 체제에 편입되었으며, 이들이 복지국가를 창조하고 확장·유지·개혁·해체하는 데 중요한 역할을 했다(Goodin & Le Grand, 1987: 3). 즉, 중산층의 편입(middle-class involvement)이 복지국가 확대·발전 과정의 중요한 원인이자 결과라고 할 수 있었다. 사실 전후 복지국가의 확대는 의료, 교육, 주거, 교통 등의 편의에 접근할 수 있는 '소비자'로서 그리고 공공 부문 내에 전문적 고용기회가 주어지는 서비스의 '공급자'로서 중산층에게 이익이 되는 경향이 있다(Goodin & Le Grand, 1987: 91).

스웨덴의 복지국가 발전 역시 중산층을 복지체계 내로 포함하며 보편성을 점진적으로 확대해 간 역사라고 할 수 있다(Salonen, 2009). 1950년대 연금개혁 논쟁을 통해 스웨덴 사민당은 농민당과의 연정을 깨면서까지 사무직 노동자들이 선호하는 소득비례연금(ATP)을 도입하였고, 그 결과 사무직 중산층 노동자들이 국가연금

체계로 포함되게 되었다. 이러한 과정을 통해 중산층은 사민당이 주도하는 보편적 복지국가의 주요 지지 세력이 되어 갔다.

② 복지국가 고용의 증대

앞서 살펴본 것처럼, 제2차 세계대전 이후의 세계 자본주의는 경제적 호황은 물론 완전고용을 달성하였다. 그런데 완전고용의 달성은 경제적 호황의 덕분이기도 했지만 일정 정도는 사회복지 확대의 결과였다. 즉, 사회복지는 여성과 같은 기존의 유휴 인력과 실업자를 흡수하는 하나의 장치로 기능함으로써 고용과 노동시장의 구조에 변화를 가져왔다. 물론 이 과정에서도 대학교육을 받은 중산층은 상대적으로 유리한 위치를 점하였으며, 주된 수혜계층이 되었다.

예를 들면, 영국의 국민보건서비스(National Health Service: NHS)는 꾸준히 고용을 늘려 1980년대에는 서유럽에서 가장 큰 단일 고용주가 되었다(Pierson, 1991: 135). 독일(서독), 영국, 스웨덴, 미국의 경우도 1960년대 초반에서 1980년대 사이에 사회복지 관련 서비스 부문이 성장을 이루었다(Rein, 1985: 39-40). 그중에서도 사회서비스 부문에서의 고용, 특히 여성인력에 대한 고용이 증가하였다. 사회서비스 부문은 고등교육을 받은 여성들을 위한 것이었다고 할 정도로 증가했는데, 1981년 독일(서독), 미국, 스웨덴에서는 대학을 졸업한 여성의 65~75%가 사회복지 관련 부문에 고용되었다(Rein, 1985: 43-45).

3. 다양한 복지국가 발전의 길

지금까지 복지국가 황금기의 배경 및 이 시기 사회복지의 확산과 발전의 특징을 살펴보았다. 그런데 서구 자본주의 국가들은 같은 복지국가로 불리더라도 그 발전의 내용과 성격이 서로 상이했다. 그리하여 많은 연구자가 복지국가의 유형을 분류하고 각각의 특성과 구조를 분석하기 위한 노력을 기울여 왔다. 여기서는 가장 대표적이고 영향력을 인정받고 있는 에스핑-안데르센의 복지국가 유형화를 중심으로 살펴볼 것이다. 한편, 에스핑-안데르센의 복지국가 유형화 논의는 그 영향력만큼이나 많은 비판과 후속 연구들을 만들어 냈다. 에스핑-안데르센의 유형화에 대한 페미니스트 관점에서의 비판, 새로운 유형에 대한 논의 등을 중심으로 간략하게 소개할 것이다.[9)]

1) 에스핑-안데르센의 복지국가 유형

에스핑-안데르센은 탈상품화(decommodification), 계층화(stratification), 복지의 주요 공급주체인 국가 · 시장 · 가족의 관계를 바탕으로 서구 복지국가를 자유주의(liberal)

표 8-8 에스핑-안데르센의 복지국가 유형

비교기준 \ 유형	자유주의 복지국가	보수주의 또는 조합주의 복지국가	사회민주주의 복지국가
시장 · 가족 · 국가의 역할	• 시장 역할 중심적 • 국가 및 가족 역할 주변적	• 가족 역할 중심적 • 국가 역할 보조적 • 시장 역할 주변적	• 국가 역할 중심적 • 시장 및 가족 역할 주변적
탈상품화 수준	낮음	중간 (남성 가구주 중심)	높음
계층화 정도	빈곤층 · 비빈곤층 간의 계층화	노동시장의 계층구조 유지	낮음
중심 사회정책	공공부조, 낮은 수준의 사회보험	사회보험	사회수당, 사회서비스, 사회보험
재분배 기능	낮음	제한적	높음
사회보장체계의 특성	선별적, 최저보장	분절적, 보충성 원리	통합적, 보편주의
사회지출수준	낮음	중간	높음
주요 국가	미국, 영국 등	독일, 프랑스 등	스웨덴, 덴마크 등

출처: Esping-Andersen (1990, 1999)을 바탕으로 작성.

9) 복지국가 유형화에 대한 논의는 '복지국가론' '사회복지정책론' 등에서 보다 자세히 다루어질 수 있는 내용이다. 이 책에서는 복지국가 발달 과정의 이해를 높이는 수준에서 간략하게 논의하고자 한다.

탈상품화

탈상품화(de-commodification)는 개인 또는 가족이 시장에 참여하는 것과 관계없이 사회적으로 받아들일 수 있을 만큼의 생활수준을 유지하는 정도를 의미한다. 즉, 시민들이 시장의 경쟁 원리에 의존하지 않고, 다시 말해 자신 혹은 자신의 노동력을 상품화하지 않고 자신들의 삶을 안정적으로 유지할 수 있는 정도를 의미한다(Esping-Andersen, 1990).

복지국가, 보수주의(conservative) 또는 조합주의(corporatist) 복지국가, 사회민주주의(social democratic) 복지국가로 분류하였다(Esping-Anderson, 1990, 1999). 이를 간략하게 요약한 것이 〈표 8-8〉이다.

자유주의 복지국가 유형의 가장 대표적이고 전형적인 국가는 미국, 영국 등 앵글로-색슨(Anglo-Saxon) 국가들이다. 자유주의 복지국가는 시장에 대한 복지 의존도가 높고 국가개입에 대한 거부감이 강한 이데올로기가 사회를 지배하는 국가들이다. 따라서 개인의 책임과 자조가 중요한 원리로 강조되어 왔으며, 국가가 제공하는 복지는 사회적 권리로서 제공되기보다는 엄격한 선별주의의 원칙하에 가장 취약한 계층에게로 한정된다. 소수의 복지수급자와 시장에 의존하는 다수, 이 두 집단 간에 강한 계층적 분화가 형성된다. 이렇게 기본적 지향이 시장 의존적이었기 때문에 탈상품화 정도가 낮고, 사회복지 지출 수준이나 재분배 기능은 세 유형 중 가장 낮아 불평등이 상대적으로 높게 나타난다.

다음으로, 보수주의(또는 조합주의) 복지국가 유형의 가장 대표적이고 전형적인 국가는 독일, 프랑스 등 유럽 대륙 국가들이다. 보수주의 복지국가에서 사회복지의 제공은 노동시장에서 존재하는 계급, 계층, 지위의 차이를 유지하는 것과 밀접하게 관련되어 있었고, 따라서 재분배 효과는 사회민주주의 복지국가 유형에 비해 약할 수밖에 없었다(김태성, 성경륭, 1993: 178).

전통적으로 복지의 공급 주체로서 가족의 역할이 중요했다는 점에서 보수적이었고, 국가는 보조적 · 보충적 역할을 담당했다. 복지제도가 남성 임금노동자를 포괄하는 사회보험을 중심으로 구성되었기 때문에 탈상품화는 남성 가구주를 중심으로 제한적으로 이루어졌으며, 강한 가족주의 전통하에 비시장적 무급 노동에 주로 종사하는 주부 등 다수의 여성은 대상에서 제외되었다. 사회보험에 대한 의존은 자유주의 국가보다는 탈시장적이지만 보험원리 자체가 시장원리와 결합되어 있고, 이 국가들의 기본적 사회복지 구조가 지위나 계층에 따라 분화되어 있는 상태에서 계층적 · 구조적 차이들을 유지하는 데 목적이 있었기 때문에 노동시장에서의 계층 및 지위가 복지수급에서도 유지되는 특성을 가지고 있다.

사회민주주의 복지국가 유형은 주로 스웨덴, 덴마크 등 주로 북유럽 국가들을 포함한다. 사회민주주의 복지국가 유형에서 복지 공급의 핵심 역할은 국가가 담당하고, 시장이나 가족에 대한 의존은 상대적으로 미약하다. 급여 및 서비스의 적용 대상과 보장하는 위험의 범위에 있어 보편주의를 추구하며, 국가에 의한 사회복지 지출 수준이 높기 때문에 탈상품화 수준 및 재분배 효과가 세 유형 중 가장 높게 나타난다.

사회민주주의 복지국가 유형에서 시장 기능은 공공 부문의 기능에 의해 최소화되며 복지국가를 위한 연대, 즉 사회통합이 매우 중요한 목표였다. 이러한 의미에서 모두가 수혜자이며 모두가 의존자이고 모두가 의무감을 느끼는 평등 지향적 체제라고 할 수 있다. 여기에 속하는 국가들은 노조가 잘 조직화되어 있었음은 물론 이들의 의견이 정책결정 과정에 적극으로 반영될 수 있는 정치 시스템을 구축하고 있었다. 또한 사회민주주의 복지국가는 복지의 대상자에 대한 가족 및 시장의 보호나 보장 능력이 소진될 때까지 기다리기보다는 적극적으로 개입하고 미리 민간부문의 보호비용을 사회화함으로써 가족에 대한 의존을 강화하기보다는 개인들의 독립 능력을 강화하고자 노력하였다. 이 결과로 아동, 노인, 도움이 필요한 자들에 대한 경제적 지원과 보호의 책임이 국가에게 직접적으로 귀속되었으며, 이것이 여성의 노동시장 참여와 같은 노동정책과 적극적으로 연계되었다.

이처럼 이 복지국가들에서는 노동과 복지가 긴밀하게 연계되었다. 이 국가들에서는 경제정책과 사회복지정책이 통합되어 있었는데, 가장 대표적인 것이 적극적 노동시장정책과 완전고용의 지향이었다. 이러한 완전고용정책은 노동과 소득 유지라는 양 권리의 연계를 의미했으며, 다른 한편으로는 연대와 보편성 그리고 탈상품화를 지향하는 복지국가의 엄청난 유지비용을 해결하기 위해, 즉 사회문제를 최소화하면서 재정수입을 극대화하기 위해 필요했다. 이를 위한 방법으로 공공 부문의 고용흡수기능을 적극적으로 활용하였다.

2) 에스핑-안데르센의 복지국가 유형화에 대한 비판과 새로운 유형에 대한 논의

에스핑-안데르센의 복지국가 유형화 논의는 그 영향력만큼이나 학자들 간의 많은 관심과 논의를 불러일으켰고, 그의 유형화에 대한 다양한 비판 및 후속 논의들이 나타났다. 에스핑-안데르센 본인도 인정한 가장 대표적인 비판 중 하나는 페미니스트 관점에서의 비판이라 할 수 있다. 올로프(Orloff, 1993), 세인즈베리(Sainsbury, 1999) 등 페미니스트 사회학자들은 에스핑-안데르센의 탈상품화 개념과 복지국가 유형화 논의가 남성 임금노동자 중심이며 가사, 돌봄 등 가정 내에서 비시장적 무급노동을 주로 담당하고 있는 대다수의 여성들이 배제되었다고 비판했다. 즉, 복지제공에 있어 가족의 역할, 시장에서의 유급노동과 가정 내에서의 무급노동의 성별 분화 등 중요한 요소들이 복지국가 유형화에 고려되지 않았다는 것이다. 에스핑-안데르센 역시 이러한 비판을 수용하여 '가구의 복지와 돌봄 책임이 국가 또는 시장을 통해 완화되는 정도'를 의미하는 탈가족화(defamilialization)의 개념을 제시하고 유형화에 활용하였다. 이후 많은 학자에 의해 탈가족화의 개념을 포함한 새로운 복지국가 유형에 대한 논의들이 이루어졌다(Bambra, 2004).

에스핑-안데르센의 복지국가 유형화에 대한 또 다른 비판의 축은 그가 제시한 세 가지 유형 외에 새로운 유형이 존재하는가에 대한 논의이다. 예컨대, 에스핑-안데르센은 이탈리아를 보수주의 모형에 포함했고 다른 남유럽 국가들에 대해서는 직접적으로 관심을 갖지 않았다. 이후 지중해 연안의 남유럽 국가들은 보수주의 유형의 국가들과는 차이가 있으며 새로운 유형으로 분류되어야 한다는 주장 및 논의들이 등장하였고, 현재 많은 학자가 남유럽모형을 새로운 유형으로 인정하고 있다. 남유럽 복지국가 유형은 강한 가족주의, 직역별 사회보험 중심의 복지제도 등 보수주의 유형의 특징을 공유하고 있지만, ① 복지에 대한 권리가 일부 정규직 노동자로 제한되어 있고, ② 영국의 국민보건서비스(NHS)와 같이 조세로 충당되는 보편적 의료서비스 체계를 갖추고 있으며, ③ 집권당이 이익집단 또는 개인의 정치적 지지 확보를 위해 복지제도를 도입함으로써 분절되고 파편화된 복지체계를 갖추고 있다는 점 등에서 보수주의 모형과는 뚜렷하게 구별된다는 것이다(Bonoli, 1997; Ferrera, 1996).

이 외에도 호주와 뉴질랜드를 새로운 유형으로 분류해야 한다는 논의(Castles & Mitchell, 1993; Korpi & Palme, 1998), 한국, 대만, 홍콩 등 동아시아 국가의 복지체제에 대한 논의(Holliday, 2000; Kwon, 2005) 등 새로운 복지국가 유형에 대한 논의들이 다양하게 이루어지고 있다.

이제까지 살펴본 것처럼 복지국가 황금기를 경험한 서구 복지국가들은 이념, 사회·경제·정치 구조, 계급 간의 힘의 관계, 시장과 가족에 대한 관점 등 다양한 맥락에 따라 서로 상이한 형태의 복지 시스템을 운영하고 발전시켜 왔음을 알 수 있다. 이러한 차이는 다음 장에서 보듯이 복지국가 위기의 내용과 그에 대한 대응에 있어서도 서로 상이한 유형과 경로로 이어지게 된다.

생각해 볼 문제

1. 복지국가를 구성하는 주요 제도들의 등장 순서와 그러한 등장 순서가 갖는 의미는 무엇인가?

2. 복지국가의 확립 과정에 영향을 미친 요인은 무엇인가? 특히 전쟁과 대공황은 복지국가의 형성에 어떠한 영향을 주었는가?

3. 「베버리지 보고서」의 주요 내용 및 의미는 무엇인가?

4. 복지국가가 황금기를 누릴 수 있었던 사회경제적 배경은 무엇인가?

5. 복지국가의 발전 과정 및 특징이 복지국가 유형별로 서로 어떻게 다른가?

추천 자료

1. 이 책에서는 복지국가의 형성 및 발전 과정을 사회복지역사를 이해하는 데 도움이 되는 수준에서 간략하게 다루고 있다. 복지국가에 대한 보다 자세하고 구체적인 내용들을 학습하기 위해서는 다음의 도서를 참고할 수 있다.
   김태성, 성경륭(2014). **복지국가론**(개정2판). 경기: 나남.
   안병영, 정무권, 신동면, 양재진(2018). **복지국가와 사회복지정책**. 서울: 다산출판사.

2. 복지국가를 연구하는 세계적으로 저명한 학자들이 복지국가의 다양한 쟁점에 대해 쉽고 간결하게 작성한 온라인 자료이다. 특히 제8장의 내용과 관련하여 'History' 섹션에 포함된 자료들을 통해 복지국가 등장과 발전의 역사에 대해 더 깊이 이해해 보자.
   Castles, F. G., Leibfried, S., Lewis, J., Obinger, H., & Pierson, C. (Eds.). (2010). *Oxford Handbook of the Welfare State.* London, UK: Oxford University Press.

제9장

복지국가의 위기와 재편, 그리고 전망

"진짜 문제는 세금을 너무 적게 거두는 것이 아니라 정부가 너무 많이 지출하는 데 있다." (R. Reagan)

"정부는 강하기(strong)보다는 비대했고, 힘이 있기(powerful)보다는 연약했으며, 엄청난 금전적 비용에 비해 많은 것을 성취하지는 못했다." (P. F. Drucker)

"교육! 교육! 교육! 일을 통한 복지!" (영국 노동당의 구호)

"후기 결핍사회에서도 여전히 복지국가가 존재할 것인가? 그렇지 않을 것이다." (A. Giddens)

"미래의 실제 이슈는 우리가 복지국가를 지니고 있는가가 아니라 어떤 종류의 복지국가체제가 될 것인가에 관한 것이다." (C. Pierson)

케인스주의 경제체제와의 선순환을 바탕으로 황금기를 구가하던 전후 복지국가는 1970년대 중반 오일쇼크로 인한 경제위기 이후 이른바 '복지국가의 위기'를 맞이하게 된다. 복지국가 위기의 원인에 대해서는 다양한 관점이 존재하지만, 그 근저에는 세계화, 탈산업화, 포스트-포드주의, 과학기술의 발전 등으로 대표되는 후기산업사회로의 전환, 이로 인한 노동계급의 분화 및 약화, 전후 타협 정치의 붕괴, 급격한 인구·사회학적 변화 등 복지국가의 기반을 약화하는 다양한 외적·내적 요인이 있을 것이다.

복지국가 위기 이후 복지국가에 대한 가혹한 공격이 시작되었고, 복지국가는 축소와 감축의 압력에 직면하게 된다. 그러나 모든 국가가 복지 감축과 후퇴의 길을 간 것은 아니며, 개별 국가가 지닌 복지제도의 역사적 유산, 정치적·경제적·사회적·문화적 맥락에 따라 다양한 방식의 재편 및 조정이 나타났다. 이러한 국가별 차이에도 불구하고, 급여수급자격의 강화, 민영화 및 탈규제, 활성화(activation)와 근로연계복지의 강조 등 공통적인 흐름들이 존재한 것도 사실이며, 특히 2007~2008 세계 금융위기 이후 긴축재정에 대한 강조와 복지감축의 흐름이 좀 더 일반화되는 모습을 보이기도 한다.

복지국가를 둘러싼 정치적, 경제적, 사회적 맥락이 그 어느 때보다 급격하게 변화하고 있고, 이러한 변화와 정합성을 갖는 새로운 복지국가의 전략을 찾는 일은 우리 앞에 놓인 중요한 과제이다.

이 장에서는 1970년대 이후 복지국가 위기의 배경 및 양상, 복지국가 위기에 대한 다양한 방식의 대응, 2007~2008 세계 금융위기 이후 최근까지의 재편 및 조정 과정에 대해 살펴보고, 급변하는 환경 속에서 복지국가의 전망에 대해 간략히 조망할 것이다.

1. 복지국가 위기의 배경

자본주의의 호황과 합의의 정치 구도하에서 안정적으로 팽창하던 서구 복지국가들은 1970년대 중반에 이르러 위기를 맞이하게 된다. 두 차례에 걸친 오일쇼크로 인한 세계적인 경제위기로 제2차 세계대전 이후 20년 이상 지속되던 경제호황이 막을 내렸고, 미국의 레이건 정부, 영국의 대처 정부 등 우파 정부가 집권하면서 복지국가에 대한 공격과 복지 감축에 대한 강력한 압박이 시작되었다. 이른바 복지국가의 위기가 시작된 것이다.

복지국가의 위기는 1973년 오일쇼크로 인한 경제위기로 촉발되었지만, 그 배경에는 경제적 세계화, 탈산업화, 포스트-포드주의 생산체제로의 이행 등 후기산업사회로의 이행, 노동의 분화 및 전후 합의의 붕괴, 인구 및 가족구조의 변화로 인한 복지국가의 기능 약화 등 좀 더 근본적인 변화가 있었음에 주목할 필요가 있다.

1) 세계화의 진전

1970년대 이후 상품, 서비스, 자본, 노동 이동의 국가 간 장벽이 무너지고 세계시장으로 통합되는 경제적 세계화가 진전되기 시작했다. 세계화의 급속한 진전이 복지국가에 본격적으로 영향을 미친 것은 1990년대에 들어서이지만, 1970년대 중반을 전후하여 시작된 세계화의 과정이 복지국가의 위기 및 재편 과정에 영향을 미치는 중요한 외적 요인 중 하나임은 부정할 수 없다. [그림 9-1]에 제시된 것처럼 1970년대 이후부터 경제적 세계화가 진행되고 있고, 특히 1990년대 이후 그 속도가 빨라졌다.

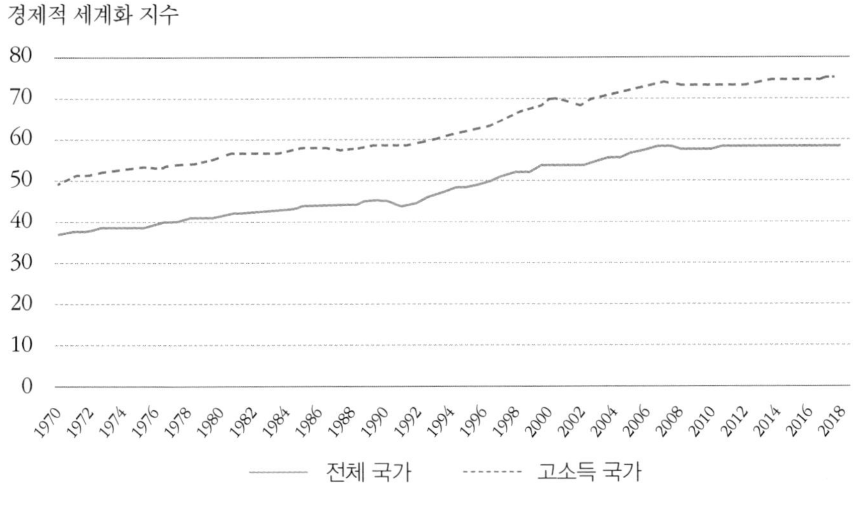

그림 9-1 경제적 세계화 추이(KOF 경제적 세계화 지수)

출처: Gigli, Haelg, Potrafke, & Sturm (2019).

세계화는 다양한 관점과 차원에서 논의되고 있기 때문에 간단히 정의하기 힘든 개념이다. 하지만 공통적으로 ① 지리적 의미의 중요성이 상실되어 국민국가의 영역을 초월한 전 지구적 범위에서 일어나는 현상이고, ② 단일 과정이라기보다는 정치, 경제, 사회, 문화의 각 영역이 상호 간에 기능적으로 연결되고 통합되는 복합 과정이며, ③ 지구적(global), 국가적(national), 국지적(local) 수준에서 질적 변화를 수반하는 다차원적 현상이라는 점이 포함되어 있다(류진석, 2000). 따라서 세계화란 지리적으로 국가 단위의 경제활동 경계가 무너지고 각 경제활동 주체들이 전 지구적 차원에서 상호의존과 통합에 포섭되는 과정이며, 그로 인하여 경제적 영역은 물론 정치, 사회, 문화의 모든 영역에서 인간의 생활이 질적으로 변화되어 가는 일련의 과정으로 이해할 수 있다.

이러한 다양한 속성에도 불구하고 분명한 것은 1970년대 이후에 일어나고 있는 세계화가 신자유주의 이데올로기에 기초하고 있다는 점이다. 신자유주의적 세계화는 시장의 효율성에 대해 절대적 신뢰를 가지고 있으며, 무역의 자유 및 국제 자본의 자유로운 이동, 조세 감면, 경쟁, 공기업의 민영화, 국가 역할의 축소 등을 통하여 시장의 끊임없는 확장과 창조적 파괴를 추구한다(Martin & Schmann, 1998; Pierson, 1999). 그 결과 복지국가는 쇠퇴하여 서구 국가들의 평균적 복지수준이 아닌 가장 낮은 복지수준으로 수렴할 것으로 예측하였다(조영훈, 2000).[1)]

스트라이커(Stryker) 역시 세계화, 특히 경제적 세계화가 복지국가에 미치는 부정적 영향을 다섯 가지로 정리하였다(Stryker, 1998: 8-9). 첫째, 금융의 세계화는 자본에 대한 국가의 의존성을 심화하고, 둘째, 세계화된 금융 및 생산 자본은 자본 이동의 위험을 증가시키고, 셋째, 금융통합은 국민국가가 실업을 줄이기 위해 확장적 경제정책을 추구할 가능성을 줄이고 긴축재정으로 이끈다. 넷째, 세계화로 인한 세

1) 그러나 신자유주의적 세계화가 복지를 후퇴시킬 것인지, 강화할 것인지에 대해서는 여전히 양쪽의 이론과 실증적 근거들이 존재한다(Garrett & Mitchell, 2001; Rodrik, 1998). 또한 이 장의 뒤에서 자세히 논의되는 것처럼 신자유주의적 세계화의 압력에 대해 모든 복지국가가 복지축소의 길을 걸은 것은 아니다. 그러나 신자유주의적 세계화의 압력이 복지국가의 위기 및 재편 방향에 부정적 영향을 미치는 중요한 요인 중 하나임은 부인할 수 없다.

계경제의 통합은 선진 자본주의 국가에서 국내 경제성장과 완전고용 간의 관계를 부정적으로 만든다. 다섯째, 이데올로기적 측면에서 신자유주의의 초국적 확산을 가속화한다.

즉, 신자유주의적 경제적 세계화로 인해 모든 국가가 세계시장에 통합되면서 국가 간 경쟁이 어느 때보다도 치열해졌고, 국가 경쟁력 유지를 위해 노동시장 탈규제, 노동비용의 감축 및 복지비용 축소의 압력이 강해지고 있다. 또한 세계화는 국가나 노동에 비해 자본의 상대적인 힘을 강화하고 국민국가의 정책적 재량권과 노동의 대응력을 약화한다. 이는 전후 복지국가 팽창의 근간이 되었던 노동과 자본 간의 타협 및 협의 구조가 약화되고 있음을 의미한다.

2) 포스트-포드주의 생산체제와 탈산업화

1972~1973년의 단기적 호황은 전후 복지국가가 마지막으로 누릴 수 있었던 경제적 국면이었다. 1973년 중동전으로 인한 석유파동은 이 호황을 파국으로 몰며 1974년 여름 이후 세계 경제를 공황으로 몰고 갔다(Armstrong, Glyn, & Harrison, 1993: 324). 이는 전후 복지국가의 기반이 되었던 케인스주의 경제체제와 포드주의 생산방식의 위기로 나타났다.

전후 복지국가는 케인스 경제학의 원리에 따라 약간의 물가상승을 초래하더라도 재정정책을 통해 완전고용과 높은 경제성장률을 유지할 수 있었다. 하지만 〈표 9-1〉에 제시된 것처럼 1970년대 중반 이후 경기침체에도 불구하고 심각한 인플레이션이 발생하는 스태그플레이션(stagflation)이 지속되었고, 이전 시기에 비해 실업과 인플레이션 그리고 경제성장의 둔화가 한꺼번에 나타났다(김영순, 1996: 121). 특히 1970년대는 이러한 위기에 대한 진단이나 대응책이 구체적으로 제시되지 못한 시기였기 때문에 1980년대보다 더 심각한 상황이었고, 국가마다 상당한 혼란에 직면하였다. 이는 더 이상 케인스주의에 기반한 경제정책으로 해소할 수 없는 새로운 국면이었다.

이러한 현상은 케인스주의 경제정책의 위기는 물론 대량생산-대량소비를 특징

표 9-1 주요 서구 복지국가의 1970년대 중반 경제위기 전후 거시경제지표 (단위: %)

	연평균 실질 GDP 성장률		연평균 물가상승률		연평균 실업률		연평균 노동생산성 증가율	
	1961~1975년	1976~1996년	1961~1975년	1976~1996년	1961~1975년	1976~1996년	1961~1975년	1976~1996년
OECD 평균	4.7	3.0	–	–	4.0	6.8	–	–
스웨덴	4.0	1.6	5.4	7.2	1.9	4.0	3.2	1.1
덴마크	3.8	2.3	8.9	5.9	–	–	4.1	2.6
프랑스	5.1	2.4	5.6	6.2	3.4	7.7	4.8	2.7
독일	2.4	2.5	3.8	3.1	1.5	6.0	4.5	2.5
네덜란드	4.8	2.3	5.5	3.4	2.2	6.8	5.0	1.7
이탈리아	4.9	2.6	6.5	9.9	3.3	9.8	4.0	2.3
스페인	6.7	2.3	8.1	10.3	2.8	16.2	5.1	2.9
영국	2.8	2.4	7.1	7.4	–	9.4	2.6	2.6
미국	3.7	3.2	4.1	5.3	5.1	6.8	2.1	1.4
호주	4.5	3.0	5.1	7.1	2.1	7.8	1.6	1.5

출처: 실질 GDP 성장률 자료는 World Bank(1999)에서, 그 외 자료는 OECD Statistics에서 추출(2020. 12. 추출).

으로 전후 호황을 추동해 왔던 포드주의 생산체제의 위기였다. 제8장에서 살펴본 것처럼 전후 복지국가 황금기 동안 포드주의 생산방식은 생산과 소비의 선순환을 이루었다. 그러나 생산성의 저하, 소비자의 욕구 변화, 국제시장에서의 경쟁력 약화 등 외적 환경이 변화하면서 위기에 적응하기에는 비효율적이었다(김영순, 1996: 121-127; 원용찬, 1998: 87-95; 이종래, 2000: 131-132). 1970년대 중반 이후 소비자들의 기호와 욕구가 다양해졌으며, 시장은 질이 높으면서도 다양한 품종을 소량생산하여 시기적절하게 공급해야 하는 환경으로 변하였다. 이는 소품종을 대량생산하는 기존의 포드주의 생산방식으로는 충족하기 힘든 요구였다. 또한 일국 체계 내에서 국가의 개입에 의해 보호를 받던 생산체계는 세계적 무역 장벽의 해소 가운데 무섭게 성장하는 아시아 등의 신흥공업국들과의 경쟁에서 점차 약자의 위치를 점하게 되었다.

한편, 다품종 소량생산, 유연한 생산체제로 대표되는 포스트-포드주의(Post-Fordism) 생산체제로의 변화는 노동계급의 조직화된 힘을 약화하는 방향으로 작용했다. 기술 발전은 노동자에 대한 수요 감소와 함께 노동시장 유연성에 대한 의존성을 높였고, 노동자들은 전통적 제조업보다는 서비스업에 종사하게 되었다(Mishra, 1990: 38). 이러한 유연적 생산방식으로의 전환은 대규모로 조직화되었던 동질적 반숙련 노동자들이 고숙련 · 고임금의 핵심 노동자 집단과 저숙련 · 저임금의 주변적 노동자로 분화되는 결과를 낳았고, 노동자들의 연대 및 조직화에 장애로 작용했다(김영순, 1996: 30에서 재인용).

1970년대 중반 이후 세계화의 진전과 함께 제조업 부문에서 서비스 부문으로의 산업구조 변화를 의미하는 탈산업화(deindustrialization)가 이루어지기 시작했다. 제조업 부문과 달리 서비스 부문의 일자리는 생산성이 낮고 불안정한 일자리를 제공하는 경향이 있다(Pinch, 1993). 서비스 산업의 급격한 팽창으로 노동시장은 고임금 · 고숙련의 일자리와 저숙련 · 저임금의 불안정한 일자리로 양극화되었으며, 이는 전후 복지국가의 중요한 기반이었던 노동자 간 연대 및 조직화를 약화했다.

제솝(Jessop)은 포스트-포드주의, 탈산업화 등의 특징을 보이는 후기산업사회로 전환되면서 케인스주의에 입각한 전통적 복지국가가 슘페테리언 근로연계복지국가(Schumpeterian Workfare State)로 전환되고 있다고 주장하는데, 슘페테리언 근로연계복지국가는 수요보다는 공급 측면을 중시하고, 국민경제의 구조적 경쟁력 제고를 위해 생산, 노동과정, 조직, 시장의 혁신을 제고하는 한편, 사회복지정책이 노동시장의 유연성과 국제 시장에서의 경쟁력을 위한 비용 부담의 감소와 연결되는 새로운 형태의 복지국가이다(Jessop, 1993).

3) 노동계급의 분화와 전후 합의의 붕괴

복지국가 황금기 동안 지속적으로 증가했던 노동조합의 힘은 1970년대 말 이후 약화되기 시작했다. 앞서 살펴본 것처럼 경제적 세계화의 진전으로 인해 자본의 상대적인 힘이 강해지고, 포스트-포드주의 생산체제, 탈산업화 등 후기산업사회로의 전환 과정에서 노동계급의 분절화(fragmentation) 및 연대의 약화 현상이 나타난 것이다. 이러한 상황은 노동조합 가입률과 파업일수의 변화를 통해 살펴볼 수 있다(Armstrong et al., 1993: 378-387). 예컨대, 미국의 경우 노동조합 조직률이 1970년에는 31%였다가 복지국가 위기 이후인 1985년에는 18%로 감소했다. 반면, 유럽에서는 1970년대에 노동조합원의 비율이 증가하는 추세를 보였으며, 북유럽 국가들의 경우 90%에 육박하는 수준이었다. 하지만 이러한 유럽에서의 증가는 주로 공공 부문 노동자들의 가입이 증가했기 때문이며, 전통적으로 노동조합의 핵심이었던 제조업 부문의 육체노동자들에 의한 증가는 아니었다. 그나마 이러한 유럽의 노동조합원 증가도 1979년 이후 감소하기 시작한다. 1979~1985년에 이탈리아와 영국에서는 노동조합원이 매년 1%가량 감소했다(Armstrong et al., 1993: 378).

노동조합의 영향력 감소는 파업일수에서 보다 명확하게 나타났다. 〈표 9-2〉를 보면, 오일쇼크가 일어난 1970년대 중반까지는 파업일수가 높게 유지되고 있다. 이는 경기침체가 자신들의 취업과 생활수준에 미치는 영향을 최소화하기 위한 것으로 해석할 수 있다. 하지만 영국의 대처(Margaret Thatcher) 정부의 등장을 필두로 미국의 공화당(레이건 행정부), 독일(서독)의 기독교민주연합(콜 수상) 정부 등 우파 또는 중도우파 정권이 집권한 1980년대에는 독일을 제외하면 파업일수가 이전 시기에 비해 상대적으로 낮은 수준을 유지했다. 이 시기에 노동자들은 임금, 잉여노

표 9-2 주요 국가의 파업일수* (단위: 일)

	1967~1971년	1972~1976년	1977~1981년	1982~1987년
미국	165	105	90	28
일본	19	21	5	2
프랑스	350	34	23	13
독일	8	3	8	9
이탈리아	161	200	151	93
영국	60	97	112	88

* 공업 및 수송 분야의 노동자 100명당 연간 평균 파업일수.

출처: Armstrong et al. (1993), p. 379에서 부분 인용.

동자의 퇴직, 작업규칙, 노동자의 재배치 등 생산의 유연성을 늘리는 것과 관련하여 많은 양보를 하게 되었다. 이러한 노동세력의 약화는 조합주의의 중요한 주체였던 노동계급이 약해지면서 협상의 헤게모니가 자본으로 넘어가는 것을 의미했으며, 이는 전후 합의(consensus)가 붕괴되는 중요한 원인으로 작용했다. 즉, 케인스주의 경제원리 대신 통화주의[2] 경제원리가 새로이 영향력을 확산하는 것과 동시에 자본은 국가의 역할과 노동계급의 역할을 축소하면서 새로이 시장의 역할이 강화되는 시대의 흐름에서 막강한 힘을 가진 주인공으로 등장하게 되었다. 이들은 더 이상 복지국가의 황금기와 같은 양보를 할 필요가 없었다.

다음으로 정당 간의 합의, 즉 버츠컬리즘이 붕괴되었다. 이제 우파 정당들은 좌파 정당들과 동일한 노선을 추구하지 않았으며, 시장의 자유와 국가의 역할 축소라는 새로운 정책 노선을 채택하기 시작했다. 우파 정당들은 경제적 위기 속에서 자유시장경제와 작지만 강한 국가라는 슬로건하에서 복지국가를 부정하면서도 집권에 성공할 수 있었다. 카바노(Dennis Kavanah)의 주장처럼 불경기와 경제성장의 둔화는 많은 나라에서 복지 합의에 대한 대중적 지지를 손상시켰으며, 시장의 기능을 강화하고 국가의 개입을 축소하려는 대처 정부의 정책들은 서구 국가에서 반향을 일으켰다(Kavanagh, 1987: 9). 1980년대에는 대부분의 서구 복지국가가 우파 정당의 집권하에서 1970년대 이전의 복지국가와는 다른 정책노선을 지향하고 있었다.

2) 통화주의(monetarism)는 밀턴 프리드먼(Milton Friedman) 등을 중심으로 발전된 경제이론으로, 복지국가 위기 시대 이후 케인즈주의 경제 원리의 대안으로 경제 분야는 물론 정치 · 사회 등 광범위하게 영향을 미쳤다. 케인스(Keynes) 이론과 비교할 때 가장 중요한 특징은 재정정책 대신 통화정책을 통한 통화량 조절을 강조하고 정책수행의 주체로서 정부 대신 정부로부터 독립적인 중앙은행의 역할을 선호한다. 이들은 케인스와는 달리, 통화량의 증가를 수반하지 않는 정부의 소비지출이 물가는 물론 생산량(성장)에도 아무런 영향을 주지 못한다고 주장한다. 또한 화폐의 유통 속도가 일정하다는 점과 장기적으로 통화량의 증가가 물가상승만을 초래한다는 것을 받아들임으로써 그들의 이론적 조상인 고전학파의 '화폐수량설'에 동의하지만, 단기적으로는 통화량의 증가가 경제를 활성화한다고 주장함으로써 차이를 보인다(Buchholz, 1998: 305-330).

4) 인구 · 사회학적 변화와 복지국가의 기능 약화

복지국가의 위기, 특히 재정적 위기를 초래한 중요한 내적 요인으로 인구 및 가족 구조의 변화와 이러한 변화에 대응하는 전통적 복지국가의 기능 약화를 들 수 있다. 잘 알려진 것처럼 1970년대 이후 대부분의 선진 자본주의 국가들은 출산율의 감소와 기대수명의 증가로 인한 급격한 인구고령화를 경험하고 있다. 인구고령화의 지표로 널리 활용되는 노인인구부양비의 추이는 [그림 9-2]에 제시되었다. 세계 모든 지역에서 인구고령화가 급격히 진행되고 있으며, 특히 서구 복지국가들이 포함된 유럽이나 북미 지역은 인구고령화의 수준이 가장 높다. 아시아나 남미 지역의 경우 2020년을 전후한 현재의 인구고령화 수준은 서구 국가들에 비해 낮지만,

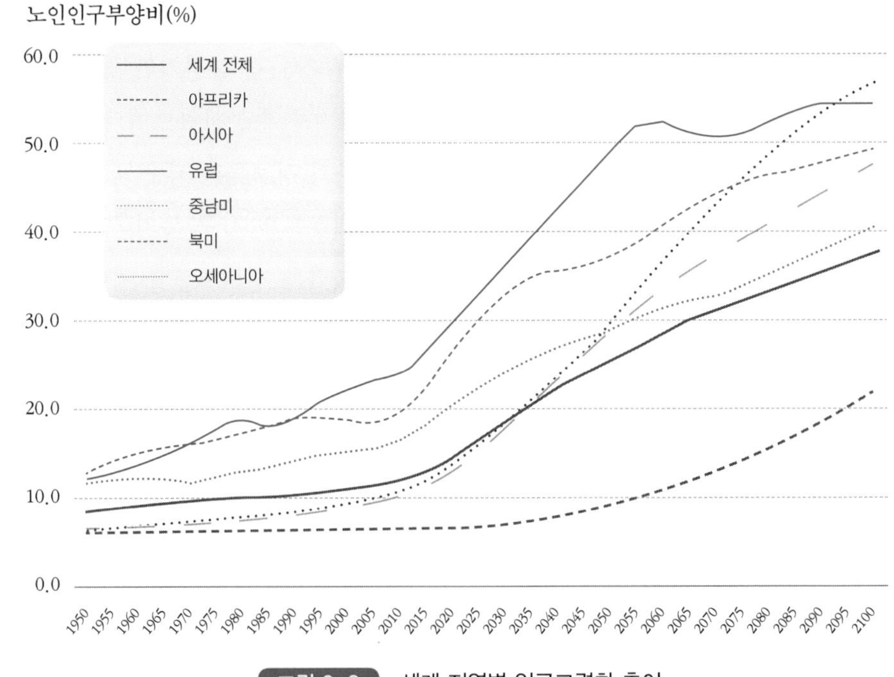

그림 9-2 세계 지역별 인구고령화 추이

주: 노인인구부양비는 생산연령인구(15~64세) 100명에 대한 65세 이상 노인인구의 비를 의미함. 2020년 이후는 추정치임.

출처: United Nations 페이지.

2020년 이후 전망치로 볼 때 증가 속도가 매우 빠름을 알 수 있다.

인구고령화는 복지국가의 재정적 지속 가능성에 엄청난 압력으로 작용하는데, 생산연령인구의 감소는 복지국가의 재정을 지탱할 납세자의 수가 줄어든다는 의미이며, 복지에 대한 욕구가 높은 노인인구가 증가하면 복지 지출이 크게 증가할 수 있기 때문이다. 이미 유럽의 많은 국가는 급격한 인구고령화로 인해 연금제도의 재정적 위기에 직면해 있고, 그 방향과 정도에 있어 국가별 차이는 있지만 연금개혁의 과정에 있다.

또한 가족구조의 변화 역시 복지국가의 위기를 추동한 중요한 내적 요인 중 하나이다. 전후에 형성된 복지국가는 남성 생계부양자 모델(male breadwinner model), 즉 남성이 임금소득자로서 가족을 위한 임금을 벌고 여성은 가정 내에서 무급으로 돌봄 또는 가사 노동을 제공하는 가족모델의 규범을 바탕으로 형성되었다. 한부모가구 및 1인 가구의 증가, 이혼 및 혼외출산의 증가, 거주형태의 변화 등 가족구조의 변화는 전통적 복지국가가 대응하기 어려운 새로운 욕구들을 만들어 내고 있다. 또한 여성 경제활동 참가의 급격한 증가는 과거 여성이 주로 담당하던 돌봄 노동을 사회화해야 하는 새로운 욕구를 창출했다(Bonoli, 2005; Taylor-Gooby, 2004).

즉, 인구고령화, 가족구조의 변화 등 1970년대 이후 가속화된 인구 · 사회학적 변화는 새로운 사회적 위험과 욕구를 만들어 냈고, 남성 생계부양자 모델에 기반하여 형성된 전통적 복지국가는 이러한 변화에 제대로 대응하기 어려운 한계를 보이기 시작했다. 이는 복지국가의 기반을 침식하는 중요한 내적 요인으로 작용했다.

2. 복지국가 위기의 내용

앞서 살펴본 케인스주의 경제체제와 포드주의 생산체제의 붕괴, 탈산업화 등 후기산업사회로의 이행, 노동계급의 분절화 및 약화, 전후 합의의 종언, 인구 · 사회학적 변화 등 변화하는 환경은 제2차 세계대전 이후 1960년대까지 전성기를 구가하던 복지국가에 여러 가지 문제를 초래하였다. 그중에서도 자주 언급되는 것으로는 재정 위기, 정당성 위기, 정부 부문의 비효율과 경직성과 같은 정부의 위기 등이 있다.

1) 재정 위기

경제사정의 악화는 복지국가의 재정 위기를 초래하기 시작했다. [그림 9-3]에는 1970년 이후 주요 서구 국가의 정부 부채 추이가 제시되어 있다. 국가별로 정도의 차이는 있지만, 대체로 1970년대 중반 이후 GDP 대비 정부 부채의 비중이 크게 증가하는 추세를 보이고 있음을 알 수 있다. 또한 재정수지의 악화에 따른 적자 부문을 대부분 국채발행을 통해 보전해야 했고, 이자 지불이나 상환을 위한 국채비용의 증대를 야기하여 재정 및 재정정책의 경직성을 초래하였다(원용찬, 1998: 105).

주목할 점은 대부분의 복지국가에서 이러한 재정적자 누적의 원인으로 국방비와 함께 과잉팽창한 사회복지비를 제시하였다는 점이다. 이러한 재정적자는 이후

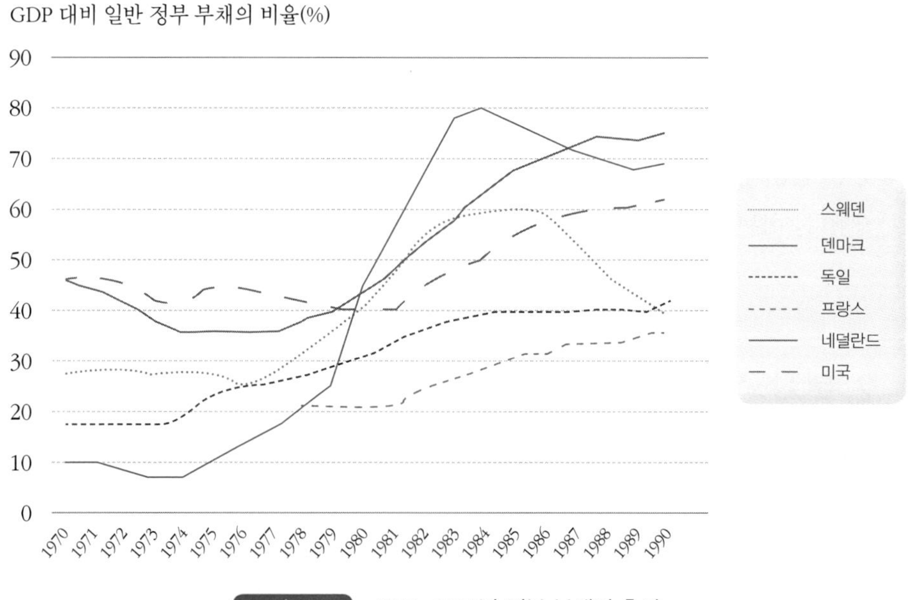

그림 9-3 1970~1990년 정부 부채의 추이

출처: IMF World Economic Outlook (WEO) Database.

복지국가들이 복지비 축소 움직임과 더불어 작은 정부를 지향하게 한 주요 이유라고 할 수 있다. 하지만 복지국가의 정치구조는 정부의 복지 지출의 삭감을 통한 재정적자 해소를 어렵게 했다. 정치적으로 복지혜택 감소에 대한 국민들의 저항이 있었으며, 선거 민주주의는 이러한 상황에서 취약성을 드러내곤 했다. 또한 경제적으로 침체 국면에 들었기 때문에 세수 증대를 통한 균형재정의 유지도 어려운 상황이었다. 결국 많은 국가는 사회복지 예산 마련을 위해 적자재정을 편성해야 했으며, 이는 재정 위기의 악순환 고리를 만들었다(김태성, 성경륭, 1993: 252-253).

2) 정당성 위기

복지국가의 위기 중에서 재정 위기와 함께 지적되는 가장 대표적인 위기는 복지국가의 정당성 위기(legitimation crisis)이다(Merrien, 2000: 159-160). 이러한 정당성의 위기는 복지국가가 의회주의와 복지정책을 통해 자본주의의 폐해를 해소하고 사회적 정의를 달성할 수 있다는 믿음의 상실을 의미했다.

복지국가의 가장 큰 이념적 틀은 국가를 통한 평등의 추구였고, 복지국가 황금기를 경험하면서 빈곤과 불평등이 다소 해소된 것은 사실이었다. 하지만 사회적 갈등 요인으로서의 불평등은 여전히 존재했으며 복지제도를 통한 분배가 계급 간의 수직적 분배보다는 계급 내의 수평적 재분배였다는 사실이 드러나면서, 누진적 세제와 보편적이고 평등지향적인 사회서비스라는 것이 매우 과장된 것이었다는 비판이 점차 확산되어 갔다(Mishra, 1984: 37-38).

이러한 정당성의 위기는 다음과 같은 세 가지 반응, 즉 복지국가에 대한 여론의 악화, 사회민주당과 노동당 등 좌파 정당에 대한 지지 감소, 조세에 대한 저항으로 나타났다(Pierson, 1991: 155-157). 영국의 경우 1964년에는 77%가 사회복지 지출 확대에 찬성했지만 1969년에는 43%로 줄어들었다. 국민보건서비스(National Health Service: NHS) 확대에 대한 지지도는 1963년에 41%이다가 1978년에 20%로 하락하였다(Harris & Seldon, 1979). 심지어 노동계급은 더 이상 복지권과 사회권에 강한 애착을 가지지 않는다거나 공공급여에 대한 의존자로서 규정되는 것에 대하여 적대감을 표현하기도 했다(Selbourne, 1985: 117). 물론 이러한 여론의 악화는 경기침체, 복지 프로그램의 오용과 남용, 경제적 풍요 과정에서의 사회적 결속력 약화 등 다양한 요인의 영향으로 볼 수 있다(김태성, 성경륭, 1993: 254). 그럼에도 불구하고 여론의 상당 부분은 정부와 사회복지에 대한 비판으로 모였다고 할 수 있다.

여론의 악화는 사회민주주의 정당들에 대한 지지의 하락으로 나타났다. 1975년에서 1982년 사이에 영국, 미국, 독일(서독)에서 우파 또는 중도우파 정당이 집권하게 되었고, 사회민주당이 오랫동안 강력한 영향을 행사해 왔던 덴마크, 스웨덴, 노르웨이에서도 좌파 정당이 선거에서 패배하였다. 1970년대와 1980년대는 보수주의가 역사의 주인공으로 다시 등장하는 시기라고도 할 수 있다. 다른 한편으로, 여론의 악화는 세금 증가에 대한 저항으로 나타났다. 경제적 침체기에 조세의 수준을 넘어 지출되는 복지에 대한 반대 여론이 추가적 조세 부담에 대한 저항으로 나타난 것이다(Pierson, 1991: 156-157).

3) 정부의 위기

정부의 위기는 국가 부문의 과대성장으로 인한 비효율 및 경직성 그리고 과부담(overload)의 문제이다. 우선, 복지국가의 황금기에 대규모로 팽창한 국가 부문은 그 자체가 거대한 관료기구가 됨으로써 유연성과 효율성을 상실하고 말았다. 또한 복지 서비스에 대한 독점성은 경쟁원리의 부재로 인하여 합리성과 효율성을 추구할 수 있는 내부 혹은 외부의 자극이 부재한 상태에서 관료조직이 계속해서 자기증식을 하고 비대해지게 하였다. 이러한 비효율성과 경직성은 적재적소에 적정량의 재원을 투입하는 것을 어렵게 하였고, 서비스 영역에 따라 과잉 및 과소 문제를 야기했으며, 정부의 지출에 비하여 효과는 상대적으로 미흡한 문제점을 노출시켰다(김태성, 성경륭, 1993: 251).

또한 복지국가의 팽창은 경제와 국가의 과부담으로 나타났다. 경제가 호황일 경우에는 문제가 되지 않을 수 있지만, 경제가 침체되고 스태그플레이션이 나타나자 복지국가를 위한 재정의 팽창과 국가의 다양한 개입활동은 경제 및 국가 시스템 전반에 큰 부담으로 작용하였다. 복지국가 비판자들은 이러한 정부의 과다 지출이 민간 부문의 투자 감소, 공공 부문으로 인한 생산 부문의 노동력 감소, 저축의 감소 등 경제를 둔화하는 방향으로 작용했다고 주장하였다. 비록 이러한 주장에 모두가 동의하는 것은 아니며 실증적인 증거들 역시 혼재되어 있지만, 이미 위기 국면으로 접어든 경제상황을 고려할 때 완전히 부정하기는 힘든 것이었다.

3. 복지국가의 재편: 1970년대 중반~1990년대

앞에서 살펴본 복지국가의 위기의 원인과 내용에 대한 대응으로 복지국가의 재편(restructuring)이 시작되었다. 그러나 복지국가에 대한 가혹한 공격과 비판에도 불구하고 신우파가 주장하는 것처럼 복지국가의 급격한 축소 및 해체(dismantling)는 나타나지 않았다(Gough, 1979; Pierson, 2001). 복지국가 위기 이후인 1980년대부터 복지제도의 내용 및 양적 측면에서 많은 변화가 있었고, 주로 복지국가의 축소 경향을 띤 것은 사실이지만, 국가별로 각자의 정치 · 경제 · 사회적 조건과 맥락에 따라 재편의 모습은 상이하게 나타났다. 이러한 의미에서 복지국가의 해체보다는 새로운 정치 · 사회 · 경제적 환경에 적응하기 위한 재편 과정으로 이해할 수 있을 것이다. 이 절에서는 복지국가의 위기 직후인 1970년대 중반부터 1990년대까지의 시기와, 1930년대 대공황 이후 가장 심각한 경제위기로 일컬어지는 2000년대 중반의 세계 금융위기 이후의 시기로 나누어 복지국가의 재편 과정을 살펴볼 것이다.

1) 사회복지 축소의 경과

1970년대 후반부터 신자유주의 · 신보수주의 정부가 들어선 미국과 영국을 중심으로 사회복지제도의 감축을 위한 정책 기조가 강하게 나타났다. 다른 서구 복지국가들 역시 경제위기 이후 사회민주당 등 좌파 정부가 물러나고 우파 · 중도우파 정부가 들어서기도 하면서 복지국가 감축에 대한 흐름들이 있었다. 이 시기 사회복지 축소의 흐름을 복지의 삭감과 지출 구성의 변화, 시장 기능의 강화(민영화 및 규제 완화), 지방정부의 역할 변화 등을 중심으로 살펴본다.

(1) 복지의 삭감과 지출 구성의 변화

① GDP 대비 지출비율의 증가와 증가율의 감소

영국에서 대처 정부가 집권한 이후 세계적으로 복지 축소의 움직임이 있었고, 그 중심에는 사회 부문에 대한 지출, 즉 복지예산의 감소가 있었다. 하지만 사회지출의 절대액은 지속적으로 증가하였다. 〈표 9-3〉에서 볼 수 있듯이 공공지출이 경제위기 직후인 1980년에 잠시 감소했다가 1990년대에 다시 증가하고 있고, 사회지출은 1980년대 이후에도 증가 경향이 지속되어 왔음을 알 수 있다. 이는 복지국가가 가지고 있는 프로그램 중심의 실용적 성격으로 복지에 대한 이데올로기가 변

표 9-3 GDP 대비 공공지출과 사회지출의 비율 (단위: %)

	공공지출				사회지출			
	1960년	1975년	1980년	1990년	1960년	1975년	1980년	1990년
OECD	28.5	38.0	37.1	39.1	10.1	18.1	19.6	21.5
덴마크	24.8	48.2	56.2	58.3	9.0	24.2	26.8	27.8
프랑스	34.6	43.4	46.1	49.8	13.4	17.7	22.5	26.5
독일	32.0	48.9	47.9	45.1	18.1	26.2	25.7	23.5
그리스	17.4	26.7	33.1	53.3	7.1	8.6	11.1	20.9
이탈리아	30.1	43.2	41.9	53.2	13.1	21.0	21.2	24.5
네덜란드	33.7	55.9	54.9	54.1	11.7	29.6	28.3	28.8
스페인	13.7	24.7	32.2	41.8	7.8	11.8	16.8	19.3
스웨덴	31.1	48.9	60.1	59.1	10.8	21.2	25.9	33.1
영국	32.6	49.6	43.0	39.9	10.2	15.6	16.4	22.3
미국	27.8	43.6	31.8	33.3	7.3	14.5	13.4	14.6

출처: George (1996)의 〈표 1-2〉와 〈표 1-5〉을 재구성.

화하더라도 급격한 복지의 변화는 기대하기 어렵고, 복지국가가 발전하면서 만들어지는 수급자 집단, 복지공급자 집단 등 다양한 이해관계자(stakeholders)의 존재로 인해 복지의 급격한 감축이 어려워지는 복지국가의 불가역성으로도 설명할 수 있다(Mishra, 1990: 103-119).

그러나 사회지출의 증가율은 복지국가 황금기에 비하여 감소하는 추세를 보였는데, OECD 전체의 평균 사회지출을 살펴보면 1975년을 기준으로 이전 15년과 이후 15년의 증가율이 각각 8.0%p와 3.4%p로 확연한 감소세를 보인다. 또한 독일, 네덜란드, 미국 등 일부 국가들의 경우 1975년에서 1980년 사이 GDP 대비 사회지출의 비중이 감소하는 등 복지국가 황금기와는 다른 양상을 보였음을 알 수 있다.

② 복지급여의 삭감

비록 복지국가의 사회지출 비율이 심각하게 축소되지는 않았다 하더라도 개별제도나 프로그램에 있어서는 여러 형태의 삭감이 있었다. 〈표 9-4〉에 제시된 것처럼 급여수준의 감소, 공공서비스의 배제, 물가상승의 반영이 미흡하여 실질급여가

표 9-4 OECD 국가의 복지급여의 삭감

급여 형태	변경사항	해당 국가
노령연금	퇴직 연령을 높임	영국, 뉴질랜드, 이탈리아, 일본
	완전연금수혜자격 기간의 증가	프랑스, 포르투갈, 아일랜드, 핀란드
	인플레이션에 연동 급여 인상의 근거 마련	영국, 프랑스, 스페인
	연금의 소득 심사	오스트리아, 프랑스, 호주
장애연금	보다 엄격한 장애(무능력) 심사	영국, 미국, 네덜란드, 노르웨이
	새로운 기간 제한, 급여 축소	영국, 미국, 네덜란드
실업보상	급여기간 축소	벨기에, 영국, 덴마크, 미국
	급여수준 감소	독일, 아일랜드, 뉴질랜드, 스위스
	자격 축소	네덜란드, 영국, 벨기에
가족, 아동 관련 수당	실질 가치 감소 혹은 자격 축소	영국, 스페인, 네덜란드

출처: Pierson (1999), p. 254.

제한되고, 엄격한 자산조사나 자격기준의 강화로 인하여 서비스 및 급여에 대한 접근이 더욱 힘들어졌으며, 수급자들은 혜택에 대하여 더 많은 지불을 해야 하는 상황이 되었다(Pierson, 1999: 253-254). 이러한 급여의 감소는 사회복지예산 증가율이 감소한 상황에서 모든 분야에서 일어나는 것은 아니었다. 한편으로는 선별주의에 입각하여 자산조사 등을 근거로 급여대상과 급여를 잔여화(residualization)하면서, 다른 한편으로는 근로연계복지를 강화하는 방향으로 조정이 일어났다(류진석, 1999).

이러한 흐름은 보편적이고 관대한 복지국가의 전통이 상당 부분 남아 있고 신자유주의적 정책 기조에 대한 견제와 반발이 강한 북유럽 국가들에서도 나타났다. 스웨덴을 예로 들면, 복지국가 위기 이후에도 복지에 대한 미세조정(fine-tuning)이 이루어졌을 뿐 사회민주주의적 복지국가의 근간을 유지하고 있다는 평가가 일반적이다. 그러나 스웨덴 역시 신자유주의적 세계화의 흐름에서 적지 않은 변화를 겪은 것이 사실이다(안상훈, 1999).[3]

1990년대 초반의 극심한 경제위기와 1991년 사민당의 선거 패배로 스웨덴의 사회보장 모델은 다양한 공격을 받게 되었다. 집권에 성공한 우파 연립정권은 다양한 부문에서 복지의 축소를 달성했다. 〈표 9-5〉를 보면 아동수당과 같이 사회복지가

표 9-5 1991~1994년 우파 정권기의 복지 변화 (단위: %)

제도	변화내용
산재보험	산재 개념 축소, 질병보험과 지급대체율 연계(영구재해만 100% 임금보상)
질병보험	1991년부터 첫 결근일 대체율 감소
실업보험	1993년 소득대체율 하향조정(90% → 80%), 5일간의 대기 기간 도입
부모보험	1994년 정액제 폐지, 소득대체율 감소(80%로 조정)
아동보호수당 (3세 이하 아동)	1990~1991년 수당액 증액
주택수당	소득확인절차 생략

출처: 안상훈(1999), pp. 229-232 요약.

3) 이하 스웨덴의 변화에 대한 내용은 안상훈(1999)의 일부 내용을 바탕으로 요약 · 정리하였다.

확대되는 경우도 있었지만, 대체로 급여자격, 소득대체율 등이 하향 조정되는 경향을 보였다.

한편, 1994년 선거에서는 다시 사민당이 집권하게 된다. 하지만 전반적 경제위기와 정부재정의 악화로 인하여 공산당을 제외한 모든 정파가 복지급여 축소와 세금의 인상을 추구하였다. 제도 변화의 주요 내용을 살펴보면 사민당의 집권에도 불구하고 우파 정권의 복지 삭감 경향에 대한 극적 반전은 생각만큼 이루어지지 않았다. 오히려 많은 사회복지정책 분야에서 자격기준의 강화, 급여의 소득대체율 감소, 소득조사 실시, 소득비례부분의 도입 등 전반적으로 보편주의적 원칙이 훼손되거나 소득비례의 원리와 같은 시장의 원칙들이 확산되었다. 또한 실업보험의 경우처럼 적극적 노동시장정책과의 연계 강화를 강조하였다.

스웨덴의 예는 비록 서구의 다른 국가들과 비교하여 여전히 국가의 역할과 시장에 대한 통제가 상대적으로 많이 남아 있음을 보여 줌에도 불구하고 신자유주의적 세계화 시기의 복지국가 축소에 있어서 좌파 정권이든 우파 정권이든 정책적 유사성이 있음을 보여 준다. 이러한 공통성은 영국에서도 나타나고 있는데, 사적 소유경제의 확대, 높은 경제성장률의 추구, 완전고용보다는 물가안정 추구 등에 있어서 보수당과의 정책노선 차이는 블레어(T. Blair, 노동당) 정부의 등장에도 불구하고 현격히 줄었다(박순우, 1999; George & Miller, 1993).

이러한 현상은 복지국가 황금기의 복지 확대 과정에서 좌파와 우파의 구분이 없었던 것과 비교하면 복지 확대에서 복지 감소로 내용이 변한 일종의 '역(逆) 버츠컬리즘'이라고 할 수도 있을 것이다. 노선 간의 공통성을 지적하는 것은 노선 간에 존재하는 차이가 없다는 것을 의미하지는 않는다. 하지만 좌파와 우파의 어느 노선이든 확대지향적 복지국가보다는 '감당할 수 있는 복지국가(the affordable welfare state)'를 추구하고 있다는 점에서 동일하다. 그리고 감당할 수 있는 복지국가의 추구가 신자유주의적 세계화 추세 속에서 복지의 감소 내지는 시장과 조응하는 방향으로의 제도적 재편을 주요 내용으로 삼고 있다는 점 또한 현실적인 공통점이다 (George & Miller, 1993).

③ 급여의 잔여화

복지급여의 잔여화는 자산조사(means-test)를 통해 복지 욕구가 가장 큰 대상자에 한정하여 꼭 필요한 정도의 급여수준을 제공하는 것이다(류진석, 1999). 〈표 9-6〉을 보면 1980년대 이후 사회부조의 지출 비중이 꾸준히 증가한 것으로 나타났다. 특히 제8장에서 제시한 에스핑-안데르센(Esping-Anderson)의 복지국가 유형 중 전통적으로 개인의 자유와 시장의 자율성을 강조하는 이데올로기를 가진 자유주의 국가들이 상대적으로 높은 비율을 보였으며, 증가율 또한 세 배 이상 높게 나타나고 있다.

또한 〈표 9-7〉에 제시된 자산조사형 복지 수급자를 보면, 영국은 1980년에 9.2%

표 9-6 사회보장 대비 사회부조 지출 추이 (단위: %)

	1980년	1985년	1990년	1991년	1992년	1980~1992년 증가율
프랑스[1)]	3.5	5.2	6.5	6.5	6.4	2.9
독일	7.1	11.0	11.9	–	–	4.7[2)]
스웨덴	4.6	6.7[3)]	5.4	6.3	6.7	2.1
영국	21.9	30.2	30.9	30.8	33.0	11.1
미국	29.3	32.7	32.8	36.5	39.8	10.5

주: 1) 범주적 사회부조에 대한 수치로서 사회부조 지출이 낮게 추정됨.
2) 1990년까지의 증가율.
3) 1986년임.
출처: Kalisch, Aman, & Buchele (1998): 류진석(1999), p. 42에서 재인용.

표 9-7 자산조사형 복지 수급자의 규모 (단위: %)

구분		프랑스	독일	영국
전체 인구 대비 수급자 비율	1980년	7.6	1.7	9.2
	1993년*	9.9	4.1	19.2
수급자 증가율(1980~1993년)*		27.0	142.0	88.0
연평균 수급자 증가율(1980~1993년)		1.9	7.6	5.0

* 독일의 경우에는 1992년임.
출처: Evance (1996): 류진석(1999), p. 42에서 재인용.

에서 1993년에 19.2%로 증가하였고 미국도 같은 기간에 7.6%에서 9.9%로 증가하였다. 프랑스 및 영국과는 다른 유형의 복지국가로 분류되는 독일은 전체 비율이 여전히 1993년 기준 4.1%로 낮지만 수급자의 증가율은 매우 높게 나타났다. 이렇게 사회부조와 자산조사형 수급자 비율이 증가하는 경향은 연금과 수당(allowance) 제도 같은 보편주의적 프로그램의 급여 대상자 및 급여요건이 제한되고 엄격해지는 것과 대조를 이룬다. 요컨대, 1980년대 이후 사회복지 프로그램이 보편주의적 사회보험보다는 엄격한 선별주의를 기초로 하면서 목표 효율성(target efficiency)을 높일 수 있는 사회부조가 강조되었음을 알 수 있다.

④ 활성화: 근로연계복지, 일을 통한 복지, 적극적 노동시장정책

1970년대 이후 경제적 세계화와 후기산업사회로의 전환 속에서 저성장, 일자리 감소, 노동시장의 유연화, 양극화 및 불안정성 강화, 실업률 증가와 장기실업률 심화 등의 다양한 문제가 나타났다. 이러한 환경변화에 대응하기 위한 방법으로, 특히 1990년대 이후 대부분의 서구 복지국가에서 유급고용 및 노동시장 통합을 강조하는 활성화(activation)의 경향이 강하게 나타나기 시작했다(Bonoli, 2010).

활성화 전략은 근로연계복지(workfare), 일을 통한 복지(welfare-to-work), 적극적 노동시장정책(active labor market policy) 등을 포함하는데, 고용 극대화라는 목표는 동일하더라도 국가별로 활성화 전략의 강조점이 다르게 나타난다(Kildal, 2001). 예컨대, 미국의 근로연계복지와 영국의 '일을 통한 복지'는 급여 수급자의 근로 의무를 강조하고 강한 조건과 제제 부과를 특징으로 한다. 특히 미국식 근로연계복지는 공공부조 급여수준을 위해서는 저임금의 불안정한 일자리에서 일을 해야만 하며, 노동시장 통합을 위한 직업 훈련 등의 수단이 거의 활용되지 않는다.

1996년 클린턴 정부하에서 이루어진 복지개혁에 의해 미국의 대표적 공공부조제도인 AFDC(Aid to Families with Dependent Children)가 TANF(Temporary Assistance to Needy Families)로 전환되었다. 새롭게 도입된 TANF는 근로활동 참여를 강제하고 수급기간을 최대 60개월로 제한하는 등 강력한 조건 및 제제를 부과하였다. 또한 TANF 수급자들은 대부분 매우 불안정한 저임금 일자리에 고용되어 있었고, 그나마

도 탈수급 후 장기적인 고용유지 효과는 매우 제한적인 것으로 나타났다. 1997년에 집권한 영국 노동당 블레어 정부 역시 '제3의 길'이라는 정책 기조하에 복지에 대한 의존을 종식하고 공공 부문과 민간 부문의 새로운 파트너십을 강조하는 '뉴딜(New Deal)' 정책을 실시하였다. 이 시기에 도입된 '일을 통한 복지' 전략은 청년실업자, 장기실업자, 한부모 및 장애인의 노동시장 통합을 강조하였다. 미국의 근로연계복지에 비해 직업훈련 등 다양한 옵션이 존재했으나, 급여 수급을 위해 근로를 강제한다는 점, 강력한 제재가 부과된다는 점 등은 유사하였다.

한편, 스웨덴 등 북유럽 국가들은 전통적으로 근로우선, 노동시장 통합을 강조하였다. 그러나 활성화 전략의 방향성 및 내용은 미국, 영국 등과 매우 상이한데, 실업자의 고용 가능성을 높이기 위해 인적자본투자 및 '괜찮은(decent)' 일자리 제공에 대한 사회적 책임을 강조한다(Taylor-Gooby, 2004). 이 국가들에서는 직업훈련, 고용서비스, 일자리 창출 등 적극적 노동시장정책을 중심으로 활성화 전략이 이루어진다.

〈표 9-8〉에는 1960년대부터 1990년대까지 GDP 대비 적극적 노동시장정책의 지출 추이가 제시되어 있다. 고용을 최우선으로 하는 활성화 경향이 나타나면서 많은 서구 복지국가에서 적극적 노동시장정책 지출 수준이 지속적으로 증가하는 추세임을 알 수 있다. 또한 인적자본 강화와 괜찮은 일자리 창출을 강조하는 스웨덴 등 북유럽 국가의 경우 적극적 노동시장정책 지출이 매우 높고, 근로참여에 대한 강제와 조건 부과를 강조하는 미국, 영국의 경우 적극적 노동시장정책 지출의 비중이 상대적으로 낮은 편이다.

표 9-8 GDP 대비 적극적 노동시장정책의 지출 추이 (단위: %)

구분	1965~1969년	1970~1974년	1975~1979년	1980~1984년	1985~1989년	1990~1994년
독일	0.33	0.63	0.81	1.00	1.11	1.16
스웨덴	0.95	1.40	1.75	1.94	1.81	2.30
프랑스	0.30	0.42	0.88	1.10	1.43	0.92
영국	0.15	0.18	0.53	0.79	0.86	0.48
미국	0.15	0.18	0.38	0.23	0.21	0.20

출처: 류진석(1999), p. 43에서 재인용, 1990~1994년 자료는 OECD Statistics에서 추출.

⑤ 감세정책

미국과 영국 등 신우파 정부가 들어선 국가들은 경제 활성화를 위해 다양한 감세정책을 펼쳤다. 이는 공급 측면(supply-side)의 경제 정책의 일환이었다. 1980년대 미국 레이건 행정부의 경우 최고소득세율을 70%에서 33%로 내렸고, 영국의 대처 정부는 83%에서 40%로 내렸다. 조세 삭감의 압력은 주로 고소득층과 부유층으로부터 제기되었다. 이러한 전반적 감세는 노동자들의 실질임금을 상승시켜 임금 인상 요구를 약화할 수 있게 됨으로써 전체적 노동비용의 증가를 둔화하는 효과가 있었다. 또한 감세는 복지에 필요한 재정 능력을 제한하는 효과가 있기 때문에 전반적 급여 축소의 방향과도 합치되는 것이었다. 하지만 정치적으로 일정 수준 이상으로 복지국가를 공격하기 힘들기 때문에 조세 부담의 대폭적 삭감은 오히려 재정적자의 위험을 증가시킬 수 있고, 이러한 이유로 극단적 감세정책은 배제되기도 하였다(Armstrong et al., 1993: 448).

(2) 시장 기능의 강화: 민영화와 규제 완화

시장 기능을 강화하기 위한 신우파의 대표적인 수단은 민영화(privatization)와 규제 완화(deregulation)였다. 민영화란 어떠한 활동이나 재산의 소유에 있어서 정부의 역할을 줄이거나 민간 부문의 역할을 증진하는 활동을 말한다(Savas, 1987: 3). 이러한 민영화는 크게 재정의 민영화와 운영(서비스 공급 등)의 민영화로 구분할 수 있다. 따라서 사회복지의 민영화란 사회복지와 관련된 국가활동의 축소와 민간 역할의 증대를 의미한다(손병돈, 1994). 이러한 민영화는 민간 부문의 활동 영역을 증진시키는 것이 비효율적이고 경직적인 정부의 실패를 극복하고 효과성, 생산성, 소비자의 선택과 자유를 높이고 국가재정을 호전시킬 것이라는 기대 때문에 이루어졌다.

사회복지 분야에서의 민영화는 민간 부문의 서비스 이용 장려, 예산의 축소에 따른 보조금의 삭감, 이용자들의 부담 증가의 형태로 나타났다(박광준, 1992; Mishra, 1990: 23-26). 대표적인 예로 영국의 경우 대처 정부가 집권한 이후 사회복지서비스, 사회보험, 교육, 보건의료, 주택 등의 다양한 분야에서 이루어졌다. 의료 분야의 경우 지방 보건의료부에 세탁, 급식, 청소 등의 서비스를 민간회사에 위탁하도록 장려했다. 특히 민간의료보험을 장려했는데, 세금 우대조치와 NHS와의 연계조치를 취하여 NHS 환자를 의뢰하고 경비를 지급했다. 이러한 조치로 인해 이용자의 부담이 증가하여 NHS의 예산에서 1979년까지 약 2.2%이던 자기부담이 1983~1984년에 3.0%로 상승했다. 주택 분야의 경우 공영주택을 매각하고 주택보조금을 삭감했으며 주택서비스의 잔여화가 이루어졌다(박광준, 1992). 연금 또한 민간 부문과 기업 부문의 보충(supplements)연금을 고무했으며 상병급여(sickness benefit)도 국민보험(national insurance)에서 고용주들의 관할로 이전되었다(Mishra, 1990: 24).

규제 완화는 산업운영에 관한 정부의 규제를 감소 혹은 제거하는 것으로서 1980년대의 강력한 경향 중 하나였다. 규제 완화는 당국에 의한 기준·지침 등의 통제에서 벗어나 민간의 자율성을 증진하는 데 목적이 있지만, 민간의 자율성 확보라는 명분으로 정부의 책임 감소를 의도했다고 할 수 있다.

이러한 경향은 임금 부분에서 잘 나타나고 있다. 임금하락을 위한 최대의 유연성 확보는 생산성이 최저임금보다 낮은 사람들로 정의되는 한계계층 사람들에게 일자리를 줄 수 있는 최선책으로 인식되기도 했다(Merrien, 2000: 174). 대처 정부의 경우 저임금 및 비조직 노동자를 보호하는 정책 대신에 규제 완화를 택하였다. 약 300만 명의 노동자들에 대하여 최저임금을 규제하던 임금위원회(wage council)들이 규제 완화와 함께 약화되면서 사실상 영국의 저임금 노동자들은 국가의 보호와 법적 최저임금 중 어느 것도 보장받을 수 없었다.

(3) 지방정부의 역할 변화

1980년대 신우파가 정부의 역할을 축소시키기 위해 한 조치 중의 하나는 지방정부의 역할을 조정하는 것이었다. 이러한 조정의 경향은 크게 지방정부의 역할을 감소시키고 중앙집권화(centralization)하는 방법과 중앙정부의 기능을 약화하고 지방정부의 역할을 강화하는 상반된 모습으로 나타났다.

영국의 경우 지방정부의 억제 혹은 통제는 크게 다음과 같은 형태로 나타났다(현외성, 1992: 42-43; Midwinter, 1994: 147-148). 지방정부의 각종 비용을 감소시키고 지방정부의 각종 권한, 특히 런던과 같은 거대 도시에 대한 도시행정과 정책을 중앙정부가 직접 관장함으로써 지방정부의 권한을 약화시키려고 하였다. 하지만 이러한 대처 정부의 조치가 세계적으로 일반적인 것은 아니었다. 미국의 레이건 행정부는 영국과는 다른 모습을 보였다. 레이건 행정부는 신연방주의를 통하여 중앙정부의 책임으로 되어 있던 수많은 사회복지 프로그램을 주정부 및 지방정부에 이양시키는 작은 정부를 지향하였다. 이러한 국가 기능의 축소와 지방정부의 강화는 일본에서도 유사하게 나타났다(현외성, 1992: 43). 오히려 대부분의 복지국가들은 정부의 기능을 축소하는 대신 지방정부와 민간 부문의 기능을 강화하는 것이 좀 더 일반적인 경향이었던 것으로 생각된다.

대처 정부처럼 지방정부의 역할을 약화시키면서 중앙정부의 상대적 영향을 강화하려는 이유는 선거제도와 노동조합 혹은 노동당과의 역동성에서 찾아야 할 것으로 보인다. 미드윈터(Midwinter)가 암시하듯이 지방정부가 노동자들의 활동이 강력한 노동조합의 세력하에 놓이게 될 때 공공 부문의 재정지출이 늘어나는 것을 피하기 힘들었다(Midwinter, 1994: 147-149). 따라서 대처 정부는 지방정부를 노동조합의 영향력보다는 자신들이 집권한 중앙정부의 관할하에 위치하게 해야 할 필요성이 있었다는 측면에서 미국 등과는 상이한 형태를 보였다고 할 수 있다.

2) 재편의 결과와 사회복지의 변화

신우파의 등장으로 인한 복지 감축 노력은 처음 의도했던 만큼 성공적이지는 못했다. 하지만 결과적으로 1980년대 복지의 확장 추세가 분명하게 꺾이고 제도와 프로그램에 따라 그리고 국가에 따라 다양한 형태로 복지국가가 위축되고 재편된 것은 분명하다. 이러한 재편의 결과는 앞에서 이미 살펴본 것처럼 다음과 같은 몇 가지로 정리할 수 있다. 즉, 복지예산과 중요성이 절대적 수준에서는 줄지 않았고, 복지주체가 다양해졌으며, 계급관계의 변화와 불평등의 심화 현상이 나타났다(김영순, 1996; Mishra, 1990; Pierson, 1991; 1999).

우선, 복지국가의 불가역성 테제(irreversibility thesis)는 신우파의 복지국가 축소 노력에도 불구하고 복지국가가 건재하였다는 점을 강조한다. 복지국가들은 많은 경우 전통적 복지기능을 계속해서 수행했다. 이러한 면에서 본다면, 1980년대의 복지국가에 대한 신우파 정책은 재편의 완결이 아니었다. 오히려 1990년대 이후에 더욱 가속화되는 재편 과정의 시작이었다고 보는 것이 옳을 것이다. 앞의 살펴본 것처럼 주요 국가들의 복지 지출 성장률은 대체로 1975년 이후 급격히 둔화되었지만 같은 기간의 경제성장률보다는 높게 나타났다. 또한 복지급여 삭감과 민영화를 향한 노력 또한 민주주의적 혼합경제에서 복지국가의 구조적 역할을 인정하면서 그 비용을 억제하고 재분배하는 방법에 초점을 맞추었다(김영순, 1996; Mishra, 1990: 32-34).

다음은 복지주체의 다양화로서 복지다원주의(welfare pluralism) 혹은 복지혼합(welfare mix)으로 불리는 변화가 있었으며, 이 변화는 이후 1990년대까지 중요한 흐름으로 자리잡게 되었다. 이 개념들은 인간의 기본 욕구를 만족시키고 사회적 보호를 가능케 하는 재화나 서비스가 국가 이외에도 다양한 원천(source)에서 나올 수 있다는 데서 출발했다. 이러한 의미에서 그것은 다원주의적 복지이며 국가, 시장, 비영리 민간단체, 가족 등 다양한 주체에 의한 복지의 혼합이다. 따라서 개념상으로 국가의 복지예산 감축이나 역할 감소가 반드시 복지의 감소를 의미하지는 않았다. 오히려 로즈(Rose)의 지적처럼 총복지가 증가할 수도 있었다(Mishra, 1990). 이에 대한 비판이 없는 것은 아니지만 1980년 이후 복지국가의 재편 과정에서 국가의 기능보다 국가 이외의 다양한 주체의 역할이 상대적으로 증가한 것은 부인할 수 없다.[4]

마지막으로 중요한 결과는 앞서 살펴본 복지국가 재편의 흐름들이 빈곤 및 불평등을 지속적으로 증가시켰다는 것이다. 앞에서 본 것과 같이 신우파 정권의 규제완화와 노동정책은 복지국가를 지탱하던 공적 재분배의 기능을 약화하는 것이었다. 이러한 경향과 함께 1980~1990년대에 거의 모든 국가에서 불평등 및 빈곤이

4) 복지다원주의와 복지혼합에 대한 비판은 미쉬라(Mishra, 1990)와 김영순(1996) 등을 참고하라.

증가하였다.

〈표 9-9〉는 이러한 불평등의 결과를 잘 보여 주고 있다. 우선, 소득불평등을 나타내는 지니(Gini)계수는 비교된 국가 모두에서 높아졌다. 빈곤율 역시 〈표 9-10〉

표 9-9 소득불평등(지니계수) 변화 (단위: %)

구분	미국	영국	프랑스	독일	스웨덴
1975	39.7	23.8	38.4	25.4[3)]	21.3
1980	40.3	25.3	36.4[1)]	25.4[4)]	19.4
1985	41.9	27.9	37.2[2)]	26.0	20.5
1990	42.8	33.7	–	26.0	21.9
1991	42.8	33.7	–	–	–
1992	43.3	–	–	–	–

주: 1) 1979년, 2) 1984년, 3) 1973년, 4) 1978년
자료가 이용 가능하지 않은 경우 줄표(–)로 표시함.
출처: Atkinson (1994): 류진석(1999), p. 36에서 재인용.

표 9-10 빈곤율의 변화 (단위: %)

국가	연도	전체	16세 미만 아동	16~65세	65세 이상 노인
프랑스	1979	13.2	12.8	12.7	16.0
	1989	14.7	16.6	11.9	24.3
독일	1978	8.2	4.9	7.2	20.9
	1988	10.6	11.0	7.8	19.4
스웨덴	1975	5.2	2.1	5.5	8.6
	1992	6.0	2.6	7.6	4.9
영국	1974	11.4	10.8	6.8	34.4
	1991	24.0	26.9	15.1	37.0
미국	1974	18.8	22.8	14.0	31.4
	1991	22.7	30.3	18.4	26.1

주: 빈곤율은 평균소득의 50% 이하에 해당하는 사람들의 비율을 나타냄.
출처: Cantillon (1997): 류진석(1999), p. 37에서 재인용.

에서 보는 것처럼 1980년대를 거치면서 제시된 모든 국가에서 증가했으며, 특히 아동 빈곤율이 급격히 증가했다. 하지만 이러한 불평등 및 빈곤의 심화 정도 또한 국가마다 차이가 있는데, 에스핑-안데르센의 복지국가 유형 중에서 자유주의 유형에 속하는 미국과 영국의 빈곤율과 소득의 불평등이 가장 높게 나타나고 있고 사회민주주의적 복지국가인 스웨덴의 경우 빈곤율과 소득불평등이 낮게 유지되고 있다. 보수주의 또는 조합주의 복지국가로 분류되었던 독일은 중간의 위치를 점하고 있다. 이러한 차이는 제8장에서 본 것처럼 복지국가의 발전 과정과 조건이 서로 상이했음과 동시에 다음에서 비교되는 것처럼 복지국가 위기 시기 이후 이에 대한 대응 또는 재편 과정에서 나타난 차이 때문으로 볼 수 있다.

3) 복지국가 재편의 방향: 세 가지 길

앞에서 살펴본 것처럼 1970년대 중반 이후의 복지국가는 분명 위기 현상 속에 있었으며 복지국가의 감축에 대한 공격이 강했다. 그러나 신자유주의자들이 주장하는 것처럼 모든 국가가 감축과 후퇴의 길을 걸었던 것은 아니며, 위기에 대한 적응 과정 혹은 재편 과정은 각 국가의 정치적, 경제적, 사회적 조건에 따라 상이한 경향을 보였다. 논자마다 여러 가지 평가와 분석이 있을 수 있겠지만, 여기서는 앞 장에서 에스핑-안데르센이 구분한 세 가지 복지국가 유형에 따라 살펴보고자 한다.

에스핑-안데르센에 의하면, 1970년대 복지국가 위기 이후 북유럽 국가(사회민주주의적 복지국가)는 공공 부문을 중심으로 고용확대 전략을 선택하였고, 앵글로-색슨 국가들(자유주의 복지국가)은 임금 및 노동시장에 대한 탈규제 전략을 선호했으며, 독일과 같은 유럽 대륙 국가들(주로 보수주의 혹은 조합주의적 복지국가)은 기존의 사회보험 중심의 제도를 기본적으로 유지하면서 노동공급의 감소를 추구하였다(Esping-Anderson, 1996). 구체적으로 에스핑-안데르센은 다음과 같이 주요 국가군의 재편 과정을 요약하고 있다(Esping-Anderson, 1996).

(1) 앵글로-색슨 국가들: 신자유주의적 방식

여기에 속하는 국가는 미국, 영국, 뉴질랜드, 캐나다, 호주 등으로, 정책의 요지는 노동시장 탈규제와 임금 유연성의 강화로 경제 침체와 국내실업을 해결하고자 하는 것이었다. 뉴질랜드와 호주의 경우 노동조합과의 협력으로 이행되었다는 점에서 노동조합의 현저한 약화를 의도했던 미국, 영국과는 차이가 존재했다. 하지만 근본적으로 신자유주의 정책을 추구했다는 점에서는 공통적이다. 즉, 사회적 임금과 법제화된 최저임금을 삭감했으며, 복지급여의 점진적 축소, 근로연계복지와의 결합을 추구했다.

이러한 신자유주의적 재편의 가장 전형적인 예는 미국이라고 할 수 있다. 최저임금은 평균 임금의 38%로 감소했고, 공공부조 급여는 1989년에 24%로 하락하였다. 또한 사회보험 급여의 대상자도 1970년대 중반에는 약 70%이다가 1989년에 약 33%로 급감했다. 이는 기존에도 다른 복지국가에 비하여 취약했던 국가 책임의 사회 안전망이 상당 수준 붕괴해 갔음을 의미한다. 더욱 중요한 점은 민간 영역의 복지 역시 감소했다는 점이다. 예를 들면, 건강과 연금에 대한 민간보험의 적용 대상은 1980년대를 통하여 꾸준히 감소하였다. 이는 신자유주의적 재편이 단지 공공부문의 복지비용 감축에 머물지 않았다는 점을 보여 주는 것이다.

이러한 신자유주의적 방식의 재편은 앞서 살펴본 것처럼 불평등과 빈곤을 증대시켰다. 1980년대를 통해 중간 소득층의 최저 10분의 1에 속한 저소득층은 미국에서 11%, 영국에서 14%, 캐나다에서 9%, 호주에서 5%가 소득을 상실했다. 노동시장 탈규제와 임금 유연화의 긍정적 효과로, 신자유주의적 방식을 택한 국가들의 고용률이 1980년대 동안 나머지 OECD 국가들에 비해 2~3배 증가했음에도 불구하고 새롭게 창출되는 일자리들은 주로 저임금의 서비스 부문에 집중되었다. 이러한 일자리에 고용된 미숙련 노동자들은 전일제 근무로 일하더라도 빈곤선 이하의 수입만을 얻었고, 이는 이른바 '일하는 빈자(working poor)'를 만들어 냈다.

(2) 유럽 대륙 국가들: 노동 감축을 통한 성장 방식

노동 감축을 통한 실업문제 해결 및 성장 방식은 주로 유럽 대륙 국가들에서 추구되었다. 유럽 대륙의 복지국가들은 복지국가 위기 시기 이후 급증하는 실업률에 대응하여 조기퇴직을 장려하고 이들에게 보조금(연금)을 지급하는 방식을 택했다. 전통적으로 높은 수준의 고용보호와 관대하고 포괄적인 사회보험 중심의 복지제도를 가지고 있었기 때문에 급격한 방식의 노동시장 탈규제와 복지급여의 감축은 어려웠다. 또한 가족주의의 전통이 강해 돌봄 영역 등의 사회서비스가 저발달된 상황에서 서비스 업종의 일자리 창출도 가능하지 않았을 것이다.

이러한 유럽 대륙 국가의 방식은 노동자를 고임금, 높은 수준의 고용보호와 사회적 권리를 향유하는 소수의 남성 노동자인 내부자(insider)와 남성 가장의 수입이나 노동시장의 주변부에서 복지국가의 이전(transfers)에 의존하는 외부자(outsider)로 분리시키는 현상을 초래했다. 이러한 특성은 유럽 대륙의 복지국가를 가족주의적 이전 국가(familialistic transfer state)로 만든다. 왜냐하면 가족은 전일제로 일하는 남성 가장에게 의존하고 여성은 가정 내에서 무급 돌봄 및 가사노동을 책임지는 형태로 구조화되기 때문이다. 이러한 면에서 북유럽 국가의 재편 과정과 극명하게 대비되었다.

이러한 재편 전략은 조기퇴직 혹은 장애연금을 정책적 수단으로 선호하게 되었으며, 고정 노동비용의 증가, 고용 유연성의 저하, 청년 장기실업의 증가 등 많은 부작용을 발생시켰다. 특히 조기퇴직에 대한 관대한 연금 지급을 통한 연금 지출의 증가, 장애연금 지출의 급증 등 주요 사회보장 수단인 사회보험의 재정 압박이 심해지는 결과를 낳았다. 이러한 국가들은 발달된 사회보험을 바탕으로 조기퇴직 중심의 노동력 감축 전략을 추구하면서 생산성이 비노동인구를 보호할 만큼 충분하지 못할 경우 이러한 사회복지 시스템은 재정압박을 받게 된다는 것을 보여 주었다.

(3) 북유럽 국가들: 공공 부문의 고용확대 방식

적극적 노동시장정책을 기반으로 한 공공 부문의 고용확대 방식은 스웨덴, 덴마크, 노르웨이 등 북유럽 국가들의 주요한 재편 전략이다. 흔히 스웨덴식 모델로 불리는 이 방식을 추구한 국가들은 1970년대와 1980년대를 거치면서 적극적 노동시장정책은 물론 사회서비스의 확장, 노동시장에서의 남녀평등의 증대 방향으로 복지제도를 발전시켰다. 이 국가들은 평등주의 임금 전략하에 여성고용을 꾸준히 늘려 왔다. 하지만 제조업 고용이 꾸준히 퇴조하는 경향 속에서 여성들의 고용은 주로 공공 부문에 집중되었다. 또한 여성인구의 고용을 위해 돌봄 서비스 등 관련 사회서비스가 확대되었다. 실제로 사회화된 보육시스템, 관대한 출산휴가와 육아휴직 등으로 덴마크와 스웨덴에서 여성의 노동참여비율이 한때 80%에 육박하였다.

이러한 전략의 긍정적인 결과로는 남녀평등 및 여성의 사회진출 증가, 이혼과 같은 가족구조의 변화로 인한 여성 가구주 가구(female-headed household)의 빈곤 가능성 감소, 고용 증대에 의한 세수 증가 등을 들 수 있다. 하지만 여성은 공공 부문 서비스 업종에서 주로 근무하고 남성은 전일제의 민간 제조업 부문에 주로 근무하는 '성별 분리 현상(gender segregation)'이 나타났으며, 무엇보다 공공 부문의 일자리 창출은 높은 재정 부담의 원인이 되었다.

이 국가들은 부정적 결과를 개선하기 위해 근로연계복지를 강화하고 각종 복지급여의 급여대체율을 감소시켰으며, 급여를 위한 대기기간을 도입하고 고소득자에 대한 한계세율을 줄여 주었다. 또한 민영화와 지방분권화를 지향하는 경향도 등장하였다. 하지만 이러한 경향은 신자유주의 방식과는 구별되는 것이었다. 여전히 모든 서비스 제공자는 중앙에서 규제되는 엄격한 기준을 따르며 다양한 서비스를 제공해야 했기 때문이다. 즉, 이러한 변화는 최소한의 조정이지, 복지국가의 기본 원칙을 벗어나고자 하는 변화는 아니었던 것으로 평가된다.

이상에서 살펴본 복지국가 위기에 대한 세 가지 서로 다른 방식의 재편 전략 중 어느 전략이 가장 우월한지 결론 내리기는 어렵다. 개별 국가가 가진 정치적, 경제적, 사회적 맥락과 제도의 역사적 발전 과정에 따른 경로의존(path dependency)으로 상이한 재편 전략이 이루어졌고, 각각의 장점과 단점을 보여 주고 있기 때문이다. 하지만 북유럽의 공공 부문 고용확대 방식이 전통적 복지국가의 원칙, 즉 사회연대와 평등의 지향을 상대적으로 유지하면서 고용률 및 경제성장의 측면에서 비교적 좋은 성과를 보이고 있다고 평가된다. 또한 이 방식의 단점인 공공 부문 일자리 창출과 보편적이고 관대한 복지국가 유지로 인한 재정적 부담의 증가에 대해 복지국가의 조정 등 미시적 전략들을 통해 비교적 효과적으로 대응하였다.

4. 복지국가 재편 및 조정: 2007~2008년 세계 금융위기 이후

1929년 대공황 이후 최대의 경제위기로까지 일컬어지는 2007~2008년의 세계적 금융위기는 대다수의 서구 복지국가들을 혼란과 위기로 몰아넣었다. 경제적 세계화의 진전과 후기산업사회로의 전환이 가속화되면서 2007~2008년 금융위기 이전에 이미 많은 서구 복지국가는 저성장, 일자리 감소 및 노동시장 양극화, 불평등 및 빈곤의 증가 등의 문제를 경험하고 있었고, 인구고령화 등과 맞물려 긴축재정에 대한 압력이 강해지고 있었다. 2007~2008년의 경제위기는 이러한 흐름을 더욱 강화하는 중요한 외적 요인으로 볼 수 있다. 여전히 더 많은 연구가 이루어져야 하지만, 2007~2008년 금융위기 이후 긴축재정이 일상화되고 복지국가 감축의 흐름이 더욱 강화되었다는 주장들이 존재한다(Edmiston, Patrick, & Garthwaite, 2017). 다른 한편으로는 금융위기 직후 단기적인 복지국가의 변동 및 조정이 있었지만 긴축재정과 복지감축의 뚜렷한 증거는 없으며, 여전히 국가별로 상당한 차이가 존재한다는 주장도 있다(Greve, 2020; Obinger & Starke, 2015). 이 절에서는 2007~2008년 금융위기 이후부터 최근까지를 중심으로 금융위기에 대한 복지국가의 대응을 살펴보고, 과연 복지국가가 지속적인 긴축과 감축의 길을 걷고 있는지에 대해 살펴볼 것이다.

1) 세계 금융위기와 복지국가의 대응

2007년 미국의 서브프라임 모기지(subprime mortgage) 사태로 시작된 금융위기는 전 세계로 파급되어 엄청난 경제적 혼란과 위기를 초래하였다. 금융위기에 대한 서구 복지국가의 대응은 시기에 따라 상이한 방식으로 나타났다(Hemerijck & Vandenbroucke, 2012). 위기 발생 직후에는 국제적 수요의 급격한 감소에 대해 케인스주의 정책으로 대응하면서 복지 제도 및 프로그램을 적극적으로 활용하였으나, 많은 국가가 재정적자 및 부채 문제를 겪고 있던 상황에서 이러한 정책 방향은 오랜 기간 지속되기 어려웠다. 2010년 이후 정책의 대전환이 일어나는데, 많은 국가가 노동시장 탈규제, 임금 삭감, 연금 동결, 사회복지급여 및 서비스의 삭감 등 긴축정책으로 돌아섰다. 노동법 개정을 통해 노사관계 및 단체협약, 해고 및 노동시간 관련 규정, 비정규직 근로계약 등의 변화가 나타났고, 은퇴연령의 기대수명 연동, 연금수급연령 유연화 등 사회복지 지출의 가장 큰 부분을 차지하는 연금제도에 대한 다양한 개혁 역시 이루어졌다(Pochet & Degryse, 2012). 사회서비스의 민영화, 의료보장제도에서의 자기부담금 도입 등 비용 절감을 위한 수단들의 도입이 가속화되었고, 재정적자와 부채에 대응하여 정부 수입을 증대하기 위해 부가가치세 등 소비세를 인상하고, 공공자산 및 사회서비스의 민영화를 추진하였다. 오티즈(Ortiz)와 커민스(Cummins)에 따르면, 금융위기 발발 초기인 2008년과 2009년에는 선진 자본주의 국가 중 정부의 공공지출이 감소한 국가가 각각 13개와 6개 국가에 불과하나, 2010년과 2011년에는 각각 37개와 40개 국가로 급증하였다(Ortiz & Cummins, 2019).

경제위기에서 어느 정도 회복한 2011년 이후에는 공공지출이 다소 회복되는 추세를 보이기도 했다. 긴축정책으로 인한 더블딥(double dip),[5] 선거에서의 패배, 정책 수단의 부족 등에 대한 우려가 높아진 것이 그 이유라고 할 수 있다. 그러나 대체로 감축의 기조는 유지되고 있는데, 특히 노동시장 탈규제, 민영화, 연금개혁, 공공부조의 자격조건 강화 등의 정책 방향은 많은 서구 국가에서 여전히 유지되고 있다. 이러한 긴축정책은 경제위기로 인한 조정의 비용을 다수 국민에게 전가하여 불평등과 빈곤을 증가시킨다(Ortiz & Cummins, 2019).

한편, 복지국가 위기 이후 재편 과정이 그러했던 것처럼 2007~2008년 금융위기에 대한 대응이 모든 국가에서 동일한 방식으로 나타난 것은 아니다. 예컨대, 영국은 2007~2008년 금융위기 이후 복지 감축이 가장 급격하게 나타나고 있는 국가 중 하나이다(Taylor-Gooby, 2013). 사회지출의 급격한 삭감 및 비용 절감, 사회서비

5) 더블딥(double dip)은 경제 불황에서 벗어나 짧은 기간 동안 성장을 기록한 후 다시 불황에 빠지게 되는 현상을 의미한다.

스 공급에 있어 영리기관의 역할 확대, 근로연계복지의 강화, 빈곤층을 위한 재분배 프로그램의 감축 등 사회복지 영역의 재구조화를 실시하고 있다. 경제위기 이후 주거급여가 약 20% 삭감되었으며, 급여수급자격이 강화되고 아동수당은 2년간 동결되었다. WTC(Working Tax Credit), CTC(Child Tax Credit) 등의 근로소득세액공제 및 장애연금의 삭감 역시 이루어졌다. 고소득자에 대한 세금 및 부가가치세를 인상하였고, NHS, 교육서비스 등 일부 핵심 영역을 제외한 돌봄, 주거, 기타 지역사회 서비스를 담당하는 지방예산이 크게 삭감되었다. 경제위기 직후 공공서비스를 담당하는 인력을 20~40% 감축하여 실업률 역시 증가하고 있다. 경제위기 이후의 급격한 복지 삭감은 실업률 증가, 근로빈곤층 및 아동 빈곤 증가, 비정규직의 증가 등 다양한 사회문제로 연결되고 있다.

스웨덴의 경우 경제위기 이후 소득세를 인하하였고, 실업급여 인하 및 고용서비스 확대를 통해 고용률을 제고하기 위해 노력하였다. 고용을 최우선으로 하는 스웨덴의 전통적인 방식은 경제위기 이후의 대응에서도 잘 드러나는데, 근로유인을 강화하고 취·창업에 대한 지원을 확대하고 있으며, 특히 고용에서 배제된 집단인 청년, 노인, 비정규직 여성, 이민자 등의 노동통합을 강조하는 활성화(activation) 정책을 더욱 강화하였다. 다른 국가들에 비해서는 보편적이고 관대한 복지국가를 여전히 유지하고 있으나 복지에 대한 삭감 및 조정의 흐름도 분명히 나타났다. 급여수급자격의 강화를 통해 상병수당 수급자가 감소하는 추세이며, 사회서비스의 민영화로 민간 공급자의 참여가 증가하고 있다. 조건부과형 복지 프로그램 역시 증가하고 있다. 이러한 변화에 대해서는 다양한 관점의 평가가 있을 수 있으나, 복지국가를 둘러싼 외적 환경의 변화, 특히 경제위기로 인한 저성장 기조 속에서 스스로를 조정하고 적응하며 강한 경쟁력을 유지하였고, 그 결과 경제성장 측면에서도 좋은 성과를 보였다고 할 수 있다.

독일, 프랑스 등 유럽 대륙 국가의 경우 전통적으로 고용주와 노동자의 기여에 기반한 사회보험 중심의 복지국가이기 때문에 국가재정에 의존하는 체계에 비해 복지 삭감에 대해 상대적으로 강건할 수 있다. 금융위기 이후에도 사회복지 지출 수준이나 급여의 재분배 효과 측면에서 기존의 수준을 유지하고 있으며, 급격한 복지 삭감 없이 사회적으로 받아들여질 수 있는 정도의 경제적 성과를 보이고 있다. 그러나 다양한 한계도 존재하는데, 인구고령화의 급속한 진전에 대응하여 은퇴연령 상향, 연금액 삭감 등 연금개혁이 이루어지고 있으나 여전히 미진하며, 가족주의적 전통 속에서 취약한 돌봄 서비스 등 사회서비스의 강화를 위해 노력하고 있으나 접근성, 서비스의 질 등 많은 측면에서 한계가 있다. 노동시장정책은 실업급여와 실업부조 등 소득유지를 목적으로 하는 소극적 수단에서 직업훈련과 고용서비스 등을 포함하는 적극적 노동시장정책을 강화하는 방향으로 나아가고 있다 (Caritas Europa, 2012).

2007~2008년 이후 경제위기의 영향을 가장 가혹하게 받고 있는 지역은 아마도 남유럽 지역일 것이다(Del Pino & Ramos, 2018; Sacchi, 2018). 남유럽은 경제위기에 대응하여 사회복지급여를 대폭 삭감하였으며, 정부 부채와 긴축재정으로 불평등 및 빈곤이 급증하는 상황에서도 활용할 수 있는 정책적 수단이 매우 부족한 상황이다. 가족 등 비공식 복지체계에 대한 의존도가 여전히 높고, 청년을 중심으로 매우 낮은 고용률을 보이고 있다. 이러한 문제에 대응하기 위해 노동시장의 경직성을 해소하고, 적극적 노동시장정책을 강조하는 방향으로의 전환이 이루어지고 있다. 특히 이탈리아 등 남유럽 국가들은 연금지출의 비중이 매우 높아 엄청난 재정 부담으로 작용하고 있으며, 이에 대응하기 위해 일련의 연금개혁 시도들이 이루어지고 있으나 그다지 성공적이지는 않다. 이 외에도 사회서비스의 저발달, 가족의 부담 경감을 위한 이주 노동자에 대한 강한 의존, 사회서비스의 민영화 흐름, 사회적 응집력 약화 등 다양한 문제를 안고 있다.

요컨대, 2007~2008년의 금융위기 이후 긴축재정과 복지 감축의 압력 및 흐름은 공통적으로 존재하는 것으로 보인다. 인구고령화와 맞물린 연금제도의 재정적 지속가능성을 높이기 위해 다양한 개혁이 이루어지고 있으며, 복지의 조정 및 감축, 급여수급자격의 강화, 선별주의의 강조 등 공통된 흐름이 존재한다. 경제위기에서 벗어난 이후에도 긴축재정은 어느 정도 유지되고 있으며, 노동시장의 탈규제 및 활성화를 통한 고용이 강조되는 것도 공통적으로 나타나고 있는 흐름이라 할 수 있다. 앞서 살펴보았듯이 국가별, 복지국가 유형별로 상이한 형태의 재편 및 조정 방식이 존재하며 일률적이고 급격한 복지 감축의 흐름이 지속되고 있다고 보기는 어렵지만, 적어도 이전 시기에 비해 긴축재정이 일상화되고 점진적인 감축의 흐름이 좀 더 강화되었다고는 할 수 있을 것이다.

2) 2007~2008년 금융위기 이후 복지국가의 변화

앞서 살펴본 것처럼, 1970년대 중반부터 시작된 복지국가 위기 이후 복지국가의 재편 및 조정이 시작되었다. 이러한 과정에 대해서는 다양한 연구와 관점이 존재하지만, 신자유주의자들이 주장하는 것처럼 복지의 감축이 모든 국가에서 일률적으로 나타난 것은 아니라는 점에 많은 학자가 동의하고 있다(Esping-Andersen, 1996; Pierson, 1994).[6]

그러나 2007~2008년 세계적 금융위기 이후 저성장, 경제적 세계화, 탈산업화, 기술 발전, 노동시장구조의 변화, 불평등과 빈곤의 증가 등 복지국가를 둘러싼 외적 압력은 더욱 거세지고 있고, 긴축재정과 복지 감축의 흐름이 더욱 강해지고 있다는 주장이 있다. 일부 학자들은 2007~2008년 금융위기 이후 긴축재정과 복지 감축이 새로운 일상(new normal)이 되었다고까지 표현하고 있다(Ortiz & Cummins, 2019). 한편, 다른 학자들은 금융위기 이후 일부 국가, 일부 복지 영역에서 축소의 흐름이 있지만, 뚜렷한 감축이나 영구적인 긴축의 증거는 없으며, 특히 국가별 · 유형별

6) 복지국가의 축소(retrenchment)는 국가에 의해 보장되는 사회보호의 수준을 낮추는 정치적 결정을 의미하는데(Starke, 2008), 축소는 복지 지출의 총량적 감소 외에도 프로그램적 축소(programmatic retrenchment)와 체계적 축소(systematic retrenchment)를 포함한다. 프로그램적 축소는 급여수준이나 기간을 감소시키거나 급여수급자격을 강화하는 것을 의미하며, 체계적 축소는 단기적으로는 사회복지 제도 및 프로그램이 존속하나 복지국가의 근간을 형성하는 제도적 환경 또는 지지집단을 약화하여 복지국가의 장기적 발전에 부정적인 영향을 미치는 것을 의미한다(Pierson, 1994). 한편, 경제성장, 가족구조의 변화, 노동시장에서의 위험의 증가 등으로 복지에 대한 욕구가 증가하는 시기에 의도적으로 정책을 변화시키지 않고 사회복지제도나 프로그램을 그대로 유지하는 정책표류(policy drift) 역시 축소의 정치학으로 이해할 수 있다(Streeck & Thelen, 2005). 복지국가의 축소를 정확하게 분석하기 위해서는 다양한 축소의 개념을 이해할 필요가 있다.

로 점진적이고 다양한 방식의 대응이 여전히 이루어지고 있음을 지적한다(Blum & Kuhlmann, 2019; Greve, 2020; Schubert, Villota, & Kuhlmann, 2016).

2007~2008년 금융위기 이후 복지국가가 어떻게 변화하고 있는가는 여전히 논쟁적이며, 더 많은 연구가 이루어져야 할 것이다. 이 절에서는 금융위기 이후 최근의 복지국가 변화에 대해 결론짓기보다는 몇 가지 자료를 통해 그 변화들에 대해 좀 더 자세히 살펴보도록 할 것이다.

(1) 사회지출 추이

[그림 9-4]에는 1980년부터 2019년까지 OECD 주요국의 공공 사회지출 추이가 제시되어 있다. 2007~2008년 금융위기 전후를 중심으로 살펴보면, 금융위기 직후 대부분의 국가에서 사회지출이 급격히 증가하였다. 앞서 설명한 것처럼 금융위기에 대한 즉각적 대응으로 케인스주의 정책 수단들을 활용한 것이 그 이유라 할 수 있다. 그러나 2010년 이후 긴축재정의 기조로 다시 돌아서면서 사회지출 역시 유지 또

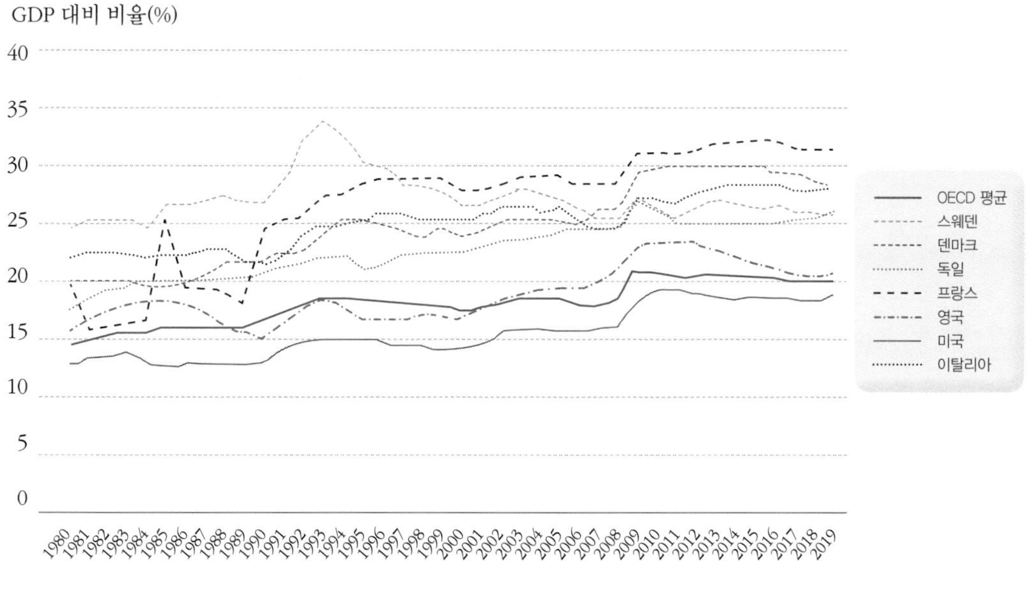

그림 9-4 OECD 주요국의 사회복지 지출 추이

출처: OECD Statistics.

는 감소되고 있다. 사회지출 수준에 대한 총량적 자료로 뚜렷하고 일관된 감축의 기조를 확인할 수는 없지만, 적어도 유지 또는 다소의 감축의 경향은 나타나고 있는 것이다. 특히 국가별 차이에 주목할 필요가 있는데, 보편적이고 관대한 복지국가의 전형으로 널리 알려진 스웨덴의 경우 1990년대 초반 이후 사회지출 수준이 지속적으로 감소하는 추세이며, 다른 국가들에 비해 감축의 폭이 큰 편이다. 영국의 경우 2007~2008년 금융위기 이후 사회복지 지출의 감소가 뚜렷한데, 앞에서 설명하였듯이 영국은 금융위기 이후 복지 감축이 유럽에서 가장 극적으로 나타나는 국가이다.

(2) 조세수입의 변화

조세수입은 복지국가의 재정 기반을 형성한다는 점에서, 조세수입의 변화는 복지에 대한 노력과 직접적으로 관련되어 있다. 〈표 9-11〉에는 2000~2017년의 OECD 주요국의 GDP 대비 조세수입의 비중과 시기별 증감률이 제시되어 있다.

표 9-11 OECD 주요국 조세수입 및 변화율 (단위: %)

	2017년 조세수입 (GDP 대비 %)	2017년 대비 증감률		
		2000~2010년	2010~2017년	2000~2017년
덴마크	46.4	−2.3	0.3	−2.0
핀란드	43.3	−5.1	2.5	−2.6
스웨덴	44.8	−5.6	1.2	−4.4
독일	40.3	−3.3	2.2	−1.1
프랑스	48.2	−0.8	4.1	3.3
네덜란드	38.8	−1.5	3.0	1.5
아일랜드	23.3	−3.6	−4.9	−8.5
영국	35.3	0.4	0.6	1.0
그리스	41.6	−0.6	7.5	6.9
스페인	34.2	−1.9	2.2	0.3
이탈리아	42.2	1.5	0.6	2.1

출처: Greve (2020), p. 60 Appendix 4.1 바탕으로 수정.

2017년 기준 GDP 대비 조세수입을 보면, 스웨덴, 덴마크 등의 북유럽 국가와 프랑스, 독일 등의 유럽 대륙 국가에서 높은 수준을 보이고 있다. 반면, 영국, 아일랜드 등 자유주의 유형 국가들은 조세수입의 비중이 가장 낮은 편이다. 2000~2017년의 조세수입의 증감률을 살펴보면, 아일랜드가 가장 높은 감소를 보였고(−8.5%), 스웨덴(−4.4%)을 포함한 북유럽 국가들 역시 조세수입이 적지 않게 감소했다. 반면, 유럽 대륙 국가, 남유럽 국가들은 뚜렷하게 감소하지 않거나 오히려 증가하는 모습을 보인다. 다만, 그리스 등 남유럽 국가의 경우 경기침체가 심해 GDP의 수준이 매우 낮아진 것도 GDP 대비 조세수입이 증가하는 원인 중 하나임을 고려할 필요가 있다.

(3) 사회복지급여의 변화

그리브(Greve)는 유럽 복지국가를 대상으로 금융위기 전후 사회복지 영역별로

표 9-12 OECD 주요국 실업급여 지출 및 대체율

	실업률 대비 실업급여 지출 (GDP 대비 %)					실업급여 대체율 (%)				
	2000년	2005년	2010년	2013년	2016년	2001년	2005년	2010년	2015년	2018년
덴마크	0.65	0.50	0.21	0.20	0.18	62	60	58	59	58
핀란드	0.23	0.25	0.25	0.24	0.26	56	54	53	56	52
스웨덴	0.30	0.19	0.12	0.11	0.10	57	59	47	42	43
독일	0.24	0.18	0.23	0.21	0.22	61	61	60	59	59
프랑스	0.22	0.21	0.20	0.18	0.19	69	67	66	68	68
네덜란드	0.38	0.25	0.24	0.22	0.22	67	65	70	71	70
아일랜드	0.24	0.24	0.24	0.21	0.18	23	26	29	30	28
영국	0.11	0.10	0.06	0.07	0.06	14	13	13	14	13
그리스	0.05	0.06	0.12	0.05	0.04	26	24	29	28	28
스페인	0.14	0.20	0.15	0.12	0.09	63	62	60	56	56
이탈리아	0.04	0.06	0.18	0.15	0.15	49	69	58	62	61

주: 덴마크의 경우 2007년 자료 단절(break)이 존재함.
출처: Greve (2020), p. 93 Table 7.1, p. 100 Appendix 7.1 바탕으로 수정.

어떠한 변화가 나타나고 있는지 실증적으로 분석하였다(Greve, 2020). 연금지출 수준이나 연금의 소득대체율의 변화 추이를 살펴본 결과, 경제위기 이후 감축의 뚜렷한 징후는 없었으며, 다만 일련의 개혁을 통해 미세한 조정들이 나타났다. 사실 연금제도의 경우 선거정치 등의 이유로 급격한 개혁이 어렵고, 개혁의 성과가 드러나는 데 시간이 많이 걸리는 것이 사실이다.

반면, 실업급여는 유럽 복지국가에서 감축이 가장 크게 일어나고 있는 영역이라고 할 수 있는데, 〈표 9-12〉에 실업률 대비 실업급여 지출과 실업급여 대체율의 추이가 제시되어 있다. 일부 예외는 있지만 2007~2008년 금융위기를 전후하여 실업급여 지출 및 실업급여 대체율 모두 감소하는 추세이다. 앞서 살펴보았듯이 복지국가 위기 이후, 특히 1990년대 이후 활성화의 기조가 뚜렷해지면서 실업 시 소득을 보전하는 실업급여보다는 적극적 노동시장정책, 근로연계정책 등 적극적 수단으로 정책의 방향성이 변화하고 있음을 반영한다. 다만, 2007~2008년 금융위기를 중심으로 생각해 보면 이러한 변화가 금융위기로 인한 변화라기보다는 그 이전 시기, 특히 1990년대 이후부터 이어진 경향이라고 할 수 있다. 또한 활성화 정책의 방향이 인적자본의 향상보다는 근로를 강제하거나, 급여수급자격 및 수준을 제한하는 방향으로 이루어지고 있다는 점도 주목할 만하다(Dinan, 2019; Immervoll & Knotz, 2018; Pierson et al., 2016).

(4) 빈곤 및 불평등

〈표 9-13〉에는 1990~2017년의 OECD 주요국의 빈곤율 및 소득불평등 추이가 제시되어 있다. 국가별로 차이는 있으나 빈곤율이 전반적으로 증가하는 추세임을 알 수 있다. 특히 빈곤율을 비교적 낮게 유지해 왔던 스웨덴과 독일의 경우 1990년에는 각각 3.6%, 5.5%이다가 2017년에 각각 9.3%, 10.4%로 크게 증가했다. 이전부터 빈곤율이 높았던 국가인 영국, 미국 등 자유주의 유형 복지국가와 남유럽 국가들의 경우 여전히 높은 빈곤율을 보이나, 크게 증가하거나 감소하는 등의 변화는 보이지 않는다. 즉, 1990년대에 비해 2010년대 이후 서국 선진국들 사이에서 빈곤율이 전반적으로 증가하는 추세이며, 빈곤율의 국가 간 차이가 수렴하는 경향을 보

표 9-13 OECD 주요국의 빈곤 및 불평등

	빈곤율 (세금 및 이전 후 소득 기준, 중위소득 50% 빈곤선 기준, %)						지니계수 (세금 및 이전 후 소득 기준)					
	1990년	1995년	2000년	2005년	2010년	2017년	1990년	1995년	2000년	2005년	2010년	2017년
덴마크	6.2	4.7	5.1	5.3	6.0	6.1	0.226	0.215	0.227	0.232	0.252	0.264
핀란드	5.6	4.1	5.5	6.6	7.4	6.3	0.215	0.220	0.254	0.265	0.264	0.266
스웨덴	3.6	3.7	5.3	5.3	9.1	9.3	0.209	0.211	0.243	0.234	0.269	0.282
독일	5.5	7.2	7.6	9.1	8.8	10.4	0.256	0.266	0.264	0.297	0.286	0.289
프랑스	–	7.6	7.2	7.2	7.9	8.1	–	0.277	0.287	0.288	0.303	0.292
네덜란드	5.7	6.9	6.6	7.8	7.2	8.3	0.292	0.297	0.292	0.284	0.283	0.285
아일랜드	–	–	–	11.4	9.1	9.0	–	–	–	0.323	0.298	0.295
영국	13.7	10.5	11.0	10.5	10.0	11.9	0.355	0.337	0.352	0.335	0.341	0.357
미국	–	16.7	16.9	17.0	17.4	17.8	–	0.361	0.357	0.380	0.380	0.390
그리스	–	13.7	13.3	12.7	14.3	12.6	–	0.352	0.361	0.346	0.337	0.319
스페인	–	–	–	–	13.9	14.8	–	–	–	–	0.339	0.333
이탈리아	11.0	14.6	12.2	11.8	13.0	13.9	0.279	0.327	0.323	0.331	0.321	0.334

주: 2012년부터 빈곤측정을 위한 소득의 정의가 변경되어 빈곤율 비교에 주의가 필요함.
해당 연도의 자료가 이용 가능하지 않은 경우 전년 또는 후년의 자료로 대체.
빈곤율은 세금 및 이전 후 소득 기준이며, 중위소득 50%를 빈곤선으로 설정하여 계산.
지니계수는 0~1의 값을 가지며, 숫자가 클수록 불평등의 정도가 높음을 의미.
출처: OECD Statistics.

인다고 할 수 있다.

지니계수로 측정된 소득불평등 역시 1990년대부터 2017년까지 많은 국가에서 지속적으로 증가하는 추세를 보인다. 스웨덴의 경우 1990년 0.209에서 2017년 0.282로 크게 증가했으며, 독일 역시 1990년 0.256에서 2017년 0.289로 소득불평등이 심화되었다. 미국, 영국 등 자유주의 복지국가들은 절대적 수준에서 소득불평등의 정도가 가장 높을 뿐 아니라, 2000년대 이후 더욱 증가하는 추세를 보인다.

즉, 사회복지 지출 수준이 전반적으로 뚜렷한 감소세를 보이지는 않는데도 많은 국가에서 빈곤과 불평등이 증가하고 있는 것이다. 이는 시장에서의 빈곤 및 불평등의 증가에 대해 복지국가가 충분히 대응하지 못하고 있다는 의미로도 해석할 수 있다. 실제 사회복지 이전(transfer)의 불평등 감소 효과 추이를 분석한 연구에 따르면, 2007~2017년에 사회복지 이전의 불평등 감소 효과가 많은 서구 복지국가에서 약화되었다. 특히 덴마크, 핀란드, 스웨덴, 독일, 프랑스 등 북유럽과 유럽 대륙 국가들에서 이러한 감소세가 더 강하게 나타났다(Greve, 2020).

5. 복지국가의 전망

1800년대 후반의 사회보험 도입을 시작으로 등장한 복지국가는 제2차 세계대전 이후 기틀을 완성했고, 이후 황금기를 구가하였다. 그러나 1970년대 중반에 극심한 경제위기 속에서 이른바 복지국가의 위기가 시작되었고, 현재에 이르기까지 다양한 방식의 재편과 조정이 이루어지고 있다. 복지국가가 어떠한 방향으로 변화·발전해 나갈 것인지 예측하는 것은 매우 어려운 일이다. 한 가지 분명한 것은 복지국가를 둘러싼 경제적, 정치적, 사회적, 문화적 맥락이 그 어느 때보다도 급격하게 변화하고 있다는 점이다. 1970년대 이후 시작된 경제적 세계화의 진전, 기술 발전, 탈산업화 등 후기산업사회로의 전환, 인구구조 및 가족 형태의 급격한 변화 등 복지국가를 둘러싼 환경이 급변하기 시작했고, 이러한 외적 압력들은 점점 강해지고 있다. 또한 4차 산업혁명의 진전 등 보다 근본적인 변화들이 우리를 기다리고 있다. 이러한 상황 속에서 변화하는 환경과 정합성을 지닌, 지속 가능성이 높은 복지국가를 만들어 나가기 위한 노력이 무엇보다 중요하다 할 것이다. 이 절에서는 4차 산업혁명으로 인한 노동시장의 변화와 이러한 변화 속에서 대안적 복지국가에 대한 쟁점을 간략하게 살펴보는 것으로 복지국가에 대한 전망을 대신하고자 한다.

1) 4차 산업혁명과 노동시장의 변화

4차 산업혁명은 2016년에 다보스에서 개최된 세계경제포럼(World Economic Forum: WEF)의 중심 의제로 채택되면서 전 세계적으로 주목받기 시작했다. 4차 산업혁명의 정의와 범주는 다양한 측면에서 논의될 수 있으나, 간단히 말하면 극단적 자동화와 초연결성이 그 특징이며, 인공지능, 클라우드 컴퓨팅, 사물인터넷(IoT), 빅데이터 등의 기술을 기반으로 한다. 4차 산업혁명은 이전의 산업혁명들과는 근본적으로 다른 변화로 인식되는데, 물리적 세계, 디지털 세계, 생물학적 세계를 연결하는 새로운 기술들의 특징을 가지면서, 경제 및 산업을 포함한 사회의 모든 영역에 영향을 미치고 있다(Schwab, 2016).

특히 4차 산업혁명은 노동시장에 엄청난 변화를 가져올 것으로 보이는데, 극단적 자동화와 기술의 발전으로 일자리가 소멸되고, 노동시장의 양극화 및 불안정이 심화되며, 플랫폼 노동 등 새로운 형태의 고용관계가 확산될 수 있다(정원호, 이상준, 강남훈, 2016). 여기서는 이 세 가지 변화를 중심으로 4차 산업혁명이 노동시장의 변화에 미치는 영향에 대해 살펴볼 것이다.

우선, 4차 산업혁명이 일자리의 '양'에 미치는 영향에 대해서는 긍정적 관점과 부정적 관점이 모두 존재한다. 예컨대, 낙관주의자들은 기존의 산업혁명들이 이루어질 때마다 새로운 기술에 대한 공포와 반발이 있었음을 지적한다. 18세기 후반 1차 산업혁명 이후 방직기계가 일자리와 임금을 빼앗아 갈 것이라는 두려움에 영국의 방직공들과 직물 관련 노동자들이 기계를 부수고 공장을 불태운 러다이트(Luddite) 운동은 좋은 예가 될 것이다. 그러나 실제로는 기계화, 정보화, 자동화가 진행되면서 새로운 기술에 기반한 더욱 생산성이 높은 고임금의 일자리들이 창출되었고, 과학기술의 발전으로 가능해진 저가의 대량 소비는 인간의 삶의 수준을 높이는 데 기여해 왔다. 낙관론자들은 4차 산업혁명이 일자리에 미치는 정확한 영향을 예측하기는 어렵지만, 역사의 경험이 말해 주듯 사라지는 일자리보다 새롭게 창출되는 일자리가 더 많을 것이라고 주장한다.

반면, 부정적 영향을 주장하는 사람들은 4차 산업혁명이 기존의 산업혁명과는 완전히 다르다는 점을 강조하는데, 인공지능(AI)과 로봇기술의 발전은 저숙련의 단순 반복 노동뿐 아니라 인간만이 할 수 있었던 것으로 간주되던 많은 영역을 대체한다는 것이다. 이렇듯 4차 산업혁명이 일자리에 미치는 영향에 대해서는 상반되는 관점 및 예측이 존재하며, 현시점에서 '노동 없는 미래'가 도래할 것인지 단언하기는 어렵다. 그러나 4차 산업혁명은 적어도 단기적으로 많은 수의 일자리를 사라지게 할 것이라는 주장이 좀 더 힘을 얻고 있다. 예컨대, 2016년 세계경제포럼의 보고서에 따르면, 선진 15개국에서 2020년까지 710만 개의 일자리가 사라지고, 210만 개의 일자리가 생겨나 전체적으로 500만 개 정도의 일자리가 사라질 것으로 추산하였다(Schwab, 2016: 13).

4차 산업혁명은 일자리를 줄이는 것뿐 아니라 일자리의 불안정성을 강화하고 노동시장의 양극화 및 불평등을 심화할 것으로 우려되기도 한다. 자동화로 인해 저숙련 노동자들이 일자리를 잃고, 기술의 발전으로 중간 숙련의 일자리까지 대체하게 되는데, 일자리를 잃은 이들이 재훈련을 통해 고숙련의 일자리로 진입하는 것은 어렵다(정원호, 이상준, 강남훈, 2016). 중간 숙련 노동자의 감소는 노동력의 양극화로 이어질 수 있는데, 〈표 9-14〉는 노동시장의 양극화가 이미 현실에 도래해 있음을 알려 준다. 2002~2014년 기간 동안 유럽 국가들과 미국에서 전체 고용 중 고숙련 고용의 비중과 저숙련 고용의 비중이 증가하였다. 그러나 중간 숙련 고용의 비중은 오히려 줄어들었으며, 특히 자동화, 기술 발전 등으로 대체가 가능한 반복적 업무의 특성을 가진 중간 숙련 고용은 가장 급격하게 줄어들었다.

한편, 4차 산업혁명의 진전과 함께 플랫폼 노동 등 새로운 형태의 고용관계가 증가하고 있다. 재화와 서비스의 생산, 분배 및 소비 등 경제활동이 온라인 플랫폼을 기반으로 이루어지는 경제시스템을 플랫폼 경제(platform economy), 긱 경제(gig economy)[7] 등으로 칭하는데(서정희, 백승호, 2017), 이러한 온라인 플랫폼을 매개로 상품처럼 거래되는 노동을 '플랫폼 노동'이라고 한다. 플랫폼 노동은 주문형 앱 노

7) 긱 경제(gig economy)라는 용어는 플랫폼을 통한 고용관계가 임시적·일시적이며 불안정한 속성을 가지고 있음을 강조한다.

표 9-14 노동시장 양극화(2002~2014년 전체 고용 대비 비중의 변화율) (단위: %)

	고숙련	중숙련-비반복	중숙련-반복	저숙련
유럽연합	5.4	3.4	−8.9	0.1
미국	7.2	−0.7	−9.5	3.0

출처: OECD (2017).

동, 크라우드 노동(crowdwork) 등 다양한 형태로 구분할 수 있으나, 미국의 우버 택시 서비스나 한국의 대표적인 플랫폼 노동인 온라인 앱을 기반으로 한 배달대행 등이 대표적인 예가 될 것이다.

플랫폼 노동의 특성상 현황이나 규모에 대한 정확한 조사가 쉽지 않으나, 맥킨지 글로벌 연구소의 보고서에 따르면 생산가능인구(working-age population) 기준으로 프랑스에서는 30%, 미국에서는 26%, 독일에서는 25%, 스웨덴에서는 28%, 스페인에서는 31%가 독립노동자로서 온라인 플랫폼을 활용하고 있었다(서정희, 백승호, 2017). 한국의 경우 정확한 실태 파악이 이루어지지 않았으나, 플랫폼 노동의 일부가 포함될 수 있는 '모호한' 고용 형태의 비율이 취업자 대비 32%에 달하는 등(이주희, 정성진, 안민영, 유은경, 2015). 생각보다 큰 규모로 성장하고 있음을 짐작할 수 있다.

새롭게 등장하고 증가하고 있는 플랫폼 노동의 가장 큰 문제점은 기존에 존재하지 않던 새로운 고용 형태이며, 그 결과 기존의 노동법이나 사회복지제도로부터 광범위하게 배제되고 있다는 점이다. 플랫폼 노동자에 대한 국내외의 연구에 따르면, 플랫폼 노동자들은 전반적으로 소득수준이 낮고, 근로조건이 열악하며, 노동법, 사회보험 등 사회적 보호의 수준이 매우 열악한 것으로 알려져 있다(황덕순 외, 2016). 더욱이 플랫폼 노동은 기존의 전형적인 고용계약관계와는 다른 새로운 형태이기 때문에 이들을 노동법 및 사회보장제도의 틀 내로 포함하기 위해서는 새로운 형태의 전략들을 필요로 한다.

2) 노동시장의 변화와 대안적 복지국가 전략

앞서 살펴본 것처럼 4차 산업혁명의 급속한 진전은 일자리의 감소, 노동시장의 양극화 및 불안정성 심화, 새로운 고용형태의 등장 등 노동시장에 일대 변화를 가져오고 있다. 이러한 변화들은 1970년대 이후 후기산업사회로의 전환 속에서 이미 이루어져 오고 있었지만, 4차 산업혁명의 진전과 함께 양적 · 질적으로 더욱 급격하고 광범위하게 나타나고 있다.

여기서 한 가지 중요한 쟁점은 사회보험 중심의 기존의 복지국가가 이러한 변화에 효율적으로 대응할 수 있을지에 관한 것이다. 즉, 기존의 사회보험 중심 복지국가는 안정적인 고용과 사업장을 중심으로 한 표준적 고용관계에 기초하여 발전되었다. 그러나 앞서 살펴본 노동시장의 급격한 변화로 인해 사회보험 중심의 '전통적' 복지국가와 노동시장 간의 정합성이 약화되고 있는 것이다.

이러한 변화에 대응할 수 있는 대안적 복지국가의 모습에 대한 논의가 최근 활발하게 이루어지기 시작했다. 여러 갈래의 대안적 논의가 존재하지만, 크게 두 가지 흐름으로 나뉜다. 우선, 현재의 사회보험 중심 복지국가의 틀을 유지하면서 변화하는 환경에 맞게 복지국가를 조정 · 강화하자는 것이다(김영순, 2017; 양재진, 2018 등). 예컨대, 플랫폼 노동 등 새로운 형태의 고용을 포괄할 수 있도록 기존의 노동법 체계를 확장할 수 있다. 사회보장제도의 측면에서는 기존의 고용에 기반한 사회보험 대신 소득에 기반한 소득보험으로의 전환을 주장하기도 한다(서정희, 백승호, 2017). 실제로 최근에 이루어진 프랑스의 사회보장제도 개혁안의 주요 특징 중 하나도 임금 기반 사회보험료를 폐지하고 사회보장조세인 일반사회기여금을 통해 재원을 확대하는 것이다. 스웨덴의 사회보험제도 역시 재정 기반이 다양하고 유연한데, 사회보험의 하위 영역들 간 재정적 칸막이가 뚜렷하지 않으며, 사회보험 기여와 일반조세 재원을 뚜렷하게 구분 짓지 않는다(장지연, 2018). 구체적인 방법들에 대해서는 더 많은 논의와 정책 실험이 필요하겠지만, 핵심은 기존의 사회보험 중심 복지국가의 틀을 유지하면서 변화하는 노동시장의 맥락에 맞는 조정 및 강화 방법을 찾자는 것이다.

다른 한편으로, 근본적인 패러다임의 전환을 포함하는 새로운 대안 전략이 필요하다는 주장들이 있다. 이들은 4차 산업혁명으로 인한 경제체제 및 노동시장구조의 변화를 기존의 사회보험 중심 복지국가로 대응하기는 어렵다는 점에 인식을 같이한다. 여러 대안적 전략 가운데 현재 학자들이나 정책결정자의 관심을 가장 끌고 있는 것이 기본소득(basic income)의 도입일 것이다. 기본소득은 모든 사람에게, 개인 단위로, 무조건적으로, 자산심사나 근로에 대한 요구 없이 지급되는 소득으로, 보편성, 무조건성, 개별성, 충분성, 정기성, 현금지급 등의 원칙을 가진다(김교성, 백승호, 서정희, 이승윤, 2018). 기본소득을 주장하는 사람들에 의하면, 기본소득은 사회보험과 달리 급여에 대한 권리가 '노동'과 단절되어 있기 때문에 앞서 살펴본 일자리의 소멸, 노동시장 불안정성의 심화, 새로운 고용관계의 등장 등 노동시장의 급격한 변화에 보다 적절히 대응할 수 있다. 이 외에도 '실질적 자유'의 '평등한 분배'라는 사회정의의 실현, 구매력 증대를 통한 수요 창출, 선별과정의 부재로 인한 행정비용 절감 등 다양한 장점이 존재한다.

복지국가가 장 · 단기적으로 어떠한 모습으로 변화하고 발전할 것인지, 변화하는 환경에 적합한 대안적 복지국가의 모습은 어떠한지 여기서 답을 내리는 것은 불가능할 것이다. 다만, 복지국가를 둘러싼 경제적, 사회적, 정치적 맥락이 그 어느 때보다도 급격하게 변화하고 있고, 급변하는 환경 속에서 지속 가능한 대안적 복지국가의 전략을 찾는 것이 우리 앞에 놓인 중요한 과제임은 분명하다.

생각해 볼 문제

1. 복지국가 위기의 핵심 원인과 주요 내용은 무엇인가? 우파와 좌파 그리고 복지국가 옹호론자들의 주장을 검토하고 정리해 보자.

2. 복지국가 위기 이후 재편 및 조정 과정은 국가별, 복지국가 유형별로 어떻게 다르게 나타났는가?

3. 복지국가의 위기와 이에 대한 서구 복지국가의 대응 과정이 상대적으로 복지 후발국인 우리나라의 복지 전략에 주는 함의는 무엇인가?

4. 복지국가의 미래에 영향을 줄 수 있는 요인들은 무엇이며, 미래의 변화에 정합성이 있는 대안적 복지국가의 전략은 무엇인가? 이 장에서 논의된 내용을 포함하여 다양한 요인을 탐색하고 정리해 보자.

추천 자료

1. 복지국가 유형 중 사회민주주의 유형과 자유주의 유형을 대표하는 스웨덴과 영국을 중심으로 복지국가 위기의 배경과 원인, 재편 과정에 대해 상세하게 다루고 있다.

   김영순(1996). **복지국가의 위기와 재편: 영국과 스웨덴의 경험**. 서울: 서울대학교출판부.

2. 최근 대안적 사회복지정책의 하나로 정책결정자와 학자들의 관심의 대상이 되고 있는 기본소득에 대해 폭넓게 다루고 있는 자료이다. 기본소득에 대한 찬·반을 떠나 기본소득 논의의 등장배경 및 주요 내용에 대한 이해는 변화하는 환경 속에서 새로운 복지국가의 필요와 전망에 대한 이해를 높일 수 있다.

   김교성, 백승호, 서정희, 이승윤(2018). **기본소득이 온다: 분배에 대한 새로운 상상**. 서울: 사회평론아카데미.

제10장

세계 여러 지역의 사회복지

"제3세계에서 사회보장에 의한 불평등의 강화는 상당히 악성이다." (J. Midgley)

"빈곤을 극복하는 것은 자선 행위가 아니라 정의(justice)의 실현입니다." (N. Mandela)

"세계화는 그것이 저개발국가의 빈곤과 불평등을 제거하는 힘으로 전환될 수 있는지로 판단되어야 한다. 이것이 우리 시대의 도덕적 의무이다." (UN)

앞서 살펴본 복지국가의 발전 과정은 주로 서구 자본주의 국가 중심이었다. 사실 복지국가의 개념 자체가 성숙한 자본주의 체제와 민주주의 정치체제의 산물이라고 할 수 있기 때문에 아프리카, 아시아, 라틴아메리카 지역 등의 개발도상국 및 저개발국은 복지국가의 주변부 정도로 인식되어 왔다. 분명한 것은 이 국가들은 빈곤, 불평등을 비롯한 다양한 사회문제를 경험하고 있으며, 이를 완화하고 교정하는 장치인 사회복지 역시 저발전의 상태에 놓여 있다는 점이다. 19세기 이후 제국주의의 침략으로 인한 장기간의 식민통치는 식민지의 전통적 사회구성을 파괴하였고, 이후에 전개되는 분열과 갈등의 뿌리를 심어 놓았다. 제2차 세계대전 이후 대다수의 식민지들이 독립국가를 형성하였으나 식민지 시기의 유산에서 비롯된 정치적, 경제적, 사회적 불안과 갈등은 여전히 존재했고, 냉전체제에 휘말리면서 사회복지의 발전을 위한 기회와 자원을 상실하기도 했다. 이러한 요인들은 이 국가들이 빈곤과 불평등으로부터 벗어나지 못하는 질곡으로 작용하였다.

개발도상국 및 저개발국가의 사회복지 발전 과정은 서구의 복지국가들과는 상이한 맥락을 가지고 있는데, 식민주의 및 냉전 시기의 유산, 국제기구 및 원조 공여국의 영향 등 서구 선진국과는 다른 외부 요인이 크게 작용한다. 이러한 외적 요인들의 영향과 개별 국가가 보유한 특수한 정치적, 경제적, 사회적 조건이 상호작용하여 다양한 형태의 발전 과정을 보여 주는 것이다. 또한 지역별 · 국가별로 차이는 있지만 권위주의 정부에서 사회복지가 경제성장과 정권의 정당성을 확보하기 위한 수단으로 인식된다는 점도 이 지역들의 사회복지를 설명하는 주요한 요인이 될 수 있다.

이 장에서는 세계 여러 지역의 빈곤, 불평등 및 사회복지의 현황을 조망한 후 사회복지 발전의 공통적 맥락을 식민지 및 냉전 시기의 유산, 국제기구 및 원조 공여국의 영향 등 외적 요인들을 중심으로 살펴본다. 이에 더해 각 지역별 사회복지의 성격 및 발전 과정을 간략하게 살펴볼 것이다.

1. 세계의 빈곤과 불평등, 그리고 사회복지

1) 세계의 빈곤과 불평등, 그리고 사회복지의 현황

지역별 · 국가별로 분명한 차이는 존재하지만 아프리카, 아시아, 라틴아메리카 지역의 개발도상국 및 저개발국이 빈곤 및 불평등을 포함한 다양한 사회문제를 안고 있다는 점은 명확하다. 〈표 10-1〉에는 저개발국가의 삶의 질 수준을 파악하는 기준으로 많이 활용되는 인간개발지수(Human Development Index: HDI), 다차원적 빈곤지수(Multidimensional Poverty Index: MPI), 소득계층별 소득점유율, 절대빈곤율이 지역별로 제시되어 있다. 대체로 사하라 이남 아프리카(sub-Saharan Africa) 지역

표 10-1 세계 각 지역별 빈곤 및 불평등

	인간개발지수 (HDI)[1]	다차원적 빈곤지수 (MPI)[2]	소득점유율(%)		절대빈곤율(%)[3]
			하위 40%	상위 10%	하루 $1.95 이하
	2018년	2007~2018년	2010~2017년	2010~2017년	2007~2017년
사하라 이남 아프리카	0.402	0.315	15.4	33.8	44.7
동아시아 및 태평양	0.519	0.024	17.2	29.5	2.1
남아시아	0.441	0.142	19.9	29.7	17.5
아랍 지역	0.566	0.076	20.6	26.9	4.6
라틴아메리카	0.628	0.033	13.1	37.3	4.1
유럽 및 중앙아시아	0.652	0.004	19.9	26.7	0.6

주: 1) 인간개발지수(Human Development Index: HDI)는 실질국민소득, 문맹률, 교육수준, 기대수명 등을 고려하여 산출된 지수로, 점수가 높을수록 삶의 질 수준이 높음을 의미함.
2) 다차원적 빈곤지수(Multidimensional Poverty Index: MPI)는 건강, 교육, 생활기준의 세 가지 차원에 대해 총 10개의 지표로 측정한 지수로, 점수가 높을수록 빈곤 수준이 높음을 의미함.
3) 절대빈곤율은 전체 인구 중 하루 $1.95 이하로 생활하는 빈곤층의 비율로 측정.
출처: United Nations Development Programme (2019).

이 가장 극심한 문제를 안고 있음을 알 수 있는데, 인간개발지수는 가장 낮고 다차원적 빈곤지수는 가장 높다. 하루 평균 $1.95 이하로 생활하는 빈곤층의 비율로 측정한 절대빈곤율의 수준도 44.7%로, 인구의 절반 가까이가 여전히 극심한 빈곤을 경험하고 있다. 남아시아 지역 역시 빈곤과 불평등의 문제가 심각한 편이며, 라틴아메리카 지역의 경우 인간개발지수나 다차원적 빈곤지수는 타 지역에 비해 나쁘지 않은 상황이나, 소득계층별 소득점유율로 측정된 불평등 수준은 가장 높다.

다음으로 지역별 공공 사회복지 지출 수준과 사회보장급여 수급자 비율을 제시한 〈표 10-2〉를 살펴보면, 지역별 차이가 크게 나타난다. 공공 사회복지 지출 수준은 아시아 지역이 대체로 가장 낮은데, 특히 동남아시아 지역이 가장 낮고(1.4%), 아랍 지역(2.5%), 남아시아(2.7%)의 순서를 보인다. 사하라 이남 아프리카 지역 역시 GDP 대비 4.5%로, 북아프리카 지역에 비해서도 매우 낮은 편이다. 서유럽, 동유럽, 북아메리카 및 라틴아메리카, 오세아니아 지역은 9.7~17.7%로 타 지역에 비해 높은 수준을 보인다.

전체 인구 대비 한 개 이상 사회보장급여를 수급하고 있는 인구의 비율로 측정된 사회보장급여 수급자 비율의 경우 사하라 이남 아프리카 지역이 12.9%로 가장 낮다. 다음으로 아시아 및 태평양 지역(38.9%), 북아프리카 지역(39.2%)의 순서를 보인다.

즉, 사하라 이남 아프리카 지역, 동남아시아 및 남아시아 지역 등을 중심으로 빈곤 및 불평등의 문제가 가장 극심하다는 것을 알 수 있고, 이로써 이 지역들의 매우 낮은 사회복지 지출 수준 및 사회보장제도의 저발전이 핵심 요인 중 하나임을 예측할 수 있다.

표 10-2 사회복지 지출 및 사회보장급여 수급자 비율[1]

		공공 사회복지 지출 (GDP 대비 %)[2]	사회보장급여 수급자 비율(%)[3]
아프리카	북아프리카	7.6	39.2
	사하라 이남 아프리카	4.5	12.9
아시아 및 태평양	동아시아	8.2	38.9
	동남아시아	1.4	
	남아시아	2.7	
	아랍 지역	2.5	
	오세아니아	12.0	
아메리카	북아메리카	10.6	78.5
	라틴아메리카	9.7	61.4
유럽 및 중앙아시아	유럽(동유럽 제외)	17.7	84.1
	동유럽	12.5	
	중앙아시아	9.0	

주: 1) 2015년 자료이며, 2015년 자료가 이용 가능하지 않은 경우 2010년 이후 이용 가능한 최신자료를 활용함.
2) 공공 사회복지 지출은 건강에 대한 지출을 제외한 수치임.
3) 사회보장급여 수급자 비율은 전체 인구 대비 한 개 이상의 사회보장급여 수급자의 비율임.
출처: International Labour Organization (2017).

2) 사회복지 발전의 공통적 맥락들

(1) 식민지배와 전통적 사회복지의 붕괴

개발도상국 및 저개발국의 사회복지 형성과 발전에 있어서 주요한 요인은 식민주의의 여파였다(MacPherson & Midgley, 1989: 63). 식민주의의 영향으로 정치 · 경제 · 사회제도에 일대 변혁이 야기되었고, 전통적 사회복지제도가 붕괴되었다. 개발도상국 및 저개발국에도 전통적 사회복지제도와 관행이 존재해 왔다. 대가족제도에 입각한 관습적 의무가 강조되었고, 마을 공동체 또는 부족 공동체에 의한 사회적 보호망이 널리 가동되어 왔다. 유럽의 길드와 유사한 민간의 자발적 결사체도 구성원 간의 상호부조 기능을 수행하였는데, 인도의 상(sangh)과 한국의 계가 그 예이다. 종교법에 의한 자선과 부조의 전통도 불교의 자비, 기독교의 박애, 이슬람의 자카트(zakat) 등에서 볼 수 있듯이 면면히 계승되어 왔다(Midgley, 1986: 126-129). 그러나 이러한 전통적 사회복지제도는 식민지배라는 왜곡된 환경으로 그 가치가 인식되지 못하고 파괴되었다.

식민통치의 본질은 경제적 활동에 적합한 조건을 수립하고 유지하는 한편, 온정적 견지에서 식민지 민중을 문명화하려는 임무(mission)로 모인다. 자원수탈과 해외시장의 개척, 식민지 직접지배는 '야만인에 대한 문명의 전파' '기독교 복음의 전파'라는 선교활동과 교묘하게 결합되었다. 제국주의 식민행정 당국은 선교사들이 오지에 들어가 교회와 교육기관과 병원 및 선교사들의 주거지를 세우면 '선교사를 보호'한다는 구실로 식민지배 영역을 확장하였다(Midgley, 1986: 43).

선교사들은 서구의 사회복지를 개발도상국 및 저개발국으로 전파하는 데 초기에 중요한 역할을 수행했는데, 이들의 사회복지 실천은 주로 교육과 보건의료 부문에 집중되었다. 선교사들과 선교단체들은 서양의 최신 의료기술, 교육 등을 전파하였으며, 서구의 기독교 복음을 타국에 전파하면서 당시 자국에서 이루어지던 것과 유사한 자선사업, 박애사업을 수행하였다. 이러한 활동에 필요한 현지 인력의 수급을 위해 사회사업 교육기관을 설립하기도 하였다.

한편, 식민지의 미시적 사회문제에 대한 해결은 식민행정 당국의 방관으로 자연스럽게 민간단체의 몫이 되었고, 이를 위해 식민행정 당국이나 민간단체는 모국에서 사회사업 전문가를 데려오기도 하였다. 종교적인 배경이 약한 세속적인 자선단체 또는 준-자선단체(quasi-charity) 역시 식민지에서 지부를 만들어 사회사업을 전개하였다.

(2) 식민지 지배국 사회복지의 도입

아시아, 아프리카, 라틴아메리카 지역의 많은 국가의 사회복지 발전에는 식민지배 기간 동안의 경험이 중요한 의미를 지닌다. 길게는 수 세기에 걸친 식민지배를 통하여 종주국의 사회복지제도와 이념이 선택적으로 식민지 국가에 이식되었다. 식민지배 기간 동안 선택적으로 이식된 서구 국가의 사회복지는 당시 서구 산업국가의 사회문제에 대한 서구식 해결 기술이었다.

근대적 사회보장제도가 식민지에 처음으로 나타난 형태는 법정 빈민구호, 종교적 혹은 기타 자선활동을 돕기 위한 공공지원, 제국주의 정부기관에 근무하는 식민지 관료에게 지급하는 각종 연금 및 근로자의 보상 수단으로 만들어진 고용주책임제도 등이었다. 대부분의 식민지 사회보장제도는 식민지 주민에게 이익을 주기 위하여 만들어진 것이 아니라 유럽인을 위한 제도였으며, 특히 식민지 관료를 위한 것이었다(Midgley, 1986: 129-130).

식민지배의 시기에는 종주국의 사회복지가 선별적으로 이식되었는데, 종주국이 어느 나라였느냐에 따라 식민지의 사회복지 발전 양상과 특징이 상이하게 나타났고, 이 시기의 유산은 현재까지도 영향을 미치고 있다. 예컨대, 아프리카 지역의 경우 식민 종주국에 따라 사회복지의 도입과 발전의 모습이 상이하게 나타났다. 프랑스의 경우 식민지 국가들에 국가 중심의 중앙집권적인 단일 모델을 적용하였다. 1952년에 「노동법(Code du Travail)」을 제정하여 모든 식민지에 적용하였고, 가족수당, 모성급여의 형태로 사회보험을 도입하였다(Seekings, 2014). 반면, 영국의 경우 국가 중심의 단일모델을 식민지에 적용하지 않았으며, 모국의 복지국가 모델에 따라 좀 더 제한적이고 잔여적인 접근을 취하였다(Luiz, 2013).

스페인의 식민지였던 중남미의 일부 국가들에서는 군인연금과 공무원연금제도 등의 사회보험이 비교적 이른 시기에 도입되었는데, 그 배경에는 일찍부터 존재해 온 정치적 불안정이 자리 잡고 있었다(나병균, 1993). 중남미의 경우처럼 정치적으로 불안정한 사회에서 사회보험을 중심으로 한 사회보장제도는 몇몇 핵심 집단(예: 군인과 공무원 및 조직화된 노동자 집단)을 체제 내로 포섭하려는 전략에서 비롯되었다.

식민 종주국의 영향은 식민지 국가의 독립 이후에도 중요하게 작용하였다. 식민지 국가들에 선택적으로 이식된 서구의 사회복지제도는 독립 후에도 사회복지에 부정적인 영향을 지속적으로 미쳤다. 이를 잘 보여 주는 것이 서구 국가로부터 전파된「구빈법」이 여전히 효력을 발휘하고 있다는 점일 것이다.[1)]

독립 후 서구 사회복지의 개념과 기술을 이 국가들에 전파한 주체는 크게 선교단체, 국제기구, 식민지 출신의 유학생, 서구 국가의 사회복지단체(및 인사) 등이다. 선교단체는 식민지 국가의 독립 이후에도 교육과 보건 부문에서 지속적인 활동을 전개하였다. 전파의 채널로서 선교단체는 식민 종주국의 권위주의적 법률체제와 문화적 신념, 여타 요인들을 이전하는 데 기여하였다. 서구 열강은 과거 식민지 지역에 원조를 제공할 때 기술 전문가를 수용하는 조건을 붙였는데, 사회복지에서도 예외는 아니었다(MacPherson & Midgley, 1987: 160).

국제연합(United Nations: UN)을 비롯한 여러 국제기구는 저개발국의 사회복지 교육과 훈련을 지원하였고, 이 국가들 내에서 사회복지의 토착화를 위한 노력을 경주하였다. 식민지 출신 유학생 집단은 일찍이 서구문화와 접촉한 상류계층의 자녀들로, 이들은 식민지 지배를 위한 기술관료(technocrats)를 양성한다는 종주국의 의도에 부응하여, 서구 국가들에서 지배기술의 하나인 사회복지를 학습하고 귀

1) 제2차 세계대전 이후 서구 국가들이 복지국가의 길을 걸으면서 서구 국가에서는 없어진「구빈법」의 억압적 · 주변적 속성이 제3세계권에서는 영속화되고 있다. 식민지 시대의 구걸과 빈곤 문제는 스페인, 포르투갈 식민지에서「구빈법」보다 종교적 자선에 의해 부분적으로 무마되었다. 영국 식민지에서는 식민지 시대 또는 독립 후 영국「구빈법」이 시행되었다. 구체적으로, 자메이카에서는 1682년에 영국의「구구빈법」이 시행되었고, 모리셔스에서는 1902년에「신구빈법」이, 트리니다드토바고에서는 1931년에「신구빈법」이, 그리고 인도에서는 독립 후인 1957년에「신구빈법」이 시행되었다(Midgley, 1986: 2-12).

국하여 이를 전파하였다. 서구 국가의 사회사업 단체 및 인사들도 자국의 사회사업 이념과 방법을 전파하는 데 기여하였는데, 예컨대 전미사회사업가협회(National Association of Social Workers: NASW)는 국제사회사업을 주요 활동내용으로 설정하여 사회사업 아이디어를 저개발국에 전파하는 데 노력을 기울여 왔다.

(3) 개발 이데올로기와 사회복지의 저발전

개발도상국 및 저개발국의 사회복지 발전 과정에서 공통적으로 드러나는 또 다른 경향은 권위주의적 정부에서의 강력한 개발 이데올로기로 사회복지의 발전이 지체되었다는 점이다.

제2차 세계대전을 거치면서 대다수의 식민지 국가들은 독립을 경험하게 되었다. 이 신생 독립국들은 주로 1950년대부터 UN 산하의 국제기구들의 권고에 힘입어 국가개발을 시작하였다(나병균, 1993). 당시 국가개발의 목표로 권고된 것은 가급적 신속하게 경제성장을 달성하는 것이었다. 개발 이념의 논리적 근거를 마련한 것은 경제성장론으로 무장한 경제학자들이었다. 이른바 '파이(pie) 이론'에 따라 성장주의자들은 경제성장을 최우선으로 하는 국가개발전략을 강력히 권고하였다. 파이가 작은 상태에서 나누는 것보다는 그것이 훨씬 커졌을 때 분배하는 것이 바람직하다는 성장론은 신생 독립국들에서 이른바 '개발독재'에 대한 논리적 근거를 제공해 주었다.

경제성장 지상주의를 받아들인 개발독재체제에서 사회복지에 대한 강조는 주목받지 못하였다. 개발의 성과를 배분하라는 노동자들의 요구는 종종 가혹한 방식으로 억제되었다. 극빈층에 대한 일부 공공복지 프로그램을 제외하면 경제성장 지상주의 이념하에서 사회복지는 주로 사회보험 방식으로 추진되었다. 식민체제 또는 국가형성 단계에서 도입되었던 군인과 공무원에 대한 사회보험에 덧붙여 상대적으로 안정된 소득을 정기적으로 획득하는 노동자 집단이 사회보험체계에 포함되었다. 보험금을 낼 수 있는 집단을 중심으로 한 사회보험제도의 확대는 당연히 사회보험 급여가 필요한 저소득 노동자와 빈민을 배제했다.

많은 아시아, 아프리카, 라틴아메리카 지역의 신생 독립국들이 권위주의적 정부하에서 경제성장 중심의 발전 전략을 채택하였으나, 구체적인 전략과 성과들은 지역별 · 국가별 정치적, 경제적, 사회적 맥락에 따라 매우 다르게 나타났다. 이에 대한 더 자세한 논의는 뒤에서 더 구체적으로 다루어질 것이다.

(4) 신자유주의적 세계화의 영향

개발도상국 및 저개발국은 식민지 편입 이전까지의 시기를 제외하고는 세계화의 추세에서 항상 주변적이고 수동적인 위치에 서 있었다. 서구에서 자본주의가 발달하면서 이러한 국가들은 '새로운 시장'으로서 그리고 '생산원료의 공급지'로서 강제적이고 폭력적인 방식으로 세계화의 무대에 이끌려 나왔다. 식민지배 당시에는 주로 식민 종주국인 제국주의 국가와 정치, 경제, 문화 등의 측면에서 거래와 교류 및 착취 관계가 성립되었다. 독립한 이후 이 국가들은 자본, 기술, 무력, 지식과 정보 등 모든 측면에서 불리한 상태에서 세계 자본주의 체제 내에 편입되었다.

과거 식민시대에 대포와 성경의 위세에 굴복했다면, 독립 이후에는 세계 자본주의의 위력에 압도되었다. 경제적 종속은 정치적 종속과 불가분의 관계를 맺게 되었고, 이 양자의 상승작용으로 세계 자본주의 및 그것이 맹위를 떨치고 있는 선진 자본주의 국가들에게 종속된 것이다. 한 예로, 개발도상국 및 저개발국가의 총외채 규모는 1970년에서 1990년대 후반까지의 기간 동안 약 32배 증가하였다. 그러다 보니 이 국가들 중에는 외채를 상환하기 위해 다시 외채를 끌어오는 국가재정상의 악순환에 처해 있는 경우도 적지 않다.

오늘날의 세계는 구 사회주의권의 붕괴에서 볼 수 있듯 자본주의의 전 세계적 지배가 가능해진 시기이다. 아울러 오늘날은 '세계화'라는 말에서 볼 수 있듯 정치, 경제, 문화 등의 측면에서 세계가 단일의 무대로 좁혀진 시기이기도 하다. 세계화는 민족국가의 경계를 허물어 자본의 자유로운 이동을 보장하는 체제를 지향한다. 이 체제를 지탱하는 주요한 이념은 신자유주의이며, 그것을 적극적으로 전파하는 기구는 세계은행(World Bank)과 국제통화기금(International Monetary Fund: IMF), 세계무역기구(World Trade Organization: WTO) 등의 국제기관들이다.

그동안 미미하게나마 발전된 영역들이 없었던 것은 아니었다. 개발도상국 및 저개발국 자체의 노력과 UN과 그 산하기구들(WHO, UNICEF 등), 국제노동기구(International Labour Organization: ILO) 등이 저개발지역의 사회개발을 위해 기울인 노력의 결과, 보건과 교육 등의 영역에서 다소의 발전도 있었다. 그러나 1980~1990년대 저성장, 인플레이션, 부채 위기 등으로 많은 저개발국가가 세계은행이나 국제통화기금 등 국제기구에서 차관을 제공받았고, 이 대가로 강제적 구조조정 및 경제개혁이 실시되었다. 이 국제기구들이 개발도상국 및 저개발국에 부과한 '거시경제적 안정화 조치'와 '구조조정' 계획은 수억에 달하는 사람들을 빈곤으로 몰아넣었으며, 이 국가들의 경제재건에 도움이 되기보다는 국가의 경제가 세계자본에 예속되는 도구 역할을 했다는 평가도 있다.[2] 이 시기에 세계은행이나 IMF가 추가 차관을 제공하면서 걸었던 조건은 공공 사회복지의 민영화(privatization), 사회복지 급여 및 서비스의 표적화(targeting), 사회복지의 분권화(decentralization) 등을 포함한다(Vilas, 1996: 이상록, 1999: 363-366에서 재인용). 세계은행, IMF 등 국제기구가 강제한 신자유주의적 개혁은 아시아, 아프리카, 라틴아메리카 지역의 개발도상국 및 저개발국에 성공적인 결과를 가져다준 것 같지는 않다. 긴축재정과 사회복지 지출 감축으로 정부의 역량이 약화되었고, 앞서 살펴본 민영화, 표적화, 분권화 등의 사회복지개혁이 시작된 이후 빈곤과 실업 등 사회문제는 더욱 심각해졌다(Kunzler, 2020).

2) 한 예로, 1997년 말 외환위기를 겪기 시작한 한국에 추가 차관을 주는 조건으로 한국 정부가 IMF와 합의한 '양해각서'를 보면, 한국 경제의 구조적이고 포괄적인 개혁을 명분으로 내세우면서도 실제로는 ① 상품 및 자본 시장의 전면적이고 완전한 개방, ② 자본의 이윤추구활동에 대한 완전한 자유 보장(즉, 규제 철폐), ③ 노동시장에 대한 유연화(즉, 착취의 제도화 추구)를 담고 있다. 그에 따라 WTO 협정 시 약속했던 상품시장 개방을 앞당기게 되었고, 주식시장과 채권시장 및 금융시장을 개방하여 외국 상품과 자본의 진출이 용이하게 되었으며, 국가 경제 전체가 투기적인 초국적 금융자본의 횡포에 노출되었다. 특히 노동시장에 대한 유연화는 인수합병이나 기업 구조조정에 따른 정리해고 요건을 완화하는 것과 함께, 근로자 파견제도의 도입을 가능하게 했다는 의미를 갖는 것이었다. 결국 기업 구조조정에 따른 대량해고의 길을 열어 놓음으로써, 한국 사회에 대량실업사태가 촉진되었다. 대량실업이 충분히 예고되었다는 것은 IMF 양해각서에 고용보험제도의 강화가 포함되어 있었던 것에서 알 수 있다(전태일을 따르는 민주노조운동연구소, 1998: 187-194).

(5) 국제개발협력을 통한 발전: 새천년개발목표와 지속가능개발목표

국제개발협력을 주도하는 국제기구와 선진 공여국은 세계 여러 지역의 개발도상국 및 저개발국의 사회복지를 발전시키는 데 중요한 영향을 미치는 외부 행위자이다. 국제기구는 정책 또는 프로그램의 영향 평가를 통해 사회보장의 효과성을 보여주고, 사회보장 전달을 위한 인적자본 및 관리체계를 강화하고, 사회보장 프로그램의 개발 및 운영 비용을 충당하기 위한 재정적 지원을 제공하고, 사회보장 정책 및 프로그램 개발 과정에서 기술적 지원을 제공하는 등 다양한 전략을 활용하여 저개발국 및 개발도상국에 공적개발원조를 조직하고 제공한다(Devereux & Kapingidza, 2020).

저개발국에서의 극심한 빈곤과 불평등 문제에 대응하기 위해 국제기구 및 선진 공여국, 수혜국을 중심으로 한 국제사회에서는 공적개발원조에 대한 논의를 확대하고 있다. 1960년대 이후 UN 등을 중심으로 다양한 국제개발협력의 노력이 있었는데, 특히 2000년 UN 새천년정상회의(UN Millennium Summit)에서 2015년까지 달성할 8개의 목표, 21개의 세부목표로 구성된 새천년개발목표(Millennium Development Goals: 이하 MDGs)를 제정하였다(United Nations, 2015). MDGs에 대한 지난 15년간의 모니터링 및 평가 결과를 살펴보면 지역별 · 영역별 성과의 차이가 나타나지만, 개발도상국 및 저개발국의 삶의 질이 전반적으로 개선되었다.

2012년 Rio+20 회의에서 사회 · 경제 · 환경적 지속 가능성과 연계된 MDGs 이후의 새로운 목표를 설정하기로 합의하였고, 2015년 9월 UN 정상회의에서 지속가능개발목표(Sustainable Development Goals: 이하 SDGs)를 발표하였다. SDGs는 모든 유형과 차원의 빈곤퇴치를 위해 2030년까지 향후 15년간 달성할 17개의 목표와 169개의 세부목표를 채택하였다(United Nations, 2015).

MDGs와 SDGs의 의미와 한계에 대해 정리하면, 다음과 같다(권상철, 박경환, 2017; Kwon, 2017). MDGs는 경제성장 중심의 패러다임을 사회 발전 패러다임으로 전환하였으며, 8개 목표를 중심으로 단순하고 이해하기 쉬운 국제 규범을 합의를 통해 도출한 결과이다. 정치적 · 외교적 목적과 이해관계를 토대로 공여국과 수혜국 간의 원조가 이루어지는 것을 지양하고 과거 식민 종주국으로서의 역사적 책임과 인도주의적 윤리를 반영하는 동시에, 개발도상국 및 저개발국 정부의 국가발전 목표 수립을 위한 기준점을 제공한다는 점에서 의미가 있다. 그러나 몇 가지 한계 역시 지적되고 있는데, 국제기구의 고위 관료, 일부 전문가 중심의 하향식 의사결정으로 목표가 설정되어 수혜국 정부, 시민사회 및 전문가의 참여가 부족했다. 또한 빈곤을 비롯한 사회문제의 구조적 원인에 대한 인식이 부족하여 구조적 문제해결방안에 대한 목표는 취약했으며, 목표들 간의 유기적 연관성 및 시너지가 부족했다는 평가 역시 존재한다.

이에 비해 SDGs는 경제 · 사회 · 환경 차원을 포함하는 개념으로서의 지속 가능성과 사회개발을 국제적 목표로 통합하면서 MDGs에 비해 포괄적이고 광범위한 영역과 목표를 설정하였다. 빈곤 등 경제적 문제 외에도 사회적, 정치적, 환경적 지속 가능성, 폭력과 억압으로부터의 자유, 인권 보장, 민주주의 발전 등 다양한 아젠다를 포괄하고 있다. 또한 MDGs가 다소 간과했던 사회정의, 사회적 평등 등 구조적 측면을 강조하는 점도 이전에 비해서는 진일보한 것으로 평가된다. 목표 설정 과정의 측면에서도 SDGs는 UN을 비롯한 수혜국 정부, 시민단체, 기업, 연구소 등 다양한 주체가 계획 수립에 참여하여 민주성을 제고했다.

반면, SDGs의 구조적 측면의 강조는 계획 수행 시 수혜국 정부에게 정치적 도전으로 작용하여 갈등의 소지가 있을 수 있으며, 광범위하고 많은 세부목표 및 지표는 우선순위를 둘러싼 경쟁에서 자유롭지 못할 수 있다. 또한 세계적 경제위기 등으로 공여국의 재정상태가 악화되는 경우 재원 확보의 어려움이 발생할 수 있다. 이에 대한 대안으로 SDGs는 기업의 참여 및 역할 확대를 강조하고 있는데, 기본적으로 영리를 추구하는 집단인 기업의 역할 확대에 대해서는 회의적인 시각 역시 존재한다.

표 10-3 새천년개발목표(MDGs)의 세부목표별 성과

MDGs의 세부목표		목표수준	1990년 기준	실제 달성수준
1.A	절대빈곤율(하루 $1.25 미만) 절반으로 감소	23.5%로 감소	47%	14%로 감소
1.B	완전하고 생산적인 고용 및 청년과 여성을 포함한 모두에게 '괜찮은(decent)' 일자리 제공	100% 달성	62%	60%로 감소
1.C	기아로 고통받는 사람의 비율 절반으로 감소	11.5%로 감소	23.3%	12.9%로 감소
2.A	모든 남녀 어린이에게 초등교육 제공	100% 달성	83%	91%로 증가
3.A	교육수준에 있어 성별격차 제거	성별격차지수 (GPI) 0.97~1.03	초등교육 0.87 중등교육 0.77 고등교육 0.71	초등교육 0.98 중등교육 0.98 고등교육 1.01
4.A	5세 미만 사망률 2/3 감소	1,000명당 30명으로 감소	1,000명당 90명	1,000명당 43명으로 감소
5.A	산모 사망률 75% 감소	10만 명당 95명으로 감소	10만 명당 380명	10만 명당 210명으로 감소
5.B	모든 여성에게 산전관리 제공	100% 달성	35%	52%로 증가
5.B	모든 여성에게 적절한 피임약 제공	100% 달성	55%	64%로 증가
6.A	HIV/AIDS 확산 저지 및 감소	신규감염자 없음	연간 신규감염자 350만 명	연간 신규감염자 210만 명으로 감소
6.B	HIV/AIDS 치료에 대한 보편적 접근성 달성	HIV 환자의 100%	HIV 환자의 3%	HIV 환자의 23%(2010), 45%(2015)
6.C	말라리아 확산 저지 및 감소	위험군 1,000명당 신규감염자 158명 미만	위험군 1,000명당 신규감염자 158명	위험군 1,000명당 신규감염자 97명으로 감소
6.C	결핵 확산 저지 및 감소	10만 명당 신규감염자 172명 미만	10만 명당 신규감염자 172명	10만 명당 신규감염자 142명으로 감소

7.A	지속 가능한 발전의 원칙을 국가 정책에 통합하고 유실된 환경자원 회복			환경자원 손실 악화
7.B	생태다양성 손실 회복			생태다양성 손실 지속
7.C	안전한 식수에 접근하지 못하는 인구비율 절반으로 감소	12%로 감소	24%	9%로 감소
7.C	위생 시설에 접근하지 못하는 인구비율 절반으로 감소	23%로 감소	46%	32%로 감소

출처: United Nations (2015); MDG Monitor 페이지.

2. 아프리카 지역의 사회복지

1) 아프리카 지역 사회복지의 성격

앞서 살펴본 것처럼 아프리카 지역 국가들의 공적 사회복지는 여전히 저발달되어 있으나, 아프리카 지역의 사회복지를 총체적으로 이해하기 위해서는 국제적 기부 및 지원, 지역공동체 중심의 비공식적 네트워크, 자생적인 사회적 위험 분산 체계 등 다양한 요소에 대한 고려가 필요하다. 또한 식민지 경험과 유산, 국제기구 및 원조 공여국 등 외부 행위자의 영향, 개별 국가의 정치적, 경제적, 사회적 조건 등의 요인과 이들 간의 상호작용이 아프리카 지역 사회복지의 형성 및 발전 과정에 영향을 미친다(Schmitt, 2020a).

고프와 그의 동료들(Gough et al., 2004)은 개발도상국 및 저개발국을 비공식적 보장체제(informal security regime)와 비보장체제(insecurity regime)의 두 가지 복지체제 유형으로 분류하였다. 음칸다와이어(Mkandawire)는 고프의 논의를 바탕으로 아프리카 지역의 국가들을 두 가지 유형으로 분류했는데, 남아프리카공화국, 짐바브웨, 케냐, 나미비아, 보츠와나 등의 국가는 상대적으로 높은 수준의 세율과 높은 수준의 사회복지 지출을 보이며 높은 수준의 문자 해독률을 보이는 등 비공식적 보장체제의 모습을 띠고 있다. 그러나 높은 사망률과 HIV/AIDS 감염률을 보이는 등 '실패한 비공식적 보장체제'로 분류하였다. 이 외의 사하라 이남 아프리카 국가들은 비공식적 보장체제조차도 등장하지 못한 더욱 열악한 상황인데, 낮은 사회복지 지출, 낮은 기대수명, 높은 빈곤율, 높은 해외원조 의존도 등의 특징을 보이는 비보장체제로 구분하였다(Mkandawire, 2016).

2) 아프리카 지역 사회복지의 발전 과정

(1) 식민지 및 냉전 시기

아프리카 지역 대부분의 국가들은 식민지배라는 공통된 경험을 가지고 있다. 앞서 살펴본 것처럼 피식민 경험은 아프리카 지역 국가들의 사회복지 발전에 큰 영향을 미쳤으며, 이 시기의 유산의 현재까지도 큰 흔적을 남기고 있다. 그러나 피식민 경험의 유산은 아프리카 내 지역별 · 국가별로 상이하게 나타나는데, 어떤 국가의 지배를 받았는지, 식민 종주국이 어떠한 형태의 복지제도를 가지고 있었고 어떠한 방식으로 식민지에 이식했는지, 개별 식민지 국가의 정치적, 경제적, 사회적 조건이 어떠했는지가 사회복지의 발전 과정에 영향을 미친다.

아프리카 지역의 대표적 식민 종주국은 프랑스와 영국이었다. 프랑스의 경우 식민지 지역에 비교적 관대한 수준의 사회복지제도를 도입했는데, 1910년에 이미 베냉에서 사회부조 도입 논의가 시작되었고 1928년 프랑스령 식민지에서 사회서비스를 제공하였다. 프랑스의 경우 국가 중심의 중앙집권적인 단일 모델을 식민지에 적용하였다. 1952년에 「노동법(Code du Travail)」을 제정하여 모든 식민지에 적용하였고, 이는 프랑스령 아프리카 식민지 사회복지제도의 바탕이 되었다. 이 시기에 가족수당, 모성급여의 형태로 사회보험이 도입되었으나 노령연금은 도입되지 않았다(Seekings, 2014).

영국은 프랑스와 달리 국가 중심의 단일 모델을 식민지에 적용하지 않았으며, 좀 더 제한적이고 잔여적인 접근을 취했다(Luiz, 2013). 1940년대의 고용주 책임의 산재보상제도 도입을 제외하면 사회복지제도의 도입 및 발전이 제한적이었고, 사회복지 급여에 있어 인종적 분리 등이 더욱 심했다. 영국 복지국가 모델에 따라 사회보험보다는 사회부조 중심의 제도 도입이 이루어졌고, 1939년에 「식민지 개발 및 복지법(the Colonial Development and Welfare Act)」을 제정한 후 식민지 총독부에 사회보장부서를 설치하였으나, 자조를 중심으로 한 사회복지의 기조가 크게 변화되지는 않았다(Maclean, 2002).

개별 식민지 국가의 사회적, 경제적, 정치적 조건에 따라서도 사회복지정책 및 제도의 차이가 나타났다. 예컨대, 식민지 경제체제의 특성이 해당 국가의 사회복지 정책 및 제도에 영향을 미치고, 이러한 유산은 현재까지 이어질 수 있는 것이다(Kunzler & Nollert, 2017; Mkandawire, 2016). 아프리카 지역의 식민지 경제체제는 두 가지로 구분될 수 있는데, '노동력 예비 경제(labor reserve economy)'는 값싼 아프리카 식민지의 임금 노동에 의존하는 체제로, 노동자에 대한 교육 및 소득은 최소화하고 높은 세금을 부과한다. 백인 남성 중심의 복지체제를 일부 보유하고 있으며, 영국 「구빈법」에 기초한 사회정책은 도시의 실업자 및 빈자에게 적용되었다. 남아프리카 및 동아프리카 지역의 국가들이 주로 포함되는 이러한 체제의 국가들은 독립 국가를 형성한 이후에도 높은 불평등, 높은 HIV/AIDS 비율, 인종적으로 분화된 사회정책의 유산을 안고 있다. 반면, 이 국가들의 높은 세율과 광범위한 세원은 향후 사회복지 확장을 위한 재정적 잠재력이 될 수 있다.

두 번째 식민지 경제체제는 서아프리카 지역의 국가들이 주로 포함되는 '현금 작물 경제(cash crop economy)'이다. 이 체제하에서는 소규모의 토지를 소유한 아프리카인 농민들이 농업생산에 대해 일정 부분 통제가 가능했고, 국제 상품시장에 직접 참여할 수 있었다. 이는 자녀에 대한 높은 교육투자로 연결되었다. 반면, 사회보장은 지역공동체를 중심으로 비공식적으로 작동했고, 이 국가들에서의 취약한 세원은 독립국가 형성 후 낮은 사회복지 지출로 연결된다.

제2차 세계대전 이후 식민지 시대가 해체되면서 아프리카 지역의 신생 독립국들은 미국과 소련을 중심으로 한 체제 경쟁의 장에 편입되었다. 이 시기의 사회복지는 식민지 시기의 유산과 독립 이후에도 강한 영향력을 발휘하고 있는 식민 종주국의 영향을 강하게 받았고, 이에 더해 냉전 체제하에서 초강대국의 이해관계와 개입에 의해 지속적으로 간섭받았다(Schmitt, 2020a). 제2차 세계대전 이후 독립국가를 형성한 이후에도 아프리카 지역 국가들의 구조적 빈곤 및 사회문제는 오히려 심화되었다. 제도적 취약성으로 인한 국가의 무능력, 인종·계급·종교를 중심으로 한 내부적 갈등 역시 심화되었다. 높은 출산율로 인한 인구 급증 및 도시 유입, 무역수지 악화로 인한 부채 급증, 정책의 실패로 인한 도시와 농촌의 불균형한 발전 등의 산적한 문제들을 안고 있었다(Luiz, 2013).

독립 이후 사회보장제도의 발전이 다소 이루어지기도 했는데, 사회보장은 주로 고용주의 기여에 의해 도시 노동자를 중심으로 제한적으로만 이루어졌다. 가나, 남아프리카공화국 등 일부 상황이 나았던 국가를 제외하면 실업급여 역시 부재했다. 식민지 시기 사회복지의 유산이 이 시기 사회보장제도의 형성 및 발전에도 큰 영향을 미쳤는데, 예컨대 과거 프랑스령 식민지 국가들은 기존의 자발적 연금제도를 강제적 연금제도로 전환하였고, 영국령 식민지 국가들은 고용주와 노동자가 공동으로 기여하는 강제저축기금(provident funds)을 도입하였다(Barrientos, 2020).[3] 소말리아, 콩고 등 내부적 갈등이 심화되었던 일부 국가들은 사회보장제도의 도입 및 발전이 더욱 지체되었고, 상대적으로 고소득 국가였던 남아프리카공화국, 보츠와나, 모리셔스 등에서는 보편적 성격의 무조건적 현금급여가 도입되기도 했다(Luiz, 2013).

(2) 1980년대 경제위기 이후~2000년대

1980~1990년대 저성장, 인플레이션, 부채 위기 등으로 많은 아프리카 국가가 세계은행, IMF 등 국제기구에서 차관을 제공받았고, 이 대가로 강제적 구조조정 및 경제개혁이 실시되었다. 국제기구가 요구하는 구조조정 및 경제개혁은 신자유주의적 성격을 보였는데, 구조조정이 요구하는 긴축재정으로 공공 부문 감축, 사회복지 지출 감축 등이 이루어져 정부의 역량이 약화되었으며, 사회복지의 민영화, 분권화, 의료 및 교육 서비스 분야의 비용 감축 등이 이루어졌다(Kunzler, 2020). 또한

3) 강제저축기금은 일정 기간 동안 고용주와 노동자의 공동 기여로 적립된 원금에 정해진 이자를 더해 의료비, 퇴직금, 교육비, 주거비 등 정해진 목적으로 사용할 수 있는 제도이다.

1990~2000년대 초반 HIV/AIDS 환자의 급증으로 의료 관련 예산이 급증하면서 사회보장 재정에 큰 부담으로 작용하기도 했다(Luiz, 2013).

2000년대 이후 정치적 민주화와 자유화가 진전되면서 아프리카 지역의 많은 국가에서 사회복지의 발전이 이루어지고 있다. 정치적 민주화 및 자유화가 진전되면서 내부적 갈등이 많은 지역에서 완화되었고, 경제성장이 이루어지면서 빈곤율 및 실업률이 감소하였다. 여전히 빈곤율, 소득수준, 영아사망률, 기대수명, 영양 등 많은 지표에서 절대적인 수준은 낮지만 개선이 이루어지고 있는 것이다. 특히 2000년대 이후 사회보장제도의 도입 및 확대가 비교적 빠르게 이루어지고 있는데, 현금급여의 도입 등이 활발하다(Luiz, 2013).

고용주와 노동자의 기여를 바탕으로 운영되는 사회보험 중심에서 정부재정으로 재원이 충당되는 사회부조로의 변화의 흐름 역시 존재한다. 아프리카 지역의 국가들에서 사회보험은 여전히 가장 비중이 높은 사회보장의 형태이지만, 보험료 기여가 충분하지 않거나 불가능한 집단은 배제되는 문제가 있다. 이러한 점을 고려하면, 아프리카 지역의 국가들과 같은 저개발국의 빈곤 및 불평등 문제에 효과적으로 대응하기 위해서는 사회부조가 더 효과적일 수 있다(Schmitt, 2020b). 또한 민주화의 진전과 함께 적용 범위가 제한적인 사회보험보다 다수 대중의 지지를 받는 사회부조 프로그램이 선거에서 유리할 수 있다. 이러한 맥락에서 아프리카 지역 국가들은 무기여형 노령연금, 무조건적 가족수당 등 현금급여 프로그램의 비중을 높이고 있는 추세이다. 여기서도 식민지 시기의 유산이 여전히 작용하는데, 예컨대 사회보험 중심으로 제도가 도입되었던 과거 프랑스령 식민지보다 「구빈법」 전통과 「베버리지 보고서」에 기반한 영국령 식민지 국가들에서 사회부조 도입이 더욱 활발한 경향을 보인다. 1990년대 후반에서 2000년대 초반 시기 동안 남아프리카공화국, 나미비아, 보츠와나, 레소토, 스와질랜드(현 에스와티니) 등에서 보편적 비기여 방식의 현금급여가 도입 · 발전되었고, 이러한 무조건부 또는 조건부 현금급여는 아프리카 지역 국가들이 직면한 극심한 빈곤 문제 해결에 효과를 보이는 것으로 보고되었다(Seekings, 2015).

2000년대 이후 ILO 등의 권고에 따라 연금개혁 역시 이루어지고 있다. 예컨대, 케냐의 경우 일시금 지급에서 월지급 방식으로, 탄자니아는 강제저축기금 형태에서 사회보장기금 형태로 전환하면서 월급여 방식을 도입하였다. 적용 범위 역시 공공 부문 노동자, 자영업자 등으로 확대되고 있는 추세이다.

3. 동아시아 및 동남아시아 지역의 사회복지

1) 동아시아 및 동남아시아 지역 사회복지의 성격

앞서 살펴본 아프리카 지역과 같이 동아시아 및 동남아시아 국가들 또한 일본, 영국, 프랑스 등 식민제국의 지배를 오랫동안 받은 경험을 공유하고 있다. 제2차 세계대전 이후에는 미국과 소련이 주도하는 냉전체제에 편입되기도 했다. 이러한 식민지 및 냉전 시기의 유산은 동아시아 및 동남아시아 지역 국가들의 사회복지 형성과 발전에 지대한 영향을 미쳤다.

동아시아 및 동남아시아 지역의 국가들은 발전주의 복지체제(developmental welfare regime)의 특징을 공통적으로 보이는 것으로 평가된다. 발전주의 복지체제는 권위주의적 정부하에서 경제성장이 최우선되며, 복지는 경제성장에 종속되어 인적자본 발전과 관련된 교육, 건강 등의 지출로 제한된다. 국가의 복지공급능력이 취약하여 가족, 지역공동체 등 비공식 영역의 복지공급에 대한 의존이 강하다. 국가는 복지의 공급자가 아닌 규제자의 역할을 주로 하고, 정부재정 부담 최소화를 위해 고용주와 노동자가 기여하는 사회보험 또는 강제저축기금 중심의 제도적 특성을 보이며, 이러한 사회보장제도의 적용은 핵심 노동자, 공무원 등 일부에게로 제한된다(Chan, 2001; Holliday, 2000; Kwon, 1998). 정권의 정당화와 정치적 안정, 주변국과의 체제 경쟁의 수단으로 사회복지가 활용되는 특징 역시 공유하고 있다(White & Goodman, 1998).

동아시아 및 동남아시아 지역 국가들은 발전주의 복지체제의 특징을 공유하고 있지만, 식민지 경험의 차이, 개별 국가의 조건의 차이에 따라 서로 상이한 모습의 발전 과정을 보이기도 한다. 예컨대, 사회보험 중심의 제도를 가진 많은 국가와 달리 영국의 식민지였던 싱가포르, 홍콩 등은 강제저축기금을 제도화하였고, 영국의 식민지였던 말레이시아 역시 강제저축기금과 영국 방식의 NHS를 도입하였다.

홀리데이(Holliday)는 동아시아 지역 복지체제의 특징을 생산주의 복지체제(productivist welfare regime)로 규정하고 사회적 권리의 제도화, 재분배, 복지공급에 있어 국가의 비중을 기준으로 세 가지 유형으로 세분화하였다. 홍콩이 대표적으로 포함되는 촉진적(facilitative) 생산주의 체제는 세 가지가 모두 낮은 수준을 보이며, 싱가포르가 포함되는 발전적 배타주의(developmental particularist) 체제는 세 가지 모두 중간 수준, 한국 및 대만이 포함되는 발전적 보편주의(developmental universalist) 체제는 세 가지가 모두 높은 수준이다. 동남아시아 국가들 중 태국과 인도네시아는 발전적 배타주의 체제에 가깝지만 가족, 지역공동체 등 비공식 영역의 역할이 보다 강조되며, 말레이시아는 발전적 보편주의에 가깝다(Holliday, 2000).

Kwon(2005)은 1990년대 후반 아시아 지역을 강타한 경제위기 이후 발전주의 복지국가가 포섭적 발전주의 복지체제(inclusive developmental welfare regime)와 선택적 발전주의 복지체제(selective developmental welfare regime)로 분화하고 있다고 설명하는데, 한국과 대만은 포섭적 발전주의 복지체제로 전환 중이며, 이는 1980년대 이후 두 국가에서의 경제성장과 민주화의 진전에서 기인한 것이다.

2) 동아시아 및 동남아시아 지역 사회복지의 발전 과정

(1) 식민지, 독립 및 냉전 시기

동남아시아 국가들에서는 식민지 시기 식민 종주국의 영향으로 몇몇 사회서비스 제도가 도입되었으나 1960년대 이전까지는 큰 발전을 이루지는 못했다. 동아시아 및 동남아시아 주요국의 사회보장제도 도입 시기가 〈표 10-4〉에 제시되었다. 일부 국가에서 1920년대 후반 고용주 책임 방식의 산재보상제도가 도입되었고, 영국의 식민지배를 받았던 싱가포르에서는 1950년대 초반에 영국 정부에 의해 강제저축기금 형태의 연금제도를 도입하였다.

표 10-4 동아시아/동남아시아 국가들의 주요 사회보장제도 도입 시기 (단위: 년)

	산재보상	질병보험	노령연금	실업보험	가족수당
한국	1953	1963	1973	1993	1991
대만	1929	1950	1950	1988	–
홍콩	1953	1968	1973	1977	1971
중국	1951	1951	1951	1986	–
태국	1972	1990	1955	1990	1990
말레이시아	1929	1964	1951	–	–
인도네시아	1939	1957	1951	–	–
싱가포르	1929	1983	1953	–	–

주: 제도 실시 연도가 아닌 법적 제정 연도이며, 현재 형태의 법이 아닌 최초 법 도입 연도임. 예컨대, 한국의 경우 산업재해보상보험은 1963년에 제정되었으나, 1953년에 「근로기준법」이 제정되면서 이에 근거해 산업재해에 대한 보상의 고용주 책임을 법제화하였음. 제도가 도입되지 않은 경우 줄표(–)로 표시함.

출처: Social Security Administration (2018).

제2차 세계대전을 전후하여 동아시아 및 동남아시아 지역 대부분의 국가들이 독립을 경험했고, 이후 사회복지제도가 형성되기 시작했다. 권위주의적 정부하에서 경제성장이 최우선시되고 사회정책은 경제정책에 종속되어 경제성장에 도움이 되는 영역에 대한 최소한의 개입, 정치적 정당성의 확보와 주변국과의 체제 경쟁의 목적으로 사회복지를 활용하는 등의 발전주의적 복지체제의 특성을 공유하였으나, 개별 국가의 정치, 경제, 사회적 조건에 따라 상이한 발전 양상을 보이기도 했다. 여기서는 싱가포르, 인도네시아, 대만, 한국 등 주요 국가의 사례를 통해 이 국가들에서의 사회복지 발전 과정에 대해서 개략적으로 살펴볼 것이다.

싱가포르는 1963년에 신생 독립국인 말레이시아로 편입된 후 1965년에 분리되었다. 독립 이후 정권을 잡은 권위주의 정부인 리콴유 정부는 정치적 생존을 위해 경제성장을 최우선시하였고, 해외투자에 의존한 수출중심 경제성장 전략을 세우면서 1960년대에 「산업관계법」「고용법」 등의 입법을 통해 노동조합을 억압하고 낮은 세율을 유지했다(Pang & Lim, 2015). 전체 예산의 20% 정도를 차지하는 높은 국방비 부담은 사회복지 지출을 더욱 제약했다. 노령, 주거, 교육, 의료 등 핵심 영역의 보장을 위해 근로, 가족부양 및 미래를 위한 저축 등 개인의 책임이 강조되었고, 고용주와 노동자의 기여에 의해 운영되는 중앙강제저축기금(Central Provident Fund: CPF)을 통해 사회지출의 재정을 충당했다. 또한 국가가 아닌 가족, 지역공동체 등 비공식 영역의 복지 공급 역할이 강조되었다. 중앙강제저축기금은 영국 식민지 시기인 1955년에 도입되었는데, 고용주와 피고용인이 기여로 적립된 액수에 이자를 더한 금액을 퇴직, 주거, 의료, 교육 등 정해진 사용처에 사용하는 제도로 싱가포르 복지제도의 핵심을 구성하였다(Ng, 2011).

싱가포르 복지제도의 또 다른 핵심은 주거정책이다. 식민지 시기인 1927년에 공공임대주택 제도가 도입되었는데, 1968년에 강제저축기금과 주거정책을 연계하여 저소득층에 대한 임대보다는 공공주택 매입을 통한 주택소유를 장려했다는 점에서 다른 국가의 주거정책과 차별성을 보인다. 주택소유의 장려는 싱가포르 국민으로서의 정체성을 높이는 데 기여했고, 공공주택 매입은 인종 혼합 정책을 통해 사회통합의 수단으로서도 활용되었다(Kwon, 1998). 또한 발전주의 체제하에서 경제성장에 도움이 되는 교육, 건강 영역 등 인적자본 확충을 위한 정책이 상대적으로 중시되었으며, 공공부조는 강제저축기금 계좌가 없거나 적립이 불충분한 경우에 한하여 매우 엄격한 자산조사를 통해 제공되었다(Lee & Qian, 2017).

대만 역시 중국 공산당에 패배한 후 대만을 건국하면서 원주민에 대한 정치적 정당화 및 안정을 목적으로 사회복지를 활용했다. 1950년에 노동보험을 도입했는데, 사회보험 방식으로 고용주와 노동자의 기여를 통해 재정을 충당하며, 정부는 직접 공급자보다는 법적 강제를 통한 규제자의 역할을 한다는 점에서 다른 동아시아 및 동남아시아 국가들과 공통점을 지닌다. 1950년대 후반~1960년대 중반 시기에 공무원보험을 도입한 것을 제외하고 1980년대까지 복지제도의 발전은 정체되었다. 1980년대에 사립학교 교직원을 위한 건강보험이 도입되는 등 사회보험의 적용 대상은 공무원 중심으로 매우 제한적이었다. 경제성장에 도움이 되지 않는다고 판단된 제도는 고려조차 되지 않았고, 가족, 지역사회 중심의 비공식적 복지체계에 대한 의존도가 높았다(Kwon, 1998; 2005). 1990년대를 전후로 복지제도의 발전이 보다 본격적으로 이루어지기 시작했는데, 1989년에 농민건강보험이 도입되면서 건강보험의 적용 범위가 확대되었고, 1995년에는 분절적이었던 건강보험제도가 전국민을 대상으로 한 보편적인 성격의 국민건강보험(National Health Insurance: NHI)으로 통합되었다. 이는 대만 사회복지 발전 과정의 분기점으로 평가된다.

인도네시아의 경우 1945년 독립선언 후 수카르노 정부(1945~1966년)가 들어서면서 정부의 첫 사회보장 프로그램인 산재 및 질병급여가 도입되었고, 1960년 의료보험이 도입되었다. 특히 공무원에 대해서는 노령연금, 출산연금 등도 제공되었다. 그러나 이러한 프로그램은 매우 제한적이었고 제대로 실시되지 못했는데, 독립선언 후 네덜란드와 1949년까지 전쟁 상황에 있었고, 1960년대에는 말레이시아와 갈등하면서 대부분의 정부 지출을 국방에 사용했다. 여기에 경제위기의 지속과 극심한 물가상승으로 사회복지 지출은 매우 낮은 수준을 유지했다. 1966년 수하르토 정부(1966~1998년)가 들어서면서 정치 · 경제 개혁을 실시한 결과 경제성장률이 급격히 증가하여 수하르토 정권 동안 연평균 7%의 경제성장을 이루었다. 이 시기 사회보장 프로그램이 확대되기 시작했는데, 공무원에 대한 건강보험 및 연금보험, 민간영역 노동자에 대한 산재, 퇴직, 사망, 건강보험을 포괄하는 사회보험이 도입되었다(Sumarto, 2017). 인도네시아 사회복지 발전의 주요 특징 중 하나도 복지제공에 있어 비공식 영역의 역할이 매우 컸다는 점이다(Sumarto, 2017).

한국의 경우도 1960년대 이후 권위주의적 군사정부하에서 발전주의 체제의 특징을 보였다(Kwon, 2005). 경제에 대한 국가의 강력한 개입, 시장가격의 의도적 왜곡을 통한 국제경쟁력 강화, 기업에 대한 저리의 자본 제공, 독점지위의 공고화 등을 통하여 소수의 '재벌'을 양성했다. 동시에 노동자 및 노동조합을 억압하여 저임금과 높은 생산성에 기반한 가격경쟁력을 유지할 수 있다. 이 시기 군사정권의 정당화를 위한 목적으로 사회복지제도가 본격적으로 도입되기 시작했는데, 대기업의 정규직 핵심 노동자 중심의 사회보험을 위주로 도입되었고, 수출 주도형 경제에서 고숙련 노동자 양성을 위해 직업훈련 및 각종 기업복지 프로그램이 정부 주도로 실시되었다.

한편, 과거 식민 종주국의 원조와 개입이 동아시아 및 동남아시아 지역의 사회보장에 중요한 영향을 미쳤음을 간과할 수 없다. 제2차 세계대전 이후 동아시아 및 동남아시아 국가들이 독립하면서 이 지역은 미국과 소련이 주도하는 냉전의 각축장이 되었고, 미국, 영국, 프랑스 등 과거 식민 종주국은 냉전 시기에도 이 지역에서 지속적인 영향력을 행사하였다. 군사적 활동과 개발 전략은 아시아에서 공산주의의 확산을 억제하기 위한 두 가지 핵심 전략이었는데, 개발 전략에는 경제적 측면(사회간접자본 구축, 산업 및 무역 촉진)뿐 아니라 사회적 측면(사회보장제도의 도입) 역시 포함되었다(Mioni & Petersen, 2020).

국제기구 및 서구 선진국의 비영리조직 등도 동아시아 및 동남아시아 지역의 사회 개혁에 중요한 역할을 담당했다. 예컨대, ILO는 현대화와 사회보장을 강조하면서 실업, 산업화의 지체, 여성과 아동을 포함한 노동자에 대한 열악한 수준의 보호, 저임금, 낮은 삶의 질, 낮은 생산성, 인구학적 압력 등 이 국가들이 지닌 구조적 문제점들에 대해 지속적으로 관심을 기울였다. 서구 방식의 국가 재건을 지원하는 프로그램에 따라 ILO의 전문가들이 개별 국가들의 요청으로 포괄적 사회·경제적 개혁의 초안을 작성했는데, 1960년대까지 미얀마, 베트남, 말레이시아 등 많은 국가가 참여했다(Mioni & Petersen, 2020). ILO의 이러한 역할에 대해 중립적이고 기술적인 도움을 제공했다는 견해와, 냉전 시기 공산주의의 확산을 막기 위해 아시아 신생 독립국들의 재건을 목적으로 했다는 상반된 견해가 존재하나(Maul, 2016), 결과적으로 사회개혁과 경제 현대화는 공산주의로부터 아시아 지역을 보호하고 국가를 재건하는 전략의 핵심이 되었다.

즉, 탈식민지화와 냉전의 맥락에서 공산주의의 확산 저지를 목적으로 한 서구 초강대국과 국제기구의 영향, 정치적 정당화 획득과 안정을 목적으로 한 개별 국가의 정치엘리트들의 영향이 상호작용하면서 전후 냉전 시기 동안 동아시아 및 동남아시아 지역의 복지국가들이 발전한 것이다.

(2) 1997년 아시아 경제위기 이후

1997년에 아시아 지역을 강타한 경제위기는 동아시아, 동남아시아 지역의 많은 국가의 사회복지 발전에 중요한 분기점이 되었다. 극심한 경제위기에 대한 대응 과정이 국가별로 매우 상이한 형태로 나타났다.

동남아시아 국가들의 경우 공공 사회복지 지출 수준이 낮고, 개인의 자립 및 자활을 강조하며, 가족 및 지역공동체 등 비공식 체계의 복지공급에 대한 의존도가 높다. 국가의 복지공급 기능이 점차 강화되어 왔으나 이러한 체제는 경제위기로 인해 심각한 도전에 직면했다. 경제성장이 급속하게 이루어지던 시기에는 높은 고용률, 임금 증가, 이를 통한 자산의 축적이 가능했고, 이를 통해 시장에서 필요한 사회서비스를 구매하고 가족 간 이전을 통해 복지에 대한 욕구를 충족시켰다. 이러한 기능적 등가물(functional equivalence)의 존재로 국가를 통한 복지에 대한 수요나 요구가 낮았던 것이다. 경제위기로 인해 이러한 체계가 제대로 기능하지 못하게 되면서 국가의 역할에 대한 요구가 높아졌다(Chan, 2001).

태국의 경우 경제위기 초기에 농촌 지역에서의 일시적 농업 노동을 통해 실업 및 빈곤 문제에 대응하였고, 인도네시아는 추가적인 일자리를 창출하고 근로시간을 높였다. 필리핀은 국내 노동시장 안정을 위해 이주노동자 수출을 장려했고, 말레이시아와 싱가포르는 이주노동자의 유입을 제한하였다. 사회복지의 측면에서 태국과 인도네시아는 여전히 중요한 역할을 담당하고 있던 지역공동체 중심의 비공식적 상호부조체계에 대해 정부의 지원을 확대하였고, 이를 통해 빈곤 감소 및 사회적 연대 회복을 기대하였다(Chan, 2001).

인도네시아 역시 1997년의 아시아 경제위기 이후 대규모 실업 및 빈곤의 문제를 경험하였고, 특히 음식 가격이 급등하였다. 경제위기는 정치적 격변으로 연결되어 수하르토 권위주의 정부가 물러나게 되는 중요한 계기가 되었다. 경제위기에 대응하기 위해 IMF, 세계은행 등 국제기구에서 재정지원을 받았고, 그 대가로 가격 자유화, 민영화, 금융기관 개혁 등 신자유주의적 방향의 구조조정이 실시되었다. 또한 정치개혁을 통해 분권화가 이루어지면서 중앙정부는 지방정부에 정치적 권위를 이전하였고 민주화가 진전되었다. 저소득층 노동자를 경제위기의 충격에서 보호하고 가혹한 구조조정의 부작용과 저항을 완화하기 위해 저소득층에 대한 다양한 사회복지 프로그램 역시 실시되었다. 경제위기 직후 도입된 저소득층에 대한 건강보험, 음식보조, 장학금 지급 등 일련의 프로그램들은 경제위기에서 벗어난 이후 공식적 빈곤 프로그램으로 전환되었다. 2008년 이후 50개 이상의 사회복지 프로그램을 운영했는데, 이에 대한 지출 비중이 경제위기 이전 GDP 대비 0.3%에서 2001~2010년에 GDP 대비 1%까지 증가하였다. 의료 및 교육 지출 역시 경제위기 이후 급격히 증가하였고, 특히 2014년 전 국민 대상의 국민건강보험(NHI)이 도입되어 분절적으로 운영되던 사회보험이 하나의 체계로 통합되었다(Sumarto, 2017).

1997년의 아시아 경제위기는 한국, 대만 등 동아시아 복지국가의 약점 역시 드러냈다. 완전고용의 가정하에 복지공급자로서 국가의 역할이 매우 작았으며, 핵심 노동자에 대한 사회보험 중심의 제한적 사회보장제도, 엄격한 자산조사에 기반한 공공부조, 가족, 지역사회 등 비공식적 복지에 대한 과도한 의존 등으로 경제위기로 인한 대규모의 실업 및 빈곤 문제에 대응하기에는 역부족이었다.

경제위기 이후 동아시아 국가의 대응은 크게 두 가지 방향으로 나뉜다(Kwon, 2005). 한국과 대만은 사회적으로 포섭적인(inclusive) 복지국가를 향해 나아갔으며, 홍콩 및 싱가포르는 상대적으로 기존의 체제를 유지하였다. 한국의 경우 대규모 공공근로사업, 위기 직전 도입된 고용보험의 급격한 확대(실업급여, 직업훈련 제공), 건강보험 통합, 복지수급의 사회권을 강화한 새로운 공공부조제도 도입 등 일련의 사회보장개혁을 실시했다. 대만의 경우도 1999년에 고용보험 등 보편적 성격의 사회보험을 도입하였다. 경제위기를 극복하고 성장을 위해 사회정책을 활용한다는 점에서는 기존의 발전주의 체제와 동일하나, 보다 보편적이고 포섭적인 발전주의 체제로 성장한 것이다. 반면, 경제위기 이후 홍콩과 싱가포르는 여전히 선별적(selective) 발전주의 복지국가의 형태를 유지하였다.

싱가포르의 경우 1990년대 이후 세계화로 인한 기업의 이전, 노동시장구조의 변화, 제조업 비중 감소 및 서비스업 비중 증가로 인한 생산성 하락, 임금 증가 둔화, 인구고령화 등 외적 요인으로부터 자유롭지 못했다. 근로빈곤층 및 소득불평등이 증가하였고, 복지공급의 중요한 축을 담당했던 가족 및 지역공동체의 역할은 점차 감소했다. 이러한 변화들은 개인의 책임에 의존하는 기존 복지체계의 지속 가능성에 의문을 던졌다. 이러한 변화에 대응하여 싱가포르 정부는 발전주의 체제의 주요한 특징인 인적자본투자를 여전히 강조하고 있다. 이른바 '사회투자전략'을 통해 개인, 가족, 사회가 다양한 변화에 적응할 수 있도록 준비시키는 전략인 것이다(Lee &

Qian, 2017).

싱가포르에서도 2010년대 이후 복지제도의 발전이 보다 본격적으로 이루어지기 시작했다. 2011년 선거에서 싱가포르의 집권여당이 승리하였으나 득표율이 낮아지면서 이에 위기를 느낀 정부에 의해 사회복지제도의 발전이 이루어지고 있는 것이다. 경제성장에 도움이 되는 생산주의적 정책들이 여전히 강조되고 있으나, 2014년 노인에 대한 의료비 보조 확대, 2015년 강제적 · 보편적 건강보험 실시 등 제도의 도입 및 확대가 이루어지고 있다. 또한 증가하는 실업과 근로빈곤의 문제에 대응하기 위해 근로연계소득급여(Workfare Income Scheme: WIS)를 2007년에 도입했는데, 저소득 노동자에게 자산조사 방식의 현금급여를 제공하거나 중앙강제저축기금 계좌로 적립하였다. 이 외에도 국가 주도의 평생교육, 직업훈련, 저소득 노동자에 대한 보조금, 일부 영역에 대한 최저임금 및 임금보조금 지급 등 노동시장의 안정을 위한 다양한 정책을 실시하고 있다(Lee & Qian, 2017).

4. 이슬람 세계의 사회복지

1) 이슬람 세계의 특징과 전통적 사회복지의 발전 과정

이슬람은 하나님을 믿는 종교의 하나로, 무함마드(Muhammad)를 마지막 예언자로 보는 종교이다. 이슬람 창시자인 무함마드는 622년에 신자들을 이끌고 메카에서 메디나로 천도하였고(이때를 이슬람 원년으로 삼는다), 630년에는 메카를 점령하고 아라비아반도를 통일한다. 그의 사후 칼리파로 불리는 후계자들이 아라비아반도 밖으로 진출하기 시작하였는데, 압바시야(Abbasid) 왕조(750~1258)의 전성기인 9~11세기에 최대의 영토를 관할하게 된다.[4]

4) 이 시기에 이슬람 제국은 통일신라, 현재의 일본, 인도네시아, 몽골 등의 중앙아시아, 아프리카 북부를 비롯한 여러 지역, 동유럽, 이베리아반도(스페인, 포르투갈), 프랑스, 스코틀랜드, 아일랜드, 스칸디나비아반도 남단 등 매우 넓은 지역에까지 진출하였다.

오늘날 전 세계에 걸쳐 약 18억 명의 무슬림이 있는데, 이들의 다수는 중동, 아프리카, 중앙아시아, 서남아시아 및 동남아시아에 거주한다. 이들이 거주하는 국가들을 이슬람 국가라고 칭한다.

600여 년간 지속되면서 세력을 확장했던 오스만 제국(1299~1922년)은 제국주의 국가들과의 각축 속에서 해체되었다. 이 이슬람 국가들은 제국주의의 침략을 받아 빠르게는 15세기부터 식민지배를 받았다. 식민 피지배 기간 동안 그들 사회에서 전통적으로 내려왔던 이슬람의 가치를 담은 제도들이 해체되거나 약화되었다. 제2차 세계대전 이후 독립한 이슬람 국가들은 부유한 일부 산유국을 제외하고는 저개발국가들이다. 최근 자료를 보면, 구매력 격차 지수(Purchasing Power Parity: PPP)를 반영한 1인당 GDP가 3만 달러를 넘는 이슬람 국가는 카타르($133,357), 브루나이($86,873), 아랍에미리트연합($70,148), 쿠웨이트($68,822), 사우디아라비아($57,014), 바레인($51,354), 오만($47,183), 말레이시아($32,673)로 모두 8개 국가이다.[5] 앞서 살펴본 인간개발지수(HDI) 측면에서도 많은 이슬람 국가가 저발전 상태에 있음을 알 수 있다.

이슬람 국가들을 한 범주로 묶을 수 있는 것은 당연히 종교이다. 이 국가들에서는 개인생활에서부터 국가 행정에 이르기까지 이슬람의 가치들이 깊이 작동하며, 이에 대한 변화 시도를 위한 문제제기는 엄격히 억눌리는 것이 보통이다. 이슬람 국가들에서는 세습왕정이 나타나기도 하고, 사회제도 가운데 종교의 절대적 우위 속에 종교와 정치(행정)의 미분화가 널리 관찰되고 있다. 「샤리아법」(이슬람 율령)의 효력은 세속의 입법보다 더 강한 경우도 많으며, 이슬람 전통에 대한 강조가 여전히 중요하게 받아들여지고 있다. 사회복지나 사회정책도 예외는 아니어서 현대 복지국가의 여러 제도가 이슬람 국가들에 존재하고 있으나 그 발전 양상은 서구 복지국가들과 매우 다르며, 특히 도입 시기는 비이슬람권 국가들에 비해 늦다.

5) 미국 중앙정보국(Central Intelligence Agency: CIA)의 The World Factbook을 기반으로 만든 다음의 자료를 참고하였다. Wikipedia Contributors (2020. 11. 5.). Economy of the organisation of Islamic cooperation. Retrieved January 4, 2021, from https://en.wikipedia.org/w/index.php?title=Economy_of_the_Organisation_of_Islamic_

대부분의 이슬람 국가들은 종교 교리가 절대적인 힘을 갖고 작동하는 체제이기에, 이 국가들의 사회복지를 이해하기 위해서는 이슬람 종교에 담긴 이념을 살펴보아야 한다. 이슬람 경제 사상가인 칸(Khan)에 따르면, 이슬람은 오늘날의 자본주의 병폐에 대한 해결역량을 갖춘 사상으로 설명된다. 매우 원론적이고 단선적인 주장이지만, 그의 주장을 정리하면 〈표 10-5〉와 같다(Khan, 1994).

표 10-5 자본주의와 이슬람 비교

자본주의	이슬람
이기적 인간	이기적, 이타적 인간
물질주의가 최고의 가치	통제된 물질주의
절대적 사유재산권	도덕적 틀 내에서의 사유재산권
국민-국가 맥락	전 지구적 맥락
경제력은 다음의 수단을 통해 소수에게 집중됨: 이자, 유한책임, 임금-노동, 장자상속권, 시장의 불완전성	경제력은 다음의 수단으로 널리 확산됨: 주주참여, 노동자 소유권, 상속법, 자유시장의 원활한 흐름
광고를 통한 수요 창출	신의 이름으로 행해지는 관대함(infaq), 형평법과 유증(inheritance)을 통한 수요 창출
교환과 가치저장 수단 이외에 상품으로서의 화폐	교환과 가치저장 수단으로서의 화폐, 그러나 상품은 아님
소비주의가 제일의 가치	소박한 삶이 제일의 가치
물리적 · 물질적 성장에 기반을 둔 경제발전	인간적 · 영적 성장을 통한 경제발전
도시화	농촌-도시 균형
계획(통제)되지 않는 기술 (unplanned technology)	계획(통제)되는 기술 (planned technology)
세속적인 과세를 통한 국가 운영 사회보장체제	가족, 공동체, 국가를 통한 사회보장
적자재정	균형재정
지식의 신비화와 보호	지식의 확산과 공유

출처: Khan (1994), pp. 26-27.

요컨대, 자본주의는 탐욕에 찌든 개인들이 이기적으로 이윤과 소비를 추구하며 자연파괴적인 개발 이데올로기에 매몰되어 있다는 것이다. 이에 비해 예언자들이 설파한 이슬람은 도덕적으로 절제된 균형 잡힌 인간이 인권을 보호하고, 자연과 조화로운 방식으로 소박한 소비행위를 영위하는 목가적인 상태를 지향한다는 것이다. 영적이고 윤리적인 개인상을 전제로 하는 이슬람은 그 시초에서부터 다양한 이슬람 복지제도를 고안하고 유지해 왔다.[6)]

예컨대, 서구 사회정책학자들에게 자선상자(charity box)로 소개된 바 있는 자카트(zakat)는 이슬람의 대표적인 복지제도이다.[7)] 이 제도는 복지(또는 자선) 혹은 연금의 형태로 초기 이슬람법에 도입되었다. 자카트는 이슬람의 다섯 기둥[8)] 중 하나이며, 7세기 라쉬둔(Rashidun) 왕조 시기에 출현하여 압바시야 왕조 시기를 거쳐 오늘날까지 지속되고 있다. 이슬람 정부의 금고[9)]는 징수된 세금(즉, 자카트)을 빈곤층, 노인, 고아, 과부 및 장애인을 포함한 저소득층 및 취약계층을 돕는 데 사용하였다.

라쉬둔 왕조 시기의 우마르(Umar) 칼리프는 다양한 복지 프로그램을 도입했는데, 그는 평등의 이념을 모든 시민, 심지어 칼리프 자신에게까지 확대하였다. 우마르 자신은 단순한 삶을 살았고 세속적인 사치품과는 거리를 두었다고 하며, 낡은

6) 이하의 설명은 다음의 자료에 기반을 두고 있다. Wikipedia Contributors (2020. 12. 28.). Islamic socialism. Retrieved January 4, 2021, from https://en.wikipedia.org/w/index.php?title=Islamic_socialism&oldid=996739870

7) 무슬림들은 스스로 알아서 연간 자기 총소득의 2.5%를 자카트 헌금으로 낸다. 모스크 입구에 카펫을 펼쳐 놓으면 입장하면서 카펫 위에 자카트를 내고 가는 것을 흔히 볼 수 있다. 카펫 대신 상자(헌금함) 등이 놓여 있기도 하며, 아예 자카트 기금구좌에 납부하기도 한다.

8) 이슬람의 다섯 기둥(Five Pillars of Islam)은 이슬람법에 근거한 것으로서 수니파의 가장 기본적인 다섯 의례(실천)이며, 무슬림은 반드시 지켜야 할 의무이다. 그것들은 신앙고백(사하다), 기도(실라트), 자선(자카트), 금식(사움), 메카 순례(하즈)이다.

9) 종교와 행정이 분리되지 않은 시기에 이슬람 정부는 종교기관이면서 동시에 행정기관이었다. 오늘날 세속적인 행정부가 들어선 인도네시아와 같은 이슬람 국가에서 이슬람의 자카트 관리조직은 행정조직과는 별도이며, 자체로 자카트를 걷고 이를 배분한다. 예컨대, 빈곤으로 식량을 구할 수 없을 정도로 곤경에 처한 노인이 지역 이슬람 사원을 찾아가 도움을 요청하면, 자카트를 통해 모인 기금에서 정해진 돈을 정기적으로 지원받을 수 있다.

신발을 신었고 덧기운 옷을 입었다고 한다. 또한 그는 모스크의 맨바닥에서 잠을 자기도 하였다고 한다. 여기에서 볼 수 있는 그의 평등관은 개인이 부를 축적하는 것에 제한을 두는 방식이었다. 그는 부하 공무원이 자기가 보통 사람들과는 구별된다는 식으로 뽐내거나 부를 축적한 징후를 보이면 해고하였다고 전해진다. 이는 구성원들 사이에서 갈등을 야기할 수 있는 계급 구분을 없애려는 초기 이슬람의 시도였다. 또한 우마르는 공공기금이 불필요한 사치품을 구입하는 데 낭비되는 일이 없도록 하였다고 한다.

우마르의 혁신적인 복지 개혁에는 오늘날의 개념으로 사회보장의 도입이 포함되어 있었다. 여기에는 19세기까지 서구 세계에 출현하지 않았던 실업보험이 포함되어 있다. 라쉬둔 칼리프 시기에 시민들이 부상을 입거나 일할 능력을 잃었을 때 실업자와 그 가족이 공공기금으로부터 수당을 받아 최소한의 욕구를 충족하도록 하는 것을 정부의 책임으로 하였다. 또한 은퇴한 노인들에게 공공기금에서 퇴직연금이 지급되었고, 부모가 없는 아동들은 매년 10디르함을 받았다. 우마르는 또한 지역사회에 서비스를 제공하기 위해 개인 또는 소수의 재산을 사회적 공동소유로 이전하는 와크프(Waqf) 또는 자선 신탁제도에 공공신탁 및 공공소유권의 개념을 도입했다. 우마르는 토지를 구입하여 자선 신탁으로 전환했는데, 여기에서 나오는 수익인 토지의 이익과 농산물은 빈자, 노예 및 여행자에게 혜택으로 돌아가도록 하였다.

이슬람력 18년(서기 638년)에 발생한 대기근의 시기에 우마르는 쿠폰을 사용한 식량배급과 같은 추가개혁을 도입했다. 도움이 필요한 사람들에게는 밀가루로 교환할 수 있는 쿠폰을 제공했다. 이때 쿠폰 지급에 수반되어 도입된 또 다른 혁신은 최저생활수준을 보장하기 위한 노력으로서, 오늘날의 개념으로는 빈곤선을 정한 것이다. 즉, 제국 전역의 어떤 시민도 굶주림에 시달리지 않도록 하기 위해 빈곤선을 정하는 것이었다. 이를 위해 우마르는 한 달 동안 사람을 먹일 때 얼마나 많은 양의 밀가루가 필요한지 계산하는 실험을 명령했고, 25시어(seers)[10]의 밀가루로

10) 중량 단위로 1시어(seer)는 약 0.93kg에 해당한다.

한 끼에 30명을 먹일 수 있다는 것을 발견했다. 이를 통해 그는 50시어의 밀가루로 한 사람에게 한 달 동안 먹일 수 있을 것이라고 결론지었고,[11] 가난한 사람들에게 매달 밀가루 50시어를 배급하도록 명령했다. 또한 빈곤층과 장애인에게는 현금급여가 보장되었다. 일부 시민들이 정부 서비스를 남용하는 것을 피하기 위해 구걸과 게으름은 용납되지 않았으며, 정부의 혜택을 받은 사람들은 지역사회에 기여해야 한다는 점을 명확하게 밝혔다.

이후 우마이야(Umayyad) 왕조 시기에 추가적인 개혁이 이루어졌다. 복무 중 장해를 입은 등록 군인은 상이연금을 받았으며, 장애인과 빈곤층을 위해서도 유사한 규정이 마련되었다. 알 왈리드(Al Walid) 1세 칼리프는 가난한 사람들을 위한 현금, 시각장애인을 위한 안내인, 장애인을 위한 돌봄인, 장애인을 위한 연금 등 장애인을 위한 급여와 서비스를 도입했다. 알 왈리드 2세 칼리프와 우마르 이븐 압둘 아지즈(Umar ibn Abdul-Aziz)는 시각장애인과 발달장애인에게 현금과 의복을 공급했고 후자를 위한 돌봄인도 제공했다. 이는 압바시야 왕조의 알 마흐디(Al Mahdi) 칼리프 시대에도 계속되었다. 압바시야 왕조의 쿠라산 지방 주지사인 타히르 이븐 후사얀(Tahir ibn Husayn)은 아들에게 보낸 편지에서 재무부의 연금이 시각장애인에게 제공되어야 하고, 보통의 가난하고 빈곤한 사람들을 돌보는 데 사용되어야 한다고 썼다. 자신의 권리를 주장하는 방법에 대해 무지한 억압받는 피해자들을 간과하지 말아야 하고, 연금은 재난의 희생자와 그들이 남기고 간 유족들을 위해 제공되어야 한다는 점을 강조하였다.

지역사회가 기근에 시달릴 때 통치자들은 종종 세금면제, 식량수입 및 자선기금과 같은 조치를 통해 모든 사람이 충분히 먹을 수 있도록 보장했다. 그러나 신탁기관인 와크프(waqf)를 통한 민간자선단체는 정부의 조치보다 기근 완화에 더 큰 역할을 하기도 했다. 9세기부터 기금을 활용하여 공공기관, 교육기관 및 병원을 건설하고 지원하였다.

11) 오늘날 세 끼 식사가 보편화되어 있지만, 예전에는 하루 두 끼 식사가 보통이었다. 하루에 두 번 식사를 한다고 가정하면 우마르의 이 계산은 타당하다.

2) 이슬람 세계의 전통적 복지제도

이상에서 그 역사적 변천을 살펴본 것에서 알 수 있듯이 이슬람의 전통적 복지제도 가운데 핵심적인 것들로는 자카트(zakat), 와크프(waqf), 최저소득보장 등을 들 수 있다.

(1) 자카트

이슬람의 다섯 기둥 중 하나인 자카트는 축적된 부(음력 1년 동안 소유한 모든 금융자산의 약 2.5%)를 기준으로 기부하는 행위이다(Khan, 1994). 자카트의 문자적 의미는 단순한 청결 혹은 정화이다. 『쿠란』에 따르면 자카트라는 말에는 자선, 희사, 친절, 국세, 자발적 기부 등이 담겨 있을 뿐만 아니라, 이러한 행위를 통해 하나님께로 향하는 마음과 영적 및 윤리적 동기까지도 또한 담겨 있다고 한다(이원삼, 1996). 재정적으로 능력이 있는 모든 무슬림 성인에게 자카트 납부는 의무이며, 이는 동료 무슬림의 복지에 대한 관심을 표명하고 부자와 가난한 사람 사이의 사회적 조화를 유지하는 경건한 행위로 간주된다.

자카트는 개인에 의한 부의 축적을 막고 투자를 촉진하기 위한 것이다. 장비, 공장 및 도구와 같은 생산수단은 자카트 부과 대상에서 면제되며, 의류, 가정용 가구 및 한 채의 주택과 같은 개인 자산은 자카트 부과 대상 자산으로 간주되지 않는다. 개인의 순수입에 대한 2.5%의 자카트 납부 의무는 부유한 무슬림들에게 수입을 수익성 있는 사업에 투자하도록 했고, 이를 통해 새로운 일자리가 만들어지고 경제가 발전하게 되는 효과가 있었다.

『쿠란』에는 자카트의 지출항목[즉, 자카트 기금을 받을 자격이 있는 사람인 아스나프(asnaf)의 범주]이 다음과 같이 표현되어 있다. "실로 자카트는 가난한 자, 불쌍한 자, 자카트를 관리하기 위해 일하는 자, 진리를 찾아 그들의 마음이 위안을 받을 자, 포로, 채무자, 알라의 길에 나선 자, 그리고 여행자를 위한 것이니 이는 알라께서 결정하신 것이로다. 알라께서는 지식과 지혜가 충만하시도다."(이원삼, 1996: 60)

자카트는 국가재정으로 전환될 수 없었으며, 자신의 부모, 조부모, 자녀, 손자 또는 배우자에게 지급되는 것, 자카트 자금을 투자를 위해 지출하는 것 등은 금지되었다. 또한 자카트 기금을 수집하고 관리하는 일을 책임진 감독관이 있었는데, 재산을 물려줄 가족이 없이 사망하는 자의 재산은 자카트 감독관에게 전달되어 관리되었다.

앞서 살펴본 것처럼 무슬림 역사를 통틀어 자카트 제도는 존재해 왔으나 식민지배를 받던 시기에는 작동이 되지 않았다. 이후 제2차 세계대전이 끝나고 독립한 무슬림 국가들이 자카트 재건운동을 전개하였다. 방글라데시, 파키스탄, 사우디아라비아, 수단, 이란, 리비아, 아랍에미리트연합, 쿠웨이트는 자카트에 관한 공식 법령을 제정하였다. 이 국가들에서 정부나 자원조직들은 자카트를 걷고 배분한다. 그렇다면 오늘날 이슬람 국가들에서 자카트는 잘 운영되고 있을까?

개념적으로 자카트는 가난한 자들에게 실질적인 구매력을 이전함으로써 사회보장의 제공, 빈곤퇴치, 과도한 경제적 격차 발생의 교정 및 경제활동을 자극하기 위한 하나의 주요한 도구이다. 그러나 자카트가 도입된 나라들에서 이 제도는 기대한 만큼의 역할을 수행하지 못하고 있다(Khan, 1994). 주된 이유는 이 제도에 허용된 운용 규모가 제한되어 있기 때문이다. 또한 자카트의 관리 · 운영에도 여러 한계가 존재하는데, 방만한 수지균형 관리, 기금의 유실, 부적절한 자카트 부과 대상 범위, 적절한 회계 감사 및 평가의 결여 등이 포함된다.

한편, 이슬람의 종교 계명에 따른 것이기는 하나, 자발적으로 자카트를 납부하는 무슬림들은 여타 종교 신봉자들에 비해 더 많은 기부를 하는 것일까? 일반화하기는 어렵지만, 이와 관련한 흥미로운 조사 결과가 있다. 2013년에 영국에서 자린 카라스(Zarine Kharas)가 4,000명을 대상으로 실시한 조사에 따르면, 오늘날 무슬림은 다른 종교의 사람들보다 자선단체에 더 많이 기부한다(NBC News, 2013. 7. 22.). 한편, 공식적인 통계는 아니지만, 한 보고서에 따르면 터키인의 72%가 자카트를 납부한다고 한다(이현주, 강신욱, 최슬기, Kadir Ayhan, 박형존, 2012). 오늘날 이슬람 세계 전체에서 이루어지는 자카트의 보수적인 연간 추정치는 전 세계 인도주의적 기부의 15배에 달하는 것으로 추정되기도 한다(The New Humanitarian, 2012. 6. 1.).

(2) 와크프

와크프는 일종의 민간재단이다(이현주 외, 2012). 우리나라 고려시대에 존재했던 보(寶)와 유사하게 영속하는 재산이 있고, 그로부터 나오는 수익으로 특정한 대상이나 사업을 위해 수익금품을 지급하는 기능을 수행한다. 와크프는 특정 목적사업을 위해 조성된 기금이며, 이의 운영조직은 민간재단 형태를 갖는다. 이 제도는 이슬람 초기부터 존재했으며, 중요한 사회경제적 역할을 수행해 왔다. 와크프의 재산은 전통적으로 사원, 학교, 연구, 병원, 사회복지 및 국방을 위한 지출에 사용되었다. 이 제도는 오스만 제국 시기에 크게 발전했는데, 거대한 규모의 경작지와 여타 많은 가치를 지닌 재산들이 당시 아와크프(awaqf)로 불리었던 재단의 소유가 되었고, 한때 기금 규모가 오스만 제국 전체 예산의 15%에 달할 정도였다(이현주 외, 2012).

오늘날 거의 모든 무슬림 국가에는 여러 형태의 와크프가 존재하지만, 그 관리와 운영은 능력이 부족한 사람들의 손에 맡겨져 있다(Khan, 1994). 부실한 경영과 정부의 간섭으로 민간 와크프를 설립하려는 유인 또한 약화되었다. 그러나 최근 와크프 제도는 몇몇 무슬림 국가에서 새로운 활력을 보이고 있는데, 그중에서 가장 대표적인 예는 터키이다. 터키에서는 지난 20여 년간 다수의 유용하고 적극적인 와크프들이 설립되었다(Khan, 1994).

(3) 최저소득보장

이슬람의 전통적인 사회복지제도의 하나는 최저소득보장(guaranteed minimum income)이다(Khan, 1994). 이는 모든 시민이나 가족이 일정한 조건을 충족하는 경우 그들이 살기에 충분한 소득을 보장하기 위한 것이다. 자격은 일반적으로 시민권, 자산조사 및 노동시장에 대한 가용성 또는 지역사회서비스를 수행하려는 의지에 의해 결정된다. 최저소득보장의 주요 목표는 빈곤퇴치이며, 이를 위한 자격으로 시민권이 유일한 요건이라면 이 제도는 보편적 기본소득과 동일하다고 할 수 있다. 아부 바크르(Abu Bakr) 칼리프는 최초로 최저소득보장 기준을 도입하여 남성, 여성 및 어린이에게 매년 10디르함을 제공했는데, 이는 이후 20디르함으로 증액되었다.

3) 현대 이슬람의 사회복지

오늘날 이슬람 국가들 가운데 현대적인 사회복지제도를 도입하는 국가들이 증가하고 있는 것은 분명하다. 이슬람 세계의 전통적 사회복지제도인 자카트나 와크프 등이 중요한 유산으로서 나름대로 기능하고 있으나, 기본적으로 이러한 전통적 제도들은 산업화 이전의 목축 혹은 농경 사회라는 맥락에서 태동한 것이다. 물론 자카트나 와크프가 오늘날의 이슬람 산업사회, 도시 사회에서도 그 기능이나 의의가 중요한 것은 사실이다. 그러나 이슬람 국가들도 세계화의 흐름 속에 동참하여 자본주의적 발전의 길에 올라서 있으며, 이에 따라 다른 국가들에서 볼 수 있는 사회보험제도로서의 연금, 수당 및 사회복지 프로그램들이 도입되었다. 중요한 것은 과연 이슬람 국가들에서의 주요 사회정책들이 다른 국가들의 사회정책과 어떤 유사성과 상이성이 있는지에 관한 것이다. 이러한 관심이 제기되는 이유는 이슬람 국가들에서의 강한 종교의 영향, 정치와 분리되지 않는 종교, 이슬람 경제의 독특한 측면들 그리고 자카트와 같은 독특한 복지제도 등의 존재 때문이다. 그러나 이에 대한 연구와 근거들은 부족하다는 아쉬움이 있다.

풍부한 오일머니를 바탕으로 국민들로부터 세금을 일체 걷지 않고, 오히려 국가가 소득이전, 의료, 주택, 교통, 교육, 재활 등 각종 사회보장을 제공하고 있는 일부 부유한 산유국들이 존재한다. 마르지 않을 것처럼 보이는 재원이 유전에서 쏟아져 국민에게 무상으로 복지를 제공하는 이 운 좋은 국가들(예컨대, 카타르, 브루나이,[12] 아랍에미리트연합, 쿠웨이트, 사우디아라비아, 바레인, 오만, 말레이시아 등)을 잠시 제외하고 논의를 이어 가도록 하자.

대부분의 이슬람 국가들은 빈곤한 저개발국가로부터 개발도상국가로 진입하기 위해, 혹은 개발도상국으로부터 보다 발전된 국가로 도약하기 위해서 비이슬람권

12) 2017년 기준 인구 43만 명인 브루나이 왕국은 세습 절대왕정을 유지하고 있는데, 석유 · 천연가스 자원을 기반으로 한 부유한 국가재정으로 국민에게 세금을 면제할 뿐만 아니라, 주택과 차량, 교육비, 의료비도 국가에서 책임지고 있다. 또한 4년마다 가족 단위 해외여행 경비를 제공한다. 가히 세계 최고 수준의 복지국가라고 해도 과언이 아니다(부산시보, 2019. 11. 14.).

국가들이 걸어왔던 발전경로를 걷고 있는 것으로 이해할 수 있다. 예컨대, 1961년 경제개발협력기구(Organisation for Economic Cooperation and Development: OECD) 창설 시기부터 회원으로 가입한 터키는 최근 유럽연합(European Union: EU) 공식 가입후보국이 되었다. 단일 국가로는 세계에서 가장 많은 무슬림 인구를 지닌 인도네시아 역시 빠른 속도로 경제개발에 나서고 있다. 풍부한 석유 매장량을 가지고 있는 사우디아라비아조차 오늘날에는 내수와 수출을 위한 농업생산 등의 1차 산업, 제조업과 최신의 정보통신산업을 발전시키기 위해 노력하고 있고 괄목할 만한 성공을 거두고 있다. 이러한 상황에서 이 이슬람 국가들에서의 사회복지 혹은 사회보장의 발전을 일반론으로 논의하는 것은 자본주의 체제를 유지하고 있는 많은 국가를 한 묶음으로 논의하고자 하는 것만큼 무모한 일일 것이다. 그래서 여기에서는 터키의 사례를 들어 사회복지 혹은 사회보장의 발전과 현황을 정리해 보기로 한다.[13]

터키는 오스만투르크의 중심 지역으로서 제국주의 식민 지배를 받지 않고 버텨온, 이슬람 세계를 상징하는 국가이다. 사회정책 발전 양상을 사회통합과 관련지어 고찰한 바 있는 한 연구(이현주 외, 2012)에 따르면, 터키의 사회정책 발전 양상은 다음과 같이 요약된다.

> 터키의 사회정책은 여전히 가족과 친족에 대한 의존이 강하고, 기득권에 대한 보장을 강하게 유지하는 경향을 보이며, 지방정부와 민간의 역할도 강한 특징을 보인다. 사회정책은 국가의 가부장적 위상에서 영향을 받아 시민권의 구현보다는 정부의 시혜로 간주되는 경향이 강하고, 노동조합이나 시민의 요구가 집약 · 발화되는 경향을 발견하기 어렵다. 이러한 상황에서 빈곤층을 비롯하여 사회경제적 하층에 대한 사회적 지원의 발전은 더디다. 가족과 친족의 상호원조 체계를 유지할 수 있도록 하였던 국가의 방임과 우회적 지원, 정교일치의 전통, 종교적 단

13) 터키보다 더 운이 좋은 부유한 산유국들의 사회복지는 여타의 (부존자원 측면에서) 불행한 국가들에게 시사하는 바가 거의 없을 것이기에 건너뛰기로 한다. 저발전 상태에서 벗어나기 위해 분투하고 있는 아프리카, 중앙아시아, 그리고 서남아시아 일부 이슬람 국가들의 사회복지 혹은 사회보장 발전 양상은 제3세계의 사정과 거의 다르지 않을 것으로 생각되기에 이 역시 건너뛰기로 한다.

위를 중심으로 유지하여 온 지방의 상호원조체계 등이 터키 사회정책의 성격에 영향을 주었다(이현주 외, 2012: 180).

이상과 같은 평가를 바탕으로 볼 때, 터키를 기존 복지국가 유형의 어느 하나, 예컨대 남유럽 복지국가 유형으로 분류하는 것은 적절하지 않다는 결론에 이르게 된다. 이는 이슬람 종교와 문화적 전통으로 설명할 수 있다.

이슬람은 종교와 정치를 엄격하게 분리하지 않는다. 종교적 시민사회는 강력한 민주화를 추진하는 데 있어서도 소극적이다. 특히 케말 이후의 정권은 이슬람 문화를 정치에 좀 더 투입하면서 이슬람의 이러한 특징은 정부 정책에서 상대적으로 강하게 유지되었다. 이러한 역사와 문화적 맥락에서 국가 권위에 대한 인정의 수준이 높고, 따라서 정부 신뢰도 높으며 정부와 국민의 관계가 후견인주의에 기초하여 유지되어 왔다. 국가사회관계가 공식적인 권리와 의무의 형태로 규정되지 않고 후견인주의가 사회적 맥락에서 주 특징이 되고 있다. …… 가족과 친족의 강력한 유대는 이슬람의 문화적 전통이며, 정부는 이러한 유대를 계속 장려하여 왔다. 그리고 이슬람의 문화 속에서 성장한 비공식적 지원체계와 민간은 여전히 중요한 요소가 되었다. 가족과 친족의 유대, 민간의 지원을 기반으로 하는 사회적 전통은 아직도 터키의 사회부조의 부진과 서비스의 부진으로 비롯된 문제의 심각성을 둔화시키고 있다(이현주 외, 2012: 181-182).

터키 및 다른 이슬람 국가들의 사회정책에 대한 보다 구체적인 내용은 지면 관계상 소개하기 어려우나, 앞서 논의한 이슬람의 복지 이념과 역사적 발전 과정의 내용들이 관련 있음을 알 수 있다.

우리나라 사회복지 혹은 사회정책 연구에서 이슬람 세계는 거의 철저하게 외면되어 왔다. 그간 이슬람 세계는 석유, 전쟁, 테러, 혼란 등의 키워드로 우리에게 다가왔다. 한국에서 특별한 관심과 열의가 없다면, 이슬람 경전인 『쿠란』을 접해 볼 기회조차 흔치 않은 것이 현실이다. 그러다 보니 이슬람 세계에 대한 고정관념은 교정될 기회를 갖지 못하였고, '이슬람 사회복지'와 같은 새로운 주제에 대한 탐구

자체가 거의 시도되지 못한 상태이다. 무슬림으로 불리는 이슬람 신자는 18억 명으로 세계 인구의 4분의 1에 이른다. 여러 대륙에 걸쳐 50여 국 이상이 이슬람 세계를 형성하고 있다. 천연자원이 풍부한 부유한 이슬람 국가들도 오늘날에는 지속가능한 번영을 구가하기 위한 경제발전을 위한 혁신에 나서고 있으며, 문화 · 관광자원 개발에도 노력을 기울이고 있다. 극복해야 할 과제가 없는 것은 아니지만 이 국가들에서 이슬람 전통의 자카트, 와크프 및 최저소득보장 제도들이 현대의 사회정책, 사회복지와 조화를 이루며 서로 보완하는 경우도 볼 수 있다. 적지 않은 수의 이슬람 국가들이 저개발 상태에 머물러 있어 국민은 빈곤하고 사회적 불평등은 심각하지만, 내부적으로 사회통합을 이루며 살아가는 현실이 가능한 데에는 이슬람 종교의 힘이 작동하고 있는 것은 분명해 보인다. 이슬람 세계는 효율과 경쟁을 외치며 환경을 파괴하는 성장과 개발을 중시해 온 자본주의적 비이슬람권 세계로 하여금 스스로를 되돌아보게 하는 계기를 제공하고 있는 듯하다. 사회복지에서 새로운 패러다임을 구하고자 하는 경우, 이슬람 사회복지는 고찰할 가치가 있는 역사적 경험들을 제공해 줄 수 있을 것이다.

5. 사회주의권 국가의 사회복지

여기서는 사회주의권 국가로 분류될 수 있는 국가 중 북한과 중국을 중심으로 사회복지제도의 성격과 발전 과정에 대해 간략하게 고찰할 것이다. 북한과 중국은 같은 사회주의권 국가로 묶이기는 하나, 여러 측면에서 매우 상이한 특징들을 보이고 있으므로, 각 국가별 사회복지의 특징 및 발전 과정에 대해 살펴본다.

1) 북한의 과거와 현재

북한 사회복지의 역사는 일반적으로 1990년대 이전과 이후로 나뉜다. 1990년 10월 당시 독일민주공화국의 독일연방공화국으로의 통합과 1991년 12월 당시 소비에트 사회주의 공화국 연방(Union of Soviet Socialist Republics: USSR)의 해체는 사실상 북한의 각종 물자 생산 및 공급 체제의 마비를 야기하였다. 1990년대 후반까지 계속된 식량 및 물자 부족은 일명 '고난의 행군'으로 일컬어지는데, 이 시기 동안 북한은 초기 수준의 시장주의 경제, 즉 일명 '장마당' 중심의 교환 및 소비 질서가 자리 잡게 되었다(이철수, 2007: 47; 임강택, 2017: 19). 그리고 북한 사회복지의 핵심인 의식주 배급 등의 현물성 복지와 생활비 지원 등의 현금성 복지가 사실상 붕괴되기 시작하였다(민기채, 조성은, 한경훈, 김아람, 2016; 임강택, 2017).

북한의 사회복지를 소득보장 부문과 사회서비스보장 부문으로 나누어 살펴볼 때, 양 부문 모두 북한 특유의 사회주의 체제 특성상 현물성 복지가 대부분을 차지한다고 볼 수 있다. 소득보장 부문에서는 의식주 배급 등의 현물성 복지가 큰 비중을 차지하고 생활비 지원 등의 현금성 복지가 부분을 차지한다. 사회서비스보장 부문 역시 무상치료 및 무상돌봄의 현물성 복지가 대부분을 차지한다.

북한의 소득보장 부문은 노동능력이 있는 집단과 노동능력이 없는 집단으로 나누어 살펴볼 수 있는데, 전자는 북한 사회주의 체제 초기에 명문화가 이루어진 반면, 후자는 2000년대 이후 명문화가 이루어졌다고 할 수 있다. 이에 대해 살펴보면 다음과 같다.

우선, 북한은 노동능력이 있는 집단을 위한 현물성 및 현금성 복지제도를 먼저 공식화하였다. 이는 1946년에 제정된 「사회보험법」을 통해 알 수 있다(임강택, 2017: 38). 이후 1978년에 「사회주의로동법」에서 노동능력이 있는 집단과 노동능력이 없는 집단을 구분하여 각 집단의 질병, 부상, 산재, 사망 등으로 인한 소득상실에 대한 국가의 의무를 명시하였다. 노동능력이 없는 집단 중에서도 특히 노동, 사회정치활동에서 공훈을 세운 유공자가 노동능력을 상실하였을 경우 특별히 배려함을 명시하였다(민기채, 2017). 이후 노동능력이 없는 집단을 위한 현물성 및 현금성 복지제도는 2008년에 채택된 「사회보장법」을 통해 알 수 있다(임강택, 2017: 41).

북한의 사회서비스 관련 제도 중 「어린이보육교양법」은 1976년에 처음 채택되었는데, 다른 제도에 비해 일찍 명문화되었다. "모든 어린이들을 탁아소와 유치원에서 국가와 사회의 부담으로 키운다."(임강택, 2017: 50)라고 명문화함으로써 국가의 보육의무를 일찍부터 강조하였음을 알 수 있다. 그러나 동시에 “탁아소에 보내지 않고 자기 집에서 키우는 것은 그들 부모의 자유”(임강택, 2017: 50)임을 명시한 점도 간과할 수 없다. 이 밖에 탁아소의 유치원 어린이의 식료품에 대한 국가와 사회의 의무, 어린이 의복과 이용품 생산비용에 대한 국가의 지원을 명시하였다(임강택, 2017: 50).

1990년대 ‘고난의 행군’ 시기를 거쳐 시작된 북한의 시장경제로의 재구조화 경향은 2002년 ‘7 · 1 경제관리개선조치’로 인해 급격히 진행되었다. 우선, 국정가격의 대폭 인상과 임금체계의 대폭 상향 및 차등 조정은 북한의 의식주 배급 등의 현물성 복지와 생활비 지원 등의 현금성 복지를 사실상 붕괴시켰다고 할 수 있다. 2002년 7 · 1 경제관리개선조치와 함께 북한 사회복지제도 변화에 영향을 준 역사적 계기로 2003년 9월 개성공업지구와 2005년 5월 금강산관광지구의 개방을 빼놓을 수 없다. 노동능력이 있는 집단을 대상으로 한 국가사회보험의 경우, 개성공단의 높은 사회보험료 부담 의무(임금의 15%)는 북한 사회주의 체제 내에 부분적으로 자본주의적 복지체제를 도입함을 의미한다. 높은 사회보험료 이외에 다른 지역에는 없는 사회문화시책금(임금의 30%)을 별도로 노동자가 부담하게 하여 이 지역의 무상보육과 무상치료가 사실상 유명무실하게 되었다(이철수, 2007: 54).

2003년에 채택된 「장애자보호법」은 장애인에 대한 회복 및 치료, 교육, 문화생활, 취업, 보호 등에서의 국가 및 기관, 기업소, 단체 등의 의무를 제시하고 있다(임강택, 2017: 43). 2007년에 채택된 「년로자보호법」은 “로동년을 끝마쳤거나 현재 일하고 있는 남자 60세, 여자 55세 이상의 공민”(임강택, 2017: 44)을 대상으로 가족(배우자, 자녀, 손자녀, 형제자매)의 부양의무가 국가보다 우선적이라는 점과 국가는 “부양의무자가 없고 자립적으로 살아가는 데 지장을 받는 년로자”(임강택, 2017: 44)에 한하여 부양의무가 있음을 명문화하였다. 생계부양 이외에도 「년로자보호법」에는 건강, 문화정서생활, 사회활동, 보호 부문에 대한 내용이 포함되어 있다(임강택, 2017: 44-45). 2010년 12월에 채택된 「아동권리보장법」은 ‘16세까지’(임강택, 2017: 45)의 아동을 대상으로 사회생활, 교육, 보건, 가정, 사법 분야에서의 아동의 권리를 다루고 있다(임강택, 2017: 45). 「아동권리보장법」과 같은 시기에 채택된 「녀성권리보장법」은 사회정치, 교육, 문화, 보건, 노동, 신체 및 재산, 결혼 및 가정 등에서의 권리에 대한 내용이 명시되어 있다(임강택, 2017: 46-48).

2) 중국의 과거와 현재

중국 사회복지의 역사의 제1기는 1978년 중국이 시장경제 원리를 도입하겠다고 선언하기 이전 시기로, 중국식 계획경제 체제에서의 현물성 복지 중심의 사회복지제도가 중심인 단계이다. 1978년 개혁·개방 이전 시기 중국의 사회복지제도는 다분히 사회주의 특색을 가졌다고 할 수 있다. 이 시기는 모든 개인과 가족들이 하나의 집락을 중심으로 생활과 생산을 공유하는 경제체제가 뚜렷하던 시기로서, 도시는 단위(單位) 중심으로, 농촌은 집체 중심으로 생산과 소비, 생활과 정치적 통제가 이루어졌고 사회복지 역시 도시의 단위와 농촌의 집체 중심으로 이루어졌다(김가율, 2014; 류정희, 2015). 그리고 국가는 대체로 노인, 아동, 장애인 등 노동능력이 없거나 주 근거지가 없거나 법적 부양의무자가 없는 자, 일명 '3무(Three Without)'(류정희, 2015; Gao, 2017)에 한해 빈곤구제와 일종의 사회서비스라 할 수 있는 국가복리를 제공하였다. 다른 한편, 국가는 사회주의 체제의 근간인 국가기관에 소속된 간부, 직원, 군인에 한하여 소득보장을 제공하였다.

개혁 개방 이전 시기의 도시는 대개 기업보장제도, 즉 개인과 가족이 속한 기업을 중심으로 평생 동안 개인과 가족의 생활, 의료, 노후보장이 제공되었다(김가율, 2014). 주목할 점은 도시의 기업보장제도는 1951년에 제정된 '중화인민공화국 노동보험 조례'에 근거한 노동보험이 주요 사회보장제도라는 점이다. '일종의 종합적인 사회보험 패키지 성격'(김가율, 2014: 70)인 노동보험은 취업기간 동안의 산업재해와 의료, 출산 및 양육, 퇴직 이후의 양로연금 등을 포함한다. 한편, 농촌에서는 집체 또는 사대(社隊)를 단위로 하여 농장에서의 집단적 노동 및 통일적 배분에 기초한 집체보장제도가 실시되었다. 도시의 기업과 마찬가지로 농촌에서는 농장 단위로 자체적으로 재원이 조달되었고, 각 농장이 독립적으로 운영되었다. 도시와 다른 점은 보장 수준이 매우 열악해서 사실상 사회보장제도라고 보기 어렵다는 점이다

(김가율, 2014: 71).

또한 도시의 기업보장, 농촌의 집체보장과는 별도로 일명 '국가보장의 제도'가 운영되었는데, 이는 두 축으로 이루어졌다. 한 축은 일종의 공무원 및 군인에 대한 소득보장제도로서, 국가기관 소속의 간부와 직공, 그리고 군인에 대한 산업재해 및 질병에 대한 치료, 자녀 출산 및 양육비, 퇴직 후 소득에 대한 보장이다. 다른 한 축은 일종의 인구학적 기준에 의한 공공부조로서, 부양할 자가 없거나, 노동능력이 없는 아동, 노인, 장애인 등에 대한 빈곤구제가 해당된다(김가율, 2014). 전자는 국가보험으로서 운영되었고, 후자는 국가구제 및 국가복리로서 운영되었다. 주목할 점은 국가보험의 경우 계획경제 및 사회주의식 특색으로 보험료 기여가 따로 없다는 점과 국가구제 및 국가복리의 경우 일종의 공공부조 및 잔여적 사회서비스로서 양로원, 복리원 등의 집중화된 수용시설 중심 제공이라는 점이다(김가율, 2014).

제2기는 1978년 이후부터 2000년대 초반까지의 시기로, 중국 사회복지제도 역사 측면에서 볼 때 일종의 실험기 또는 과도기 단계라 하겠다. 개혁과 개방으로 인한 빈곤과 실업의 문제에 대하여 중국은 1986년과 1994년을 기점으로 소득보장제도에서 획기적인 변화를 시도하였다. 노동계약제가 처음으로 실시되었던 1986년 중국에서는 처음으로 '사회보장'의 개념이 도입되고 개인과 기업의 보험료 납부의 의무화를 의미하는 '사회보장의 사회화'가 추진되었다. 또한 고용보험과 사회통합기금 실시가 이루어졌다(김병철 외, 2018: 22). 개인의 사회보험료 부담 의무가 없었던 이전 시기에 비하면 보험료 납부의 의무화는 획기적인 변화라 할 수 있다. 또한 사회주의 체제에서 실업의 개념이 불가능하였던 이전 시기를 고려할 때, 고용보험의 도입 역시 매우 획기적인 변화라 하겠다. 특히 1994년과 1995년은 각각 의료보험과 연금제도의 개혁이 시작된 해로서, 사회보험료의 납부와 더불어 개인계좌 및 사회통합기금이 결합되어 운영되기 시작하였다. 1998년에는 실업부조성 공공부조와 업종별로 분리 운영되던 연금의 기금 통합이 이루어졌다(김병철 외, 2018: 22-24). 사회보험과 관련된 중국의 새로운 시도는 2000년대 초반까지 계속되었다. 2004년에는 일종의 산업재해보상보험인 '공상보험'이, 2007년에는 도시 지역 의료보험이 시행되었다. 농촌에서는 2002년 통합의료보험제도, 2009년 농촌양로연금이 시행되었다(김가율, 2014). 공공부조와 관련한 변화로는 1994년과 1997년의 공공부조 법제화를 들 수 있다. 각각 농촌과 도시의 최저생활보장(Dibao)이 법제화되었다(김병철 외, 2018: 22-23). 이전의 3무 계층에 한하여 제공하였던 빈곤구제 및 국가복리에 비해 이제는 인구학적 특성보다는 자산조사를 거쳐 공공부조를 제공한다는 점에서 주목할 변화라 하겠다(Gao, 2017).

제3기는 2000년대 후반 시기를 가리킨다. 2010년은 중국에서 최초로 「사회보험법」이 제정된 해로서, 중국 사회복지역사 측면에서 볼 때 도약기의 시작을 알리는 해라 하겠다. 전 국민이 양로보험과 의료보험에 적용됨이 공식화되었다는 점에서 이 시기 이후 중국 사회보장제도의 주요 축은 사회보험임을 공포하였다고 볼 수 있다(김병철 외, 2018). 이 시기의 가장 큰 특징은 개혁개방 이후 과도기 시기까지 강조되던 효율 중심의 사회보장개혁에서 벗어나 사회적 불평등 해소를 의미하는 '공평'과 '조화'를 지향하게 되었다는 점이다(김가율, 2014).

6. 중남미 지역의 사회복지

1) 중남미 지역 국가 사회복지의 성격

중남미 국가들의 사회보험제도 발전 양상은 개발도상국 및 저개발국의 사회복지가 지닌 문제점과 한계를 여실히 보여 준다. 공공부조는 매우 제한된 인구집단에 대하여 빈약한 수준의 급여를 제공하는 수준이 지속되었고, 상대적으로 활성화된 사회보험은 평등보다는 불평등을 발생시키며 사회보장을 통한 사회경제적 계층화(stratification)를 심화하는 역할을 하였다.

제2차 세계대전 이후 중남미의 사회보장 발전은 종속적 후발 경제발전의 성격과 그것이 직업과 계급구조에 미친 영향이라는 맥락에서 검토되어야 한다(Huber, 1999). 중남미 국가들에서는 농산물이나 광물에 기초한 수출산업이 빠르게 성장했다. 그 결과, 본격적인 산업화가 이루어지기 전에 도시화와 국가의 성장이 이루어졌다. 선진국과 비교할 때 노동계급에 비해 도시 중간계급(공무원, 민간 부문 화이트칼라 피고용자, 지식인과 전문가, 예술가, 소매상인과 소기업가 등)이 더 확대됨으로써, 그들을 위한 사회보험의 형성에 압력을 가할 수 있는 정치력을 갖게 되었다. 그 뒤를 이은 집단이 철도, 공항, 해운 노동자와 광부, 석유 노동자와 같은 국가중추(전략)산업 노동자들이었다.

그러나 여타의 제조업과 서비스업에서는 광범위한 소기업 체제가 발전하였다. 소기업 체제는 온정주의적 노동관계를 특징으로 하는 비공식 부문을 형성하였다.[14] 즉, 소기업 체제에 종사하는 노동자들은 노동법과 사회보장제도, 정규임금을 기초로 한 계약적 노동관계의 밖에 위치하게 되었다. 그 결과 다수를 점하는 소기업 노동자들의 노동조직 형성이 어렵게 되어 보편적이고 평등주의적인 사회보험제도를 형성하기 위한 노동계급의 강한 압력을 기대할 수 없었던 것이다.

농업 노동자들도 조직화되지 못하기는 소기업 노동자와 마찬가지였다. 남미 국가들에서 토지의 소유는 소수의 대토지 소유자들에게 집중되어 있었다. 대토지 소유자들은 정치적 영향력을 발휘하여 농업 노동자들이 조직화되지 못하도록 방해했고, 그 결과 보편주의적인 사회정책을 지지하는 노동자와 농민과의 동맹도 불가능해졌다.

다른 한편, 중남미 국가에서 국가형성과 국가권력의 강화 과정은 매우 복잡하였다. 국가형성기에 정치 엘리트 간에 무력충돌이 빈번하게 발생하였고, 그 와중에 군대가 중요한 집단으로 부상하였다. 중남미 사회보험의 발달은 이러한 세력관계를 여실히 반영하고 있다. 즉, 군인, 공무원, 법관들로부터 사회보험제도가 시작되었고, 그들에게는 특혜나 다름없는 보험조건들이 제공되었다. 그다음으로 사회보험제도의 적용을 받은 집단은 언론인, 은행 노동자, 교사와 같은 중간계급과 철도·항공 노동자, 해운 노동자와 같이 잘 조직되고 국가전략산업 부문에 종사하는 집단이었다. 그 뒤를 이어 광업, 공공서비스업, 제조업 등의 노동계급으로 확대되었다. 한편, 자영업자에게는 자발적 혹은 강제적으로 가입하도록 사회보험 가입 대

14) 남미국가의 비공식 부문이 미국보다 더 크다는 분석도 있다(Ports, 1985: Huber, 1999에서 재인용).

상을 확대하였으나, 자영업자들과 비공식 부문 노동자들은 공식적으로 배제되거나 기여금을 내지 않음으로써 스스로 배제되었다. 농촌 하층계급은 정치적 영향력이 없었기 때문에 매우 늦게 사회보험의 적용 범위에 들어가게 된다. 그런데 문제는 농민과 자영업자에게 확대된 사회보험의 경우 기여금이 여타 부문에서 고용주와 피고용자가 내는 기여금을 합한 것과 동일하였다는 점이다. 농촌의 빈농들에게는 기여금 자체가 부담이 되는 상황이 나타난 것이다.

중남미 국가들에서 사회보험제도의 도입은 특정 제도에 대한 중간계급의 압력과 노동자들의 투쟁에 대한 정치엘리트들의 반응으로 이루어진 것으로 볼 수 있다. 노동자의 파괴적 잠재력에 대한 우려로 정치 엘리트들은 과격한 집단을 포섭하고 통제하기 위한 목적으로 사회보험 입법을 선별적으로 활용하였다(Huber, 1999: 243-253).

이렇게 본다면 중남미에서 사회보험의 이념은 제한된 가입자들 사이에서 사회적 위험을 분산하는 다소 규모가 큰 공제회 정도의 의미로 받아들여야 할 것이다. 국가의 재정 참여가 극히 미미하며, 통합적 관리 운영체계와 보편적 급여체계를 결여하고 있기 때문에 직업 집단별로 또는 직종별로 급여수준에 있어 심한 격차가 존재한다. 대개의 경우 군인과 공무원 집단이 일찍부터 포괄적인 급여를 받아 온 반면, 노동자는 그보다 못한 경우가 많고, 자영업자와 농민집단은 사회보험으로부터 배제되거나 최후에 포함되는 등의 불균형이 나타났다.

또 하나 주목할 점은 사회보험에 대한 국가의 재정 참여가 미미함에도 불구하고 보편적 사회보험 적용이 이루어지지 않은 결과, 자영업자나 농어민 등 비보험 인구집단이 납부한 조세가 '형편이 나은' 특수집단(군인과 공무원 등)과 조직된 노동자를 위한 사회보험에 흘러 들어간다는 점이다. 사회보험을 포함한 사회보장제도가 기본 수준의 소득 유지에 실패하는 것은 물론 불평등을 조장하는 메커니즘으로 작동했다.

그렇다고 공공부조가 발전한 것도 아니었다. 극단적으로는 식민지 시대에 도입된 식민 종주국의 억압적 「구빈법」이 거의 그대로 시행되는 경우도 있었다. 빈민을 위한 공공부조 프로그램이 존재한다 해도 엄격한 대상자 선별기준, 체계적 홍보나 안내의 미흡, 예산에 짜 맞추는 방식의 대상자 선정 등으로 극히 제한된 인구집단에게 빈약한 수준의 급여를 제공할 따름이다.

이러한 중남미 지역 국가 사회복지제도의 특징들은 〈표 10-6〉에 제시된 사회복지 지출 수준에서 잘 드러난다. 앞서 살펴보았던 서구 복지국가들에 비교해 볼 때(제8장~제9장 참고), 그 수준이 매우 낮아 저소득층의 소득보장에 실패하고 있음을 알 수 있다.

요컨대, 중남미 사회정책은 무력을 독점한 군부와 경찰, 정치적 엘리트 및 고위 공무원, 경제시장의 지배적 행위자, 강력한 귀족 노동조합 집단의 역할이 지배적이었고, 농민, 자영업자, 무급여 가족노동자, 빈곤층은 사각지대에 있거나 최소한으로 선별되었다. 이러한 사회보험 중심의 중남미 복지체제는 불평등을 가중시키고 계층화를 강화함으로써 정치사회적인 균열과 불안정을 심화했다(Mesa-Lago, 2008).

표 10-6 GDP 대비 사회보장 지출의 비율 (단위: %)

국가	연도			국가	연도		
	1995년	2005년	2015년		1995년	2005년	2015년
바하마	2.9	3.6	4.9	과테말라	2.6	4.7	4.4(2011)
바베이도스	9.9	9.7	11.4(2010)	가이아나	5.8	8.2(2003)	8.2(2010)
벨리즈	4.1	3.8	4.6	온두라스	2.5	3.3	4.4(2010)
볼리비아	2.1	8.5	10.2(2014)	자메이카	3.8	4.4	4.4(2011)
브라질	15.5	15.5	18.3	멕시코	–	7.6	12.0
칠레	13.5	11.1	15.3	니카라과	4.2	6.3	–
콜롬비아	8.3	9.7	14.1	파나마	4.7	3.7	9.8
코스타리카	9.4	9.9	13.6	파라과이	4.4	4.2	6.4(2010)
쿠바	18.9	16.6	18.0(2010)	페루	4.2	5.9	5.5
도미니카공화국	7.0	6.3	8.0(2010)	세인트루시아	3.9	4.7	6.0(2010)
에콰도르	1.7	2.1	7.8(2014)	트리니다드토바고	3.7	5.8	9.0(2010)
엘살바도르	–	5.2	11.6(2015)	우루과이	18.1	16.4	17.0
그레나다	4.1	4.6	4.3(2010)	베네수엘라	4.2	6.9	8.8

출처: International Labour Organization (2017).

2) 중남미 지역 국가 사회복지의 발전 과정

중남미 지역 국가들의 사회복지는 이 지역의 정치·사회·경제적 상황과 개별 국가의 특수성을 무시할 수 없지만, 큰 틀에서 복지국가의 발전 과정과 맥락을 같이하였다. 복지국가의 변화 및 발전의 맥락 속에서 중남미 지역 국가들의 사회복지 발전 과정을 사회보험을 중심으로 살펴보면, 크게 네 시기로 구분할 수 있다(Mesa-Lago, 2008).

첫째, 유럽에서 비스마르크 방식의 사회보험이 도입되고 확대되는 시기(1883~1941년)이다. 중남미 지역에서는 우루과이, 칠레, 브라질, 아르헨티나, 쿠바가 선도적으로 사회보험을 도입하였다.

둘째, 베버리지 모델과 ILO의 사회보장 원칙 및 최저기준(minimum norm)에 따라 복지국가가 형성되어 전성기를 구가하던 시기(1942~1979년)이다. 대부분의 중남미 국가들도 이러한 발전의 영향을 받아 각종 복지제도를 도입하고 사회보장에 대한 국가책임의 확대를 시도하였다. 〈표 10-7〉에서 알 수 있듯이, 이 시기에 이르러 대부분의 중남미 국가들은 공적연금과 공적의료보험을 도입하였다. 대체로 경제발전의 수준이 높은 국가들이 사회보험 등 사회정책 역시 상대적으로 높았다.

셋째, 복지국가 위기 이후 신자유주의 물결 속에 복지개혁을 진행하던 시기(1980~2001년)이다. 중남미 지역의 많은 국가가 경제위기 속에 극심한 재정 문제에 직면하였고, 신자유주의적 방식의 사회보장 구조개혁을 시도하였다. 칠레를 필두로 10개 국가가 공적연금을 민영화하였다. 의료보장의 민영화 정도는 상대적으로 매우 낮게 진행되었는데, 공공의료, 사회보험, 민영보험의 3개 섹터가 조합을 이루었고, 조합의 구성은 국가마다 차이가 있었다. 〈표 10-7〉에서 알 수 있듯이, 이 시기 이후 새로운 사회보장제도의 도입은 거의 없었고 이미 도입되어 운영하던 제도들에 대한 구조적 차원의 개혁에 관심이 집중되었다.

넷째, 2001년 이후 서구 복지국가들이 민영화 등 신자유주의적 복지개혁의 한계에 직면하여 새로운 대안을 모색하는 시기이다. 중남미 지역 국가들 역시 에콰도르, 도미니카공화국, 칠레 등에서 신자유주의 구조개혁의 부작용에 대한 비판이 제

표 10-7 중남미의 공적연금과 공적의료보험 도입 시기

연도 \ 도입	공적연금		공적의료보험	
	국가 수	%	국가 수	%
1889~1920년	1	3	0	0
1921~1930년	3	12	1	3
1931~1940년	3	20	7	24
1941~1950년	6	38	8	47
1951~1960년	2	44	3	55
1961~1970년	14	85	3	64
1971~1980년	5	100	7	85
1981~1990년	0	100	1	88
비도입	0	–	4	12
합계	34	100	34	100

출처: Mesa-Lago (2008), [Table 2]와 [Table 3]에서 재구성.

기되었고, 칠레처럼 '개혁의 개혁(reform of the reform)'의 양상도 나타나고 있다. 불평등은 오히려 심화되고 있고, 사회보험의 사각지대가 확대되는 등 1980년대 이후 민영화를 축으로 하는 사회보장의 구조개혁이 목표로 했던 '더 좋은' 연금, 저축의 증가, 자본시장의 발전 등은 실현되지 못한 것으로 보인다.

생각해 볼 문제

1. 세계 여러 지역의 개발도상국 또는 저개발국 사회복지의 발전과 우리나라 사회복지 발전 사이에 어떤 유사성과 상이성이 있는가? 이 책의 내용들을 참고하여 정리해 보자.

2. 개발도상국 및 저개발국 사회복지의 발전 과정에 영향을 미치는 공통적인 요인들은 무엇인가?

3. 개발도상국 및 저개발국 사회복지의 특징 및 발전 과정에 대한 학습을 바탕으로 이 국가들에서 만연한 빈곤, 불평등 및 다양한 사회문제를 해결하기 위해 어떠한 노력이 필요한지 사회복지제도를 중심으로 생각해 보자.

4. 사회주의체제 국가들이 20세기 후반에 공통적으로 채택한 경제 전략과 이후 각각 다르게 채택한 사회복지 개혁의 내용과 배경을 정리해 보자.

추천 자료

국제노동기구(ILO)에서 주기적으로 발행되는 자료로 세계 각 지역 국가들의 사회복지제도 현황, 지출수준, 각종 삶의 질 지표 등에 대한 내용을 포함하고 있다. 세계 각 지역별 사회복지의 발전 수준과 전망을 비교적 관점에서 학습하기에 좋은 자료이며, 특히 이 보고서에 포함된 방대한 통계자료는 세계 여러 지역의 사회복지를 이해하는 데 크게 도움이 될 수 있다.

International Labour Organization (ILO). (2017). World social protection report 2017-19: Universal social protection to achieve the sustainable development goals. Geneva: ILO.

제 4 부

한국 사회복지의 전개

동양 한자문화권에 속한 우리나라의 공공복지는 중국의 고제인 『주례(周禮)』의 내용과 유사하였다. 국가기구에 의한 창제도와 구료제도 등이 발전해 왔다. 계, 품앗이, 향약처럼 마을공동체를 기반으로 한 이웃 간의 상부상조, 협동관행들이 발전했는데, 지역과 시기에 따라 다양한 양상을 보였다. 1876년에 외세에 의해 강제로 개방된 조선은 내외의 여건들로 인해 자생적 근대화를 이루지 못하고 일본제국주의의 식민지로 전락하였다. 일제강점기에 이루어진 사회복지에서의 변화와 일견 발전으로 보이는 측면들에는 식민주의의 그늘이 무겁게 드리워져 있다. 해방과 한국전쟁, 그리고 전후 복구와 경제개발시대를 겪으면서 한국은 세계에서 가장 못사는 나라들 속에서 탈피하여 오늘날 세계 10대 경제대국으로 발전하였다. 그러나 권위주의 개발독재시기에 형성된 성장제일주의 이데올로기를 극복하는 일과 함께, 복지국가를 위한 사회복지의 재구조화라는 과업이 남아 있다.

제11장

해방 이전 한국 사회복지의 전개

"유사에게 명하여 '해마다 봄 3월부터 가을 7월까지 관곡을 내어 주되, 가구원의 많고 적음에 따라 빌려줌에 차등을 두고, 겨울 10월에 이를 되돌려받도록 하는 것을 영구한 법으로 하라.' 하니 성 안과 성 밖의 백성들이 크게 기뻐하였다." [『삼국사기(三國史記)』 「고구려본기」 고국천왕 16년 기록 중에서]

"흉년에 내 백성의 굶은 거동과 허약하여 엎어지는 거동을 하는 자가 누구 하나 임금의 정사에 건지고 구할 바 아니겠는가마는 그중에 가장 하소연할 데 없고 가장 불쌍한 자는 아이들과 어린 것이니." [조선 정조(正祖), 「자휼전칙(字恤典則)」 전교에서]

우리나라의 전근대사회에서 상부상조 및 공공복지의 존재는 문헌을 통해 확인할 수 있다. 그러나 전통사회에서 자선이 어느 정도 발전했는지에 대해서는 본격적으로 연구된 것이 거의 없다. 왜냐하면 민간 차원에서 개인적으로 이루어진 자선은 왕조중심의 역사기록에서 거의 주목받지 못하였고, 이에 따라 기록이 거의 남아 있지 않기 때문이다. 반면, 상부상조나 공공복지에 대해서는 상당한 연구성과가 축적되어 있다. 계나 향약과 같은 상부상조 기제들의 운영을 보여 주는 기록들이 다수 남아 있고, 공공복지에 대한 공식기록들의 양도 방대하기 때문에 다수의 연구성과가 축적될 수 있는 조건이 형성되어 있었던 것이다. 한편, 19세기 말 이후 자행된 일본제국주의의 침탈로 인해 한국의 사회복지는 제3세계 사회복지가 걸어온 단절과 왜곡의 과정을 겪기도 하였다. 이 장에서는 전통사회에서 해방 이전까지의 자선, 상부상조, 그리고 공공복지의 출현 배경과 발전 과정 및 그 변모에 대해 고찰하고자 한다.

1. 전통사회의 자선

한국 전통사회에는 가진 자가 못 가진 자에게 재화와 서비스를 일방적으로 이전하는 자선 혹은 원조의 관행들이 있었다. 한 예로, 오늘날까지도 '동냥아치'라든가 '동냥젖' 등의 용례에 남아 있는 '동냥'은 본래 수행하는 스님이 쌀 같은 것을 얻으려고 마을을 돌아다니는 일 또는 그렇게 얻은 돈이나 먹을 것을 가리키나, 보통은 구걸(탁발)과 같은 것이었다. 한편, 일종의 모금이라고 할 수 있는 걸립(乞粒)은 마을에 식량이 떨어진 집이 있거나 마을 공동의 경비지출이 필요할 때 주민들이 농악을 울리면서 가가호호 방문하여 돈이나 곡식을 얻는 관행이었다.

전통사회에서는 이른바 보릿고개라는 춘궁기를 보내는 것이 힘든 경우가 많았다. 마을의 빈농들이 춘궁기에 의존할 대상은 부잣집이었다. 그러나 빈궁한 기색을 표현하는 데 있어서 직접적이고 노골적인 방법보다는 간접적이고 암시적인 방법들을 동원하였다(이규태, 1979: 37). 된장서리가 그 한 예인데, 이는 춘궁기 때 식량이 떨어진 아낙들이 나물을 캐서 부잣집에 가져다주면 안주인이 된장이나 쌀, 음식을 나누어 주는 관행이었다(나병균, 허남순, 차흥봉, 1987: 24). 이와 대칭되는 것이 마당쓸이인데, 이는 부잣집 늙은 하인이 비를 들고 있을 때 빈곤한 사람이 와서 대신 마당을 쓸어 주면 그 사람 집에 식량이 떨어졌다는 의미로 받아들여 하인이 주인에게 이야기함으로써 곡식을 나누어 주었던 관행이었다(나병균 외, 1987: 220). 한편, 개구멍받이라는 관행은 빈궁한 부모가 자녀를 유복한 집에 개구멍을 통해 밀어 넣음으로써 일종의 입양이 이루어지도록 한 것이었다(최원규, 1989: 265-266). 이때 아이를 받은 집에서는 이를 거절하지 않고 키우는 것이 관행이었다. 이 관행들은 대개 동네와 같은 소규모 지역을 범위로 하여 이루어졌다.

한편, 삼국시대에 불교가 전래된 이후 불교의 자비사상에 입각한 자선의 행위들이 장려되었다. 자선과 선행이 복을 가져다준다는 복전(福田) 사상, 공덕(功德) 사상을 바탕으로 불교도들은 빈곤한 이웃이나 행려자에게 식량(혹은 음식)을 제공한다든가 구료행위를 행하였다.[1] 절을 중심으로 한 자선활동도 이루어졌다. 당시의 절은 종교기관이면서 동시에 복지기관으로서의 기능을 했다. 고아를 받아들여 보호한다든가, 큰 솥을 걸어 놓고 죽을 쑤어 행인들에게 나누어 준다든가,[2] 의승들이 구료행위를 한다든가 하는 것들이 여기에 속한다.

불교의 자선은 보(寶)라는 형식을 통해 제도화되기도 하였다. 삼국시대에 시작된 보는 일종의 기금(fund)이었다. 어떤 특정한 공익사업을 수행하기 위해 기금을 조성한 후, 그 이자로 경비를 충당하였다.[3] 기금은 불교도들이 기부한 돈과 곡식을 비축함으로써 조성되었다. 보가 수행한 공익사업으로는 장학사업(學寶), 승려의 권학(廣學寶), 빈민구제(濟危寶),[4] 국태민안을 기원하는 불교행사인 팔관회(八關寶), 한증구병(汗蒸救病) 등이 있었다. 불교를 국교로 하였던 통일신라와 고려시대에는

1) 복전(福田)과 공덕(功德)은 같은 말이다. 공덕이란 불교에서 장차 좋은 과보(果報)를 얻기 위해 쌓는 선행을 의미한다. 산스크리트어인 구나(Guna)를 번역한 공덕은 연기(緣起)와 윤회를 근본으로 하는 불교에서 가장 중시하는 행위의 하나이다. 공덕의 종류는 냇물에 징검다리를 놓아 다른 사람들이 쉽게 건널 수 있게 하는 월천공덕(越川功德), 가난한 사람에게 옷과 음식을 주는 구난공덕(救難功德)과 걸립공덕(乞粒功德), 병든 사람에게 약을 주는 활인공덕(活人功德) 등 매우 많으며, 선한 마음으로 남을 위해 베푸는 모든 행위와 마음 씀씀이가 모두 공덕이 된다. 또한 절과 탑을 세우고, 경전을 옮기며, 불상을 모시는 행위가 모두 공덕을 쌓는 것이고, 명절이나 절기 · 재일에 남을 돕고 액막이를 하며 방생하는 풍속도 여기에서 비롯된 것이다.

2) 임진강의 보통원(普通院)과 개성의 개국사(開國寺), 연복사(演福寺) 등을 위시한 많은 사찰이 기민구제를 위한 급식장소가 되었다. 흥미로운 것은 급식을 위해 관곡을 활용하였다는 점이다. 종교기관의 자선과 공공복지의 혼합을 볼 수 있는 사례로 생각된다.

3) 보(寶)는 기본적으로 기금은 보존하고 그 이자로 사업을 하였다[이른바 존본취식(存本取息)].

4) 제위보(濟危寶)는 사료에 제위포(濟危鋪)로도 기록된 고려시대의 공공 빈민구제기관이다. '보(寶)'라는 명칭에서 공공구호기금(fund)의 의미도 동시에 지닌 것으로 해석할 수 있다.

불교의 자선기제인 보가 국가의 공공목적 수행을 위한 재원확보 수단으로 다수 만들어졌으나, 점차 고리대의 성격이 짙어져 많은 사회문제를 일으키기도 하였다. 보는 조선시대 중기 이후 없어지면서 계(契)의 형태로 흡수되었다.

역대왕조의 공식 역사기록에는 전통사회에서 이루어졌던 개인적 자선의 행적이 간략히 소개되어 있다. 몇 가지 사례를 살펴보기로 한다(서기택, 1989; 임송산, 1983a; 조홍식, 1989).

- 고려시대의 왕족 광릉공(廣陵公) 왕면(王沔, ?~1218)은 의술에 정통하여 약을 쌓아 두고 사람 살리는 일을 하였으며, 병든 자들을 치료하여 많은 사람이 존경하였다.
- 고려 말의 문신 채홍철(蔡洪哲, 1262~1340)은 관직을 버리고 14년 동안 구료활동을 행하였다.
- 고려 말의 승 학선(鶴仙; 충숙왕 때에서 충혜왕 때까지 활동)은 의술에 정통하였으며, 동서대비원에 성중의 병자들을 집합시켜 구료하고 진휼할 것을 왕에게 권하였고, 활 연습장을 없애 이를 대비원에 부속시켰다.
- 고려 말의 재상 윤환(尹桓, ?~1386)은 고향 칠곡에 있을 때 큰 기근을 만나자, 가재를 털어 빈민을 구제하였다.
- 조선 전기의 무신 최운해(崔雲海, 1347~1404)는 왜구를 여러 번 무찔러 그 노획물로 기민(饑民)을 구호했다.
- 조선 태종 때의 승 장원심(長願心)은 한재가 심하자 흥천사 사리전에서 비를 빌어 비가 내리게 하였다. 천민 출신의 이 스님은 일부러 미친 척하고 기한자(飢寒者)를 보면 꼭 먹을 것을 빌어먹이고, 자기의 옷을 벗어 입혀 주고, 앓는 사람을 보면 반드시 힘을 다하여 구휼하고, 사람이 죽었는데 장사 지낼 사람이 없으면 반드시 자기가 장사 지내 주며, 도로를 만들고, 교량을 건설하고, 가지 않는 곳이 없이 모두 다니며 사람을 돕는 일만 하였으므로 어린이들까지도 그의 이름을 모르는 이가 없을 정도로 유명하였다.
- 조선 중기의 학자이자 문인이며 기인(奇人)인 토정(土亭) 이지함(李之函,

1517~1578)은 말년에 아산현감이 되었을 때 걸인청(乞人廳)을 만들어 관내 걸인의 수용과 노약자의 구호에 힘쓰는 등 민생 문제의 해결에 큰 관심을 가졌다.

전통사회에서 곤궁한 자에게 구호의 손길을 내밀었던 개별적 자선의 기록들은 다수 확인된다. 아울러 삼국시대와 고려시대에 걸쳐 불교를 바탕으로 이루어졌던 보는 박애의 성격을 지닌 것으로 볼 수 있다. 전통사회에서 사찰이나 서원, 향교, 정자 등을 건축할 때, 혹은 이재농민 구호를 위한 식량모집 때 유복한 개인들의 대규모 기부 행위(즉, 박애적 기부)가 있었던 것을 확인할 수 있다. 공공의 이익을 위한 건축물을 건립할 때 대규모의 기부를 행한 자에게는 비석이나 목판 등에 그 이름을 기록하여 기부자를 영예롭게 하는 방식도 활용되었다. 이재 농민 구호를 위한 대규모의 식량 기부에 대해서는 국가가 명예관직을 줌으로써 기부를 장려하고 기부자를 영예롭게 하였다.[5] 이상에서 논의한 바를 바탕으로 본다면, 우리나라 전근대사회에서 자선과 박애의 전통이 분명히 존재했었다고 말할 수 있을 것이다.

2. 전통사회의 상부상조

한국 전근대사회의 상부상조에는 다음과 같은 것들이 있었다. 첫째, 전통사회 민간에서 널리 행해진 계가 있다. 계는 그 형태와 내용의 변화를 보이면서 오늘날까지 계승되고 있는 매우 오래된 상부상조제도이다. 둘째, 조선 중기에 대두한 향약을 들 수 있다. 마을의 양반과 지배층에 의해 주도된 향약은 그것의 4대 덕목 중 하나인 환난상휼(患難相恤) 강목을 통해서 볼 수 있듯이, 상부상조 기능도 수행한 조직이었다. 다음으로는 두레, 부근, 공굴 등과 같이 노동력의 교환이나 공동노동을 위한 협동관행들이 있다. 이 협동관행들은 1차적으로는 동가(同家)의 노동력 교환을

5) 흉년 시 구호 식량을 모집하기 위해 국가가 기부자에게 영예를 주었던 제도는 납속보관(納粟補官), 원납(願納), 공명첩(空名帖) 등의 이름으로 행해졌다. 이에 대해서는 이 장의 3절에서 논의할 것이다.

목적으로 하고 있었지만, 종종 사회적 약자에 대한 일방적인 노동력 이전을 해 왔음으로써 전통사회 복지관행으로 인정될 수 있다. 협동관행들은 제도화나 조직화 측면에서 앞에서 언급한 계나 향약보다는 대체로 느슨하였다. 이 외에도 지방에 따라 또는 시대에 따라 다양한 명칭과 내용의 상부상조 또는 협동관행이 있었다.

1) 계

한국 전통사회에서 널리 행해졌던 상부상조를 위한 조직 형태였던 계는 그 종류와 발전 과정이 매우 다양하였다. 회원 사이의 친목 도모를 위한 사교계가 있었는가 하면, 경조사에 상부상조하기 위한 혼상계도 있었다. 계 운영의 주체나 범위를 보면, 대개 지연이나 혈연과 같은 1차적 연고를 바탕으로 하거나 학연이나 직업과 같은 기능적 연고를 바탕으로 한 20~40명 정도의 동류적 기반 위에서 이루어졌다(신용하, 박명규, 김필동, 1995: 209). 대부분의 계는 그것의 1차적 목적 외에도 계원들 간의 상부상조 기능을 수행했는데, 장례, 혼인, 제사, 질병, 학비, 공동납세 등의 예기치 않게 과다한 비용이 지출되는 사건들에 대한 공동대처 기제를 담고 있는 경우가 많았다. 이러한 사건들이 발생하면 현물이나 현금 또는 노동력의 형태로 보호를 제공하였고, 정신적 위로와 같은 심리적 보호가 수반되기도 하였다. 이러한 급부를 위한 자원은 계원의 출자(현금, 현물, 노동력 등)로 충당되었으며, 그런 점에서 계의 운영 원리는 호혜성에 바탕을 둔 보험 원리에 가까운 것으로 이해된다(나병균, 1989a: 238-239).

계는 그것이 표방한 공동가치를 실현하고 공동 목적을 달성하며, 일상적 위험(문제)을 해결하고, 회원 간의 단결과 화합을 이끌어 내는 조직이었다. 아울러 계를 통해 특정 집단이 여타 집단에 대해 은연중 행동을 통제하거나 신분계급적 지배를 강화하기도 하였고, 때로는 국가의 지배와 압력에 공동으로 대처하는 자구적 기능도 수행하였다.

전통사회 마을공동체를 기반으로 행해졌던 계는 오늘날 도시사회에서의 각종 모임 형태에 그 흔적을 남기고 있다. 아울러 상부상조 기능을 수행한 계 활동에 일상적으로 참여했던 문화적 전통은 현대사회에서 유사한 기능을 수행하는 사회보험제도에 대한 국민들의 수용 태세에도 긍정적으로 기여하였을 것이다.

2) 향약

향약(鄕約)은 주민 교화와 풍교 확립을 위한 유생, 양반 주도의 조직체였다. 향약의 4대 덕목 중 환난상휼조가 전통사회 상부상조와 관련하여 향약이 주목받는 대목이다. 향약은 양반과 지배층이 주도하여 전체 주민(한 동네 또는 여러 동네의 주민들)을 그 범위에 포괄하고 있었다. 환난상휼조에 따르면, 약인(約人)들은 일곱 가지 사고 또는 위험이 발생할 경우 향약으로부터 보호를 받았는데, 이는 수화(水火), 도적(盜賊), 사상(死喪), 질병(疾病), 고약(孤弱), 무왕(誣枉), 빈핍(貧乏)이다.[6] 이러한 사고나 위험이 실현되면 물질의 제공이나 노동력의 제공이 주로 이루어졌고, 종종 정신적 위로가 수반되기도 하였다. 급부를 위한 자원은 약인들의 출자로 충당되었다. 그런 점에서 향약도 계와 마찬가지로 호혜성에 바탕을 둔 보험 원리에 입각해 있었다. 향약은 그것이 표방한 공식 목표가 백성을 교화하여 아름다운 풍속을 만든다는 화민성속(化民成俗)에 있었지만, 그 이면에는 유교 이념을 강제하고자 하는 양반과 지배층의 숨은 의도가 배어 있었다(나병균, 1989b: 185-214).

3) 협동관행

한국 전통사회에서는 공동의 노력을 동원하기 위한 협동관행들이 널리 행해졌다. 이는 제때에 대량의 노동력을 동원해야만 하는 농업의 특성에서 비롯된 바가 크다. 한편, 이러한 협동관행들은 사회적 약자들에 대해서는 반대급부 없이 노동력

6) 향약의 환난상휼조에 규정된 내용들은 다소의 변형이 있다. 예컨대, 율곡 이이가 해주에서 행한 해주향약에는 화재, 도적, 중병, 무고, 과년(過年), 절량(絶糧), 상사 등에 대한 부조가 규정되어 있었다(최일섭, 1987: 84).

을 제공하는 원조 기능도 수행했다. 품앗이, 두레, 공굴, 부근, 울력, 화막 꾸리기, 지경 넘기기, 집지(집지 봐주기) 등이 여기에 속한다.

품앗이는 오늘날에도 농어촌에서 이루어지고 있는 협동관행이다. 품앗이에서 '품'은 '한 품, 두 품'처럼 사용되는데, 이는 '성인 남성 하루 노동력'을 의미한다. '앗이'는 '서로 교환한다'는 의미이다. 이웃 간에 동등한 노동력을 서로 빌려주고 되받는 협동관행이 품앗이이다. 전통 농경사회에서 여성과 미성년자의 노동력은 대개 반 품으로 환산되었다. 남성이 나이가 들면 저절로 반 품에서 한 품으로 승격되는 것은 아니고, 일종의 성년 시험을 통과하면 그때부터 한 품으로 인정되었다. 매년 음력 7월 15일이면 백중날이 되는데, 이때쯤이면 김매기가 마무리되어 호미를 씻어서 간수하고[세서연(洗鋤宴)이라 하여 먹고 마시며 놀이를 즐긴다], 머슴들에게 하루를 쉬고 즐기게 하며, 씨름이나 소싸움 등의 유희를 즐긴다. 마을에 따라서는 동네 타작마당에서 무거운 호박돌을 들어 뒤로 넘기거나 움직일 수 있는 소년이 비로소 성년으로 인정받는 일도 있다(이를 '들돌들기'라고 한다).

두레는 농경을 위한 공동노동 조직이면서 공동방위, 공동제사 및 상부상조 등의 기능을 수행한 마을자치조직이었다(신용하, 1984; 신용하 외, 1995: 218-220; 최일섭, 1987: 79-80). 공굴은 마을 안에 중병자나 불구자, 과부 그리고 초상을 당한 사람의 농사를 마을 사람들이 공동으로 지어 주는 민속을 일컫는다. 무보수봉사를 원칙으로 하여 각자 점심을 갖고 와서 일을 해 주거나 마을의 유지가 공굴날 주식을 부담하는 관례도 있었다. 부근은 주로 북한 지방에서 널리 행해지던 풍습으로 공굴보다 봉사 범위가 넓어, 농사일뿐 아니라 동네 사람이 집을 신축할 때 또는 10세 미만의 아이가 죽었을 때의 장사 등에 노동력을 제공하였다(이규태, 1979: 34-35).

두레

농민들이 농사일이나 길쌈 등을 협력하여 함께 하기 위해 마을 단위로 만든 공동노동 조직이다. 두레에 의한 공동노동은 모내기, 물대기, 김매기, 벼베기, 타작 등 경작 전 과정에 걸친 것이고, 특히 일시적으로 많은 품이 요구되는 모내기와 김매기에는 거의 반드시 두레가 동원되었다. 엄격한 규율 아래 작업이 진행되던 것이 두레의 특성 가운데 하나였다. 작업에 앞서 숫총각이 '농자천하지대본(農者天下之大本)'이라고 쓰거나 용을 그린 농기를 논두렁에 세우고 난 뒤, 나팔을 신호로 작업을 시작하였다. 두레의 임원 구성은 전체 통솔자인 행수(行首) 또는 황수(皇首)라고도 하는 지휘자 1명, 행수의 보좌인 도감(都監) 1명, 작업의 진행을 지휘하는 수총각(首總角) 1명, 규약에 따라 두레꾼의 행동을 감시하는 조사총각(調査總角) 1명, 기록과 회계를 맡은 유사서기(有司書記) 1명, 방목지(放牧地)의 가축을 돌보며 가축으로부터 논밭을 보호하는 방목감(放牧監) 1명으로 되어 있는 것이 보통이다. 두레는 20세기 후반에는 거의 소멸하거나 변형을 면하지 못하였다.

출처: 한국민족문화대백과사전—두레(http://encykorea.aks.ac.kr/Contents/Item/E0016972)에서 발췌.

울력은 마을 사람 중에서 병이나 기타 어려운 여건으로 일을 할 수 없게 되었을 때 이웃집에서 노동력을 제공하여 농사일이나 가사를 거들어 준 관행이었다(나병균 외, 1987: 195-243). 화막 꾸리기는 동네 사람이 집에 큰불이 나거나 홍수로 재산을 모두 소진당했을 때 짚 서너 단, 이엉 한 마름, 서까래 하나, 기둥 재목 하나 등을 형편에 따라 가지고 와서 새로 집을 지어 주는 관행이었다. 집지(집지 봐주기)는 새 집을 지을 때 마을 사람들이 하루에 한 집씩 돌아가며 흙, 나무 등을 운반하고 벽 바르는 일 등을 도와주는 관행이었다. 지경 넘기기는 연고자가 없는 부랑인이나 나그네가 산간마을에 와서 병이 나는 경우 환자에게 연고지를 물어서 연고지까지 환자를 연이어서 수송하였던 관행이다. 이웃 마을 간에 연락을 위해 낮에는 생솔가지를 태워 연기로 신호하고, 밤에는 횃불과 징소리로 신호하였다. 지경 넘기기는 외지 환자를 돕는다는 의미를 지녔지만, 실제로는 외부의 환자에 대하여 마을이 책임을 지지 않으려는 의도가 더 컸다고 한다.

협동관행들은 대개 자연적으로 형성된 동네 주민들 사이에 자발적으로 조직되었다. 공동노동이 필요한 농번기의 협동노동이 주된 일이었고, 간혹 마을의 공유지나 과부, 병약자의 농지에 대한 무상의 노동력 제공도 이루어졌다. 대개는 동등한 가치를 갖는 노동력의 교환에 바탕을 둔 협동관행이었지만, 사회적 약자에 대한 노동력 제공에서는 원조기능을 수행하였다. 협동관행들은 마을 단위의 공동과제 해결과 구성원 결속이라는 목표를 지니고 있었다.

앞에서 소개한 상부상조제도들이나 협동관행들은 대부분 이웃이나 동네 차원에서 자발적으로 조직되고 운영되었다. 일부 동계나 향약의 경우에는 성원들이 반강제로 가입되는 경우도 있었으나, 대부분의 계와 향약 그리고 협동관행의 경우에는 가입에 있어서 자발성이 존중되었다. 사회 구성원들에게 특정 상부상조제도나 협동관행에의 가입은 공동체 내에서의 생활과 생존을 위한 필수적 요건이기도 하였다. 당연히 그것의 운영 범위도 이웃이나 동네 차원에 머물고 있었다.[7] 상부상조제도나 협동관행의 기반은 1차적 연고인 지연과 혈연이 중심이었고, 간혹 학연 또는 같은 직업에 종사한다는 직업적 연고도 기반으로 작용하였다. 결국 전통사회 상부상조제도와 협동관행에 반영된 복지 이념은 '아는 이웃'에 대한 '아는 이웃'의 원조와 협동이었다고 할 수 있다.

한편, 상부상조제도나 협동관행들을 통해 해결하고자 하였던 문제나 위험은 자연재해(한재, 수재, 서리, 우박 등)로 인한 농업생산 기반의 훼손과 생존의 위협, 그리고 사망, 출산, 결혼, 제사, 이사, 도적, 화재, 송사, 질병 등과 같이 기본적인 생존을 위협하거나 예기치 않은 비용 지출을 요하는 상황들과 일시에 집약적 노동력의 투입이 요구되는 영농 상황 등이었다. 앞에서 소개한 모든 상부상조제도나 협동관행들이 이러한 문제나 위험 모두에 대해 해결을 시도하거나 보호를 제공한 것은 아니다. 또한 급부의 크기라는 점에서 본 보호의 수준도 사회적 약자의 생활과 생존을 보장할 만큼 충분하거나 다양하지는 않았던 것으로 이해된다.

이와 같은 문제나 위험에 직면하게 되면, 물질적 급부(현물, 현금)와 비물질적 급부(노동력 제공, 위로, 격려 등)의 제공이 한시적으로 이루어졌다. 물론 급부의 형태는 상부상조제도나 협동관행 등에 따라 달랐다. 예를 들면, 혼상계의 경우 의식을 치르기 위한 포목, 곡식 등의 물질과 의식거행에 필요한 노동력의 제공 등이 주된

7) 향약이나 일부 계와 같이 여러 동네를 포괄하거나 또는 비교적 넓은 지역을 포괄하고 있는 경우도 있었지만, 대부분의 상부상조제도나 협동조직들은 동네 차원의 아는 이웃을 초월할 이유가 없었다.

급부였다. 협동관행에서는 노동력의 제공이 주된 급부였다. '아는 이웃'으로부터의 원조였으므로 정신적 측면에서의 위로와 같은 비물질적 급부가 수반되는 것이 보통이었다.

급부의 제공과 조직의 운영을 위한 자원은 구성원들의 자발적 기여를 통해 충당되었다. 계와 향약의 경우에는 미리 약정한 물품과 노동력이 갹출되었으며, 협동관행의 경우에는 그때그때 노동력의 제공 등이 이루어졌다. 이러한 상부상조제도들과 협동관행의 운영은 대부분 호혜성에 기초한 보험 원리에 따라 이루어졌다. 이러한 제도와 관행들이 해결하고자 하였던 문제들은 구성원 누구에게나 앞으로 닥칠 가능성이 있는 특별한 위험이나 문제들이었기 때문에 호혜성의 원리가 잘 적용되었던 것이다.

3. 전근대의 공공복지

고대국가의 전 단계인 부족국가 시대에 자연재해로 흉작을 기록하면 왕이 쫓겨나거나 심한 경우 죽임을 당하기도 하였다. 당시의 왕은 비바람과 같은 자연력을 지배할 수 있는 신통력을 갖춘 사람으로 인식되었기에, 홍수나 가뭄 혹은 태풍과 같은 자연재해가 엄습하면 지배자로서의 정통성이 도전받게 되었던 것이다. 부족국가였던 부여에 관한 다음의 기록은 이러한 사정을 잘 보여 준다.

> 옛 부여의 풍속에 따르면, 큰물이 지거나 가뭄이 드는 등 기후가 순조롭지 못하여 오곡이 여물지 않으면 왕에게 그 책임을 물었는데, 어떤 사람은 마땅히 왕을 갈아 치워야 한다고 하고, 또 어떤 사람은 마땅히 죽여야 한다고 하였다[『삼국지(三國誌)』 위지(魏志), 동이전(東夷傳)].

지배자가 자연재해를 다스리는 신통력을 갖추고 있는 것으로 기대된 것은 초기의 권력이 주술사(혹은 무당)로부터 연유한 것을 보여 준다.[8] 국가 형성이 보다 체계화되면서 지배자(왕)가 자연력을 지배하는 신통력을 지녀야 한다는 관념은 약화되었지만, 그럼에도 불구하고 자연재해로 인한 구성원의 고통에 대해서 왕이 져야 할 도덕적 책임까지도 면제되었던 것은 아니었다. 중국이나 우리나라 전근대 국가에서 지배자가 어진 정치를 펼쳐야 한다는 이른바 왕자인정(王者仁政)을 내용으로 하는 유교적 통치 이념은 부족국가 단계에서 자연력을 지배하는 신통력을 지닌 자를 지배자로 선출했던 경험과 무관하지 않았던 것이다. 왕권이 강화되면서 흉년 시 왕이 쫓겨나거나 살해당하는 일은 사라졌지만(물론 백성들의 반란과 같은 형태의 저항은 종종 있었다), 그 대신 흉년이 발생한 점에 대해 왕이 도덕적 책임을 인식하고 있다는 것을 보여 주기 위한 의례적인 행위들이 발전하였다. 자연재해가 심각할수록 사회적 긴장과 갈등이 커지기 때문에 사회불안을 예방하고 통제할 필요성이 있었던 것이다.

전통사회에서 흉년이 들면 백성들은 아사의 위험에 직면하였다. 초근목피(草根木皮)와 같이 평상시에는 식용으로 할 수 없는 식물이나 백토(白土)와 같은 광물을 섭취하기도 하였다. 우리 속담 중 "3일 굶어 남의 담 안 넘을 사람 없다."라는 표현처럼, 흉년에는 도둑질과 같은 범죄도 증가하게 마련이었다. 기근에 '백성이 서로 잡아먹는(民相食)' 극단적인 상황도 종종 역사기록에 등장하였다. 조선시대까지 왕은 흉년에 고기 반찬을 줄인다든가(減膳), 정전에서 기거하는 대신 궁중 안에 지은 허름한 초가에서 기거한다든가(避殿), 또는 음주가무를 자중하는(蓄樂) 등의 조치를 취했다. 아울러 자신의 통치 행위에 대해 백성들의 여론을 청취하거나(求言), 형벌을 가볍게 하거나(輕刑), 죄수를 석방하고(放囚), 부역과 세금을 감면해 주는(弛力, 薄征) 등의 유화적 조치를 취하기도 했다.

그런데 자연재해로 인한 사회문제의 발생에 대해 의례적이고 유화적인 조치만으로는 전근대사회가 기반으로 하던 농업 생산력을 유지·보존하는 데 한계가 있었다. 농민의 감소와 농업 생산의 감소는 국가의 물적 토대를 위태롭게 하였기 때문에 농민 보호를 위한 보다 적극적인 대책들이 강구될 필요성이 있었다. 대규모

8) 고조선의 출현과 관련된 단군신화에는 환웅이 자연력을 다스리는 관리들, 즉 풍백(風伯), 우사(雨師), 운사(雲師)를 거느리고 식량(穀), 수명(命), 질병(病), 형벌(刑), 선행(善)과 악행(惡) 등 인간 세상의 360여 가지 일을 모두 주관한 것으로 소개되어 있다(『삼국유사(三國遺事)』 참고).

관개사업과 공공의 복지제도가 출현한 것은 이러한 필요성에서 촉발되었으며, 그것을 가능하게 했던 것은 중앙집권적 정치체제 수립을 통한 국가 수취능력의 확대였다. 이러한 맥락을 염두에 두고, 삼국시대 이래 우리나라의 역대 왕조가 시행한 공공복지를 살펴보기로 하자.

전근대사회의 공공복지에는 다양한 내용이 있었다. 흉년에 이재 농민을 보호하기 위해 식량을 저장했다가 분배한 창제도가 있는가 하면, 조세와 부역을 감면하는 일종의 조세복지 정책들도 있었다. 앞에서 언급한 것처럼 죄수를 석방하거나 형벌을 가볍게 하는 조치가 취해지기도 하였고, 구호재원을 마련하기 위한 모금제도들도 있었다. 전염병을 통제하고 환자를 치료하기 위한 공공의 기관들도 있었다. 전근대사회의 공공복지는 대개 흉년과 같은 자연재해가 발생했을 때 가동되었지만, 제도나 정책에 따라서는 왕의 즉위와 같이 국가에 경사스러운 일이 있을 때 시행된 것도 있었다.

1) 진대와 진휼

이재농민과 빈궁한 자에 대한 전근대사회의 공공복지 가운데 가장 대규모로 시행된 것은 식량(종자)을 비롯한 생필품[9]을 배분한 것이었다. 기근 상태가 지속되면 농민들이 이듬해 종자로 쓰기 위해 남겨 놓은 곡식까지도 소비해 버릴 가능성이 있었다. 종자를 소비해 버린다는 것은 전근대시대의 국가가 물적 기반으로 삼아 온 농업에서 재생산이 불가능하다는 것을 의미한다. 또한 기근으로 아사자가 증가한다는 말은 곧 농업생산인구의 감소를 의미하는 것이기도 하였다. 전근대시대의 국가는 농민들 중의 아사자 수 감소와 농업재생산을 위해 농민 및 빈민에게 곡식을 위주로 한 생필품을 배분하는 정책을 써 왔다. 이를 위해 국가가 관리하는 각종 창고들이 있었다.

곡식 배분에는 두 가지 유형이 있다. 첫째의 유형은 곡식을 빌려주는 것인데, 이를 진대(賑貸)라 한다. 대개 봄철이 되면 빈농들의 보유 식량이 바닥을 보인다. 초여

9) 곡식과 종자 이외에 배분되었던 주요 생필품으로는 소금, 포목, 약재 등이 있었다.

름에 보리를 수확할 때까지 빈농들은 굶주림에 시달릴 수밖에 없었다. 이때가 이른바 '보릿고개(麥嶺)'라는 춘궁기이다. 국가는 보유 곡식을 이들에게 빌려주어 아사를 막고자 하였다.[10] 두 번째 유형의 곡식 배분은 이재농민과 환과고독(鰥寡孤獨)[11]으로 불린 취약인구에게 무상으로 지급한 것이었다. 이를 진급(賑給, 또는 白給) 혹은 진휼(賑恤)이라 한다.

일찍이 고구려 고국천왕 16년(서기 192년)에 재상 을파소의 건의에 의해 「진대법」이 시행되었는데,[12] 이것이 고려왕조 때에는 흑창, 의창, 상평창 등으로 제도화되었

10) 이렇게 빌려준 곡식은 가을 추수가 끝난 후 되돌려받았다. 국가가 농민에게 빌려준 곡식을 되돌려받을 때, 처음에는 무이자로 하였으나 후에는 1할의 이자를 덧붙여 환수하였다. 빌려준 곡식을 환수하면서 이자를 붙인 이유는 국가가 보유한 곡식이 자연스럽게 줄어들기 때문에(빌려준 곡식을 환수하지 못하기도 하고, 쥐나 새 혹은 습기 등으로 창고에 저장된 곡식 가운데 일부분이 훼손되기도 하였다), 이를 보충하여 일정량을 유지하기 위한 목적에서였다. 그러나 조선 후기에 오면 국가재정이 약화되어 농민에게 대여한 곡식에 국가 재정수입을 위한 다양한 세목을 첨가하여 이자율이 2할을 상회하는 일도 발생하였다. 조선 후기 삼정의 문란 가운데 환정의 문란은 바로 환곡제도의 문란을 의미하며, 조선왕조의 멸망을 가져왔던 주요한 원인 중의 하나였다.

11) 환과고독(鰥寡孤獨)은 전근대사회의 전형적 취약인구집단으로, 4궁(四窮)으로도 불리었다. 『예기(禮記)』 「왕제(王制)」에 따르면, 환(鰥)은 '늙고 부인이 없는 자(老而無妻者)', 과(寡)는 '늙고 남편이 없는 자(老而無夫者)', 고(孤)는 '아비 없는 어린 자(少而無父者)', 독(獨)은 ' 늙고 자식 없는 자(老而無子者)'를 의미한다. 이들에게는 국가가 희(餼; 보내는 음식)라고 부르는 일정한 식품을 제공하도록 규정하였다. 이 외에도 아(啞; 언어장애인), 농(聾; 청각장애인), 파(跛; 한쪽 다리 장애인), 벽(躄; 양쪽 다리 장애인), 단자(斷者; 지체절단자), 주유(侏儒; 난쟁이), 백공(百工; 각종 세공인)에게는 각각 재능에 따라 직업을 줌으로써 보수를 받게 하였다(임송산, 1983: 17).

12) 진대법과 관련하여 『삼국사기』 「고구려본기」 고국천왕조에는 다음과 같은 기록이 나온다.
왕 16년 가을 7월, 서리가 내려 곡물 피해가 컸다. 백성들이 굶주렸다. 창고를 열어 곡식으로 구제하였다. 겨울 10월, 왕이 질양 땅으로 사냥을 나갔다. 길옆에서 울고 있는 자를 발견하고, "왜 울고 있느냐?"라고 물었다. 그가 대답하기를, "신은 빈궁하여 늘 날품을 팔아 어머니를 부양해 왔는데, 올해는 흉년이어서 날품팔이할 곳이 없어 한 되나 한 말의 식량도 얻지 못했습니다. 그래서 우는 것입니다." 하였다. 왕이 말하길 "애석하도다! 내가 백성의 부모로서 백성들을 이처럼 극단적인 상황에 내몰았으니 나의 죄이다." 하고 옷과 식량을 주어 그를 위로하였다. 이어 유사에게 명하여 "해마다 봄 3월부터 가을 7월까지 관곡을 내어주되, 가구원의 많고 적음에 따라 빌려줌에 차등을 두고, 겨울 10월에 이를 되돌려받도록 하는 것을 영구한 법으로 하라." 하니 성 안과 성 밖의 백성들이 크게 기뻐하였다(命有司, 每年自春三月至秋七月, 出官穀, 以百姓家口多小, 賑貸有差, 至冬十月還納, 以爲恒式, 內外大悅).
「진대법」을 일명 '내외대열법'이라 한 것은 이 기사의 끝부분을 인용한 것이다.

다. 조선왕조에서도 상평창과 의창이 존속되었고, 조선 후기에는 환곡제도로 개칭되었다. 창제도는 구호 기능 외에도 복합적 기능을 갖는 제도였다. 창제도는 군량미와 비상 식량을 비축하는 기능을 지녔다. 비축 식량의 신선도를 유지하기 위해 해마다 일부 보유 식량을 농민들에게 빌려준 후 수확기에 새 곡식으로 수납하였다. 또한 창제도는 곡식의 가격을 안정시키는 경제제도로서의 기능을 지녔다. 고려시대 이후 조선시대까지의 상평창의 명칭에서도 물가안정장치로서의 창제도의 기능을 엿볼 수 있다. 즉, 상평(常平)이라는 말 자체에는 '항상 균형을 유지한다.'는 의미로 물가(곡가)를 안정시킨다는 의미가 담겨 있다. 흉년 시에 곡가가 등귀하면 저장된 곡식을 방출하여 곡가를 낮추고, 풍년에 곡가가 떨어지면 곡식을 시가보다 높은 가격으로 사들여 저장함으로써 곡가의 안정을 기하였던 것이다.

2) 조세와 부역의 감면

역대 왕조가 농민들을 보호하고 위무(慰撫)하기 위해 시행했던 정책에는 조세와 부역을 경감하는 내용들이 있다. 오늘날의 '조세복지(fiscal welfare)'에 근사한 감면제도는 토지에 부과하는 세금(租)과 부역(傭) 및 특산품(調) 납부 부담을 면제하거나 줄여 주는 것과 국가가 빌려준 곡식(賑貸穀)의 이자를 면제하거나 유예하는 것을 내용으로 한다.

조세나 이자의 감면은 재해가 발생했을 때나[이를 재면(災免)이라 한다], 국가에 경사스러운 일이 있을 때[이를 은면(恩免)이라 한다] 시행되었다. 재면의 사유로는 한해(旱害), 수해, 황해(蝗害), 박해(雹害), 화재, 질병, 전란 등이 있었다. 은면의 사유로는 개국, 즉위, 왕의 순행, 불사(佛事), 전란 종료, 왕세자의 출생과 같은 경사 등이 있었다.[13]

13) 경사스러운 일 외에 가령 왕의 갑작스러운 사망(훙거, 薨去)과 같은 애사가 발생했을 때에도 위무 차원에서 곡식의 배분이나 조세감면이 이루어지기도 하였다.

3) 감형과 죄수 석방

자연재해가 발생했을 때 왕은 죄인들의 형벌을 경감하고 죄수를 석방하기도 하였다. 경형방수(輕刑方囚)의 이유에 대해 하상락은 "천재지변과 같은 자연재난은 위정자인 군주의 잘못에 대한 신의 분노 혹은 죄를 내린 것이라고 하여 왕은 형벌을 경감하거나 죄수를 석방하는 등의 선정을 베풀어 신의 노여움을 풀고자 하였다." 라고 설명하고 있는데(하상락, 1989: 44), 그 외에 사회불안을 예방하기 위한 의도도 반영된 것으로 볼 수 있을 것이다.

4) 책기

자연재해가 발생하면 왕은 자신이 책임을 느끼고 있다는 점을 의례적 행위들을 통해 과시함으로써 민심 수습을 꾀하였다. 이를 책기(責己)라고 한다. 역대 왕조에서 이루어진 책기의 행위에는 다음과 같은 것들이 있었다(하상락, 1989).

- 왕의 순행: 재해 지역을 왕이 직접 방문하여 이재민을 위로하고 대책을 강구한다.
- 제사: 각종 천재지변을 피하게 해달라고 왕이 종묘나 불사에 기도를 드린다. 기우제도 여기에 속한다.
- 피전(避殿): 각종 재난이 발생한 것이 왕 자신의 잘못이라 생각하여 평소 기거하던 정전을 피하여 궁궐 뜰 안에 만든 허름한 초가에서 기거하는 것이다.
- 감선(減膳): 피전과 같은 이유에서 왕이 반찬 가지 수를 줄이는 것인데, 특히 고기 반찬을 줄여 검소한 생활을 하는 것이다.
- 행락과 사치의 통제: 왕 자신부터 오락을 삼가고 검소한 생활을 하는 것은 물론, 이를 백성들에게도 적용하였다. 구체적인 금지 행위들에는 양산 쓰는 것, 모자 쓰는 것, 부채질하는 것, 가무를 즐기는 것, 술을 빚는 것, 금은주옥을 패용하는 것 등이 있었다. 그 외에도 절약을 위해 시장을 옮기기도 하였다.

- 길에 나앉음(路坐): 왕이 길에 앉아서 백성들로부터 정사를 청취하기도 하였다(구언, 求言). 종종 인재를 천거하도록 명을 내리기도 하였다.

5) 납속보관

이재 농민과 빈민을 구호하는 국가의 재정 여력이 충분치 않을 때, 국가는 여유 있는 백성들에게서 곡식을 비롯한 자원을 모집하였다. 자원모집을 장려하기 위하여 국가는 기부자에게 영예를 주었다. 기부한 곡식의 양에 비례하여 관직을 주었던 것이다. 납속보관이나 원납, 공명첩 등은 자원(곡식)과 영예(관직)를 교환했던 제도들의 이름이었다. 납속보관은 고려 충렬왕 원년(1275)에 국가재정 부족에 대한 타개책으로 도병마사가 금품이나 미곡을 납입한 백성에게 관등(官等)의 벼슬을 준 데서 비롯되었다. 기부 규모에 따라 영예에 차등을 둔 것은 조선 숙종 3년(1677)에 시행한 원납(願納) 사례를 통해 알 수 있다. 구제를 위한 관곡의 부족을 보충할 목적으로 정원 외에 동지와 검지의 특별임용법을 정하여 백미 50석을 납입한 자는 동지, 40석을 납입한 자는 검지로 임명하여 이들에게 첩지를 주었다(하상락, 1989: 69). 공명첩(空名帖)은 일종의 무기명 임명장이었다. 해당자의 이름 부분이 빠진 관직 임명장에 기부자의 이름을 즉석에서 기입하는 방식으로 자원과 영예의 교환이 이루어졌던 것이다.[14]

6) 구료

역대 왕조는 각종 질병과 전염병을 통제하고 치료하기 위한 노력들을 해 왔다. 단군신화에 환웅이 대동하고 온 관리들이 한 일 중에 질병(病)을 다스리는 것이 있

14) 이러한 방식의 교환은 관에 의한 기부의 강요, 공명첩의 매매 등 문제점을 노출할 수밖에 없었으며, 그에 따라 영조 원년(1725)에는 이를 폐지하고 진정한 원납자에 한하여 포상하는 것으로 바뀌게 된다(하상락, 1989: 69).

었듯, 질병과 전염병은 구성원의 생존을 위협하는 주요한 사회문제였던 것이다. 풍수해와 같은 자연재해나 전쟁과 같은 위기의 도래는 질병, 특히 전염병이 창궐할 수 있는 조건을 형성한다. 당시의 의학지식 수준으로 볼 때 질병, 전염병은 기괴한 질병(괴질, 怪疾)이자 곪아서 죽게 만드는 질병(창질, 瘡疾)이었다.

질병의 치료와 전염병의 통제를 위한 개인들의 자선 행위들이 기록에 다수 등장한다. 그중에는 의승이 있는가 하면, 의술에 능통한 관리와 학자도 있다. 그러나 전통사회에서 의술은 상류층이 종사하는 고귀한 직업이 아니라 신분이 낮은 사람들이 발휘하는 기술 정도로 인식되었다. 무당에 의한 푸닥거리가 주요한 치료 방법으로 인정되기도 하였다.

고려왕조에서는 사찰이 질병치료소로 활용되기도 하였으나, 문종 때에 동서대비원을 각각 개성과 평양에 설치하여 환자에 대한 시약과 구호를 담당하였다. 이후 동서제위도감(예종 원년, 1106)을 설치하였고, 공민왕 때에는 각 지방에 의인과 약물을 비치하여 질병을 치료하게 하고 각 원관을 수리하여 행려자의 편리를 도모하였다(하상락, 1989: 52). 이 외에도 고려왕조 이래의 구료기관으로는 혜민국(혜민전약국, 공민왕 3년, 1354), 전의감 · 혜민서(조선 태조 원년, 1392), 제생원(태조 6년, 1397), 활인서(태종), 매치원(태종 10년, 1410), 구병실(세종 6년, 1424) 등이 있었다.

역대 왕조에서 질병 치료와 전염병 통제를 위해 수행한 일들은 다음과 같다. 첫째, 환자의 치료와 구호를 위한 약품과 식량 · 의복을 지급하였다. 둘째, 의방(醫方)의 조사와 수집을 통해 의학기술의 발전을 도모하였다. 셋째, 수집된 의방을 기초로 의학서적을 간행하였다. 넷째, 약물의 조사 및 채집을 담당하였다. 다섯째, 여성 환자를 진료하기 위해 맥을 짚거나 침구술을 담당하는 여의를 양성하였다. 여섯째, 방치된 시체를 매장하도록 백성들을 독려하였다. 일곱째, 전염병 환자를 격리하여 치료하였다. 여덟째, 무당이 환자를 치료하도록 제도화하였다. 아홉째, 월령의를 파견하여 빈곤한 환자를 치료하게 하였다. 열째, 한증욕과 온천욕을 치료에 활용하였다.

7) 구황방과 한시적 수용보호

이상에서 살펴본 내용 이외에도 다음과 같은 공공의 복지정책들이 있었다. 첫째, 기근에 안전하게 대용식물을 섭취할 수 있도록 하는 안내자료를 만들어 보급하였다. 이재민이나 빈민들이 초근목피로 연명하는 경우가 많았는데, 이로 인하여 중독되거나 병사하는 경우가 많았던 것이다. 조선 세종은 구황청으로 하여금 초근목피 가운데 식용 가능한 것을 조사하여 대용식물로 정하고 그 식용 방법을 책으로 만들어 보급하였다. 그러한 책으로는 『구황방(救荒方)』 『구황촬요(救荒撮要)』 『구황보유(救荒補遺)』 『도인복사방(道人服飼方)』 『구황본초(救荒本草)』 등이 있었다(하상락, 1989: 71-72).

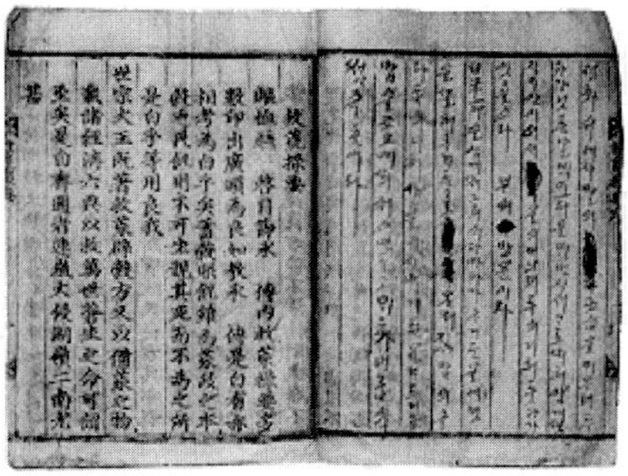

그림 11-1 1554년 진휼청(賑恤廳)에서 간행한 『구황촬요』

효종 때 신속이 『농가집성(農歌集成)』의 부록인 『구황보유방(救荒補遺方)』을 합간하여 간행한 것의 경자(庚子; 1660) 판본이다.

둘째, 전근대사회에서 고아나 환자 혹은 무의무탁한 노인 등을 보호하는 시설보호가 있었다. 오늘날의 고아원이나 양로원처럼 장기간 보호하는 시설[15]은 아니었고, 재해가 심한 때에 임시로 보호했던 시설이었다. 기자조선 효숭왕 9년(기원전 675년)에 "제양원(濟養院)을 설립하여 환과고독 등의 무의무탁한 자를 수양"(최익한, 1946/2013: 38)하였고, 삼국시대 이래 친족이 없는 걸식아동에 대해 관에서 임시로 수용보호(留養)하였다고 한다(하상락, 1989: 43). 고려시대에는 부모나 친족이 없는 10세 미만의 고아를 관에서 수용·양육하였으며, 노인은 동서대비원에 수용·보

15) 고아나 무의무탁한 노인과 같은 의존인구를 장기간 수용보호하는 시설은 19세기 중반 이후 서구에서 온 선교사들에 의해 우리나라에 소개되었다. 기록상 최초의 서구식 수용시설은 1854년에 설립된 파리외방전교회의 조선영해회(La Sainte Enfance)였다(조화영, 1990: 7). 영해회는 오늘날의 고아원 사업과 유사한 시설사업을 전개하였다. 영해회는 1880년대 제7대 교구장으로 블랑(Blanc) 주교가 임명되면서 서울 곤당골에서 사업을 이어 나갔고, 고아원 사업은 샬트르 성 바오로회가 관장하여 1888년 종현(현재의 명동)에 수녀원을 마련하면서 그 부속건물로 고아원을 설립, 145명의 고아를 양육하는 형태로 발전했다(최원규, 1996a: 100-101).

호하였다(하상락, 1989: 50-51). 그런데 이러한 무의무탁한 고아와 노인들을 장기간 수용 · 보호한 것은 아니었다. 그 근거로 걸식아동과 기아문제에 대처하기 위해 조선 정조 7년(1783)에 반포한 「자휼전칙」의 내용을 들 수 있다. 걸식아동의 경우 흉년에만 보릿고개를 넘길 때까지 보호하였고, 버려진 영아(3살 미만)는 풍흉에 관계없이 데려다 키울 사람이 나타날 때까지 보호하였다(최원규, 1989).

4. 구한말, 대한제국기의 사회복지

조선말에 이루어진 강압적 개항(1876년) 이후 일제에 강제 병탄되기까지의 시기는 크게 구분하면 구한말(1876~1897년)과 대한제국기(1897~1910년)로 나뉜다. 그러나 이 두 시기 모두 조선왕조의 연장선상에 놓여 있었다. 자주독립국으로서 대한제국을 선포하였지만, 외세의 침탈을 물리칠 능력이 안 되었던 대한제국은 일본의 식민지로 전락하게 된다.

조선 후기에 들어 봉건체제가 지닌 한계와 모순들이 누적되면서 사회개혁에 관한 아이디어들이 실학파에 의해 제기되었으나, 실현되지 못한 상태로 개항을 맞게 되었다. 개항 이후 신식문물을 도입하자는 주장이 개화파에 의해 제기되기도 하였고, 일부 진전이 있기는 하였으나, 기본적 한계를 넘지 못하고 열강에 의해 침탈당하는 상황에 처하게 되었다. 이러한 상황에서 발생한 동학혁명은 근원적 사회개혁을 위한 강력한 요구였지만, 외세의 개입에 의해 좌절되었다.

사실 조선 후기 실학파들의 사회개혁안이나 개항 후 개화파의 개혁안 등에서 사회복지는 개혁의 궁극적 목적이었다. 예컨대, 조선 실학을 대표하는 인물인 다산 정약용은 다음과 같이 그가 바라는 사회상을 기술하였다.

> 진실로 우수한 기술방법을 습득하여 이것을 장려하고 힘써 행한다면, 나라는 부유해지고, 군대는 강해질 것이며, 백성의 생활은 향상되고, 건강은 증진될 것이다(『與猶堂全書』 제1집 권11, "技藝論")

다산이 그린 이상적 사회는 ① 부유한 국가, ② 강력한 군대, ③ 향상된 국민생활, ④ 건강의 증진 등으로 특징지어지는 사회라고 할 수 있으며, 이것은 곧 부국안민의 이상이 실현되는 사회였던 것이다.

이 시기에 주목되는 주요 사회복지 변모들을 살펴보면 다음과 같다.

첫째, 구한말 공공복지에서 개혁이 시도되었다. 1894년의 갑오개혁을 계기로 여러 제도가 변화되거나 폐지 혹은 신설되었다. 우선, 환곡제도는 조선왕조까지의 주요한 복지제도였는데, 1894년 8월 12일에 고리대 성격의 환곡제도가 폐지되었다. 대신 1895년 5월 26일에 사환조례(社還條例)를 반포하여 사창(社倉)에 의한 진휼과 진대 기능은 유지하도록 하였다(안상훈, 조성은, 길현종, 2005: 46). 국가의 곡식을 민간이 만든 사(社)에게 주고 국가 대신 곡식을 나누어 주고 빌려주는 기능을 하게 한 것이다. 일종의 향촌 자치기능에 맡긴 것인데, 1910년 사창에 보관 중이던 관곡을 탁지부 소관으로 이관하면서 사창이 폐지되었다(안상훈 외, 2005: 56). 그럼으로써 고구려 고국천왕 시대(192년) 「진대법」의 제정을 우리나라 최초의 복지제도라 본다면, 그때로부터 거의 2000년 동안 존속해 왔던 국가에 의한 진휼과 진대제도는 일제강점으로 폐지되었다고 할 수 있다.

조선 말기 복지와 관련된 공공조직의 존폐도 주목할 만하다(안상훈 외, 2005: 50-52). 진휼청은 1894년 갑오개혁 시 관제개편으로 폐지되었지만(안상훈 외, 2005: 50), 해당 기관이 맡았던 기능을 되살려 1901년에 혜민원으로 부활되었다. 그러다가 수년이 채 안 된 1904년에 혜민원이 혁파되었다(안상훈 외, 2005: 56). 한편, 구료기관이었던 혜민서와 활인서는 1882년 임오군란 후 비대해진 통치기구 정비 차원에서 폐지되었다(안상훈 외, 2005: 51). 이로써 국립구료기관이 부재한 상황이 이어졌다. 그런데 1884년 갑신정변 중에 명성황후의 조카인 민영익이 개화파 인사들에 의해 치명적인 자상을 입는 사건이 발생했다. 이때 미국 북장로교 선교의사 알렌(Allen)이 민영익을 살려 내자, 고종은 알렌을 궁정의 시의관으로 임명하고 서울 재동에 위치한 홍영식의 집을 개조하여 근대 국립의료기관인 광혜원을 설립하도록 하였고(1885년), 후일 제중원으로 이름을 변경하였다. 이 기관은 1894년 10월까지 존속하였는데, 1904년에 완전히 폐쇄되었다(신동원, 1996: 67-69; 안상훈 외, 2005: 51). 그 외에도 1905년에 대한국적십자병원이 설립되었는데, 이는 1904년에 폐쇄된 제중원의 후속 국가구료기구로서, '빈곤한 상병자를 구호하고 천재 혹은 사변에 그 상병자도 구호'하는 것을 설립 목적으로 하였다(안상훈 외, 2005: 57). 이 병원은 1907년에 일본인이 장악하는 대한의원이 설립된 후 그에 흡수된다.

통감부 간섭기였던 1909년부터 설치되기 시작한 자혜의원(慈惠醫院)은 지방에 설치한 의료기관으로, 그 명칭에서 보듯 조선을 침탈해 들어온 일본 왕의 선정(善政) 이미지를 심어 주기 위한 것이었다. 실제 통감부는 "종래 의료기관이 없어서 고생한 지방인민에게 치료의 편의를 제공하고, 특히 궁민환자에 대해서 시료·구료하는 것은 일반민심융화에 보익되는 바 적지 않다."라는 판단을 내렸다(신동원, 1996: 305-313; 안상훈 외, 2005: 58). 구한말, 특히 대한제국기는 기존에 존재해 왔던 전통적 공공복지체계의 소멸과 일본의 강압으로 인한 복지체계 변화가 공존하는 시기였다(안상훈 외, 2005: 58).

둘째, 이 시기에 서구 사회복지가 선교사들에 의해 소개되기 시작하였다. 일찍이 조선 후기에 북경을 통해 조선으로 천주교 신부들이 들어왔다. 이 책의 제12장에서 볼 수 있듯이, 제3세계에 진출한 선교사들은 복음의 전파를 위한 방도로 그들 본국의 교육, 의료 및 사회사업을 소개하고 실천하는 것이 보통이었다. 사회적 지위가 취약했던 여성과 아동에 대한 보호라든가 신분을 차별하지 않는 태도 등은 천주교가 조선 민중 속에 뿌리내리는 데 크게 기여하였다. 1854년에 프랑스 성영회는 영해회(嬰孩會)라는 아동가정위탁사업을 비밀리에 시작하였다. 개항 이후 합법적 활동여건을 확보한 선교사들은 고아원을 만들고, 양로원을 세웠으며, 교육기관과 의료기관을 만들었다. 미국, 영국, 호주 등 기독교 국가들에서 다양한 개신교 선교사가 조선에 진출하였다. 이들 사이에 선교지를 둘러싼 갈등을 피하기 위해 적어도 3차례에 걸쳐 조선 땅을 두고 개신교 선교지 분할 논의가 있었다. 20세기 초반의 개신교 선교지 분할은 대략 다음과 같다.

[그림 11-2]에서 보듯 함경도 지역은 캐나다 장로교회, 평안도 지역과 경상북도 지역은 미국 북장로교회, 강원도 지역은 미국 남감리교회, 황해도 일부와 충청도 지역, 강원도 일부 지역은 미국 북감리교회, 전라도는 미국 남장로교회, 마지막으

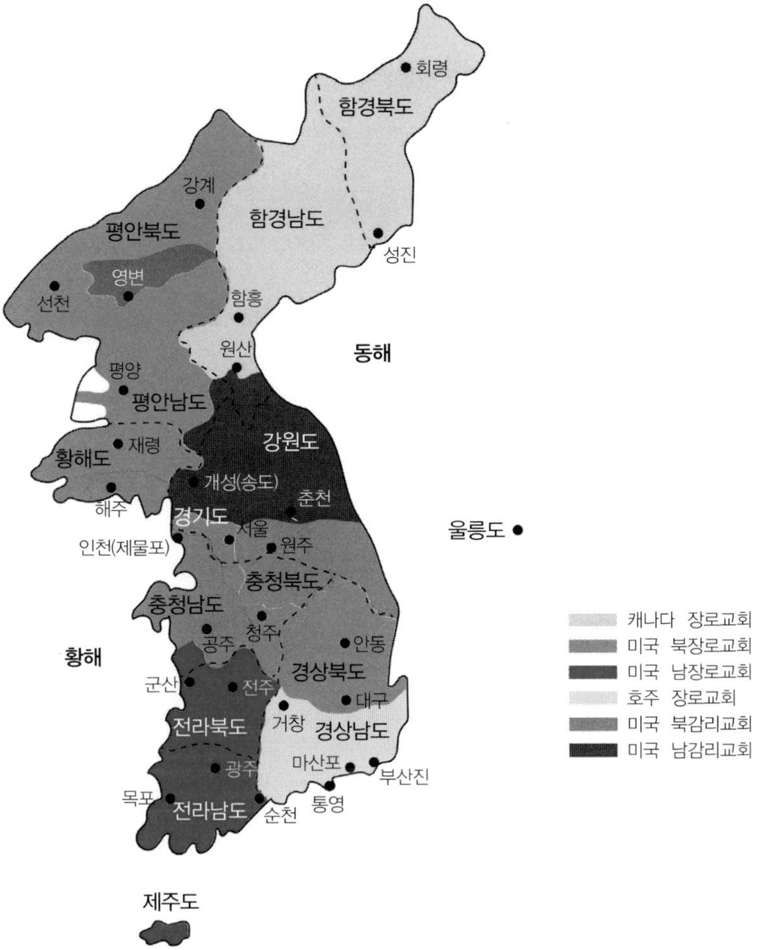

그림 11-2 1909년 한반도 선교지 분담도

출처: 성주 기독교 백년의 역사—1909 한반도 선교지 나눔 페이지.

로 경상남도 지역은 호주 장로교회의 선교지로 정해졌다. 시간이 지나면서 이들 선교지 분할협정은 모호해졌다.[16] 하지만 구한말 시기 교회별 선교사들이 전개한 사

16) 중일전쟁 발발과 뒤이은 제2차 세계대전 발발에 따라 일본제국주의가 서구 국가들(조선에 선교사를 파견했던 미국, 영국, 호주 등)과 적대 관계에 놓이게 되자, 조선에서 활동하던 서구의 선교사들은 추방되었다. 해방 후 선교사들은 조선으로 돌아왔으나, 남북 분단 상황이 되자 38도선 이북에 주된 선교지를 두었던 교회들은 남한으로 이주할 수밖에 없었다. 북한에 공산주의 정권이 수립되어 토지에 대한 무상몰수-

회사업, 교육사업[17] 및 의료사업[18] 등은 [그림 11-2]에 제시된 지역에서 현저하게 나타났고, 오늘날까지 남아 있는 경우가 많다.

표 11-1 선교사들이 세운 사회복지시설

명칭	소재지	설립연도	사업 종류	설립자 혹은 관리자	교파
영해회	서울	1854	육아사업(가정위탁)*	성영회 메스트르 (J. A. Maistre) 신부	천주교
천주교고아원	서울	1885	육아사업(고아시설보호)	샬트르성바오로수녀원	천주교
성피터고아원	서울	1895	육아사업(고아시설보호)	경성부 성피터회, 영국부인회, 수녀	천주교
인천천주당 부속고아원	인천	1895	육아사업(고아시설보호)	샬트르성바오로수녀원	천주교
불구아동의집	서울	1897	장애인사업(시설보호)	호주장로교선교부	개신교
고아원	서울	1899	육아사업(고아시설보호)	체스베트코프(C. J. Corfe; 성공회 찰스코프 주교로 추정)	개신교
고아원	서울	1900	육아사업(고아시설보호)	영국복음교(젠베리, J. Perry)	개신교
맹인여학교	평양	1903	장애아사업(특수교육)	미감리교 선교사 부인 홀(R. S. Hall)	개신교
맹인남학교	평양	1904	장애아사업(특수교육)	장로교 선교사 마펫(M. A. F. Moffett) 부인	개신교
구제소	서울	미상	육아사업(여아 수용 위주)	감리교 선교사 니콜라스 외 1인	개신교

* 영해회 사업에 대해 안상훈 등(2005)은 육아사업(고아시설보호)으로 보았지만, 이는 가정위탁사업(foster home)이다.

자료: 박상일(1971); 유태종(1992); 조선총독부 통계연보(1909; 1910; 1911), 조화영(1990); 최원규(1996): 안상훈 등(2005: 66)에서 재인용.

무상분배 정책으로 토지를 잃은 지주계급이 남한으로 이주할 수밖에 없었다. 재산을 빼앗기고 남한으로 이주한 개신교 지주들은 한경직 목사를 중심으로 결집하였다. 공산주의에 대한 증오를 바탕으로 강한 반공주의 성향의 서북청년단은 이들 남하한 서북지역 개신교 지주집단을 중심으로 성립되었다.

17) 선교사에 의한 교육사업으로는 천주교의 인현서당(1882), 약현서당(1895), 계명학교(1906)가 있고, 개신교의 배재학당(1885), 경신학당(1886), 이화학당(1886), 정동여학당(1887), 배화학당(1898) 등이 있다. 보다 자세한 내용은 이방현과 이방원(2018: 222-225)을 참고하라.

18) 선교사에 의한 의료사업으로는 천주교의 종현시약소(1905)와 제기동시약소(1909)가 있고, 개신교의 제중원(1885), 시병원(1885), 보구여관(1887), 애오개시약소(1888), 상동시약소(1890), 동대문시약소(1892), 휴 오닐 기념진료소(1893) 등이 있다. 보다 자세한 내용은 이방현과 이방원(2018: 222-225)을 참고하라.

셋째, 서구 사회복지제도나 실천이 개화기 지식인들을 통해 소개되었다. 1881년에 조선 정부가 일본에 파견한 신사유람단은 각종 기관과 시설 등 개화의 실상을 살펴보도록 한 것이었다. 신사유람단의 일원이었던 박영효와 유길준은 일본에서의 견문과 공부를 통해 서양문물의 수용과 사회개혁의 필요성을 느끼고 1884년에는 갑신정변을 통해 실천해 보려는 시도를 하게 된다. 조선 후기 실학파를 계승한 구한말의 개화파가 바라던 사회상은 갑신정변(1884) 때 발표한 14개 '신정강' 가운데 담겨 있다. 그중에서 사회복지와 관련된 조항은 신정강 제3항, 즉 '전국의 지조법(地租法)을 개혁하고 간리(奸吏)를 근절하며 빈민을 구제하고 국가재정을 충실히 할 것'과 제6항 '각 도의 환상미(還上米)는 영구히 면제할 것' 등이다. 한편, 개화파의 일원이었던 유길준은 1895년에 펴낸『서유견문』제17편에서 영국과 프랑스의 양로원, 유아원, 고아원, 기아원, 빈민구제소, 병원 등 서양의 사회복지제도를 소개한 바 있다. 구한말 동학혁명의 충격을 받아 위로부터의 사회개혁을 추구했던 갑오개혁에도 사회복지의 발전을 위한 개혁안이 포함되어 있었다. 갑오개혁 초기에 제시되었던 사회제도 개혁안에는 문벌과 반상제도의 혁파,「공사노비법」및 문무 차별의 폐지, 천인의 면천, 연좌법의 폐지, 양자제도의 개선, 조혼금지, 과부의 재가 허용 등이 있었다. 조선 말 실학자들의 개혁안은 봉건왕조체제가 지닌 근본적 한계로 실현되지 못하였다. 개화파의 개혁안 역시 수구파들에 의해 좌절되었으며, 동학혁명으로 촉발된 갑오개혁 역시 일본의 강압에 의해 실패하였다. 개혁안에 담겨 있던 사회복지 부문에서의 발전도 당연히 이루어지지 않았다.

넷째, 조선인에 의한 자생적 사회복지 실천이 나타났다. 구한말 일부 유생을 위시한 지식인 가운데 조선인에 의한 자생적 사회복지를 실천하는 사례가 나타났다. 공맹(孔孟)의 도를 실천하는 데 성심을 다하고자 하였던 이들은 서구 세력의 조선 진출에 따라 서구 사회복지를 포함한 서구문물이 선교사들과 일본 등 제국들을 통해 흘러들어오는 것에 대한 경계심과 함께, 조선 민중에 대한 사랑의 실천에 대한 책임감을 자임한 것으로 추론된다.[19] 유학자들 이외에도 조선의 지식인이나 유력

19) 유학에서 인(仁), 즉 사랑은 군자의 기본 덕목이다. 조선인 최초로 경성고아원을 설립한 유학자 이필화는

자들이 사회복지에 관심을 갖고 이를 실천에 옮기기도 하였다. 특히 갑오개혁 이후 잡지와 신문에서는 서양의 제도와 문물을 '문명개화'의 관점에서 학습하자는 공론이 나타났다. 『독립신문』 『황성신문』 『대한매일신보』 등의 신문이 그 주요 공론장이었다. 빈농, 빈민, 유리민, 걸인, 고아, 장애인 등에 대한 국가의 적극적인 구제의 필요성도 주창되었다. 서구의 방법들을 도입하고, 교육을 통한 자활을 유도하며, 놀고먹으려는 자에 대한 교정과 통제를 시행하자는 견해들이 소개되고 토론되

표 11-2 구한말 조선인이 설립한 민간복지시설

명칭	소재지	설립연도	사업 종류	설립자 혹은 관리자	유지 방법(재원)
경성고아원*	서울	1905	아동사업 (고아부양교육)	이필화	하사금, 설립자 출연금
고아원	서울	1906. 2.	아동사업 (고아부양교육)	유세춘	하사금, 학부보조, 기부금
기아수용소	서울	1908. 2.	아동사업 (기아수용부양)	최원식	기부금
자혜부인회	서울	1908. 2.	고아원사업보조	조민희 부인	기부금
자선부인회	서울	1908. 4.	자선사업	차천경	기부금
구흡고아원	평안도	1908. 5.	아동사업 (고아구제와 교육)	장영화 외 1인	기부금

* 조선인 최초의 고아원인 경성고아원은 일제강점기인 1911년에 유길준의 청원을 빌미로 조선총독부 제생원으로 탈바꿈하게 되며(부령 제77호 조선총독부 제생원령), 제생원은 1913년에 육아부와 맹아부로 분리된다. 제생원 맹아부는 장애인 교육을 위한 기관이다.

자료: 통감부 통계연보(1908: 57-58); 조선총독부 통계연보(각 년도); 송경옥(1992): 안상훈 등(2005: 63-64)에서 일부 수정 전재.

그 설립 목적을 유교 교육과 유교 부흥을 통한 국가부흥으로 두었다(안상훈 외, 2005: 63-64). 쇠락해 가는 대한제국을 부흥시킬 방법으로 유교부흥에 주목한 것이다. 유학자로서 그의 이러한 생각은 인(仁, 사랑)에 대한 유학의 강조와 깊은 관련이 있을 것이다. 일찍이 공자의 제자 증자(曾子)는 다음과 같이 고백하였다. "크고 굳세지 않으면 선비라 할 수 없다. 짊어진 짐은 무거운데 갈 길이 멀기 때문이다. 인(仁)을 자신의 짐으로 삼으니 또한 무겁지 아니하겠는가? 죽은 뒤에야 그치니 또한 멀지 않겠는가?『논어(論語)』「태백편(泰伯篇)」

었다(이방현, 이방원, 2018: 190-192). 조선인에 의한 사회복지시설 설립은 시기적으로는 대한제국기에 나타났는데, 다음과 같은 것들이 있다.

조선 후기 삼정의 문란을 비롯한 왕조의 취약성이 개선되지 않은 채 강제로 맞이한 개항은 서구 열강들의 경제적 침탈과 정치적 압박의 시작을 의미하였다. 조선 실학파를 계승한 개화파에 의한 개혁의 시도가 좌절되었고, 1894년에 갑오농민항쟁으로 촉발된 갑오개혁 역시 조선 자체의 역량 부족과 외세의 간섭으로 성공을 거두지 못하였다. 점차 국운이 기우는 가운데 청일전쟁과 러일전쟁에서 잇따라 승리한 일본제국주의가 1905년의 을사늑약을 통해 외교권 등 국권을 침탈하기 시작하여, 조선은 1910년에 강제병탄으로 식민지배 상태에 놓이게 된다. 이 시기 서구의 사회복지가 선교사들과 개화파 지식인 등을 통해 소개되고 실천되었다. 유학자를 위시한 조선의 지식인과 독지가 가운데 사회복지시설을 설립하는 사례도 나타났다. 개항 이후 시작된 경제적 침탈과 함께 일제는 증가하는 거류 일본인들을 위해,[20] 그리고 조선 민중에 대한 유화적 목적으로 사회복지시설이나 의료시설을 설치하기도 하였다. 조선이 자생적 근대화의 길에 들어서야 하는 시기였지만, 내재적 역량 부족과 외재적 압력으로 자생적 근대화의 길은 차단되었고, 제국주의 식민지로 전락하게 되었다.

5. 일제강점기의 사회복지

일제강점기란 일제가 조선을 식민지로 삼아 직접 지배한 1910년부터 1945년까지를 말한다. 일본이 파견한 총독이 헌병과 경찰을 동원하여 강압적으로 조선 민중을 통치하고 수탈했던 일제강점기의 성격을 '무단통치(武斷統治)'로 규정할 수 있다

20) 안상훈 등(2005: 66-68)에 따르면, 개항 이후 일본인들이 설립·운영한 복지시설들은 일본인 집단거주지에 위치하고 있었다. 선교사나 조선인이 고아에 주목한 것에 비해, 일본인들은 고아를 위한 시설은 전혀 없고 이재민이나 행려병자를 위한 구호시설에 치중하여, 일본인을 대상으로 한 복지를 행한 것이 아닌가 추론된다.

(박광준, 2013: 124-126).[21] 구한말부터 시작된 일제의 경제침탈이 강제병탄 이후 심화되어, 자신들의 삶의 터전에서 '뿌리 뽑힌' 조선 민중이 대거 출현하였다. 특히 1912년부터 시작된 토지조사사업은 전통적 토지 소유와 점유 관계에 일대 교란을 야기하여 많은 농민이 토지에서 유리되었으며, 이들은 만주나 북간도로 이주하거나 일부는 도시에서 토막민이 되었다.[22] 일제강점기의 사회복지에 대해 모두 기술할 수 없기에[23] 여기에서는 다음의 몇 가지 측면을 정리하고자 한다.

1) 공공복지 조직의 변모

대한제국 시기 내부(內府) 소관이었던 구휼, 자선 및 의료행정은 일제강점기 초기인 1910년에 내무부 지방국 지방과(구휼 및 자선)와 내무부 지방국 위생과(의료행정) 소관으로 되었다가, 곧바로 내무부 지방국 제1과(임시은사금 관리), 제2과(구휼 및 자선, 국공립병원 및 제생원), 그리고 경무통감부 위생과(국공립병원을 제외한 모든 위생행정) 소관으로 되었다. 일제강점기를 통하여 행정부서의 명칭이나 소관업무에서 변동이 잦았지만, 이러한 기본 틀은 유지되었다.[24] 특징적인 것은 일왕의 특별한 은혜를 강조하는 '은사금(恩賜金)'이라는 재원이 등장한 것과, 국공립병원과 제생원을 제외한 위생행정이 경찰조직인 경무통감부 위생과 소관이라는 점이다. 메이지 유신 이래 일본은 나병이나 성병 및 결핵과 같은 질병에 대해 환자를 범죄인처럼 대하여 이들을 취체(取締; 단속)하고 격리하는 등의 치안 조치를 취해 왔다.

21) 일제강점기를 무단통치기(1910~1919년), 문화정치기(1919~1931년), 대륙침략 병참기지화기(1931~1945년)처럼 세 시기로 구분하는 것이 일반적이다. 즉, 1919년 3·1운동으로 일제가 다소 부드러운 지배전략을 구사하였는데, 1931년 만주사변 이후 전시동원체제로 들어가면서 조선을 병참기지화하는, 다시 말해 무단통치와 구분할 수 없는 지배전략을 구사하게 되었다는 인식이다. 그러나 일본제국주의의 조선에 대한 식민지배 목적은 이익의 추구였으며, 그 수단은 무력을 통한 강압(무단통치)에 있었다.

22) 일제강점기 경제, 사회 상황에 대해서는 안상훈 등(2005: 78-83, 99-105, 125-131)을 참고하라.

23) 일제강점기의 사회복지에 대한 통사적 서술은 안상훈 등(2005), 이방현, 이방원(2018) 등을 참고하라.

24) 오늘날의 대한민국 정부에서 보건사회 행정은 중앙정부의 보건복지부가 주된 소관부처이나, 지방은 행정안전부의 자치단체들에 소관부서가 있는 체제가 이때부터 형성된 것으로 볼 수 있다.

그래서 경찰조직이 이 업무를 맡아 온 것이다.

1919년의 조선총독부 관제개편을 통해 1관방 5부를 6국 3부제로 변경하였는데, 이때 내무부는 내무국으로, 경무통감부는 경무국으로 명칭이 변경되었다. 경무국 위생과는 병원을 포함해 모든 위생업무를 관장하였다. 사회사업업무(임시은사금 관리와 구휼 및 자선)는 내무국 소관으로 이어지다가 1932년에 학무국 사회과 소관으로 되었다. 1941년에 내무국의 후신인 사정국(司政局) 지방과에서 임시은사금 관리를 담당하고, 여타 업무는 후생국 사회과(사회사업 업무), 후생국 보건과(국민체력 향상), 후생국 위생과(위생행정 업무), 후생국 노무과(노동 관련 업무)가 분장하였다. 1년 후인 1942년에 후생국이 폐지되고 대부분의 업무가 사정국 지방과, 사정국 사회과, 사정국 노무과 소관으로 되었는데, 보건위생업무는 다시 경무국 위생과 소관이 되어 해방 때까지 이어졌다. 1944년에 사회사업업무를 맡았던 사정국 사회과가 학무국 사회과로 변경되었다. 해방되던 해인 1945년에 임시은사금 관리는 사정국 지방과로부터 총독관방 지방과 소관이 되었다. 이때 노동 관련 업무는 광공국 노동1과(직업소개 등), 노동2과(노동관리 등) 소관이 되었다.

일제강점기 사회사업과 보건위생에 관한 공공행정조직은 대한제국기의 내부(內部)를 계승하면서도, 지방조직에서는 임시은사금 관리를 분리하였고, 위생업무가 경찰조직의 일로 분류되었다는 특징이 있다. 조선총독부관보에 따르면, 1910년 10월 8일 훈령 제26호 임시은사금 관리규칙을 제정하였는데, 민심의 안정 및 산업, 교육의 장려와 흉년구제 등을 위하여 배부한 임시은사금 1,739만 8,000원을 관리하는 내용이다.[25] 은사금과 유사한 것으로는 이재민구호를 위해 일왕이 내놓은 구휼어하사금(救恤御下賜金, 1911), 은사이재구조기금(1914), 은사진휼자금(1916)[26]이

25) 은사금을 기금으로 하여 그 기금 이자의 60%는 수산(授産)사업, 30%는 교육사업, 나머지 10%는 흉겸(凶歉) 구제에 사용하도록 규정되어 있다(안상훈 외, 2005: 85-86).

26) 이의 관리를 위해 1916년에 은사진휼자금궁민구조규정을 공포하여 그 관리방침을 규정하였다(하상락, 1984: 27). 이 기금으로부터 구조를 받을 수 있는 사람으로는 독신자로서, ① 폐질, 불구 또는 중병자, ② 60세 이상의 노쇠한 자로서 생계를 유지할 수 없고 타에 의지할 곳이 없는 자, ③ 독신이 아니더라도 위의 항에 해당하고, 그 나머지 가족노유(家族老幼), 질병, 폐질불구, 실종, 도망, 재감(在監)으로 부양받

있다. 군이 일왕의 은사금을 기금으로 설치하고 그 이자수익으로 각종 사업을 시행한 것은 일왕의 은혜를 강조함으로써 식민지배의 정당성을 확보하려는 의도였다. 실제 은사금의 이자수익을 넘어서는 재원 소요가 발생하게 되면 도비(道費)를 추가로 지출하고, 그래도 모자라면 국고에서 보조금을 지급하여 이재민구호를 하였다.

2) 환과고독 중심의 구호 대상

이 장의 앞에서 살펴본 것처럼 전통사회의 주요한 복지 대상자는 '환과고독'으로 표현되는데, 그 밖에도 장애인과 환자가 포함된다.[27] 이들은 노동능력이 거의 없고, 의지할 사람이 없어 자기 혼자 생존하기 힘든 사람들이다. 그런데 구한말 이래 일제강점기를 거치면서 시작된 '근대의' 공적부조제도는 그 대상자 유형 측면에서 보면, 전통사회 환과고독의 범주를 벗어나지 못하였다. 이후에 상세히 살펴볼 것이지만, 그런 의미에서 본다면 구한말에서 일제강점기에 소개되고 시행된 구호제도들은 전통사회의 유제를 이어받았다는 점에서 역사적 제도주의론이 설명하고 있는 경로의존성을 잘 보여 주는 사례이다.

일제강점기 구호제도로 처음 등장하는 것은 은사진휼자금궁민구조규정(1916)이다. 박광준은 이를 일본의 「휼구규칙」(1874)과 거의 같은 내용이지만, 대상자, 급여 등에서는 약간 다른 것으로 설명하고 있다. 대상에 대한 비교만을 소개하면 〈표 11-3〉과 같다.

한편, 일본에서는 1929년에 「구호법」이 제정되어 1932년부터 시행되었다. 「구호법」에서는 거택구호를 원칙으로 하되, 부득이한 경우 양로원, 고아원, 병원 등 구호

을 수 없는 자 및 그 가족으로서 13세 미만인 자였다. 이들에게는 구조미 또는 현금을 지급하였다(안상훈 외, 2005: 87).

27) 다산 정약용이 『목민심서』 애민육조(愛民六條)에 소개한 주례의 관질(寬疾)을 보면, 목민관은 "장애인이나 병자로서 자기 스스로 살아갈 수 없는 자는 의지할 곳과 살아갈 길을 마련해 주어야 한다."라고 되어 있다.

표 11-3 휼구규칙과 은사진휼자금궁민구조규정의 대상자 비교

휼구규칙(1874, 일본)	은사진휼자금궁민구조규정(1916, 식민지 조선)
의지할 데 없이 어려움에 처한 궁민 • 극빈자로 독신이면서 폐질에 걸려 일할 능력이 없는 자 • 독신으로 70세 이상의 자로 중병 혹은 노쇠하여 일할 능력이 없는 자 • 독신으로 폐질에 걸려 일할 능력이 없는 자 • 독신으로 13세 이하의 자	• 독신자로서 폐질, 불구 또는 중병자, 60세 이상 노쇠한 자로서 생계를 유지할 수 없고 타에 의지할 곳이 없는 자 • 독신이 아니더라도 위의 항에 해당하고, 그 나머지 가족노유, 질병, 폐질불구, 실종, 도망, 재감으로 부양받을 수 없는 자 및 그 가족으로서 13세 미만인 자

자료: 박광준(2013: 132); 정기혜, 김용하, 이지현(2012); 하상락(1984: 27): 안상훈 등(2005: 87)에서 재인용.

시설에서의 수용보호도 인정하였다. 구호의 종류로 생활부조, 의료, 조산, 생업부조와 함께 매장비도 지급하였다(정기혜 외, 2012). 「구호법」에는 구호 대상자의 성행에 따라 구호를 거부할 수 있는 사유가 규정되어 있다(구자헌, 1970: 198). 즉, 「구호법」 제30조를 보면, 구호를 받는 자가 다음 사유에 해당할 때 시읍면장은 본 법 또는 본 법에 기하여 발하는 명령에 의하여 시읍면장 또는 구호시설의 장이 행하는 처분에 복종치 않을 때, 이유 없이 구호에 관한 검진 또는 조사를 거절하였을 때, 성행이 몹시 불량하거나 또는 몹시 태타(怠惰, 게으름)할 때, 구호를 거부할 수 있다. 일본의 「구호법」은 일본 내에서만 시행되었다. 식민지 조선에 일본 「구호법」이 도입된 시기는 1944년으로, 「조선구호령」이 그것이다. 「조선구호령」은 해방 후 미군정기를 거쳐, 1961년에 「생활보호법」이 제정될 때까지 법적 효력을 지닌 중요한 공적부조법이었다.[28]

28) 미군정기 구호를 위한 「후생국보 3C호」(1946. 2. 7.)에도 「조선구호령」의 내용이 거의 비슷하게 이어졌다. 「후생국보 3C호」의 구호 대상은 ① 65세 이상 된 자, ② 6세 이하의 부양할 소아를 가진 모, ③ 13세 이하의 소아, ④ 불치의 병자, ⑤ 분만 시 도움을 요하는 자, ⑥ 정신 또는 육체적 결함이 있는 자로서 구호시설에 수용되지 않고 가족이나 친척이 없고 노동할 수 없는 자이다(박보영, 2005: 81). 한편, 1961년에 제정된 「생활보호법」에서는 그 부칙에 "② 단기 4277년 3월 제령 제12호 「조선구호령」은 본법 시행일에 이를 폐지한다."라고 규정하고 있다.

표 11-4 구호법과 조선구호령의 대상자 비교

구호법(1929, 일본)	조선구호령(1944, 식민지 조선)
빈곤을 이유로 생활할 수 없는 • 65세 이상의 노쇠자 • 13세 이하의 아동 • 임산부 • 질병이나 신체장애를 이유로 노동에 종사할 수 없는 자	빈곤으로 인하여 생활이 불가능한 • 65세 이상의 노약자 • 13세 이하의 유자 • 임산부 • 불구폐질, 질병, 상이 기타 정신 또는 신체장애로 인하여 노무를 하기에 장애가 있는 자

일제강점기 「조선구호령」에 이르기까지 공적부조제도들의 가장 주요한 특징으로는 부양의무자 규정을 두어 가족과 친족의 부양의무를 전제한 후 불가능한 경우에 공비로 구호를 제공했다는 점을 들 수 있다.[29] 그 밖에도 이 제도들의 성격으로는 치안대책으로 입법화되었다는 점, 요구호자의 보호신청권리를 인정하지 않았다는 점, 열등처우의 원칙이 담겨 있다는 점, 가능하면 국가의 책임을 회피하고 인보상조를 강조하였다는 점 및 빈곤에 대한 도덕주의적 가치판단이 개재되었다는 점 등을 들 수 있다.[30] 이렇게 보면, 「구조규정」(1916)과 「조선구호령」(1944)은 그 법제의 모델이었던 「휼구규칙」(1874) 및 「구호법」(1929)과 함께 서구 근대 초기에 등장하여 20세기까지 이어졌던 억압적이고 통제적인 「구빈법」과 궤를 같이한다고 할 수 있을 것이다.

3) 빈민의 사상적 측면에 주의를 기울인 방면위원제도

제2장에서 살펴본 바 있는 근대 초 구빈감독관과 유사한 제도가 일제강점기에

29) 부양의무자 규정은 21세기 한국에서도 쟁점이 되고 있을 정도로 끈질기게 지속되는 특성으로, 향후 점차 사라질 것으로 전망된다. 실제 생계급여 부양의무자 기준은 2022년도 폐지를 앞두고 있으며, 마지막까지 남아 있을 의료급여 부양의무자 규정도 2023년에 폐지될 전망이다(복지타임즈, 2020. 8. 12.).

30) 이 부분은 일본 「구호법」(1929)의 성격에 대한 서술을 참고한 것이다(정기혜 외, 2012: 16).

방면위원제도로 운영되었다. 이는 1917년 일본 오카야마의 제세고문제도(濟世顧問制度)와 1918년 오사카부 방면위원규정에서 비롯하였다(이하 박광준, 2013: 145-146). 민간독지가 중에서 위촉된 방면위원은 빈민의 생활을 조사하고 필요한 원조를 제공하는 역할을 수행하였다.[31] 이러한 제도가 출현한 것은 자본주의 모순에 의한 사회불안에 대응하기 위한 것이었다.[32] 식민지 조선에는 1927년 경성부고시 제49호로 경성부방면위원규정이 제정되고, 방면위원이 위촉되기 시작하였다. 주로 교육, 경찰, 사회사업 관계자들 가운데서 방면위원이 위촉되었고, 이들은 무급의 명예직이었다. 방면위원들을 지도 · 감독하는 방면고문도 두었는데, 경찰서장이나 보통학교장으로 위촉된 방면고문은 거의 대부분 일본인이었다.[33] 1931년 경성부에는 동부, 북부, 서부, 남부, 용산의 5개 방면구가 설정되어 총 62명의 방면위원이 임명되었다. 1941년이 되면 방면위원제도를 대대적으로 확대개편하여 경성부 내 8개[34] 방면에 약 250명의 방면위원을 위촉하였다(구자헌, 1970: 194).

1941년에 개정된 방면위원회 규정에 따르면, 방면위원의 직무(제2조)는 ① 관계구역 내의 일반생활상태를 조사하여 이것의 개선 · 향상을 도모하고, ② 보호 또는 지도가 필요한 자에 대하여 그 사정을 정사하여 적절한 방법을 강구하며, ③ 사회적 시설에 도움이 될 만한 각종의 조사를 행하고, ④ 그 밖에 특히 위촉된 사항의 조사를 실행한다고 규정되어 있다(이하 '국사편찬위원회-한민족독립운동사 5권' 페이지 참고). 몇몇 해의 방면사업 건수는 〈표 11-5〉와 같다. 〈표 11-5〉에 제시된 방면사업의 내용을 보면 일제강점기 사회사업의 성격을 짐작할 수 있다.

31) 한편, 구자헌(1970: 194)은 방면위원들이 "요구호자들에 대한 구호, 구제, 직업알선 등의 '케이스워크(Casework)'를 담당케 하였으며…… 1940년에 1년간 취급 건수는 벌써 16,417건에 달했던 것이다."라고 기술하고 있다.

32) 방면위원 관련 문서에는 빈민의 '사상적 측면'에 유의해야 한다는 지침이 자주 등장하였다(박광준, 2013: 146). 빈민의 동태에 대한 감시 역시 방면위원의 중요한 기능이었다는 점을 알 수 있다.

33) 방면고문 가운데 조선인은 오긍선이 유일한 것으로 파악되고 있다(신영홍, 1984: 박광준, 2013: 146에서 재인용).

34) 구자헌(1970)은 7개로 기술하였으나, 한민족독립운동사 5권에 따르면 8개로 확인된다.

표 11-5 방면사업 실적 (단위: 건)

방면사업 \ 연도	1929년	1930년	1931년	1932년	1933년	1938년	1939년	1940년
보호구제에 관한 일	774	1,541	1,112	1,356	9,151	10,692	11,935	14,329
상담지도에 관한 일	16	2	5	224	4,779	79	14	216
직업 등 주선소개의 일	10	48	27	129	72	46	12	41
호적정리에 관한 일	5	3	6	8	3	1	–	24
보건구호에 관한 일	76	96	231	2,935	2,681	2,457	1,756	1,603
기타의 일	17	89	69	149	309	199	253	204

자료: 경성부 사회과 자료, 국사편찬위원회–한민족독립운동사 5권에서 재인용.

방면사업 중 보호구제에 대해 살펴보면 다음과 같다.

- 부랑아 · 불량아 또는 가정보호가 적절하지 못한 유소년은 그 보호자를 도와 선도하고, 가정보호가 어려워 방치하는 경우 협의하여 감화원에 입원시킨다.
- 노고자로 자활의 능력이 없는 자는 사설양로원 등에 수용보호를 의뢰하고, 여의치 않으면 경성부와 협의조치한다.
- 피학대자의 보호는 그 보호자를 설득하고, 그렇지 않은 경우 경찰의 보호를 받도록 한다.
- 기아 · 미아 · 행려병인 발견 시 경찰에 인도한다.
- 정신병자는 경찰에 의뢰 보호하고, 부양자가 있는 경우 부양자에게 보호하도록 하며, 없는 경우 부속병원에 위탁 · 수용한다.
- 이재자 보호는 공비구제 이외의 경우 상부정신에 의하여 보호한다.
- 석방자의 경우 석방 후 친족 · 근린 등에 의뢰하고 본인의 사상 · 행동에 유의하고 직업소개소에 연락해서 개과천선하도록 한다.
- 나환자는 소독한 후 대구 등 병원에 보내고, 마약중독자의 경우 범죄우려가 있으면 도경찰부에 수용치료를 의뢰하고 항상 지도 · 간호한다.
- 금품급여는 구제필요가 있을 경우에도 가능한 한 피한다.

방면사업 중 상담지도에 대해 살펴보면 다음과 같다.

- 상담지도는 방면사업 중 가장 취급하기 곤란한 사업으로 이 사업의 골자라 할 정도로 중요한 사항이기 때문에 원인(員人)은 항상 신중한 태도를 지니고 시의에 응하여 적당한 처리를 강구하고 그 지도를 요구한다.

방면사업 중 주선 또는 소개에 대해 살펴보면 다음과 같다.

- 해당 기관과 연락하여 부당한 집세로 고생하는 거주자에 대한 임대주택 · 세방(借家借間)을 소개한다.
- 직업소개소와 연락하여 직업을 소개한다.
- 생계 여유가 없는 자에 대해서는 부업을 알선한다.

방면사업을 위한 호적정리에 대해 살펴보면 다음과 같다.

- 호적은 사람의 신분을 공증하여 권리 · 의무의 기초를 명확히 하며 호수 · 인구를 상세히 하는 등 개인과 국가에 극히 중요한 사항인 고로 계출기간을 태만히 하지 않고, 정리가 필요한 것은 방면사무소와 협의하여 철저를 기한다.

방면사업을 위한 보건구호에 대해 살펴보면 다음과 같다.

- 시료환자의 취급물은 부림 · 부민병원 또는 경성제대부속병원 · 세브란스병원에서 적당히 처리한다. 단, 입원치료를 요구하는 경우 미리 전기 병원에 연락하여 처리한다.
- 방역취급은 구역 내 법정전염병환자가 발생한 경우에 부 및 경찰성에 연락하여 만전을 기하고 교통차단이 되는 경우 식량품과 음료수의 급여를 알선한다.
- 종두를 이행한다.

일본제국주의가 전시체제로 재편되면서 방면위원제도는 빈민의 일반생활실태를 조사하여 효율적인 식민정책, 특히 질서유지의 수행 등 군국주의 협력체제로서의 성격을 더욱 강하게 지니게 되었다(국사편찬위원회-한민족독립운동사 5권 페이지; 박광준, 2013: 146). 한국에서 1945년 해방 후 방면위원제도는 해체되었다. 일본에서는 민생위원제도로 오늘날까지 계승되고 있다.

4) 고아양육과 부랑아 · 불량아 감화의 분화

고아는 고대로부터 보호해야 할 가치 있는 대상이었다. 환과고독에서 고(孤)를 떠올리지 않더라도, 자력으로 생존하기가 불가능한 아동(전통사회에서는 대략 13세까지, 현대사회에서는 18세 정도까지의 사람)은 양육하고 교육하여 자립할 수 있는 사회 성원으로 육성해야 할 대상이었다. 일제강점기에도 이러한 고아를 돌보는 사회

표 11-6 일제강점기 고아원

구분	시설명
1910년 이전 고아원	천주교회고아원(천주교회영아원), 천주당부속고아원(인천천주교당부속고아원), 진주불교부인회 고아원
1910년 이후 고아원	재단법인 조선부식농원 고아원, 조선총독부제생원 양육부, 계룡풍덕원, 성공회고아원(수원 성공회 고아원), 재단법인 겸창보육원 경성지부, 공주구제원(동민회 공주지부 공주구제원), 호계풍덕원(고아 및 빈곤자 수용소), 천주교수녀원 부설 여자고아원(천주공교 수녀원 부성 여자고아원), 선천대동고아원, 평양불교광제회, 구례홍제원, 서산고아구제회, 군산수도사, 김제구제원, 구세군육아홈, 재단법인경성보육원, 평양고아원(평양고아구제회, 평양보육원), 박애원(구육회), 애린사, 재단법인일본육아원평양지부, 애국부인회춘천지부, 경북구제회, 목포공생원, 전주고아원, 조선고아원, 재단법인평전육애원, 원산고아원, 광주공제조합, 공제자양원애광사, 마산고아원, 이리고아원, 목포제생원, 대전고아원, 전주소년보육원, 전남공제회, 향린원, 덕수보육원, 신의주고아원, 홍성고아원

자료: 조선사회사업요람, 조선사회사업, 경상북도사회사업요람, 경성부사회사업요람, 대구부사회사업요람 등: 소현숙(2010: 369-374)에서 요약.

사업시설들이 종교인이나 독지가 등에 의해 설립되었다.

그런데 식민지배를 통한 착취가 강화됨에 따라 고아 발생이 증가하는 것에 비해 이들에 대한 보호시설이 부족하게 되는 상황에서, 길거리를 떠돌거나 구걸하는 부랑아 혹은 불량아가 출현하게 되었다. 앞에서 살펴보았던 방면위원의 보호구제 사업의 첫 번째 조항에 제시된 "부랑아 · 불량아 또는 가정보호가 적절하지 못한 유소년은 그 보호자를 도와 선도하고, 가정보호가 어려워 방치하는 경우 경성부와 협의

표 11-7 일제강점기 감화원

시설명	설립 시기	소재지	경영 주체	수용인원(연도)	비고
조선총독부 감화원 영홍학교	1923	함경남도 문천군 명효면 송전만	관립	93(1933) 155(1938) 116(1934) 158(1939) 128(1935) 175(1940) 129(1936) 149(1941) 145(1937)	
대구소년보호소	1926	대구부 달성군 달서면 원대동	사립	15(1932)	
명진사	1928	경성부 서서간정 고아산 별원내	사립	10(1929) 68(1934)	
평양갱생원	1934	평양부 동래원리	사립	30(1934계)	1939년 설비 확장
수색갱생원	?	경기도 수색	?		
부산적기학원	1934	경상남도 동래군 서면 감난리	사립		
목포학원	1938	전라남도 무안군 이로면 고하도	관립	33(1939) 35(1940) 100(1940. 9. 계)	
선감학원	1941	경기도 부천군 대부면 선감도	관립	500 이상(1942계)	

자료: 조선총독부 통계연보, 조선사회사업요람, 조선사회사업, 동아일보, 매일신보, 조선총독부영홍학교일람, 경성부사회사업요람(연도 표기 옆의 '계'는 '계획'임): 소현숙(2010: 382)에서 전재.

하여 감화원에 입원시킨다."라는 내용은 일제강점기 이래 위험한 존재로서의 부랑아 문제에 대한 비극의 시작을 의미하는 것이다. 일제강점기에 보통 15세 정도까지 고아원에서 생활하다가 사회로 나가게 된 고아들은 대부분 '불량소년'이 되었다(이하 소현숙, 2010). 자력으로 생계를 이어 갈 능력이 부족하기 때문이었다. 그래서 고아원에서는 농원을 만들어 이들이 농사 기술을 배워 자립하기를 기대하는 경우도 있었다. 한 예로, 경성보육원의 안양 농장이 여기에 해당한다. 그러나 이러한 방식에 적응하지 못하는 경우 고아원을 나온 아동들은 부랑하면서 구걸하는 삶을 영위하게 되고, 바로 그 이유만으로도 감화원에 수용되었다. 감화원에서는 말을 듣지 않으려는 불량한 아동들의 성행을 교정하기 위해 견책, 감식, 독거 등의 가혹한 방법이 동원되었다. 감화원 생활에서 벗어나도 전과자 취급을 받는 경우가 많았다.

감화원은 관립, 즉 국가가 설립하여 운영하는 경우도 있었으나, 사립 감화 시설이 더 많았다. 일제강점기 말기에 이르러 전시동원체제하에서 감화원의 소년들은 산업전사, 징병 대상자가 되었다.

보호받을 가치가 있는 '가련하고 불쌍한' 고아들은 고아원에서 양육하였다. 부랑·구걸하는 아동들은 단속의 대상이 되어 감화원에서 감금과 처벌을 수반한 감화의 대상이 되었다. 이러한 방식의 아동 인권침해는 빈번하게 사망사고로 이어졌으며, 그러한 행태는 해방 후에도 개선되지 않았다. 사회사업 혹은 사회복지의 이름으로 인권을 유린하고 생명을 앗아 가는 반복지 행태가 자행되었던 것이다. 1987년에 세상에 폭로된 형제복지원 사건이나 최근에 주목을 받고 있는 선감학원이 대표적인 사례들이다.

이상에서 일제강점기의 몇몇 사회사업 주제를 살펴보았다. 이 시기의 공공복지 가운데 보건위생사업, 인보관사업, 각종 공설사업[공설시장, 공동숙박소, 공동장옥(공영주택), 공설전당포(공익질옥, 공설질옥), 공공욕장 등], 궁민구제 토목사업, 직업소개소, 제생원 맹아부를 중심으로 한 장애인 교육, 탁아사업, 조선사회사업연구회 등에 대해서는 추후 본격적으로 살펴볼 필요가 있다. 개항 이후 근대화 과정을 거치면서 다양한 유형의 사회문제가 나타났고, 이에 대한 일본제국주의의 사회문제 해결책들이 이와 같은 다양한 주제어로 표현되어 나타났다. 일제강점기 민간복지에서도 살펴볼 만한 내용들이 적지 않다. 조선인에 의한 사회사업실천도 주목된다. 일본인 및 일본불교에 의한 사회사업실천도 나타났다. 일제강점기 말기에 강제로 추방되었지만, 서구 선교사들의 사회사업도 명맥을 이어 갔다. 태화여자관의 사례에서 보듯, 오늘날의 지역사회복지관과 유사한 여성교육 및 선교 기관도 출현하였다. 1932년에는 곽안련(Allan Clark) 선교사가 목회자들을 위한 『교회사회사업(Church social service)』을 국한문 혼용으로 펴냈다.[35] 세브란스 의전을 졸업한 후 1935년부터 전라북도 옥구군 개정면에 소재한 일인농장[구마모토(熊本) 농장] 자혜의원에서 농민을 위한 진료와 3대 민족독(기생충, 성병, 결핵) 퇴치를 위해 일생을 바친 이영춘과 같은 의료 및 사회복지에서의 선구자들에 대한 고찰도 흥미로울 것이다.

한국 사회복지역사에서 일제강점기의 성격을 어떻게 규정할 것인가는 이 시기의 사회복지에 대한 보다 많은 실증적인 고찰이 축적된 후에 논의할 수 있을 것이다. 그러나 앞에 소개한 여러 사회복지제도나 실천 내용들을 보면, '구한말에 비해 일제강점기를 거치면서 변화 혹은 발전이 있었지 않았을까?'라고 생각하기 쉽다. 일제강점기에 이루어졌던 사회복지 실상에 대해 더 깊고 넓게 파고들수록 이 시기에 이루어진 변화와 발전을 더 많이 포착하게 될 가능성이 높고, 결국 이를 인정하지 않을 수 없게 된다. 이러한 연장선상에서 소위 식민지근대화론이 대두된다. 그런데 이러한 변화와 발전으로 보이는 것들은 실상 식민지적 근대화 과정을 거치면서 나타난 새로운 사회문제들에 대한 제국주의의 자기중심적이고 일방적인 대응이었

35) 이 책자는 평양신학교에서 한국인 목회자 지망생들에게 교회예배(church service) 이외에도 교회사회봉사(church social service)를 안내한 책자이다. 조선에 사회사업에 대한 일반적인 소개서조차 없던 1932년 당시 상황에서 『교회사회사업』은 지금까지 파악하기로는 유일한 사회사업 안내서였으며, 때문에 이 텍스트가 조선 대중의 사회사업 개념 형성에 대해 갖는 의미가 크다. 당시의 사회문제에 대해 제시된 해결책들에는 근검절약을 강조하는 청교도정신과 함께 생활개선에서 과학적 지식과 기술의 중요성을 강조하는 실용주의 정신을 확인할 수 있다. 여기에 소개된 여러 자선사업 아이디어는 그간 조선에서는 생각하거나 적용되지 못하였던 혁신적인 아이디어로, 이는 육체노동을 경시하고 허례허식에 빠져 새로운 것을 수용하는 데 기민하지 못했던 조선사회에 대한 신선한 충격으로 평가할 수 있다.

다는 점을 인식해야 한다. 이 대응들은 사회문제에 대한 근본적이고 구조적인 해결책이 아니었다. 일제강점기 부랑아에 대한 감화원에서의 처우에서 보듯, 아동권리 관념은 실질적으로 실종되다시피 하였다. 일제강점기에 일본 본국에는 도입·실천되었지만 식민지 조선에는 아예 도입되지 않은 사회정책들도 있다. 예컨대, 산업노동자의 출현에 따라 도입되는 사회보험, 인구 증가와 도시화 등에 따라 구축되는 보건소 체제가 그 예이다. 빈민구호를 위한 구호법제의 도입 시기를 고려할 때,[36] 식민지배가 변화와 발전을 가져왔다는 주장이 갖는 취약성을 알 수 있을 것이다.

우리나라 전근대의 사회복지는 19세기 말의 개항과 20세기 초의 식민지 경험을 겪으면서 큰 변모를 보였다. 우선 계와 두레, 그리고 각종 협동관행들이 일제 식민지배를 거치면서 대폭 약화되었다. 창제도를 위시한 왕조국가의 공공복지체계 역시 식민지배를 받으면서 와해되었다. 그런가 하면 조선 말부터 서구의 사회사업 개념과 실천 방법들이 선교사들과 일부 선각자들에 의해 소개되기 시작하였다. 식민지배하에서 일제 당국은 식민통치를 위한 수단으로 사회통제적 목적의 복지제도들을 이식하였다.

일제강점기 말까지 우리나라에서 사회 발전이 지지부진했던 것과 마찬가지로 사회 발전의 한 영역인 사회복지에서도 뚜렷한 발전을 찾아보기 힘들다. 오히려 이전 시기까지 기능해 오던 공공복지와 상부상조 등의 사회복지제도와 관행들이 소멸하거나 대폭 약화된 것에서 볼 수 있듯, '단절'과 '지체(또는 후퇴)'를 경험하였다. 실학파, 개화파, 갑오개혁 등의 개혁안들이 성공하지 못한 것에서 볼 수 있듯, 내적 동인들에 의한 사회 발전과 사회복지 발전 기회가 제약당한 상황에서 일제에 의한 식민지화가 추진된 결과, 우리나라 사회복지 발전은 결정적으로 왜곡되었고 또한 지체되었다. 그런 의미에서 본다면 19세기 말부터 20세기 중반까지 우리나라의 사회복지는 제국주의의 영향력과 식민주의라는 외적 동인에 의한 단절과 지체로 특징지어진다고 할 수 있다.

36) 일본은 1922년에 「근로자 질병보험법」을 제정하고 1927년부터 시행하였다. 일본은 1937년부터 보건소가 설치되기 시작하였다. 식민지 조선에서 이러한 제도들은 논의조차 되지 않았다. 1929년에 시행된 일본의 「구호법」은 식민지 조선에서는 1944년에야 도입되었다.

생각해 볼 문제

1. 우리나라 사회복지역사에서 박애에 관한 증거들을 찾아보자.
2. 전근대사회 공공복지 가운데 현재까지 계승된 것이 있는지 생각해 보자.
3. 자신의 고향에서 전래되어 왔던 상부상조 관행이나 제도 또는 협동관행에 대해 조사해 보자.
4. 해방 후의 사회복지 행정에서 조선구호령이 적용된 상황이나 사례를 찾아보자.

추천 자료

1. 조선왕조의 빈곤정책은 중국, 일본과 비교하여 어떤 특성과 한계를 가졌는가? 풍부한 사료를 바탕으로 비교연구를 시도한 저자의 통찰은 많은 논쟁거리를 제공한다.
   박광준(2018). **조선왕조의 빈곤정책: 중국 · 일본과 어떻게 달랐나**. 서울: 문사철.
2. 고조선부터 일제강점기까지 우리나라의 사회복지는 어떤 길을 걸어왔을까? 개화기 이래 일제강점기를 심층 고찰한 역작이다.
   이방현, 이방원(2018). **한국사회복지역사**. 서울: 신정.

제12장

해방 이후부터 개발독재시기까지의 한국 사회복지의 전개

"이 유신 과업은 너 나 할 것 없이 우리 모두를 위한 과업이며, 이것을 저해하고 방해하는 요인이 있다면 우리는 과감히 이를 제거하고 시정해 나가야 할 것입니다. …… 모든 국민은 땀 흘려 일하는 것을 미덕으로 삼고, 근검·협동하는 생활 기풍을 더욱 함양해 나가야 하겠습니다. …… 이것이 또한 1980년대에 우리가 맞이하게 될 풍요한 복지사회에 도달하는 가장 빠른 첩경이라고 믿습니다." [박정희, 신년사(1973. 1. 1.)]

"박정희 시대는 광범위한 사각지대와 취약한 공적 사회보장, 강력한 민간이라는 한국 복지체제의 근원적 문제 형성의 기원이 되는 시기였다고 할 수 있다. …… 현재 한국 복지체제가 직면한 문제를 풀어 가기를 원한다면 그 출발점은 박정희 시대에 만들어진 반공 개발국가의 유산을 해체하는 것으로부터 시작해야 한다는 것을 의미한다." (윤홍식)

해방 이후 분단국가의 형성과 한국전쟁의 참상 속에서 미국의 원조에 의존해 최소한의 구호를 제공하는 원조복지체제가 형성되었다. 시설보호 중심의 외국 민간원조기관이 이 시기에 중요한 역할을 담당했으며, 본격적인 사회보장제도의 도입은 제한적이었다. 다만, 1950년대 후반 근대적 사회보장제도에 대한 연구와 논의가 이루어지면서 박정희 정부 시기의 제도화된 사회보장제도 도입에 적지 않은 영향을 미쳤다.

박정희 정부 등장 이후 개발독재시기 복지체제의 성격은 '발전주의 복지체제(developmental welfare regime)'의 모습을 보인다. 국가의 최우선 목표인 경제성장을 달성하기 위해 권위주의적 정부가 강하게 개입하고 통제하였다. 사회정책은 경제정책에 종속되었는데, 국가의 재정 부담이 낮고 자본 축적이 용이한 사회보험 중심의 복지제도가 도입되었다. 또한 국가는 복지 제공자의 역할보다는 규제자로서의 역할을 담당했다.

이 시기에 형성된 사회복지제도의 유산들은 이후 한국 사회복지제도의 발전에 깊은 흔적을 남겼다. 경제성장을 최우선시하는 선성장-후분배의 논리는 여전히 정책결정자와 많은 국민의 인식에 뿌리박혀 사회복지의 발전을 제약하고 있다. 대기업 정규직 핵심 노동자 중심으로 출발한 사회보험은 여전히 광범위한 사각지대의 문제를 안고 있으며, 저부담-저급여 체계로의 출발은 이후 사회보험료를 인상하거나 보장률을 높이는 개혁에 있어 걸림돌로 작용하고 있다. 즉, 현재 한국의 사회복지제도가 가지고 있는 문제점의 많은 부분이 이 시기에 도입·발전된 사회복지제도의 유산에서 기인한 것이다.

이 장에서는 미군정, 이승만 정부, 장면 정부를 포함하는 1948~1961년까지의 시기, 박정희 정부와 전두환 정부를 포함하는 1961~1987년까지의 두 시기로 나누어 한국 사회복지의 발전 과정을 살펴본다. 사회복지제도의 발전 과정을 제대로 이해하기 위해서는 복지를 둘러싼 정치적, 경제적, 사회적 맥락에 대한 총체적 이해가 필요하다. 따라서 각 시기별로 정치적, 경제적, 사회적 맥락에 대해 간략히 조망한 후, 이러한 조건 속에서 사회복지정책 및 제도가 어떻게 발전하고 변모해 왔는지 살펴볼 것이다.

1. 분단국가의 형성과 사회보장제도의 도입(1948~1960년)

1) 정치적, 경제적, 사회적 맥락

(1) 분단국가의 형성

해방 후 한반도의 정치적 과제는 자주적 근대 국민국가의 형성이었으나, 미국과 소련 양국의 분할점령으로 벽에 부딪히고 말았다. 특히 1945년 9월 남한에 진주한 미군은 군정을 공포하고 '대한민국임시정부'와 여운형 중심의 '조선인민공화국' 등 자주적 건국 기구들을 부인하면서 자국의 이익 실현을 위한 기반을 구축해 갔다. 친일 경력이 있는 인사들을 고위관료 등으로 중임하는가 하면, 일제강점기의 통치 기구를 부활시키기도 하였다.

이와는 달리, 다양한 정치단체와 대중조직의 활동이 전개된 것도 해방 직후의 특징적인 모습이었다. 사회주의자들에 의한 '조선공산당'(1945년 9월 결성)과 '인민당'(11월 결성), 민족주의자들에 의한 '국민당'(9월 결성), 지주 및 자본가 계층에 의한 '한국민주당'(9월 결성)과 '독립촉성회'(11월 결성) 등이 정당의 형태를 띤 활동의 대표적인 예들이다. 11월 말에는 김구를 비롯한 임시정부 요인들도 귀국하여 활동을 시작하였다. 대중조직으로는 '조선노동조합전국평의회'(11월 결성)와 '전국농민조합총연맹'(12월 결성) 등의 노동자와 농민 조직에 이어, '조선부녀총동맹' '협동조합전국연합회' '실업자동맹' 등의 단체가 결성되기도 했다.

1945년 12월의 모스크바 삼상회의에서 제기된 신탁통치에 대한 찬반 양론으로 국론이 분열된 가운데, 미국은 급기야 UN의 이름을 빌려 1948년 2월에 남한의 단독선거 실시안을 관철하였다. 분단정부 수립에 대한 폭넓은 민중의 반대를 딛고 수립된 남한의 단독정부는 태생적 문제를 안은 근대국가로 탄생하게 되었고, 일제의 잔재 청산과 통일국가 형성을 꾀했던 민족주의 세력들의 노력은 좌절을 맛보았다. 이러한 상황 속에서 한국은 미국이 지배하는 세계 자본주의 체제에 편입되었고, 이는 이후 한국의 정치 · 경제 · 사회의 여러 현상을 규정하는 역사적 조건이 되었다.

이렇게 시작한 이승만 정부는 친일파를 단죄하려던 반민족행위특별조사위원회(반민특위)를 탄압하는 등 일제의 잔재 청산에 실패한 정부였다. 이승만 대통령은 철저한 반공 노선으로 민족의 분단을 고착화하는 데에 주역을 맡았었고, 정치적 경합자였던 진보당의 조봉암을 공산주의자로 몰아 처형하는 등 진보정당의 뿌리를 자른 정치인이었다. 이승만 정부는 또한 정권의 연장을 위해 1952년 '발췌개헌'과 1954년 이른바 '사사오입 개헌'을 감행하기도 하였다. 이처럼 이승만 정부의 제1공화국은 정치적 음모와 독재, 부패와 부정을 반복한 끝에 4 · 19 혁명으로 무너지고 말았다.

이승만 대통령의 퇴진 이후 과도정부에 이어 장면을 국무총리로 한 제2공화국이 탄생하였다. 그러나 장면 정권도 당시의 국민적 여망을 실현하지 못하는 무력함을 보임으로써 국민의 신뢰를 잃어 갔고, 1961년에 발발한 5 · 16 군사정변으로 무너지고 말았다.

(2) 한국전쟁의 참상

1950년의 한국전쟁은 전 인구의 6분의 1에 달하는 500여만 명의 사상자를 냈고, 1,000만 명의 이산가족과 수많은 이재민 및 전쟁고아 등을 발생시킴으로써 세계사에 유례가 없는 인적 피해를 가져왔다. 또한 엄청난 물적 피해는 전후 복구에 따른 경제적 부담 요인이 되었다. 전쟁을 계기로 한반도는 진영 대립의 최전선이 되었고, 반공은 남한 사회의 전반을 지배하는 이데올로기로 자리 잡게 된다.

한편, 전쟁으로 인하여 각종 요구호자들이 급증하였고, 이는 당시 공공 및 민간 사회복지 활동을 시설보호 중심으로 이끈 배경이 되었다. 또한 전쟁은 수많은 외국의 민간 원조기관이 한국에 진출하게 하는 계기가 되기도 하였는데, 이러한 상황에 대해서는 뒤에서 좀 더 상세히 기술할 것이다.

(3) 대미 의존적 원조경제

해방이 되자 징병, 징용, 이민 등으로 해외에 거주하다 귀국한 귀환동포의 수가 약 200만 명에 달하였는데, 당시에는 이들을 흡수할 수 있는 산업기반 등 사회적 여건이 마련되어 있지 않았다. 이뿐만 아니라 미군정 기간 동안 남한의 공업과 농업은 일제강점기 때보다 오히려 위축된 모습을 보여 주었다. 1943년 6월에 8,998개이던 공장은 점차 줄어 1948년 말에는 3,808개만이 남았고, 1947년의 곡물 수확고는 일제강점기 말의 81.8%에 불과했다(이혜원, 이영환, 정원오, 1998: 313-314).

정부수립 이후에도 정치적 난맥상이 거듭되는 상황에서 경제정책이나 사회정책은 실종될 수밖에 없었다. 농지개혁을 실시하였으나 철저하지 못했고 한국전쟁을 겪어야 했던 이승만 정부는 경제발전을 위한 체계적 계획의 수립과 이행을 추진할 여력이 없었던 것으로 보인다. 이처럼 경제 및 사회 정책의 부재 속에 빈곤은 만성화되었고, 이러한 문제의 많은 부분을 미국의 유·무상 원조에 의존함으로써 수습하는 가운데 경제의 대미 의존도가 높아지는 것은 불가피한 현상이었다.

(4) 제헌 헌법과 1954년 헌법 개정

1948년 정부수립과 함께 선포된 「제헌 헌법」은 상당히 진보적인 사회정책적 지향을 내포하고 있었다(채오병, 2014). 국가의 통제 및 개입을 통한 균등경제의 실현, 노동권의 보장, 주요 생산시설의 국유화 등의 내용을 포함하고 있었다. 특히 사회복지와 관련하여 "노령, 질병 및 기타 근로능력의 상실로 인해 생활유지의 능력이 없는 자는 법률이 정하는 바에 따라 국가의 보호를 받는다."라는 조항(19조)을 담고 있었는데, 이는 잔여적 복지를 강조하는 측면으로 해석할 수 있다. "국가는 모든 국민에게 기본적 생활을 보장해야 한다."라는 조항(84조)은 좀 더 적극적인 지향을 담고 있기도 하다(윤홍식, 2018a). 그러나 정치적 격변과 한국전쟁을 거치면서 「제헌 헌법」에 담긴 사회정책의 상은 실현되기 어려웠다. 한국전쟁 직후 1954년 「헌법」 개정을 통해 균등경제에서 시장경제 및 경제성장 추구의 방향으로의 일대 전환이 있었고, 자유주의가 그 수단으로 채택되었다(채오병, 2014). 이후 한국의 사회복지 발전 과정에 큰 영향을 미친 자유주의와 발전주의의 결합, 선성장-후분배의 이데올로기, 시장 중심의 민간 의존적 사회복지 등은 이 시기의 유산에서 비롯한 것으로 평가할 수 있다(양재진, 2008; 정무권, 1996).

2) 사회복지제도의 도입

해방 이후 3년 만에 전 인구의 50% 이상이 전·이재민인 상황에서(윤홍식, 2018a) 미군정은 빈민구제에 대해 적극적인 관심을 가질 수 없었고, 정치적 불안을 해소하기 위한 수단으로서 최소한의 구호 대책만을 내놓았다. 미국의 원조에 의존하는 원조복지체제를 형성하였는데, '점령지역 구호원조(Government Aid and Relief in Occupied Areas: GARIOA)'와 '대외청산위원회 차관(Office of the Foreign Liquidation Commissioner: OFLC)'을 통해 1945년 9월부터 1948년 12월까지 4억 3,400만 달러에 달하는 구호원조를 제공받았다(박보영, 2005).

미군정은 1946년 1~2월에 걸쳐 「후생국보(厚生局報) 제3호」와 「후생국보 3A호」 「후생국보 3C호」를 제정하였다. 이 중 「후생국보 제3호」의 C항은 일제강점기의 「조선구호령」을 계승한 것으로, 공공구호의 대상을 규정하고 있다(65세 이상 노인, 6세 이하 부양 자녀를 가진 여성, 13세 이하의 아동, 만성질환자, 임산부, 장애인 등). 전반적으로 노동능력이 없고 무의무탁한 빈민들에게 제한적으로 구호를 제공하도록 한 이 제도의 기본 원칙은 1960년대 이후 생활보호제도로 연결된다. 「후생국보 3A호」는 이재민과 피난민에 대한 구호를 규정하였고, 「후생국보 3C호」는 궁민과 실업자에 대한 구호규칙으로 거택구호 시 세대인원에 대한 지급 한도액을 규정하였다(이혜원, 이영환, 정원오, 1998: 317). 요컨대, 미군정하의 사회복지는 자선과 시혜의 맥락에서 이루어진 구호정책으로, 원조를 통한 취약계층에 대한 최소한의 구호, 민간의존적 사회서비스에 대한 의존이라는 유산을 남겼다(박보영, 2005; 윤홍식, 2018a).

절대빈곤과 실업 등 극심한 사회문제는 정부수립 이후 이승만 정부가 해결해야 할 가장 중요한 과제였다. 한국전쟁 기간 동안 구호가 필요했던 인구는 적어도 40% 이상으로 추산된다. 한국전쟁 이후 상황은 다소 나아졌지만 인구의 20%가량이 절대빈곤에 허덕이고 있었고, 1954~1957년의 기간 동안 평균 소비자물가상승률은 40%에 육박했다(윤홍식, 2018a). 그러나 이승만 정부는 이러한 문제해결을 위해 사회복지제도를 추진할 의사는 물론 능력도 없었던 것으로 보인다. 정부는 체계적인 사회복지제도의 도입에 대한 계획을 세우지 못한 채, 임시방편적 구빈행정으로 일관하거나 더 많은 미국의 원조를 확보하기 위해 노력했다. 전쟁 이후에는 전재민에 대한 단순구호나 전술한 「조선구호령」을 원용한 생활보호사업을 행하는 정도에 불과했다. 한국전쟁으로 인한 요구호자의 수는 1951~1953년에 1,000만 명, 1954~1957년에 300만 명 정도였던 것으로 추산된다(하상락, 1989).

이 시기의 사회복지 관련 입법으로는 「군사원호법」(1950년 제정)과 「경찰원호법」(1951년 제정) 등 국가유공자보상 관련 법, 민간보험의 성격을 지녔던 「국민생명보험법」과 「우편연금법」(1952년 제정), 최초의 노동입법인 「근로기준법」(1953년 제정), 최초의 공적연금제도인 「공무원연금법」(1960년 제정) 등이 있었다. 그러나 특수직역 연금제도였던 「공무원연금법」을 제외하면 대부분 실효성은 없었으며, 이후 정권에서 대체입법들이 대두하기까지 사실상 법적 효력을 발휘하지 못하였다.

이승만 정부 말기인 1959년 이후 공공부조, 의료보험, 실업보험, 노동재해보험 등 근대적 사회보장 제도에 대한 연구 활동이 있었으나 뚜렷한 성과는 보지 못했다. 근대적 공공부조제도인 「국민생활보호법」의 초안을 사회부에서 작성하였고, 사회보험 형태인 실업보험에 대한 논의도 이루어졌으나 실제로 제도화되지 못한 것이다. 또한 건강보험을 중심으로 한 사회보장제도 도입 권고에 대한 보고서, 사회보장심의위원회 설치 제안 등 다양한 활동이 이 시기에 이루어졌다(남찬섭, 2005; 윤홍식, 2018a; 이홍재, 2011).

전반적으로 해방 이후부터 제2공화국이 끝나기까지의 이 기간은 시혜적 차원의 제한적 공공부조제도와 특수직역 연금인 공무원 연금제도만이 도입된 시기로서, 사회보장제도가 본격적으로 도입되기 시작했다고 보기는 어렵다. 다만, 사회보장제도를 비롯한 공적 사회복지제도의 단초가 마련된 시기라고 볼 수 있을 것이며, 특히 1950년대 말에 시작된 근대적 사회보장제도에 대한 연구와 논의는 1960년대 박정희 정부 시기에 제도화된 일련의 사회보장제도 형성에 적지 않은 영향을 미쳤다.

3) 시설보호 중심의 민간 사회복지와 외원기관의 역할

정부수립 이후 한국전쟁이 시작되면서 요보호자와 빈민이 급증하였고, 이들에 대한 적절한 제도적 대응책이 마련되지 못한 상황에서 그 공백을 메우는 역할은 시설보호 중심의 민간 구호활동이 담당하였다. 해방을 전후한 시기부터 세워지기 시작한 사회복지시설은 한국전쟁을 거치면서 급증하였고, 그 가운데 아동복지시설이 80% 이상을 차지하였다. 1950년에 215개이던 아동복지시설이 1955년에 496개로 늘었다는 사실은 이 짧은 기간에 얼마나 빠른 속도로 시설의 수가 늘어났는지를 보여 준다(조홍식, 1996: 20).

그런데 이러한 시설들은 대부분 이 시기에 국내로 대거 진입한 외국 민간원조기관(이하 '외원기관')들에 의해 직접 운영되거나 재정지원을 받는 것들이었다. 당시 한국 정부나 민간 부문의 개인 혹은 단체로서는 대규모 요구호자들을 감당하기에 역부족이었고, 서구 선진국의 민간 원조기관들이 구제와 개발지원 혹은 선교 등을 목적으로 저개발국가에 대한 진출에 적극적 관심을 보이고 있었기 때문이다. 이러한 외원기관들은 빈민을 포함한 요구호자들의 보호에 기여하였을 뿐 아니라, 구호활동의 방법과 기술, 관련 지식 등을 전파함으로써 이 부문의 변화를 가져오는 데에도 중요한 역할을 하였다.

여기서 외원기관이란 "그 본부가 외국에 있고 그 본부의 지원으로 국내에서 보건사업, 교육사업, 생활보호, 재해구호 또는 지역사회개발 등의 사회복지사업을 행하는 비영리 사회사업기관으로서, 사업자원이 외국에서 마련되고 실질적으로 외국인에 의해 운영되는 기관"(「외국 민간원조단체에 관한 법률」 제2조, 1963. 12. 27. 제정)을 가리킨다. 이들의 활동이 시작된 지 오랜 후에 제정된 법률이 규정하는 바에 비추어 보아, 이들의 활동 영역이 매우 넓었음을 알 수 있다.

제11장에서 밝힌 바와 같이 외원기관이 국내에 처음 진출한 시기는 조선 말기까지 거슬러 올라가지만, 〈표 12-1〉에서 보는 것처럼 일제강점기까지 진출한 외원기관의 수는 전체의 약 15%에 불과하며, 대부분이 해방 이후에 진출하였다. 1950년대와 1960년대에 내한한 기관이 모두 96개로 전체의 65%를 넘는다. 1952년에 '사회사업을 목적으로 하는 법인설립 허가 신청에 관한 건' '후생시설 운영 요령' 등 민간 사회복지기관의 관리 · 감독을 위한 제도적 장치가 도입되었고(박광준, 2013), 1955년에 '한미 간 민간구호활동에 관한 협정'에 따라 당시의 보건사회부에 등록을 하고

표 12-1 외원기관의 내한 시기별 분포

내한 시기	기관 수	백분율
해방 전	22	15.0
해방~한국전쟁 전	10	6.8
1950년대	51	34.7
1960년대	45	30.6
1970년대	15	10.2
1980년대 이후	4	2.7
계	147	100.0

출처: 최원규(1996b), p. 95.

활동하면서(최원규, 1996b: 94-95), 외원기관을 관리·감독할 수 있는 제도적 수단을 확보하였다. 이러한 과정을 통해 외원기관의 구호활동이 공식적인 제도의 틀 내에서 이루어지게 되었다.

이러한 외원기관들은 전시 및 전후 복구의 시기에 요구호자들을 위한 서비스 활동에 중요한 역할을 담당하였다. 동시에 한국 사회에서 미국식 사회사업 전통의 각인, 사회문제를 사회구조적 문제로 접근하기보다 개인 문제로 접근하는 미시적 실천의 전통, 민간기관 의존적 서비스 제공 등 다양한 유산을 남겼다(김영종, 2012; 윤홍식, 2018a).

2. 개발독재시대 사회복지의 발전(1961~1987년)

1) 정치적, 경제적, 사회적 맥락

(1) 권위주의적 군사정권

1961년의 군사정변으로 정권을 장악한 박정희 정부 시기 한국 국가의 성격에 대해서는 그동안 다양한 논의가 있어 왔지만, 비교적 합의의 수준이 높다고 보는 개념인 '권위주의 국가(authoritarian state)' 정도로 규정함이 무난할 것이다. 집권 과정이 정당하지 못하였던 박정희 정권에게 정치적 저항의 통제와 국민의 지지를 통한 정당성 확보는 당면 과제였다. 이러한 필요가 대통령 중심의 강력한 중앙집권적 정치력을 바탕으로 무리한 정책을 강행하거나 물리적 억압을 동원하는 권위주의적 성격의 이유가 되었다고 보는 것이다. 제3공화국부터 비롯된 이러한 국가의 성격은 1972년의 이른바 '10월 유신'에 의한 제4공화국에 이르러 더욱 강화되었다. 그런가 하면, 박정희 대통령이 암살당한 후 마련된 '민주화의 봄'을 짓밟고 광주의 시민항쟁을 무력으로 진압하면서 집권한 전두환 정권하의 제5공화국도 권위주의적 성격으로 일관하였다는 점에 대해서는 크게 이견이 없다.

이러한 권위주의적 국가는 반공 이데올로기를 앞세워 학문활동, 언론출판, 집회나 시위 등에 관한 시민의 기본권을 제한하였다. 불완전하나마 제2공화국까지 이어져 오던 지방자치제가 중단된 것도 이 시기이다. 1961년 5월의 '군정포고령'에 의해 지방의회가 해산되었고, 9월의 「지방자치에 관한 임시조치법」과 제3공화국의 「헌법」에 의해 지방의회 구성이 유보되었으며, 지방자치단체의 장은 임명직으로 바뀌었다. 그러던 것이 「유신헌법」에서는 통일이 될 때까지 지방의회를 구성하지 않는다고 선언하기에 이르렀다.

이러한 억압적인 상황에서 노동자는 노동 3권을 제한당하면서 저임금과 열악한 노동환경에서 시달려야 했다. 1953년에 제정되었던 「근로기준법」이 1961년에 개정된 것을 포함하여, 박정희 정권하의 노동관계법들은 개정을 거듭할수록 노동조합운동에 대한 억압의 정도가 강화되었다. 이러한 상황은 전두환 정권이 들어선 후 제5공화국 초기까지 지속되었다. 한편, 전국 단위의 노동조합인 한국노동조합총연맹은 5·16 군사혁명위원회의 '포고령 제6호'에 의해 해체되었다가, 1961년 8월에 중앙정보부의 개입 아래 재건되었다. 그러나 지도부가 정치권력에 포섭당하고 조직력이 약화된 상태에서 강력한 제도적 억압에 맞서기에는 역부족인 상황이 이어졌다.

이러한 상황에서도 산업화의 과정에서 점점 열악해지는 노동환경에 대한 노동자들의 저항은 서서히 자라나기 시작했다. 특히 1970년 평화시장 노동자 전태일의 분신을 계기로 노동운동이 활기를 띠게 되었고, 대학생 등의 지식인들이 노동운동에 동참하기 시작했다. '도시산업선교회' '가톨릭농민회' 등의 종교단체들이 노동운동과 농민운동에 관여하면서 저항적 민중운동이 고개를 들기 시작한 것도 1970년대의 상황이었다. 1970년대 종반에 들어 정치경제적 상황이 긴박해지면서 민중운동의 강도도 높아져갔다. 급기야 1979년 YH 무역에서 농성 중이었던 여성 노동자들의 강제 해산 과정에서 한 명이 사망하는 사건이 있었고, 야당 총재 김영삼을 국회의원직에서 제명하는 일이 일어났다. 이러한 일련의 상황들이 직·간접적으로 10월의 부산·마산 항쟁을 촉발한 계기를 제공하였고, 이것이 박정희 대통령의 암살과 정권의 종말을 가져온 하나의 계기가 되었다.

전두환 정부 시기에 들어 개정된 노동관계법들은 노동운동에 대해 더욱 억압적 성격을 띠었다. 노동쟁의에 있어서의 3자 개입 금지, 단체협약의 내용에 대한 행정관청의 개입 허용, 기업별 노동조합 체제, 노동조합 설립요건 강화 등이 그 대표적 내용이다. 그러다가 1985년의 총선을 앞두고 1984년부터 정치적 유화 국면에 접어들면서 노동운동이 활기를 띠게 된다. 이러한 과정에서 1986년에 상급 노동단체를 제3자 개념에서 제외하는 등의 「노동법」 개정이 있었고, 1987년의 6·29 선언과 동년 7~8월의 민주화 대투쟁에 이어 제5공화국은 막을 내리게 된다.

이상과 같은 노동운동의 성장에도 불구하고, 이 시기까지 노동운동이 보여 준 정치적 성과는 여전히 제한적이다. 특히 1963년 군사정권 아래 이루어진 노동관계법의 개정 시부터 일관되게 고수된 「노동조합 및 노동관계조정법」의 노동조합 정치활동 금지 조항은 노동자의 정치세력화를 막고 행동반경을 크게 제한하는 역할을 해 왔다. 그렇기 때문에 이 시기의 우리나라 노동자들은 국가가 사회복지제도를 발전시키도록 정치적 영향력을 행사하는 역할이 사실상 불가능했다.

(2) 경제성장과 성장의 그늘

군사정변으로 정권을 장악한 박정희 정부가 가장 역점을 두었던 정책은 경제성장 정책이었다. 1962년에 시작된 제1차 경제개발 5개년 계획은 수입대체 산업화에서 시작하여 차관에 의존한 수출주도 산업화로 전환되었고, 이로써 대외 의존적 경제발전의 첫 행보가 시작되었다. 이러한 정책은 근대화론을 앞세워 저개발국가에 자본과 기술을 진출시키는 가운데, 이들을 자본주의 체제에 편입시키려 했던 미국의 이해관계와 잘 맞아떨어졌다. 박정희 정부는 1972년에 유신체제를 수립한 이후 중화학 중심 공업화를 선언하고, 철강, 비철금속, 기계, 조선, 전자, 화학 공업을 6대 전략 업종으로 집중 육성할 계획을 마련하였다. 이후 중화학 공업화는 급속도로 진행되었고 제조업 및 수출에서 중공업이 차지하는 비중이 빠르게 증가하였다. 경제개발 5개년 계획이 차수를 거듭하는 동안 경제의 양적 팽창과 국민소득의 성장이라는 긍정적인 성과를 가져왔던 것은 사실이다. 예컨대, 1963년의 1인당 GNP를 100으로 하였을 때, 박정희 정권 말기인 1979년에는 무려 1,644로서 그 규모가 16배 이상으로 커졌다(감정기, 1994: 75).

1980년에 전두환 정권이 들어설 당시 경제 상황은 매우 심각했다. 1970년대 말 외채 누적과 과잉투자로 인한 문제가 드러나기 시작했고, 특히 제2차 오일쇼크의 여파로 인한 국제수지의 악화와 높은 인플레이션은 경제성장률을 마이너스로 돌아서게 했다. 전두환 정부는 경제개발 5개년 계획 등을 포함하여 많은 부분 박정희 정부의 경제정책을 계승하였으나, 당면한 경제위기에 대응하기 위해 물가안정에 집중하는 등 기존의 경제정책과 차별성을 두기도 했다. 어느 정도 경제가 회복된 이후 1980년대 중반에서 후반까지 유례없는 경제성장을 이루게 되는데, 저금리, 저유가, 플라자 합의 이후 엔화 대비 원화가치의 하락이라는 이른바 '3저 호황'의 외적 요건이 갖추어진 것이 주요 배경이라 할 수 있다.

개발독재시기 동안의 이러한 성과의 이면에는 독점 재벌의 비대화와 노동자 · 농민의 배제라는 구조적 문제가 놓여 있었다. 정책의 추진 과정에서 국가로부터 금융이나 세제 등의 특혜를 받고 성장한 것이 이른바 재벌이다. 반면에, 농업 부문은 저곡가 정책 등의 영향으로 지속적으로 쇠퇴하였고, 농촌을 이탈한 농민들이 도시로 유입되면서 도시빈민을 양산하게 되었다. 이들이 저임금 노동력의 제공자들이었음은 물론이다. 예컨대, 전두환 정부 시기인 1980년부터 1987년까지 8년간 연평균 실질임금 상승률은 4.5%로, 이 시기 연평균 경제성장률이나 노동생산성 증가율에 비해 매우 낮았다(윤홍식, 2018b). 분배보다는 성장을 위주로 하는 정책을 견지함으로써 부의 편중과 불이익 집단의 상대적 박탈감을 야기하였고, 우리나라 국가복지를 만성적 낙후성으로부터 벗어나지 못하게 한 원인이 되기도 하였다.

2) 사회보장제도의 발전 및 성격

권위주의 정부 시기의 주요 사회복지제도의 도입 현황은 〈표 12-2〉에 제시되었다. 박정희 정권 초기에 사회보장 관련 제도들이 도입되기 시작했는데, 1961년「생활보호법」「아동복리법」「원호법」과 1963년의「군인연금법」「산업재해보상보험법」「의료보험법」「사회보장에 관한 법률」등이 그것이다. 이러한 법률들의 제정은 정권의 정당성을 확보하고 정치적 안정을 확보하기 위한 선택이었던 것으로 볼 수 있다. 특히 공무원, 군인, 경찰, 국가유공자 등과 같이 국가를 위해 봉사하는 사람들을 포섭하기 위한 제도가 우선적으로 채택되었던 점도 주목할 만하다. 그리고 공공부조

표 12-2 권위주의 정부 시기의 주요 사회복지제도 도입

	박정희 정부 (1961~1979년)	전두환 정부 (1981~1987년)	노태우 정부 (1988~1992년)
사회보험	산재보험(1964)		
	의료보험(1977)	의료보험 확대	전국민 의료보험(1989)
	공무원연금(1960) 군인연금(1963) 사학연금(1975)		국민연금(1988)
공공부조 및 보훈	생활보호제도(1962) 국가보훈(1962) 의료보호제도(1977)	영세민 종합대책(1982) 사회복지전문요원(1987)	저소득층 영구임대주택 (1989)
사회 서비스	가족계획사업(1962) 심신장애자종합대책 (1978)	노인복지기반마련(1981) 재가노인복지사업(1987)	장애인등록제(1988) 장애인복지대책위원회 (1989)

주: 공무원연금(1960)은 이승만 정권 말 도입.
표에 제시된 제도 도입 연도는 법률 공포일이 아닌 시행일 기준임.
출처: 최병호(2014), p. 91, 표 1의 내용을 바탕으로 수정.

법인 「생활보호법」은 일제강점기의 「조선구호령」의 구호원칙을 사실상 답습한 것이었으며, 「의료보험법」은 임의가입의 원칙을 채택함으로써 사실상 시행되지 못하다가 1970년대가 되어서야 시행된다. 일련의 입법에도 불구하고 발전주의 체제하에서 경제성장이 최우선이었고, 사회복지는 정책적 관심사의 외곽에 머물러 있었던 점을 부인하기 힘들다.

유신정권이 시작된 시기였던 1970년대 초반에 산업구조를 중화학공업 중심으로 전환하게 되면서, 외국의 차관이나 직접투자에 대한 지나친 의존에 부담을 느낀 정부는 이를 대신할 국내 자본 동원의 필요성을 인식하게 된다. 이러한 필요에 부응하여 추진한 것이 연금제도의 도입이었다. 연금제도의 도입으로 적립될 연금기금을 산업 투자의 재원으로 활용하려던 것이었으며, 이로 인해 입법화된 것이 1973년의 「국민복지연금법」이었다. 그러나 당시 오일쇼크로 인한 경제위기로 시행이 연기되었고, 이후 1988년 노태우 정부에 들어서야 시행된다.

한편, 유신정권의 후반기에 의료보장제도가 시행된 배경도 흥미롭다. 권위주의적 유신체제에 대한 국민들의 불만이나 증가하는 사회복지에 대한 욕구를 해소할 정치적 수단이 필요했고, 때마침 시작된 남북대화와 관련하여 북한과의 체제 우월성 경쟁이라는 요인도 작용하였던 것으로 보인다. 이러한 배경 속에 선택된 것이 1976년의 「의료보험법」 개정과 1977년의 「의료보호법」 제정이었다. 북한은 1972년의 「조선민주주의인민공화국 사회주의헌법」 제정을 통하여 이미 무상치료, 무료 의무교육, 사회보험과 사회보장 등의 제도를 이미 구비하고 있었고, 이는 남한 정부에 자극을 주고 있었다(조홍식, 1996: 25-26). 「공무원 및 사립학교 교직원 의료보험법」도 1977년에 제정되었다.

전두환 정권 역시 군사정변으로 정권을 잡아 정치적 정당성의 확보가 무엇보다 중요했고, 국정 목표의 하나로 '복지국가 건설'을 명시적으로 내세웠다. 그러나 일종의 정치적 수사에 그쳤으며 실질적인 제도의 도입이나 확대는 거의 이루어지지 않았다. 이전에 도입되었던 제도들의 적용 범위 확대와 같은 부분적 보완만이 이루어지는 점증적(incremental) 발전을 보이는 정도였다. 이 시기에 두드러지는 점은 1981년의 「노인복지법」 「아동복지법」 및 「심신장애자 복지법」과 같은 사회서비스

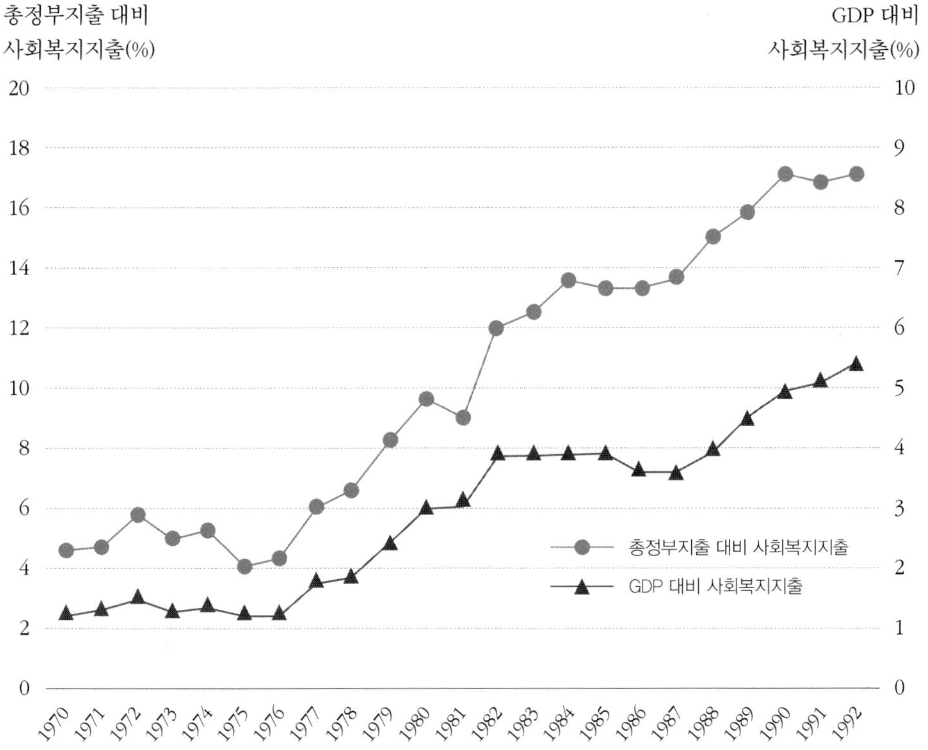

그림 12-1 연도별 사회복지 지출 추이

주: 복지지출은 보건 및 사회보호 영역 지출의 합임. 1970년 이후 통계만 이용 가능함.
출처: 한국은행 경제통계시스템(http://ecos.bok.or.kr)의 자료를 바탕으로 계산.

영역의 법률이 제정 혹은 전면 개정된 일이었다. 아울러 1983년에 「사회복지사업법」이 개정되어 사회서비스 영역의 전달체계 개선의 바탕을 마련한 것도 주목할 만하다. 민간 사회복지 활동의 구심이라 할 수 있는 사회복지협의회가 법적 근거를 마련하게 된 것도 이 시기의 「사회복지사업법」 개정을 통해서였다.

1987년 노태우의 6 · 29 선언 이후 대통령 직선제 개헌이 이루어지면서 사회복지 이슈가 선거의 쟁점 중 하나로 등장하였다. 이러한 와중에 1987년의 의료보장개혁을 통해 국가가 공급자 역할을 다소나마 강화했고, 1988년에 국민연금제도가 도입되었다. 그러나 의료보험제도는 수백 개의 조합으로 나누어졌으며 조합 간 재분배 기능이 전혀 없는 분절적 제도였다. 이 때문에 보험의 핵심 원리인 위험분산 기능을 극대화하기 어려웠고, 재분배를 통한 사회적 연대 역시 제한적이었다. 의회에서 다수를 차지하던 야당이 연합하여 조합을 통합하는 「의료보험법」 개정안을 통과시켰으나 노태우 정부의 거부권 행사로 제도 도입에는 실패하게 된다(Kwon, 1998).

[그림 12-1]은 1970~1992년 시기의 사회복지 지출 추이를 나타낸 것이다. 1970년대 초반 사회복지 지출 수준은 GDP 대비 1%가 되지 않았고, 전체 정부 지출에서 사회복지 지출이 차지하는 비중도 4.7~5.0% 정도로 낮은 수준이었다. 유신체제의 수립 이후 정치적 격변기 속에서 사회복지 지출은 오히려 위축되는 추세를 보이기도 했다. 박정희 정부 말기부터 전두환 정부가 들어서는 시기인 1970년대 후반~1980년대 초반 사이에 사회복지 지출이 증가하였으나, 이후 전두환 정부 마지막 해인 1987년까지 사회복지 지출은 다소 정체되었다. 전두환 정부의 마지막 해인 1987년 기준 GDP 대비 사회복지 지출은 2.5% 수준이었고, 총정부 지출 대비 사회복지 지출은 13.7%였다. 절대적인 수준에서 보면 여전히 매우 낮은 수준의 사회복지 지출을 보이고 있음을 알 수 있다.

3) 외원기관의 쇠퇴와 사회복지법인 사업의 발전

1960년대 말까지 활동의 규모나 영향력의 면에서 우리나라 민간 사회복지사업 영역에서 적지 않은 비중을 차지하였던 외원기관은 1970년대를 전후하여 쇠퇴하기 시작하였다. 지속적인 경제성장으로 국민소득이 증가하고 사회의 각 부문이 아울러 개선됨에 따라 이들의 활동 여지가 줄어들었다고 판단했기 때문이다. 1974년에 「외국 민간원조단체에 관한 법률」의 시행령과 시행규칙이 개정되면서 이들 기관의 활동에 대한 통제를 강화하게 된 제도적 상황도 한 가지 이유로 작용하였다(최원규, 1996b: 103-104). 이 결과 외원기관들은 완전히 철수하거나, 국내 법인에게 사업권을 이양하면서 간접적 지원을 하는 형태로 활동 방식을 전환하게 되었다.

이에 따라 사회복지시설 운영 재원에서 차지하던 외원기관 지원의 비중은 줄어들었고, 정부의 지원이 이를 대신하게 되었다. 한때 당시 보건사회부의 예산을 능가하기도 했던 외원기관의 지원액은 차츰 감소하여 1974년이 지나면서 급격하게 감소하게 된다. 아동복지 시설 운영재원에서 차지하던 정부보조금과 외원기관 지원금 규모의 상대적 비율 역시 1974년부터 역전되었다. 이러한 상황은 〈표 12-3〉을 통해 알 수 있다.

요보호 아동 수의 감소가 뚜렷해진 1980년대에 들어서는 아동복지시설을 장애인복지 혹은 노인복지시설로 전환하도록 행정적으로 유도하면서 시설유형의 분포 역시 변화하게 된다. 또한 1970년에 「사회복지사업법」이 제정되면서 민간 사회복지시설에 대한 규제자로서 정부의 관리 · 감독 활동을 강화하는 근거가 마련되었다(김영종, 2012). 그러나 국가의 재정 책임은 여전히 미약했는데, 민간사회복지법인에 대한 보조금 지급 규정은 강제조항이 아니었다. 즉, 국가의 재정 책임 없이 관리 · 감독에 중점을 둔 체계가 공식화되었고, 국가와 민간 사회복지시설 간 종속적 관계가 시작되었다고 할 수 있다(윤홍식, 2018a).

표 12-3 외원지원액의 상대적 규모 추이 (단위: %)

연도	외원지원액 ÷ 보건사회부 예산	아동복지시설 운영재원 구성		
		정부보조	외원지원	자부담 · 기타
1958	36.2	28.3	36.5	35.2
1959	27.9	22.9	41.5	35.6
1961	216.3	21.1	53.3	25.6
1962	106.2	20.2	56.0	24.0
1965	165.9	15.5	64.0	20.5
1966	119.6	17.4	53.3	29.3
1967	76.5	19.8	50.3	29.9
1968	43.9	22.2	52.5	25.3
1969	65.8	26.2	51.0	22.8
1974	145.6	48.0	29.0	23.0
1975	34.7	49.1	25.9	25.0
1981	15.8	62.6	5.7	31.7

주: 자료가 불확실한 연도는 제외함.

출처: 백종만(1996), p. 60을 바탕으로 재구성.

한편, 이 시기의 사회서비스가 시설 중심의 사업에만 집중되지는 않은 것으로 보인다. 1960년대부터 시설보호 아동의 가정복귀, 입양, 위탁, 거택보호 등에 지속적으로 일정한 정책적 비중을 두어 온 것에서 알 수 있다. 탁아시설의 설립도 적극 권장하여 1959년에 11개소에 불과하던 것이 1969년에는 399개소로 크게 증가하게 된다(백종만, 1996: 47). 그럼에도 불구하고 생활(주거)시설 중심에서 벗어나 이용시설의 증가가 가시화된 것은 1980년대 이후의 일이다.

1980년대에 민주화가 진전되면서 복지에 대한 욕구가 분출되기 시작했고, 사회서비스 영역에서도 큰 변화가 일어나기 시작했다. 김영종(2012: 58)은 1980년부터 2000년대 중반까지를 이전 시기와 구별되는 '사회서비스의 2세대'로 칭하기도 한다. 1983년의 「사회복지사업법」 개정으로 사회복지법인에 대한 보건복지부 장관의 권한 중 대부분을 시도지사에게 위임하고 사회복지시설의 비용을 받을 수 있도록 함으로써 유료시설의 근거를 마련하게 되었다(이상용, 2015). 이러한 변화와 함께 1980년대에 들어 사회서비스 확대가 시작되었는데, 정부의 주도로 지역사회복지관, 종합사회복지관 등 이용시설이 건립되기 시작하면서 기존의 수용시설 중심에서 이용시설 중심으로의 변화가 나타났다. 대상 인구 측면에서도 절대 빈곤층이나 사회적 격리를 요하는 부랑인 중심에서, 거주지가 확보된 일반 저소득층인구로 확대되기 시작한다.

4) 개발독재시기 사회복지의 성격과 유산

개발독재시기의 한국의 복지체제는 발전주의 복지체제의 성격을 띤다는 점에 많은 학자가 동의하고 있다(양재진, 2008; Kwon, 1998). 발전주의 복지체제하에서 국가의 최우선의 목적은 경제성장이며, 성장의 목적을 달성하기 위해 권위주의적 정부가 강력하게 개입하고 통제하였다. 그러나 경제성장을 통한 정권의 정당화 전략은 장기적일 수밖에 없고, 단기적인 정당화 전략으로 일련의 사회복지제도를 도입하였다. 그러나 사회복지를 포함한 사회정책은 경제정책에 종속적이며, 성장에 도움이 되거나 적어도 방해가 되지 않는 수준으로 이루어졌다. 국가의 재정 부담이 낮고 자본 축적이 용이한 사회보험 중심으로 사회복지제도가 도입되었으며, 국가는 복지의 직접 공급자보다는 규제자로서의 역할을 담당하였다. 사회보험은 대기업의 핵심 노동자 중심으로 적용 범위가 상당히 제한적이었고, 기업의 보험료 부담을 고려하여 저부담-저급여 체계로 설계되었다. 공공부조제도로서 1961년에 도입된 생활보호제도는 근로능력이 없는 저소득층 취약계층만을 대상으로 하여 선별적 · 잔여적 성격이 강했고, 사회적 권리로서의 급여와는 거리가 있었다.

이 시기에 형성되기 시작한 사회복지제도의 유산들은 경로의존(path-dependency)적 제약으로 작용하면서 한국 사회복지제도의 발전에 깊은 흔적을 남기게 된다(이영수, 2020). 경제성장을 최우선시하는 선성장-후분배의 논리는 여전히 정책결정자와 많은 국민의 인식에 뿌리박혀 사회복지제도와 정책의 발전을 제약하고 있다. 발전주의 체제하에서 대기업 정규직 핵심 노동자 중심으로 출발한 사회보험은 여전히 광범위한 사각지대의 문제를 안고 있으며, 저부담-저급여 체계로의 출발은 이후 사회보험료를 인상하거나 보장률을 높이는 개혁에 있어 걸림돌로 작용하고 있다. 즉, 현재 한국의 사회보장제도가 가지고 있는 문제점의 많은 부분은 권위주의적 개발독재시기에 도입 · 발전된 사회보장제도의 유산에서 일정 부분 기인한다고 할 수 있는 것이다.

3. 사회복지 대학교육의 도입과 발전

이 절에서는 해방 이후 미국식 사회사업학을 도입하면서 본격적으로 시작된 한국의 사회복지교육의 도입과 발전 과정을 권위주의 개발독재시대가 막을 내린 1980년대 후반 시기까지를 중심으로 살펴본다.

한국의 사회복지(사회사업) 교육은 해방 이후 미국식 사회사업학을 4년제 대학의 학부교육으로 도입하면서 시작되었다(이혜경, 남찬섭, 2005). 1947년에 이화여자대학교에서 사회사업학과가 설치된 이후 중앙신학대학교(1953년), 서울대학교(1957년), 한국그리스도신학교(1958년)에 사회사업 관련 학과가 설치되면서 한국의 사회사업 교육이 시작되었다. 해방 이후 급증했던 외원기관들은 미국식 전문사회사업실천의 방법과 이론을 국내에 전파하는 데 중요한 역할을 담당했고, 대학에 사회사업 관련 학과를 설치하는 데에도 영향력을 행사했다. 즉, 한국의 사회복지가 제도적·실천적 실체를 형성하지 못하고 있을 때 미국 대학원 수준의 사회사업 전문교육을 학부 수준으로 하향 이식하여 사회복지의 제도적 환경과는 유리된 사회사업 교육이 시작된 것이다(이혜경, 남찬섭, 2005).

1961년 한국사회사업대학교가 설립된 후 1960년대 동안 7개의 대학이 사회사업학과를 설치하였고, 1970년 기준 761명이 사회사업을 전공하고 있었다(문교부, 1970: 이혜경, 남찬섭, 2005에서 재인용). 사회사업 교육 도입 이후 1970년대까지는 미국식 사회사업학의 전문적 치료를 중심으로 교육이 이루어졌다. 그러나 고등교육을 받은 전문사회사업가가 필요한, 그리고 전문성에 맞게 처우해 줄 수 있는 현장이 아동복지기관 중심의 일부 외원기관을 제외하면 극히 제한적이었다. 또한 1960년대는 박정희 정권이 들어선 이후 일련의 입법을 통해 한국 사회보장제도의 기초적인 틀이 마련되던 시기이기도 하다. 이러한 기초의 구성에 사회사업학계의 기여는 미미했고, 미국식 사회사업교육은 사회복지정책 및 제도와 관련한 전문적 교육에는 관심이 적었다(이혜경, 1996). 즉, 이 시기 한국 대학의 사회사업 교육은 전문사회사업의 기능적인 측면에 초점을 두었으나 현장과 유리되었고, 급격한 사회변동 및 사회문제, 사회복지정책 및 제도 등에 관심을 갖지 못함으로써 그 역할이 매우 제한적이었다.

전문사회사업교육을 확대하면서 다양한 협회가 구성되기도 했다. 1965년 한국개별사회사업가협회, 1967년 한국사회사업가협회가 조직되어 1969년 하나의 사회사업가협회로 통합되었다. 1965년에는 한국사회사업학교협의회가 조직되었고, 같은 해에 한국사회사업교육연합회의가 개최되어 사회사업 관련 학과의 교육자를 중심으로 한국 사회사업의 교육 목표 및 이념의 타당성에 대한 관심이 제고되었다.

1970년대 중반 이후 한국의 사회복지 교육은 큰 변화와 압력에 직면하게 된다(이혜경, 남찬섭, 2005). 우선, 사회복지 전문인력 양성을 담당하는 대학의 사회복지 또는 사회사업 관련 학과의 수가 양적으로 크게 증가하였다. 1970년 기준 4년제 대학 중 9개 대학에 사회사업학과가 설치되어 761명의 학생이 재학하고 있었는데, 1985년에는 22개 4년제 대학에 14개의 사회사업학과, 8개의 사회복지학과가 설치되어 재학생 수가 5,100명에 이르렀다(이혜경, 남찬섭, 2005). 이러한 양적 팽창은 다양한 요인으로 설명될 수 있는데, 정부의 교육정책에 따라 고등교육기관의 수가 급격하게 증가했고, 산업화의 진전으로 사회복지제도의 도입 및 확대가 어느 정도 이루어지면서 사회복지 관련 인력의 수요가 증가한 것도 중요한 원인 중 하나라 할 수 있다. 1970년에 「생활보호법」「아동복리법」「윤락행위 등 방지법」의 세 개의 사회복지서비스 관련 법의 상위법으로 「사회복지사업법」이 제정되었는데, 사회복지사업 종사자에 대한 자격증 제도의 도입이 포함되었고, 민간 사회복지법인제도를 확정하였다. 1983년에는 사회복지사업 종사자를 사회복지사로 개칭하였고, 1987년에는 사회복지전문요원 제도가 도입되었다.

교육의 내용 면에서도 큰 변화가 나타났는데, 종전의 미국식 사회사업 중심에서 벗어나 한국의 현실적 필요를 반영하는 정책, 행정, 실천을 포괄하는 광역학문으로 성장하였다(이혜경, 남찬섭, 2005). 한국 자본주의 체제의 객관적인 조건을 탐구 대상으로 하는 정치경제학적 패러다임이 사회과학계에 파급되었고, 이러한 영향으로 미국식 사회사업학의 보수성에 대한 비판이 등장했다. 또한 앞서 살펴본 것처럼 사회보험을 중심으로 한 사회복지제도의 발전이 진행되었고, 사회서비스 분야에서도 각종 법률의 도입 및 개정이 이루어졌다. 이러한 외적 요인들이 포괄적인 광역학문으로서 사회복지 교육 내용의 변화에 큰 영향을 미쳤으며, 이러한 경향은 1980년 이후 대학 학과의 명칭이 '사회사업학과'에서 '사회복지학과'로 전환된 사실에서도 일정 부분 반영된다.

이 시기에는 사회복지의 전문직화를 위한 다양한 노력이 이루어지기도 했는데, 1982년에 사회복지사 윤리강령이 제정되었고, 정신보건사회복지사, 임상사회복지사, 전문사회복지사 자격증 제도의 시행으로 전문적 권위와 전문직 고유의 문화를 확립하려는 다양한 노력이 이루어졌다(이익섭 외, 2004).

생각해 볼 문제

1. 발전주의적 복지국가(developmental welfare state)의 주요 특징은 무엇인가? 이를 바탕으로 발전주의적 복지국가로서의 한국의 성격에 대해 정리해 보자.

2. 권위주의적 개발독재시기 사회복지의 유산이 이후 한국 사회복지의 발전에 미친 영향은 무엇인가?

3. 외원기관의 활동이 우리나라 사회복지의 이론 및 실천에 미친 영향은 어떻게 평가할 수 있는가?

4. 한국 사회복지교육의 역사적 발전 과정과 특징은 무엇인가? 변화하는 환경 속에서 한국 사회복지교육의 발전을 위해 어떤 노력들이 필요한지 생각해 보자.

추천 자료

18세기부터 2016년까지 한국 복지국가의 기원과 궤적에 대해 다루고 있으며, 특히 정치적, 경제적, 사회적 맥락 속에서 복지국가를 이해하는 총체적 시각을 보여 준다. 한국 복지국가의 발전 과정과 거시적 맥락을 심도 있게 이해하는 데 큰 도움이 될 수 있을 것이다.

윤홍식(2019). **한국 복지국가의 기원과 궤적**. 서울: 사회평론아카데미.

제13장

한국 사회복지의 재구조화

> "주민의 접근이 편리하도록 읍·면·동에도 복지상담 창구를 개설하여…… 복지도우미, 자원봉사자, 민간기관 사회복지사 등을 활용한 방문서비스 제공, 이동 민원실 및 순회차량 운영 등으로 주민 접근성이 제고되도록 다양한 시책을 실시 중에 있다." (보건복지부, 2005: 220: 이현주, 유진영, 2015: 108에서 재인용)

한국 사회복지역사에서 1980년대 이후 시기는 거대한 변환의 시기라 할 수 있다. 사회보험의 확대와 공공부조의 재구조화, 사회서비스의 확대, 사회복지 전문직의 인적·제도적 도약의 시기라 하겠다. 이 장에서는 한국 사회복지의 재구조화의 시대적 배경을 다룬다. 그리고 사회보험의 확대, 전문사회복지기관의 확산, 공공 부문 사회복지 전문직 확대 및 조직개편, 지역 중심 사회복지의 확산과 주민참여, 사회서비스의 공공성 강화, 인권 패러다임의 도입, 전문사회복지사의 확대 과정을 다룬다. 이를 통하여 한국 사회복지 역사의 거대한 변환 시기를 이해하고 역사적 전환의 계기와 의미를 파악할 수 있을 것이다.

1. 시대적 배경

1) 민주주의와 시민사회의 성장 및 신자유주의의 대두

1987년 12월의 대통령 선거와 1988년 4월의 국회의원 선거를 거쳐 노태우 대통령이 이끄는 제6공화국이 출범하였다. 이 시기에는 1987년 민주화 운동의 여파로 물리적 억압에 의한 통치가 벽에 부딪히면서 정치적 민주화의 행보가 느리지만 지속되었다고 보는 것이 지배적인 시각이다. 1988년 3월의「지방자치법」부활과「지방의회의원선거법」제정에 이어, 1961년에 지방의회 구성 유보와 단체장 임명제 등을 규정하였던「지방자치에관한임시조치법」이 1988년 4월에 폐지되면서 지방자치제가 되살아난 것도 이 시기이다.

지방자치제는 우여곡절 끝에 1991년 3월과 6월의 기초 및 광역 의회의원 선거와 김영삼 집권기인 1995년 6월의 단체장 선거를 통해 부활한 것이다. 비록 아직도 허다한 맹점을 안고 있는 실정이지만, 이러한 지방자치제를 통하여 국민의 정치에 대한 참여의 폭이 점차 확대되어 온 것은 사실이다. 1990년대에 들어 NGO 혹은 NPO 등으로 불리는 시민단체의 활동이 활성화된 것도 이러한 배경과 무관하지 않다. 경제정의실천시민연합(1989), 환경운동연합(1993), 참여연대(1994) 등을 비롯한 전국 및 지방 단위의 시민운동단체들이 개별적 연대 혹은 상호연대의 방법으로 지역과 국내 문제는 물론 국제적 문제에까지 관여하는 정치적인 힘을 발휘하면서, 이들이 유력한 정치세력으로 부각되고 있는 것이다.

노동운동 부문의 변화도 사회복지의 발전과 관련하여 중요한 의미를 지닌다. 1980년대 후반까지 전반적으로 노동조합의 정치적 활동이 저조했을 뿐 아니라 사회복지 부문에 대한 관심의 표명은 더욱 미미했음을 앞서 지적한 바 있다. 그런데 이러한 상황이 제6공화국 이후에 크게 바뀐 것이다. 전국 단위의 복수 노동조합이 제도적으로 수용됨으로써 노동정치의 양상이 변화되었고, 이렇게 하여 합법적 입지를 마련한 민주노총이 1995년부터 사회보장과 교육 등에 대한 요구를 '사회개혁

투쟁'으로 범주화하여 노동운동의 핵심 사업으로 삼게 된 점이 그 예이다(김연명, 1998: 23). 이러한 상황 변화는 노동운동 세력의 정치적 참여가 향후 사회복지제도의 발전에 중요한 변수로 작용하게 될 것임을 말해 준다.

김영삼 대통령 집권기인 1993년에 들어 아시아태평양경제협력체(Asia-Pacific Economic Cooperation: APEC) 정상회담이 열린 후, 나라 간의 개방과 무한경쟁을 목전에 둔 일종의 위기감에서 대통령이 '국제화(internationalization)'라는 용어와 함께 '세계화(globalization)'를 하나의 정책 목표처럼 사용하기 시작하였다. 이와 함께 '우루과이 라운드(Uruguay Round: UR)' 협상 타결에 이은 세계무역기구(World Trade Organization: WTO) 체제가 세계의 경제를 규정하는 요소로 등장하면서 국가 경쟁력의 문제가 중요한 사회적 화두로 등장하게 된 것도 이 기간의 우리나라 정치적·경제적 상황을 이해하는 데에 빠트릴 수 없는 부분이다.

국제적 환경의 변화로서 우리나라에 복합적 영향을 미친 또 다른 요소로는 독일의 통일, 동구 공산권의 몰락, 복지국가 위기론 이후의 신자유주의 이데올로기의 확산 등을 들 수 있다. 독일의 통일이 몰고 온 다양한 결과는 유일한 분단국가인 우리나라의 향후 통일 방향과 과제에 관한 다양한 구상과 논의를 가져오게 하였다. 동구 공산권의 몰락은 미국 중심의 세계 자본주의 체제를 더욱 강화하는 요인이 되면서, 좌파적 이론가 및 운동세력을 위축시키는 결과를 초래하였다. 그리고 신자유주의 이데올로기는 경제정책 전반에 관한 논의는 물론, 사회복지 영역에서 공공 부문의 역할 재고를 요청하는 등의 파장을 불러일으켰다.

그림 13-1 남북정상회담(2000. 6. 14.)

김대중 정부에 들어서 국내에서 일어난 변화 가운데 가장 주목할 만한 것은 남북 교류의 확대를 통하여 통일 논의가 확대된 점이다. 민간 부문의 교류가 간헐적으로 추진되던 상황에서 이루어진 남북 정상의 만남과 2000년 6월 15일의 '공동선언'이 이러한 움직임을 가시화한 것이다. 한반도 기류의 변화가 국제적 역학관계에 미칠 영향에 대한 관심도 중요하지만, 사회복지와 연관시켰을 때에는 차후의 변화가 남북 사회 구성원의 구체적 삶과 관련 제도에 미칠 영향을 예측하고 대비하는 일이 관심의 초점이 된다.

2) 경제의 부침

제6공화국 경제의 특징은 대외개방의 확대와 산업구조 조정으로 요약할 수 있다. 1991년 상품 수입 개방률 97.2%, 금융과 서비스 부문의 개방 등이 전자와 관련된 현상이라면, 미국을 중심으로 한 새로운 국제분업 구조 개편에 적응하기 위한 것이 후자에 해당한다. 이 결과 다국적 기업의 국내 진출이 확대되고, 국내 잉여 자원의 해외 유출이 확대되었으며, 경제의 대외 의존성은 더욱 심화되었다. 국제수지 적자가 누증되는 등의 경제위기 징후가 나타나게 되는 것도 이러한 현상들의 직접적 결과라 볼 수 있다. 이 시기의 거시경제지표를 보면, 경제성장은 둔화되는 반면, 실업률은 대체로 2%대의 낮은 수준을 유지하였다.

한국 경제의 높은 대외 의존성과 부적절한 외환 관리는 급기야 1997년 말에 국제통화기금(IMF)으로부터 긴급 구제금융을 받아야 하는 상황을 초래하였다. 일시에 대외 신인도가 급락하면서 자금의 압박을 받아야 했고, 산업 구조조정을 강요받는 상황에서 부실한 기업과 금융기관을 정리하고, 국영기업을 민영화하며, 기업의 해외 매각을 추진하는 등의 상황이 계속되면서 수많은 실업자를 배출하게 되었다. 이러한 상황은 한국의 경제와 산업이 체질 개선을 할 수 있는 계기가 되기도 하나, 이로 인해 치러야 할 사회적 비용과 고통이 결코 적지 않다는 점을 주목하지 않을 수 없다. 이러한 상황은 신자유주의 이데올로기의 공략에서 자유롭지 못하게 하고, 경제의 대외 의존성으로부터의 탈피를 더욱 어렵게 한다는 데에 문제점이 있다. 이것이 한국의 사회복지 현실에 영향을 미치고 있고, 앞으로도 그럴 것임은 물론이다.

2. 복지국가의 기반 형성

1) 사회보험의 확대

1987년 이후 시기는 보편주의의 원칙, 강제성의 원칙, 노동계급 포섭의 원칙 등을 내포하는 복지정책의 지향성이 좀 더 뚜렷해진 시기이다(백종만, 1996: 51). 이러한 판단을 뒷받침하는 예로서 의료보험의 포괄화와 행정통합, 국민연금제도의 도입과 포괄화, 최저임금제의 실시, 산재보험과 고용보험의 적용 확대, 「국민기초생활 보장법」의 제정 등 사회보장제도상의 두드러진 성격 변화를 들 수 있다.

의료보험제도는 1977년 7월부터 상시고용 500인 이상의 사업체에 강제적용하기 시작하여 1988년 1월부터 농어촌에, 1989년 7월부터 도시 지역에 확대 적용됨으로써 개보험화를 이루었다. 1989년 10월 1일부터 약국 의료보험이 적용되었다. 1997년 12월 31일 「국민의료보험법」의 제정으로 1998년 10월 1일부터 조합주의 방식에서 통합주의 방식으로 변경되어, 공무원 및 사립학교 교직원 의료보험관리공단과 227개 지역의료보험조합이 1차 통합되었다. 이어서 1998년 2월 노 · 사 · 정위원회에서 의료보험통합 합의를 거쳐 동년 12월 「국민건강보험법」이 제정되고 2000년 7월 1일부터 시행되면서, 142개 직장조합까지를 포함하는 행정통합을 이루게 되고 '국민건강보험공단'이 출범하였다. 이와 함께 의약분업도 오랜 진통 끝에 실시되었다.

국민연금은 1986년에 법이 제정되어 1988년 1월부터 상시 10인 이상의 노동자를 고용하는 사업장부터 시작하여, 1995년에 농어촌 지역으로 확대 적용하고, 1999년에는 도시 자영업자에게까지 적용 범위를 넓힘으로써 전 국민 연금의 시대에 돌입하였다.

최저임금제도는 1986년에 「최저임금법」이 제정되어 1988년 1월부터 10인 이상의 제조업에 한정적으로 적용하여 시행하기 시작하여, 2000년 11월부터 모든 사업장에 확대 적용하기에 이르렀다. 산재보험도 2000년 7월부터 모든 사업장에까지

적용이 확대되었다. 그리고 고용보험제도는 1995년 7월 1일부터 상시노동자 30인 이상 사업장부터 적용하기 시작하여, 1997년 말부터 불거진 외환위기 이후 실업이 급증함에 따라 단계적으로 적용 범위를 넓혀서 1998년 10월 1일부터는 4인 이하 사업장 및 임시직 · 시간제 노동자에게까지 적용 범위를 확대하여 실시하고 있다.

이 기간에 있었던 사회보장제도의 발전 가운데 가장 두드러지는 것이 있다면, 1999년 8월에 공공부조의 근간이 되는 「국민기초생활 보장법」이 제정된 사실이다. 종전의 생활보호제도는 일제강점기의 「조선구호령」을 답습한 구빈법적 성격의 것으로, 수급자격을 인구학적 요건을 중심으로 범주화함으로써 모든 국민의 인간다운 생활보장이라는 기본 정신에서 벗어나 있다고 보았던 것이다. 특히 1998년 이후의 외환위기 상황에서 발생한 다수의 장기 실업자 등의 문제에 대처하는 데에 종전의 생활보호제도는 한계가 있음을 적시하면서, 시민단체들이 1년여에 걸쳐 입법운동을 추진하여 획득한 성과라는 점에 큰 의미를 부여할 수 있을 것이다. 또 이것은 수급자격을 노동능력 여부와 무관하게 보건복지부 장관이 정하는 최저생계비를 기준으로 판단하며, 급여항목에 주거급여가 추가되었다는 점 등에서 종전의 생활보장제도와 차이가 있다.

이 밖에도 이 기간에는 사회복지서비스 관련 법의 전반적 발전이 있었다. 재가복지에 대한 관심의 확대와 함께 이를 뒷받침할 제도적 보완의 작업이 많이 이루어졌기 때문이다. 1989년에는 「모자보건법」의 제정과 함께, 아동 주간보호제도 규정을 신설한 「아동복지법」 개정과 장애인 의무고용제를 채택한 「장애인고용촉진등에관한법률」이 제정되었다. 1991년에는 아동 주간보호사업을 관리하고 지원하기 위한 「영유아보육법」이 제정되었는가 하면, 55세 이상의 고령자들에게 취업의 기회를 부여하기 위한 「고령자고용촉진법」도 제정되었다. 이동에 불편을 겪는 장애인과 노인 등의 이동권과 접근권을 뒷받침하기 위한 제도들도 등장하기 시작하였다. 1995년에 「장애인복지법」에 근거하여 제정된 「장애인 편의시설 및 설비의 설치기준에 관한 규칙」과, 이를 대체하는 법률로서 1997년에 「장애인 · 노인 · 임산부 등의 편의증진 보장에 관한 법률」이 제정된 것이 그 예이다.

한편, 사회복지사의 자격요건에 대한 오랜 논의의 결과로 1997년에 「사회복지사업법」이 개정되어, 2003년 1월 1일부터 사회복지사 1급을 취득하기 위해서는 자격시험을 거치도록 하는 규정을 두었고, 대학 혹은 대학원을 졸업하고 2급 자격을 취득하기 위한 요건이 특정 학과의 졸업이 아닌 지정과목의 이수로 바뀌었다. 이어서 1999년 개정에서는 사회복지 시설의 평가를 제도화하고, '사회복지 전담 공무원'에 관한 규정을 두었으며, 2000년 개정에서 매년 9월 7일을 '사회복지의 날'로 정한 일 등이 주목할 만하다.

이 밖에 종전의 관주도적 '불우이웃 돕기 성금'을 대체하고, 지역사회 단위의 민간재원 확보를 위한 민간 주도의 공동모금 활동에 관한 근거를 마련한 「사회복지공동모금법」이 1997년에 제정되어 이듬해 7월부터 시행된 점도 이 시기의 주요한 변화이다. 이로써 「사회복지사업기금법」은 폐지되고, 공동모금회가 전국 및 시도 단위에서 사회복지법인으로 설치되어 활동하게 되었다. 그러나 법 시행 전인 1998년 5월에 36개 종교단체에서 「사회복지공동모금법 폐지 및 유보 의견서」를 청와대와 복지부에 보내는가 하면, 법 시행 보름만에 '사회복지공동모금법 폐지법률안'이 국회에 상정되는 우여곡절을 겪어야 했다. 종교단체 등의 기존 모금활동을 불필요하게 제약하게 된다는 것이 주된 이유였다. 이리하여 종전 법이 갖는 몇 가지 불합리한 점까지 감안하여 1년도 되지 않은 1999년 3월에 「사회복지공동모금회법」이라는 이름으로 개정되는 일이 발생했다. 이에 따라, 시 · 도 단위 모금회는 독립법인이 아닌 중앙 모금회의 지회로 격하되었으며, 배분신청의 자격요건이 완화되었는가 하면, 모금 활동비는 모금액의 2%에서 10%까지 상향 조정되었다.

이상으로 이 시기의 공공 부문 사회복지의 변화를 요약하자면, 사회보험제도들이 적용 범위를 확장함으로써 보편주의의 원리에 좀 더 가까이 다가간 점, 공공부조제도가 시행상의 파행에도 불구하고 내용상 보충급여의 성격을 지님으로써 보완된 점, 사회복지서비스 관련 제도들이 요보호자의 사회참여 기회를 넓히면서 보완되고 사회복지 시설의 평가제도가 시행됨으로써 시설사업의 개선에 실마리를 마련한 점, 민간 주도의 공동모금이 제도화된 점 등을 들 수 있다. 전반적으로 보아, 불완전하나마 보편주의가 강화됨으로써 복지국가의 기반을 형성한 것으로 평가할 수 있을 것이다.

개혁의 창으로서의 대통령 선거: 의약분업 및 의료보험 조합통합 개혁의 사례

1990년대 초반 의약분업 개혁과 의료보험 조합통합 개혁의 사례는 사회복지제도 개혁에서 대통령 선거가 정책의 창(policy window) 또는 개혁의 창으로서 작용할 수 있음을 잘 보여 준다. 1997년 12월 대통령 선거 당시 선거공약으로 의약분업을 내세운 김대중 후보가 대통령에 당선되면서 의약분업 개혁은 본격화되었다. 이듬해 대통령인수위원회가 100대 국정과제 중 하나로 의약분업을 포함하고 5월 보건복지부가 '의약분업추진협의회'를 구성하자, 양대 의약단체는 11월과 12월에 걸쳐 청원 제출 등을 통해 정부와의 갈등을 드러내기 시작하고 저항하였다. 그러나 시민단체의 약가조사 발표 및 헌법소원은 개혁의 당위성을 설득하는 데 기여하였고, 의약단체는 시민단체가 제시한 중재안, 즉 의약분업모형개발 이후로의 의약분업 시행 1년 유예안에 합의하였다. 1999년 3월 시민사회 주도로 '의약분업 실현을 위한 시민대책위원회'가 결성되면서 일명 의약분업이 실행될 듯하였으나, 의사회의 내부 반발로 인해 다시 주춤하였다. 결국 보건복지부는 시민단체 중재안을 중심으로 정부안을 마련하였고, 다시 '의약분업실행위원회'를 구성하여 마침내 11월에 「약사법」 개정안을 국회에 제출해 12월에 국회를 통과시켰다. 그러나 2000년에 들어서 의사단체는 이에 대한 저항으로 반대시위와 집단휴진을 강행하였다. 결국 정부는 한발 물러나 7월 임의조제 금지와 대체조제 제한을 내용으로 하는 「약사법」 재개정을 실행하였다. 그러나 대형병원 전공의의 파업 및 진료거부가 계속되는 가운데 정부는 의보수가 인상 등으로 타협안을 다시 제시하였다. 이 과정에서 국민들은 의사들의 단체행동에 불만을 표시하고 대형병원 역시 장기화된 경영손실로 인하여 더 이상 정부안에 대해 반대할 수 없게 되었다. 결국 2000년 12월 「약사법」 개정안이 국회에 제출되었고, 다음 해 2월에 통과되었다(김순양, 2010: 9-10).

의료보험 재정 통합 개혁은 의약분업에 비해 훨씬 장기간에 걸쳐 중첩된 갈등 가운데 이루어진 개혁이라 하겠다. 1977년 의료보험 도입 당시 조합주의를 채택한 직후인 1980년대 초 청와대 각료와 보건사회부 중심으로 지역통합이 논의되었는데, 당시 보건사회부와 여당은 통합을 추진하였으나, 결국 대통령의 유보 지시로 통합은 불발되었다. 1988년 농어촌지역의료보험이 시행되면서 다시 통합논쟁이 일어났는데, 농어민의 보험료 과중이 진보적 농민단체 및 보건단체에 의해 사회적 의제가 되면서 논쟁이 심화되었다. 1980년대 초에는 통합을 지지하던 보건사회부는 이 시기에 들어 통합을 반대하였으나 결국 1989년 3월 통합을 내용으로 하는 「의료보험법」이 제출되었는데, 이에 대해 다시 대통령이 거부권을 행사하여 통합이 무산되었다. 1990년대 초기에 시민단체들은 계속해서 통합을 추진하였으나 정부 여당의 반대에 부딪쳐 답보 상태에 머무르다가 마침내 1997년 대통령 선거 시기가 되자 정부 여당 역시 부분통합을 받아들였고, 그 결과 11월 지역조합과 의료보험관리공단의 통합을 내용으로 하는 「국민의료보험법」을 제정하였다. 의약분업 개혁과 마찬가지로 김대중 정부는 의료보험 통합을 100대 국정과제로 포함하였고 이후 노 · 사 · 정위원회, 청와대, 여당, 진보적 시민단체 등에 의해 조직과 재정의 완전 통합을 내용으로 하는 「국민건강보험법」안이 그해 12월 국회 상정, 이듬해 1월 국회를 통과하게 되었다. 그러나 의약분업과 마찬가지로 입법화 이후 이익집단(직장가입자)의 거센 반발이 일어났고, 정부는 다시 한발 물러나 통합일정의 연기를 내용으로 하는 재개정안을 제안하였다. 결국 1999년 12월에 재개정안이 통과되어 조직 통합은 예정대로 진행되었고, 재정 통합은 2003년에야 이루어졌다(김순양, 2010: 10-11).

2) 전문사회복지기관의 확산

사회복지서비스 관련 제도의 변화와 함께 민간 부문 사회복지 활동의 형태에도 가시적인 변화가 있었다. 백종만(1996: 54)이 이 시기의 대인 사회복지서비스 영역의 변화로 지적한 가운데 몇 가지가 여기에 해당될 듯하다.

첫째는 이용시설 서비스가 확대된 점이다. 사회복지관의 증설이 가장 두드러지며, 장애인 종합 혹은 단종 복지관, 재가복지봉사센터, 보육시설 등이 급격하게 늘어난 점이 이를 뒷받침한다. 특히 1988년에 사회복지관의 건립 및 운영에 관한 국고보조사업 지침이 마련되어, 이후 국고지원금 산출 방식의 기초가 되기도 했다. 1995년부터 재개된 지방자치제의 영향으로 지역사회복지 개념이 중시되면서 사회복지관의 역할 역시 확대된 것으로 볼 수 있다.

둘째는 국가나 사회복지법인이 아닌 기업이나 개인의 사회복지서비스 참여가 제도적으로 장려되고 보장됨으로써 기업과 개인의 참여 폭이 확대되었다는 점이다. 이들의 보완적 역할을 통한 사회복지 주체의 다원화가 진행되고 있는 한 양상으로 이해할 수 있겠다.

셋째는 자원봉사활동의 활성화이다. 비록 논란 끝에 법의 제정까지는 가지 못했지만, 1988년의 서울 올림픽을 계기로 하여 자원봉사활동에 대한 사회적 관심이 확대된 것이다. 여기에 중·고등학생의 봉사 의무제, 행형 수단으로서의 봉사 명령제, 대학 교육과정에 대한 반영, NGO 활동의 확산 등의 상황 변화가 가세하여 자원봉사활동을 크게 확장한 것으로 볼 수 있다.

이러한 변화의 이면에 신자유주의 이데올로기의 영향이 작용하고 있음을 부인하기가 힘들다. 공공 부문의 상황을 아울러 고려해 볼 때, 어떤 의미에서 이 시기의 우리나라 사회복지 전개 양상은 다분히 모순적 형태를 띠고 있기도 하다. 일면으로는 국가복지의 보편주의화가 불가피한 과제로서 이행되고 있는 반면, 다른 한편으로는 국가의 역할을 보완할 다양한 민간 부문의 자발적 참여를 유도함으로써 사회복지 책임을 다원화하려는 움직임이 병행되고 있기 때문이다.

3) 공공 부문 사회복지 전문직 확대 및 조직개편

공공 부문 사회복지서비스 제공기관의 인력 확대 추세는 사회복지 관련 공무원 부문에서 잘 나타난다. 1987년에 대도시 저소득층 밀집지역 동사무소에서 업무를 수행할 49명의 별정직 사회복지전문요원을 선발한 정부가 1992년에 사회복지직렬을 신설하면서, 1994년에는 3,000명에 이르게 되었다. 1999년에는 이전의 사회복지전문요원 2,893명을 일반직 7, 8급 공무원으로 전환해 재임용하였고, 1,200명이 9급 사회복지직으로 신규채용되었다. 2000년 전국 읍·면·동 사무소에 총 3,000명(7급 2,481명, 8급 519명)이 배치되었고, 신규 사회복지직으로 채용된 1,200명은 이전에 사회복지전문요원이 배치되지 않았던 1,126개 읍·면·동사무소에 배치되었다. 그리고 2002년까지 770여 명의 아동 및 여성 분야 지도원과 상담원이 사회복지직으로 전환되었다(강혜규 외, 2019: 109-111). 2005년에는 긴급지원제도의 도입과 함께 1,890명의 증원이 추진되었고, 2008년에는 사회복지 관련 공무원의 수가 1만여 명을 넘게 되었다(강혜규 외, 2019: 111).

2011년에는 읍 · 면 · 동 사회복지직 7,000명을 충원하여 읍 · 면 · 동 사무소별 사회복지직 공무원이 이전의 1.6명에서 3명으로 확대되었으며, 2014년에는 1,177명을 확충하였다. 그리고 2017년까지 600명을 단계적으로 확충할 것을 결정하였다. 한편, 이전의 사회복지직과 더불어 행정직을 시 · 군 · 구별 9명의 사회복지 전담 공무원으로 배치하여 사례관리 활성화, 사회복지통합관리망 관리 업무를 수행하도록 하였다(강혜규 외, 2019: 112). 2019년 12월 말 기준으로 사회복지 전담 공무원 정원은 총 41,269명이고, 이 중 사회복지직(단수, 기타직 포함)은 26,076명(63.2%), 행정직 등은 15,193명(36.8%)으로 나타났다(한국사회복지행정연구회 페이지, 2021. 4. 27. 검색).

사회서비스 관련 정부기관의 이용자 지향적 조직개편은 1995년 7월부터 1999년 12월까지 전국 5개 지역(서울특별시 관악구, 대구광역시 달서구, 경기도 안산시, 강원도 홍천군, 전라북도 완주군)에서 시행된 보건복지사무소 시범사업에서 본격적으로 시도되었다. 저소득층, 노인, 장애인 등에 대한 보건의료 및 복지서비스의 통합 제공을 포함하여 지역 주민들의 다양한 복지 욕구에 대한 전문서비스 제공을 목표로 추진되었다(이현주, 유진영, 2015: 89-91). 그러나 시 · 군 · 구청의 종전 사회복지과와 시범사업 주체인 보건복지사무소 간의 업무 구분의 모호함, 보건복지서비스의 연계를 추진할 전문인력의 부족 및 구조적 한계, 그리고 무엇보다 주민접근성의 불편함 등이 문제점으로 지적되었다. 당시 보건복지부는 1999년까지도 보건복지사무소 시범사업을 전국 본사업으로 단계별로 확대할 것을 추진하였으나, 1997년 외환위기 이후 중앙정부는 물론 지방정부의 대대적 구조조정 방침에 의해 더 이상 추진되지 못하였다(이현주, 유진영, 2015: 90).

사회서비스 관련 정부기관의 이용자 지향적 조직개편 시도는 2004년 7월부터 2006년 6월까지의 사회복지사무소 시범사업으로 계속되었다. 2002년 대통령 인수위원회에서 대통령 정책과제로 보고된 것을 시작으로 2003년 기본계획안의 발표에 이어 2004년 7월부터 전국 9개 지역에서 시범사업으로 운영되었다. 서울특별시 서초구, 부산광역시 부산진구, 부산광역시 사하구, 광주광역시 남구, 강원도 춘천시, 충청남도 공주시, 경상북도 안동시, 울산광역시 울주군, 충청북도 옥천군의

9개 지역에서 대도시형, 중소도시형, 농어촌형으로 구분되어 시범사업이 진행되었는데, 기본 공통사항으로는 상담경로 마련(복지상담실, 상담전용전화 설치), 복지행정팀 · 통합조사팀 · 서비스연계팀 · 자활지원팀(도시 지역) · 지역사회복지협의체 구성이 추진되었다(이현주, 유진영, 2015: 104-105). 무엇보다도 주민접근성 개선을 위하여 읍 · 면 · 동 복지상담 창구를 개설하는데, 농어촌 지역과 저소득층 밀집지역은 방문서비스를 제공하고 필요시 사회복지 관련 기관 등을 순회하는 차량운행 방안이 시도되었다(이현주, 유진영, 2015: 104-105). 그러나 시범 사회복지사무소는 읍 · 면 · 동사무소에 비해 주민접근성이 현저히 낮았고, 특히 노인과 장애인 관련 업무는 주민접근성 측면에서 볼 때 읍 · 면 · 동사무소가 중요한 접촉 지점이어야 함이 드러났다(성은미, 강혜규, 안태숙, 홍선미, 이연, 2012: 33).

한편, 시 · 군 · 구 주민생활지원 기능 강화를 위한 개혁도 추진되었다. 2005년 2월 대통령 주재 국무회의에서 보고된 「사회복지 전달체계 개선방안」과 같은 해 9월 국무조정실 주관으로 발표된 「희망한국21」, 그리고 2006년 6월 행정자치부의 '주민서비스 혁신추진단'은 2006년 7월부터 시작된 단계별 시 · 군 · 구 주민생활지원 기능 개편의 중요한 근거가 되었다. 그리고 지금까지 저소득층 위주 사회서비스를 관련 정부기관들이 각각 개별적으로 제공하던 것에서 벗어나 다양한 주민을 위한 사회서비스를 이용자 접근성을 향상시키면서도 통합적으로 제공할 수 있도록 주민생활지원서비스 행정체계를 개편하는 방향추로 작동하였다(성은미 외, 2012: 34-35). 주민생활지원 기능 강화 개편은 시 · 군 · 구 본청 단위와 읍 · 면 · 동 단위로 나누어 추진되었다. 시 · 군 · 구 본청 단위에서는 주민생활지원국 또는 주민생활지원과를 중심으로 복지, 보건, 자활, 고용, 여성, 보육, 주거복지, 청소년, 평생교육, 문화, 생활체육 지원을 통합하여 제공하되, 총괄기획 및 서비스 조정 연계, 통합조사 기능을 지닌 별도의 부서를 신설하도록 하였다. 읍 · 면 · 동 단위에서는 주민생활지원팀을 신설하여 현장방문, 심층상담 및 사후관리 등의 찾아가는 서비스, 정보 제공, 의뢰, 연계 등을 담당하게 함으로써 주민접근성을 향상하도록 하였다(성은미 외, 2012: 37-38).

주목할 점은 2004년 12월에 대구광역시에서 남아(4세) 아사 사건이 발생하면서 정부가 2005년에 긴급복지지원 제도를 도입하고 읍 · 면 · 동 단위의 주민생활지원 서비스 지원체계를 추진하기 시작하였다는 점이다(이현주, 유진영, 2015: 111). 그리고 읍 · 면 · 동사무소는 주민생활지원서비스의 중심지로 개편하고 기관 간 의료 및 연결 기능을 수행하여 현장성과 접근성을 강화할 것을 추진하였다. 마침내 2005년 11월에 보건복지콜센터를 개소하고 2006년에 운영하다가 2007년에 기존 보건복지 관련 전화번호를 모두 보건복지콜센터 번호인 129로 통합한 점은 주민접근성 향상이라는 점에서 매우 큰 의미가 있다고 하겠다.

정부기관의 이용자 지향적 조직개편은 2008년도에 이르러 위기가구의 신속한 발굴 및 사회복지자원의 효율적 연계 중심으로 가속화되었다. 지역 내 통리반장, 자원봉사자, 전기수도검침원, 음료 배달원 등을 최대한 활용하여 위기가구를 발굴하는 동시에 사례관리를 통한 통합적이고 효율적인 서비스 제공을 목적으로 시 · 군 · 구 및 읍 · 면 · 동 단위 공공기관에서의 사례관리가 중요하게 다루어지기 시작하였다(이현주, 유진영, 2015: 116-117). 2008년 12월 중앙정부 보건복지부 산하에 민생안정지원본부를 발족하고, 전국 시 · 도 및 시 · 군 · 구 단위로 민생안정지원단 및 민생안정추진 과업수행팀을, 읍 · 면 · 동 단위로 민생안정지원팀을 설치하여, 위기가구 발굴 및 자원 연계를 위한 개편을 진행하였다. 2009년에는 전국 10곳(서울특별시 마포구, 경기도 남양주시, 충청남도 당진시 등)에서 위기가구통합사례관리 시범사업이 실시되었는데, 시 · 군 · 구 단위의 서비스연계팀을 확대 신설하고 민간 영역의 사례관리사를 민생안정전문요원으로 채용하고 이후 사회복지통합서비스 전문요원으로 전환 배치하였다. 전국 928명에 달하는 사회복지통합서비스 전문요원은 2010년 1월부터 전국 232개 시 · 군 · 구(시 · 군 · 구당 평균 4명에 해당)에서 위기가구 통합사례관리사업을 담당하였는데, 그해 말까지 전국 32,576가구에 대한 집중 사례관리를 제공하였다. 2012년 4월에는 시 · 군 · 구 단위에 '희망복지지원단'을 설치하여 공공 부문에서의 사례관리를 더욱 확대하였다(이현주, 유진영, 2015: 120-123). 이 외에도 2011년 전국 48개 시 · 군 · 구에서 직업상담원을 자립지원상담사로 배치하여 사례회의에 참여할 수 있게 한 점은 서비스의 효율적 제공이라는 점에서 주목할 만하다.

주민접근성 향상을 위한 방편으로서 읍 · 면 · 동 단위의 조직개편도 계속되었는데, 시 · 군 · 구 단위에서 소득자산조사, 대상자 결정, 자격변동관리 등의 통합조사관리를 주로 담당하였다면, 읍 · 면 · 동 단위에서는 현금, 현물, 서비스 급여에 대한 상담, 신청, 접수, 현장방문을 통한 위기가구 발굴 등의 찾아가는 서비스 제공 위주로 업무 분담이 보다 강조되었다(이현주, 유진영, 2015: 121).

2008년 이후 효율성과 통합성을 지향하는 공공기관의 조직개편과 관련하여, 사회복지통합관리망 구축은 복지급여업무의 효율성과 예산효율성을 동시에 달성하려는 대표적인 개편이라 하겠다. 2010년에 개통된 사회복지통합관리망을 통하여 「사회보장급여의 이용 · 제공 및 수급권자 발굴에 관한 법률」(약칭: 「사회보장급여법」)상의 대상자의 자격 및 이력에 관한 정보를 통합관리할 수 있게 되었다. 특히 시 · 군 · 구별 새올행정시스템 중 복지 분야를 분리하여 중앙에 통합 구축함으로써 복지수급자 개인 및 가구별 정보(상담 및 사례관리 기록 포함)를 바탕으로 급여 선정과 사후관리가 가능하게 된 점은 큰 성과라 하겠다(이현주, 유진영, 2015: 125).

효율성과 주민접근성 제고를 위한 공공기관 조직개편은 2013년 이후에도 계속되었다. 우선, 읍 · 면 · 동 단위의 찾아가는 서비스는 더욱 강조되었다. 사회복지직도 동장으로 승진될 수 있게 함으로써 동장이 취약계층 발굴 등 복지업무에 최우선을 두도록 하는 등 읍 · 면 · 동의 복지기능 최대화를 지향하였다(이현주, 유진영, 2015: 127). 특히 복지공무원을 '복지코디네이터'로 배치하여 사례 발굴 및 서비스 연계의 전문성을 최대화하도록 한 점, 방문간호사, 정신보건사회복지사, 직업상담사 등을 읍 · 면 · 동에 배치할 수 있게 한 점, 통리반장 등 지역 주민을 활용한 취약가구 발굴 노력을 강화한 점은 발굴의 신속성 및 효율성 제고의 목표 측면에서 주목할 만하다(이현주, 유진영, 2015: 127).

읍 · 면 · 동 단위 공공기관의 찾아가는 서비스와 관련하여 서울의 '찾아가는 동주민센터'와 부산의 '다 함께 행복한 동네' 사업은 지방자치단장의 주도하에 추진된 대표적인 지역 자체 공공기관 조직개편 사례라 하겠다. 서울의 경우 2015년에 13개 자치구 80개 동주민센터가 참여한 것을 시작으로 하여 2016년에는 18개 자치구 283개 동주민센터, 2017년에는 24개 자치구 342개 동주민센터에서 시행되었다. 부산의 경우 2014년에 보건복지부와 구 자체 시범사업으로 4개 동에서 시작되어 2016년에는 52개 동이 참여하였고 2017년에는 132개 동, 2018년에는 205개 동이 참여하였다(강혜규 외, 2017: 44-50).

시 · 군 · 구 단위 공공기관의 통합사례관리와 관련하여, 경기도의 '무한돌봄센터' 사업과 대전광역시의 '희망티움센터' 사업 역시 지역 자체사업으로서 중요한 의미가 있다. 2010년 남양주의 시범사업이 확대되어 2017년까지 이어지고 있는 경기도 무한돌봄센터는 시 · 군 주민생활지원국 내 팀 단위로 설치된 동시에 광역 단위에도 무한돌봄센터가 설치되었다. 그리고 시 · 군 · 구와 읍 · 면 · 동 사이를 잇는 거점 단위의 네트워크가 운영 중이다. 대전광역시 희망티움센터는 2014년에 시범사업으로 시작되었는데, 4개 이하의 동주민센터를 권역화하여 통합사례관리를 추진하는 데 주안점을 두고 있다(강혜규 외, 2017:50-57).

4) 지역 중심 사회복지의 확산과 주민참여

1991년에 지방의회선거, 1995년에 지방자치단체장선거가 실시되면서 사회서비스의 지역화에 관한 관심이 시작되었으나, 2003년에 「사회복지사업법」이 개정된 이후 비로소 사회서비스의 지역화 토대가 마련되었다고 하겠다. 당시 참여정부의 국정과제 중 하나인 지방분권에는 사회복지 책임의 지역화가 큰 비중을 차지하였는데, 공공부조를 제외한 사회서비스 부문의 비중이 예산이나 사업 수 면에서 큰 비중을 차지하였다. 그러나 지방정부의 자체재원 확대가 함께 이루어지지 않은 채 진행된 사회서비스의 지역화는 많은 한계를 가질 수밖에 없었다(정홍원, 김보영, 민효상, 이정은, 2019).

지역사회보장계획과 지역사회보장협의체는 참여정부 이후 지속되어 온 사회서비스의 지역화 추진의 대표적인 노력이라 하겠다. 지역사회보장계획은 제1기(2007~2010년) '지역사회복지계획'이라는 명칭으로 시작되었고, 제2기(2011~2014년)와 제3기(2015~2018년)를 거쳐 제4기(2019~2022년) '지역사회보장계획'으로 명칭이 바뀌면서 현재에 이르렀다. 그리고 제4기 계획 수립부터 교육, 고용, 주거, 문화, 환경까지 포괄적으로 사회보장 영역으로 규정함으로써 사회서비스의 영역을 대폭 확대하였다(이정은, 2016).

지금까지의 지역사회보장계획의 변화 과정의 특징을 요약하면 다음과 같다. 첫째, 제1기 계획의 주체가 지방정부였다면 제2기와 제3기는 지역사회복지협의체가 추가되었다. 둘째, 제2기 계획부터 지역주민이 참여하는 과제수행(task force)팀의 역할이 강조되었고, 제3기에서는 과제수행팀을 지방정부가 자율적으로 다양하게 구성할 수 있게 되었다. 셋째, 제1기에서는 지역현황진단이라는 이름하에 매우 포괄적으로 지역사회복지조사가 실시된 데 비해, 제2기에는 욕구조사와 자원조사가 세분화되었고, 제3기에 이르러서는 사회복지통합관리망의 자원관리시스템을 활용하게 되었다. 넷째, 제1기에서는 기본 방향과 사업계획이 매우 추상적이었다면, 제2기부터는 사업의 성과지표와 모니터링 계획이 강조되었고, 제3기에는 연차별 추진계획이 추가적으로 강조되었다. 다섯째, 계획의 심의 및 결정이 제1기에서는 별다른 기준이 없다가 제2기에는 지역사회복지협의체 대표협의체가 심의확정하고 시 · 군 · 구청장에 보고 후 시 · 도에 제출하게 되었고, 제3기에는 지방의회와 시 · 군 · 구청장에 보고 후 시 · 도에 제출하도록 바뀌었다(이정은, 2016).

사회서비스의 지역화, 더 나아가서 민간협력 패러다임은 지역사회보장협의체에서 가장 분명하게 드러난다. 지역사회보장협의체의 명칭은 애초 2005년 7월의 「사회복지사업법」 개정으로 지역사회복지협의체로 출발하였다. 그 후 2015년의 「사회보장급여의 이용 · 제공 및 수급권자 발굴에 관한 법률」(약칭: 「사회보장급여법」) 제정으로 지역사회보장협의체로 명칭이 바뀌었다. 2008년과 2018년의 지역사회보장협의체의 증가 규모를 살펴보면, 대표협의체 참가 인원은 4,184명에서 5,715명으로, 실무협의체 참가 인원은 4,301명에서 5,813명으로 각각 36.6%와 35.2% 증가하였으며, 실무분과 수는 1,641개에서 2,059개로 약 25.5% 증가하였다(강혜규 외, 2018: 52). 한편, 대표협의체 참여 구성을 살펴보면 2011년 현재 복지사업기관 및 단체대표의 비율이 33.4%로 가장 많은 비중을 차지하고 있으며, 그다음으로 관계 공무원이 18.8%, 공익단체 추천자가 13%를 차지하는 것으로 나타났다(강혜규 외, 2018: 55). 이는 지역사회복지협의체에서 민간기관의 역할이 상당하다는 것을 보여 준다고 하겠다. 실제로 지역사회보장협의체의 성과에 대한 담당자 인식을 살펴보면, 서비스 제공 기관 간의 사업 관련 협력과 상호 이해 제고, 그리고 복지 관련 주민참여 확대에 대한 긍정적 평가는 지역사회보장협의체가 민간협력 패러다임의 주춧돌이 되고 있음을 보여 준다(강혜규 외, 2018: 86).

한편, 2017년 3월 신설된 읍·면·동 지역사회보장협의체가 읍·면·동 주민센터와 더불어 소위 '촘촘한 사회안전망'을 지향하고 위기가구 등 지원 대상자와 복지자원의 발굴 기능을 담당하게 되면서 사회서비스의 민간협력 패러다임은 좀 더 뿌리를 내리게 되었다. 우선, 2017년 현재 총 3,488개의 면·동 협의체에 6만 404명이 참가하고 있는 것으로 나타났다(강혜규 외, 2018: 53).그리고 실제 성과로서 사각지대 발굴 가구 수가 2015년 23만 9,370가구에서 2017년 72만 4,585가구로 증가하였고, 민간자원 발굴 건수가 13만 3,992건에서 33만 7,388건으로 증가하였으며, 서비스 연계 등 지원 건수 역시 76만 9,958건에서 174만 1,561건으로 증가한 것으로 나타났다(강혜규 외, 2018: 60).

5) 사회서비스의 공공성 강화

사회서비스 목적과 내용의 공공가치 비중 확대는 정부의 재정지원과 규제 또는 의사소통을 통하여 사회통합 및 연대성 강화와 인권 및 삶의 질의 평등한 보장 등의 사회적 목적을 달성하려는 노력의 증가를 의미한다(양성욱, 2016). 특히 서비스 내용에서의 공공가치는 서비스 수준과 양과 질의 적절성, 서비스 이용자에 대한 반응성, 서비스 제공자에 대한 신뢰성, 서비스의 이용자, 제공자, 제공조직 간의 상호존중, 서비스 배분의 공평성, 서비스 제공 절차상의 적법성, 서비스 운영과 평가의 투명성, 서비스 공급의 안정성, 서비스 계약에의 책임성 등으로 다양하게 살펴볼 수 있다(양성욱, 2016).

사회서비스 목적과 내용의 공공가치 비중은 대체로 확대 추세이지만 일정한 속도와 방향으로 진행되고 있다고 보기는 어렵다. 2007년과 2008년 이후 정부는 아동, 노인, 장애인 돌봄사업 등을 시작으로 다양한 부문의 사업에 대하여 다양한 재정지원 방식과 규제 방식을 통하여 확대하였다.

2018년 중앙정부는 20개 부처 240개의 사회서비스 사업을 총 24조 6,000억 원을 지원하여 수행하였는데, 사업 수 측면에서는 보건복지부, 여성가족부, 고용노동부 순으로, 예산 면에서는 국토교통부, 보건복지부, 교육부 순으로 사회서비스를 수행하고 있다(박세경, 2020: 54). 한편, 재정지원 방식으로는 이용자에 대한 현금 지원(37.6%), 바우처 지원(29%), 현물지원(15.7%) 순으로 전체 예산의 대부분인 82.3%를 차지하고, 그다음으로 제공자에 대한 인건비지원(8.7%), 사업지원(5.4%), 시설운영지원(2.5%), 시설설비지원(0.4%) 순으로 나타났다(박세경, 2020: 54).

한편, 2018년 사회보장위원회에서 발표한 범부처 사회서비스 발전 방향에서 사회서비스의 공공성 강화 과제가 강조되었다(박세경, 2020: 64).

담론과 보육서비스 공공성 확대

1990년대부터 서서히 시작되고 2010년대 이후 급격히 진행된 보육정책의 변천 과정은 여론을 포함한 다양한 유형의 담론이 정책의 내용과 방향에 주요한 영향을 미칠 수 있음을 잘 보여 준다. 1991년부터 2016년까지의 주요 시기별 정책의 변화 내용과 당시의 여론 및 담론의 변화 내용을 요약하면 다음과 같다.

1997년부터 2003년까지의 주요 변화 내용으로는 김영삼 정부에서 시작한 '보육시설 확충 3개년 계획(1995~1997)' 직후의 1997년 「영유아보육법」 개정을 통한 보육시설 인가제의 신고제로의 변환, 초등학교 취학 직전 1년 유아의 무상보육실시 근거 마련, 1999년 보육비용의 지방정부 결정 권한 부여, 저소득층 보육료 지원 인상, 영아 및 장애아 전담보육시설 확충, 1999년 농어촌 저소득층 만5세 무상 보육 실시 등이 있다. 당시 주요 여론 및 담론 내용은 '국가경제 활성화'와 '여성 노동력 활용'을 위한 '보육 지원 확대'를 들 수 있다(이지영, 2019). 이는 당시 김대중 정부의 사회복지 핵심 담론인 생산적 복지와 밀접한 관련이 있다(백선희, 2009). 이는 여성의 취업활성화를 위하여 보육시설의 양적 확대가 정책의 우선순위로 결정되는 데 여론 및 담론이 영향을 끼쳤음을 보여준다고 하겠다(이지영, 2019).

2004년부터 2007년까지 주요 변화 내용으로는 2004년의 「유아교육법」 제정 및 「영유아보육법」 전면 개정과 여성가족부로 전담 부서 이관, 설치기준의 인가제로 환원 강화, 2006년의 어린이집 평가인증제 시행, 2006년의 보육시설재무회계규칙 제정 등을 들 수 있다. 당시 주요 여론 및 담론 내용으로는 '저출산 수렁'과 '저출산 극복' 등을 들 수 있다. 이는 저출산 극복을 위한 정책 우선순위로 부모의 보육료 부담 경감이 결정되는 데 여론 및 담론이 영향을 미쳤음을 보여 준다고 하겠다(이지영, 2019).

2008년부터 2012년까지 주요 변화 내용으로는 보건복지부로의 전담부서 이관, 2009년 보육료 차등 지원 소득 하위 50% 가구 확대, 보육전자바우처제도(아이사랑카드) 도입, 2011년 시간연장 어린이집의 소득 하위 70% 보육료 전액 지원, 2011년 공공형 어린이집 시행, 2012년 만 2세 이하 및 만 5세 보육료 지원 전 소득계층 지원 및 5세 누리과정 도입 등을 들 수 있다. 당시 주요 여론 및 담론 내용으로는 '무상유아교육 및 보육'과 '보육 예산'과 '질 좋은 보육시설 확충' 등을 들 수 있다. 이는 계속되는 저출산 현상에 대해 보육료 지원 전폭 확대가 정책 우선순위로 결정되는 데 각종 여론 및 담론이 영향을 미쳤음을 보여 준다(이지영, 2019). 한편, 이 시기 주요 정책의 창은 2011년 8월 무상급식과 관련된 서울시 주민투표 실시와 10월 서울시장 보궐선거였다. 이러한 정책의 창은 보육정책에서 보편적 교육복지의 패러다임의 도입의 기회가 되었다고 하겠다(이지영, 2019).

2013년부터 2016년까지 주요 변화 내용으로는 2013년 5세 이하 전 계층 무상 보육 및 무상교육 실시, 3~4세 누리과정 도입, 2013년 '육아종합지원센터' 명칭 변경 및 확대 개편, 2015년 보육전자바우처 아이행복카드 통합, 2015년 '아이사랑 보육포털' 구축 및 CCTV 설치 의무화, 2016년 맞춤형 보육제도 시행 등을 들 수 있다. 당시 주요 여론 및 담론으로는 '보육 대란' '무상보육 재정 논란' '복지 포퓰리즘' 등을 들 수 있다. 이는 여전히 무상보육 재정에 관한 담론이 보육정책의 대부분을 차지하는 가운데 효율적이고 투명한 재정 집행 등의 추가 정책이 보완되고 있음을 보여 준다(이지영, 2019).

6) 인권 패러다임의 도입

2016년 9월 29일은 지금까지의 중증 정신질환자에 대한 비자의적 강제입원이 헌법에 보장된 권리에 불합치함을 판결받은 역사적인 날이다. 헌법재판소의 전원일치 헌법 불일치 판결에 따라 그동안의 「정신보건법」은 2017년 5월에 「정신건강증진 및 정신질환자 복지서비스 지원에 관한 법률」(약칭: 「정신건강복지법」)으로 전면 개정되었는데, 이는 정신질환자에 대한 복지서비스가 인권 패러다임으로 이동하였음을 보여 준다. 구체적인 변화 내용은 두 가지로 요약된다. 첫째, 비자의적 입원 요건의 강화이다. 보호의무자 2명의 동의와 정신과 전문의 1명의 진단 요건이 변경되어 보호의무자 2명의 동의와 서로 다른 정신의료기관 소속 정신과 전문의 2명의 일치된 진단 요건으로 강화되었다(이상영 외, 2018: 34). 둘째, 모든 비자의적 입원에 대해 1개월 이내의 입원 적합성 심사와 3개월 이내의 연장 심사를 의무화하였다. 이로 인하여 비자의적 입원 비율은 「정신건강복지법」 전면 개정 전인 2016년 12월 기준 61.6%에서 개정 후 2018년 4월 기준 37.1%로 대폭 감소하게 되었다(이상영 외, 2018: 37).

중증 정신질환자의 비자의적 입원 요건 강화는 국가인권위원회와 장애인권단체들이 오랜 기간 개선을 요구하고 노력한 결과라 하겠다. 국가인권위원회가 2009년 발표한 정신장애인 인권 실태조사에 의하면, 정신병원, 정신요양시설, 사회복귀시설 등의 입원 및 입소 환자 중 86%가 허술한 요건에 의하여 비자의적으로 입원 및 입소한 것으로 나타났다(현병철, 2009). 2011년과 2014년에 한국정신장애인연대와 한국정신장애인연합 등의 당사자 인권단체, 장애우권익문제연구소와 공익인권법재단 공감, 국가인권위원회는 정신장애인의 비자의적 입원의 인권침해적 요소에 대한 사회적 쟁점화를 위해 노력하였고, 2011년과 2013년에 보건복지부 역시 비자의적 입원 요건 강화를 위하여 지속적으로 노력하였다. 그러던 중 2013년 11월 비자의적 입원 피해 당사자가 위헌소송을 제기하였고, 그 결과인 헌법 불일치 판결은 「정신건강복지법」 전면 개정의 직접적 원인이 되었다. 그리고 전면 개정으로 인해 정신질환자의 신체의 자유 보장이 보다 강조되었다.

정신장애인을 위한 사회서비스의 인권 패러다임 강화는 2018년에 정부가 발표한 '지역사회 통합 돌봄(커뮤니티케어)' 계획으로 보다 구체화되었다고 할 수 있다. 2019년 6월부터 경기도 화성시에서 2년 계획으로 실시되는 정신질환자 지역사회 통합 돌봄 선도사업은 주간재활서비스 제공기관 및 서비스 연계를 주 내용으로 하는데, 이를 통하여 증상이 호전된 장기입원 정신질환자의 지역사회 복귀를 지원하고 지역사회에 거주하는 경증 정신질환자의 조기 관리 및 치료를 통한 장기입원 예방을 지원한다.

사회서비스의 인권 패러다임 강화는 장애인의 탈시설 지원정책에서도 발견할 수 있다. 2011년에 보건복지부가 장애인 생활시설 이용장애인의 인권 실태를 조사한 결과, 성추행, 성희롱, 폭행, 학대, 체벌 등의 의심 사례와 수치심 유발 사례, 식자재 위생관리 부적합 사례 등이 발견되었다(보건복지부-보도자료, 2011. 12. 9.). 실제로 장애인 시설 내 인권침해 유형은 신체 자유 침해, 통신 자유 침해, 종교 자유 침해, 사생활 자유 침해, 생존권 침해, 재산권 침해, 노동권 침해, 자기결정권 침해 등으로 나뉘는데(박숙경 외, 2017: 23), 이에 해당하는 장애인 생활시설 내 인권침해 사건은 오랜 기간 여러 매체에서 다루어졌음에도 불구하고 법과 제도를 통한 국가의 적극적 개입은 사실상 전무한 상태였다. 2013년에 서울시가 '장애인거주시설 탈시설화 5개년 계획'을 발표하고 600명의 탈시설화를 지원하기 시작하면서(박숙경 외, 2017: 101) 비로소 지방자치단체 주도로 점차 장애인의 탈시설화정책이 점차 확산되기 시작하였다. 2015년 전주시와 대구광역시의 탈시설화 추진계획, 2017년 광주광역시의 탈시설화 5개년 계획을 중심으로, 전국 지방자치단체에서 탈시설정착금, 주택지원, 활동지원서비스 추가지원, 전담부서 및 탈시설전환기관 설치 및 운영 등의 탈시설 지원정책이 실시되었다(박숙경 외, 2017: 102-109). 그리고 2018년 마침내 중앙정부는 제5차 장애인정책종합계획에서 탈시설 지원 계획을 발표하였다.

7) 전문사회복지사 확대

사회복지사의 전문성 강화를 위한 노력은 2000년대 이후 지속되어 왔으나, 2018년의「사회복지사업법」개정으로 인하여 전문사회복지사제도가 보다 확대되었다.

2006년과 2009년에 한국사회복지사협회, 한국사회복지교육협의회, 한국사회복지학회가 공동 주관하여 개최한 토론회를 포함하여 학계와 현장에서는 사회서비스의 저변 확대와 더불어 질적 전문성 강화에 관한 요구에 부응하고자 교육과 실습을 강화하는 동시에 사회복지사의 처우 개선을 위하여 지속적으로 노력하여 왔다. 2017년 한국사회복지사협회 주관 토론회에서는 학교, 의료, 정신보건 영역의 사회복지사 자격을 국가가 관리할 것을 본격적으로 요구하였다.

마침내 2018년 11월 23일에「사회복지사업법」개정 법안이 국회를 통과하면서 기존의 민간 영역에서 관리되었던 의료사회복지사와 학교사회복지사 자격을 국가가 관리하게 되는 규정이 신설되었다. 또한 정신건강사회복지사 자격 역시 이전의 정신건강전문요원 자격제도에서 정신건강사회복지사 자격제도로 변화하게 되었다. 이는 사회복지사 자격제도의 역사에서 큰 의미를 차지한다. 2003년 제1회 사회복지사 국가시험을 통한 사회복지사 1급 자격증 신설 이후 그리고 1997년 국가자격으로 발급되던 정신건강전문요원 자격 이후 처음으로 전문사회복지사 국가자격제도가 신설되었다는 점에서 큰 의의가 있다고 하겠다. 의료사회복지사는 종합병원 등에서, 학교사회복지사는 초 · 중 · 고등학교와 교육복지센터 등에서, 정신건강사회복지사는 정신의료기관, 정신건강복지센터, 중독관리통합지원센터 등에서 국가자격증을 지닌 전문사회복지사로서 업무를 수행할 수 있게 되었다.

학교사회복지사의 경우 민간단체인 한국학교사회복지사협회 발급자 수가 2005년 91명에서 2006년에 182명으로 증가하다가 2009년에 63명으로 감소한 후 2020년 9월 현재 146명에 달했으며, 총 1,598명이 자격증을 보유한 것으로 나타났다(보건복지부, 2020). 한편, 의료사회복지사는 민간단체인 대한의료사회복지사협회 발급자 수가 2008년 처음 257명에서 2009년에 76명, 2019년에 40명으로 감소하였다가 2020년 9월 현재 332명으로 증가하였고, 총 1,302명이 자격증을 보유한 것으로 나타났다(보건복지부-보도자료, 2020. 12. 1.). 2020년 12월의「사회복지사업법 시행령」개정으로 인하여 의료사회복지사와 학교사회복지사는 앞으로 보건복지부 장관이 지정한 규정에 따라 수련을 이수한 후 국가자격증을 취득할 수 있게 되었다.

생각해 볼 문제

1. 1987년 이후 한국 복지국가의 기반 형성의 사회적, 정치적, 경제적 배경을 생각해 보자.

2. 사회보험의 확대 과정과 공공 부문 사회복지 전문직의 양적 확대와 조직개편 과정을 생각해 보자.

3. 사회복지의 지역화 및 주민참여 강화 과정을 생각해 보자.

4. 사회서비스의 인권 패러다임 도입과 공공성 확대 과정을 생각해 보자.

추천 자료

1. 한국 지방자치제도의 변화와 이에 따른 공공사회서비스전달체계의 변화에 대해 깊이 있게 다룬 내용이다.

   강혜규, 이한나, 김보영, 주은수, 최지선, 최권호, 최요석(2019). **공공서비스 운용의 최적화를 위한 복지전달체계연구 3: 인적자원관리를 중심으로**. 세종: 한국보건사회연구원.

2. 한국 아동돌봄서비스 변화 과정에 대해 다룬 내용이다.

   이지영(2019). 신문 사설에 나타난 보육정책 담론분석. **육아정책연구, 13**(1), 29-51.

3. 한국 공공 사회서비스 전달체계 발전 과정과 중앙정부 관료의 역할을 사실적으로 다룬 내용이다.

   이현주, 유진영(2015). **공공 사회복지 전달체계의 변화와 정책적 함의**. 세종: 한국보건사회연구원.

참고문헌

감정기(1992). 한국 사회복지사 시대구분 –공적 노동복지제도 분석을 중심으로–. 경남대사회과학연구소, 사회과학연구.

감정기(1994). 한국노총 정치참여의 특성과 그 영향요인에 관한 연구. 서울대학교 대학원 박사학위논문.

감정기, 최원규, 진재문(2010). 사회복지의 역사. 서울: 나남.

강혜규, 안수란, 류진아, 엄태영, 진재문, 홍재봉, 유애정, 권영빈(2018). 공공서비스 이용의 최적화를 위한 복지전달체계 연구 2: 지역 기반 거버넌스를 중심으로. 세종: 한국보건사회연구원.

강혜규, 이한나, 김보영, 주은수, 최지선, 최권호, 최요석(2019). 공공서비스 운용의 최적화를 위한 복지전달체계연구 3: 인적자원관리를 중심으로. 세종: 한국보건사회연구원.

강혜규, 김보영, 길현종, 김동진, 김화진, 유애정, 최복천, 함영진, 안수란, 권영빈, 이정은, 하태정, 이주민(2017). 공공서비스 이용의 최적화를 위한 복지전달체계 연구 1: 구조와 기능을 중심으로. 세종: 한국보건사회연구원.

고세훈(1992). 대변혁 시대의 대안적 사회 민주주의: 논리, 전개, 전망. 사회비평, 8, 140-186.

곽안련(Clark, C. A.). (2012). 교회샤회사업(개정판). 서울: 대한기독교서회.

구자헌(1970). 한국사회복지사. 서울: 한국사회복지연구소.

권상철, 박경환(2017). 새천년개발목표(MDGs)에서 지속가능개발목표(SDGs)로의 이행: 그 기회와 한계. 한국지역지리학회지, 23(1), 62-88.

권오구(2000). 사회복지발달사(개정증보2판). 서울: 홍익재.

권현수(1994). 사회복지의 사적 전개. 현외성 외 공저, 사회복지학의 이해. 서울: 유풍출판사.

김가율(2014). 중국 사회복지제도의 변천: 다원적 분리형 복지체계에서 사회화된 통합적 보장체계로. 사회복지정책, 41(1), 65-94.

김교성, 백승호, 서정희, 이승윤(2018). 기본소득이 온다: 분배에 대한 새로운 상상. 서울: 사회평론아카데미.

김기현(2009). 선비: 사유와 삶의 지평. 서울: 민음사.

김동국(1994). 서양사회복지사론:영국의 빈민법을 중심으로. 서울: 유풍출판사.

김병철, 류샤오징, 리즈밍, 야오젠핑, 양쓰빈, 양젠하이, 양준, 왕완, 장진바오, 주야펑, 챠오칭메이(2018). 중국의 사회보장제도. 경기: 나남.

김상균(1987). 현대사회와 사회정책. 서울: 서울대학교출판부.

김석준(1991). 신흥공업국의 국가와 복지정책 산출구조: 한국과 대만 비교. 복지국가의 현재와 미래. 한림대학교 사회복지세미나 자료.

김순양(2010). 보건의료 정책과정에서의 옹호연합(Advocacy Coalitions)의 형성과 작동: 의약분업 및 의료보험통합 논쟁 사례의 비교, 분석. 한국정책학회보, 19(2), 1-44.

김연명(1998). 한국의 노동운동과 사회보장 전략: 정치적 '연대' 형성의 조건과 과제. 한국사회복지학, 34, 23-44.

김연희(1983). 우리나라 사회복지발달유형에 관한 연구. 이화여자대학교 대학원 석사학위논문.

김영순(1996). 복지국가의 위기와 재편: 영국과 스웨덴의 경험. 서울: 서울대학교출판부.

김영순(2013). 누가 어떤 복지국가를 만드는가?: 서구 복지국가들의 형성 및 발전과정이 한국의 보편주의 논의에 주는 함의. 경제와 사회, (97), 192-225.

김영순(2017). 기본소득제 부상의 사회경제적 배경과 의미: 하나의 비판적 검토. 월간 복지동향, (221), 5-13.

김영종(1999). 사회복지 조사방법론. 서울: 학지사.

김영종(2012). 한국 사회서비스 공급체계의 역사적 경로와 쟁점, 개선 방향. 보건사회연구, 32(2), 41-76.

김영종(2020). 사회복지의 민간 · 공공 역할분담, 역사적 전개와 과제. 한국사회복지역사학회 · 한국보건사회연구원 2020년 춘계공동학술대회 자료집. 5-16.

김융일, 조홍식, 김연옥(1995). 사회사업 실천론. 서울: 나남출판.

김태성, 성경륭(1993). 복지국가론. 서울: 나남출판.

김태성, 성경륭(2014). 복지국가론(개정2판). 경기: 나남.

나병균(1989a). 계와 사회보장. 하상락 편, 한국사회복지사론(pp. 215-244). 서울: 박영사.

나병균(1989b). 향약과 사회보장. 하상락 편, 한국사회복지사론(pp. 185-214). 서울: 박영사.

나병균(1990). 한국의 국가와 사회보험정책. 한림대학교 논문집, 제8집.

나병균(1993). 제3세계 국가들간의 복지정책 비교를 위한 이론적 논의: 행위자로서 국가 역할을 중심으로. 한림대학교 사회복지연구소 편, **비교사회복지**(제2집, pp. 35-52). 서울: 을유문화사.

나병균, 허남순, 차흥봉(1987). 전통적 복지관행. 한림대학 아시아문화연구소 편, **홍천군의 전통문화**(pp. 195-243). 강원: 한림대학 아시아문화연구소.

남찬섭(2005). 한국의 60년대 초반 복지제도 재편에 관한 연구: 1950년대와의 관련성을 중심으로. **사회복지연구, 27**, 33-75.

류정희(2015). 중국 복지제도의 현황과 쟁점. **보건복지포럼, 222**, 22-34.

류진석(1999). 세계화시대의 복지개혁: 복지국가 위기 이후의 대응. 한국사회과학연구소 사회복지연구실 편, **세계의 사회복지**(pp. 11-54). 서울: 인간과복지.

류진석(2000). 세계화와 한국의 사회복지: 신화, 사실 그리고 대안. **2000 한국사회복지학회 추계학술대회 자료집.**

민기채(2017). 북한 사회주의 복지체제와 기본소득의 제도적 친화성에 관한 연구. **입법과 정책, 9**(3), 455-480.

민기채, 조성은, 한경훈, 김아람(2016). **북한 노후소득보장 제도 및 실태 연구**. 전북: 국민연금공단 국민연금연구원.

박광준(1992). 사회복지 서비스의 탈사회화. 현외성 편, **복지국가의 위기와 신보수주의적 재편**(pp. 87-113). 서울: 대학출판사.

박광준(1994). 영국의 사회보장. 신섭중 외 공저, **세계의 사회보장**(pp. 17-83). 서울: 유풍출판사.

박광준(1998). **페비안 사회주의와 복지국가의 형성**. 서울: 대학출판사.

박광준(2013). **한국사회복지역사론: 사회복지발전의 국제적 요인을 중시한 근대 이전부터 생산적 복지까지의 한국사회복지역사**. 경기: 양서원.

박광준(2018). **조선왕조의 빈곤정책: 중국 · 일본과 어떻게 달랐나**. 서울: 문사철.

박근갑(2009). **복지국가 만들기: 독일 사회민주주의의 기원**. 서울: 문학과지성사.

박능후(2000). 기초보장제도의 역사적 전개과정과 함의. **보건사회연구, 20**(2), 3-49.

박보영(2005). 미군정 구호정책의 성격과 그 한계: 1945~1948. **사회연구, 6**(1), 69-100.

박상일(1971). 한말 및 일정시대의 사회사업에 관한 연구. 중앙대학교 대학원 석사학위논문.

박세경(2020). 사회서비스 정책의 전망과 과제. **보건복지포럼, 279**(1), 49-65.

박숙경, 김명연, 김용진, 구나영, 문혁, 박지선, 정진, 정창수, 조아라, 두루(2017). 장애인 탈시설 방안 마련을 위한 실태조사 -시설에서 지역사회로의 전환을 위한 정책 연구-.

[NHRC] 국가인권위원회 발간자료.

박순우(1999). 영국의 사회복지. 한국사회과학연구소 사회복지연구실 편, 세계의 사회복지(pp. 97-146). 서울: 인간과복지.

박홍규(2018). 복지국가의 탄생: 사회민주주의자 웹 부부의 삶과 생각. 경기: 아카넷.

백선희(2009). 김대중 · 노무현 정부 10년의 보육정책 평가: 국가계획을 중심으로. 비판사회정책, (28), 95-141.

백종만(1996). 해방 50년과 남한의 민간복지. 비판사회정책, 1, 39-62.

부산시보(2019. 11. 14.). 지구촌 마지막 남은 '청정왕국', 세계 최고 수준 '복지국가'.

사마천(2020). 완역 사기 본기 1, 2 (史記本紀). (김영수 역). 경기: 알마.

서기택(1989). 고려시대의 구휼제도. 하상락 편, 한국사회복지사론(pp. 113-149). 서울: 박영사.

서정희, 백승호(2017). 제4차 산업혁명 시대의 사회보장 개혁: 플랫폼 노동에서의 사용종속관계와 기본소득. 법과 사회, (56), 113-152.

성경륭(1991). 한국의 정치체제변동과 사회정책의 변화-정치사회학적 분석. 한국사회학회 1991년도 정기사회학대회 발표논문요약집 모음, 100-104.

성은미, 강혜규, 안태숙, 홍선미, 이연(2012). 사회복지서비스 전달체계 개선방안 연구: 경기도 무한돌봄센터를 중심으로. 경기: 경기복지재단.

소현숙(2010). 경계에 선 고아들: 고아 문제를 통해 본 일제 시기 사회사업과 공공성. 윤해동, 황병주 편. 식민지 공공성: 실체와 은유의 거리(pp. 357-395). 서울: 책과함께.

손병돈(1994). 사회복지민영화 논의에 대한 복지이념모형의 적용: 조지와 윌딩의 모형을 중심으로. 서울대학교 대학원 석사학위논문.

송경옥(1992). 일제 강점기 한국인의 사회복지 활동에 관한 연구: 아동보호활동 사례를 중심으로. 서울대학교 대학원 석사학위논문.

송호근(1997). 시장과 복지정치: 사민주의 스웨덴 연구. 경기: 나남출판.

신동원(1996). 한국 근대 보건의료체제의 형성, 1876~1910. 서울대학교 대학원 박사학위논문.

신용하(1984). 두레공동체와 농악의 사회사. 한국사회연구 제2집. 서울: 한길사.

신용하, 박명규, 김필동 편(1995). 한국사회사의 이해. 서울: 문학과 지성사.

심상용, 심석순, 임종호(2016). 사회복지발달사. 서울: 학지사.

안병영, 정무권, 신동면, 양재진(2018). 복지국가와 사회복지정책. 서울: 다산출판사.

안상훈(1999). 스웨덴의 사회변화와 사민주의 복지개혁. 한국사회과학연구소 사회복지연구실 편, 세계의 사회복지(pp. 217-251). 서울: 인간과복지.

안상훈, 조성은, 길현종(2005). 한국 근대의 사회복지. 서울대학교출판부.

양성욱(2016). 사회서비스의 공공성과 공공 가치 실현의 실재: 사회서비스 바우처 제공기관을 중심으로. 한국사회복지행정학, 18(3), 177-208.

양재진(2008). 한국 복지정책 60년: 발전주의 복지체제의 형성과 전환의 필요성. 한국행정학보, 42(2), 327-349.

양재진(2018). 기본소득은 미래 사회보장의 대안인가? 한국사회정책, 25(1), 45-70.

원용찬(1998). 사회보장발달사: 포스트 복지자본주의와 패러다임. 전북: 신아출판사.

유태종(1992). 한국 개신교 사회사업에 관한 연구. 동국대학교 행정대학원 석사학위논문.

유호선(2007). 독일과 일본의 장기요양보험제도하의 재가서비스 공급체계에 대한 복지혼합(welfare mix) 분석: 역사 제도주의 관점에서. 사회보장연구, 23(3), 201-236.

윤찬영(1998). 사회복지법제론. 서울: 나남출판.

윤홍식(2018a). 이승만 정권시기 한국복지체제: 원조(援助)복지체제의 성립, 1948-1960. 사회복지정책, 45(1), 115-147.

윤홍식(2018b). 민주주의 이행기 한국 복지체제, 1980~1997. 한국사회복지학, 70(4), 37-68.

윤홍식(2019). 한국 복지국가의 기원과 궤적. 서울: 사회평론아카데미.

이규태(1979). 한국사에 있어서의 복지관. 아산사회복지사업재단 편, 복지사회의 이념과 방향.

이방현, 이방원(2018). 한국사회복지역사. 서울: 신정.

이상록(1991). Neo-Marxist 사회정책 발달론에 대한 비판적 연구. 서울대학교 대학원 석사학위논문.

이상록(1999). 남미국가 사회복지제도의 구조적 특성과 최근 변화 동향의 특성. 한국사회과학연구소 사회복지연구실 편, 세계의 사회복지(pp. 345-370). 서울: 인간과 복지.

이상영, 채수미, 전진아, 윤시몬, 차미란, 정진욱, 윤장호, 김영우, 김주혜(2018). 지역 정신건강증진 서비스 공급체계 확충 방안: 지역사회 중증 정신질환 관리를 중심으로. 세종: 한국보건사회연구원.

이상용(2015). 사회복지사업법 개정의 시사점. 보건복지포럼, 220, 102-114.

이영석(2016). 영국의 노년층 빈곤 문제와 1908년 노령연금법. 민유기, 홍용진, 기계형, 남성현, 박진빈, 박찬영, 안상준, 오승은, 이강익, 이성재, 이영석, 허구생 공저, 서양사 속 빈곤과 빈민: 연민과 통제를 넘어 사회적 연대로(pp. 284-321). 서울: 책과함께.

이영수(2020). 한국소득보장제도의 유산과 쟁점. 윤홍식 편, 우리는 복지국가로 간다: 정치 · 경제 · 복지를 통해 본 한국 사회 핵심 쟁점(pp. 212-243). 서울: 사회평론아카데미.

이원삼(1996). 이슬람을 알자. 대한무역투자진흥공사 96년 하반기 중동지역 연구자료.

이익섭, 이혜경, 김동배, 김재엽, 김진수, 최수찬(2004). 세계화의 도전과 사회복지 교육의 대응: 한국의 경험을 중심으로. 연세사회복지연구, 10, 123-173.

이인재, 류진석, 권문일, 김진구(1999). 사회보장론. 경기: 나남출판.

이정은(2016). 지역사회보장계획 수립의 변화와 과제. 보건복지포럼, 237(7), 62-75.

이종래(2000). 시장과 사회 그리고 제도화. 사회연구, 13, 121-146.

이주희, 정성진, 안민영, 유은경(2015). 모호한 고용관계의 한국적 특성 및 전망. 동향과 전망, (95), 252-289.

이지영(2019). 신문 사설에 나타난 보육정책 담론분석. 육아정책연구, 13(1), 29-51.

이철수(2007). 2000년대 북한 사회복지 동향. 세종: 한국보건사회연구원.

이현주, 강신욱, 최슬기, Kadir Ayhan, 박형존(2012). 사회정책과 사회통합의 국가비교: 아시아 국가를 중심으로 1(터키). 서울: 한국보건사회연구원.

이현주, 유진영(2015). 공공 사회복지 전달체계의 변화와 정책적 함의. 세종: 한국보건사회연구원.

이혜경(1983). 비교사회복지학의 이론적 모델 연구. 사회사업학회지, 4, 69-86.

이혜경(1996). 한국 사회복지학의 정체성: 역사적 특수성과 가능성을 중심으로. 연세사회복지연구, 3, 41-57.

이혜경, 남찬섭(2005). 한국 사회복지학의 고등교육 50년: 사회복지의 제도화와 고등교육의 대중화를 배경으로. 한국사회복지교육, 1(1), 69-95.

이혜원, 이영환, 정원오(1998). 한국과 일본의 미군정기 사회복지정책 비교연구: 빈곤정책을 중심으로. 한국사회복지학, 36, 309-338.

이흥재(2011). 사회보장법 형성의 풍토적 특징: "전문집단 헌신" 주도 속의 "국민저항과 집권층대응"의 "정치적 산물". 서울대학교 법학, 52(2), 381-414.

임강택(2017). 북한 주민들의 복지와 시장화. 서울: 통일연구원.

임송산(1983a). 불교복지 I : 사상과 사례. 서울: 법수출판사.

임송산(1983b). 불교사회복지. 서울: 홍익재.

임송산(1985). 불교복지 II : 재난구제사. 서울: 법수출판사.

장지연(2018). 노동존중사회의 사회적 시민권. 신광영 편, 노동존중사회: 노동과 균형적 사회성장(pp. 165-190). 서울: 경제사회발전노사정위원회.

전태일을 따르는 민주노조운동연구소(1998). 경제 대공황과 IMF 신탁통치: 과학적 인식과 주체적 대응을 위하여. 서울: 한울.

정기혜, 김용하, 이지현(2012). 주요국의 사회보장제도-일본편. 서울: 한국보건사회연구원.

정무권(1996). 한국 사회복지제도의 초기형성에 관한 연구. 한국사회정책, 3(1), 309-352.

정원호, 이상준, 강남훈(2016). 4차 산업혁명 시대 기본소득이 노동시장에 미치는 효과 연구. 세종: 한국직업능력개발원.

정홍원, 김보영, 민효상, 이정은(2019). 사회복지사업 지방이양 추진의 쟁점과 제도적 보완. 세종: 한국보건사회연구원.

조영훈(2000). 복지국가의 몰락? 스웨덴 사례 분석을 통한 세계화론의 복지국가 쇠퇴론 검토. 한국사회학, 34, 929-949.

조화영(1990). 조선천주교회의 아동복지에 관한 연구: 박해시대 영해회사업을 중심으로. 성심여자대학교 대학원 석사학위논문.

조홍식(1989). 고려시대의 빈곤정책. 하상락 편, 한국사회복지사론(pp. 150-184). 서울: 박영사.

조홍식(1996). 해방 50년과 남한의 공공복지. 비판사회정책, 1, 13-38.

진재문(1994). 국가코포라티즘의 적합성에 관한 연구: 의료보험법(1976)의 정책결정과정을 중심으로. 서울대학교 대학원 석사학위논문.

채오병(2014). 이승만 정권의 사회정책 1948-1958: 헌법제정과 개정을 중심으로. 사회이론, (46), 417-448.

최경구(1991). 조합주의 복지국가. 서울: 한나래.

최병조(1997). 사법상 단체에 관한 일반론: 단체법론의 역사적 발전과정을 중심으로. 민사판례연구, 제19집.

최병호(2014). 우리나라 복지정책의 변천과 과제. 예산정책연구, 3(1), 89-129.

최원규(1989). 조선 후기의 아동복지. 하상락 편, 한국사회복지사론(pp. 245-278). 서울: 박영사.

최원규(1996a). 외국민간원조단체의 활동과 한국 사회사업 발전에 미친 영향. 서울대학교 대학원 박사학위논문.

최원규(1996b). 한국 사회복지의 변천과 외원기관의 역할. 한국 사회복지의 선택(pp. 91-108). 서울: 나남출판.

최익한(1946/2013). 조선 사회 정책사. (송찬섭 편). 경기: 서해문집.

최일섭(1987). 지역사회복지론. 서울: 서울대학교출판부.

하상락(1984). 일제 강점기의 사회보장: 한국 사회보장의 역사7. 의료보험, 66, 27-31.

하상락(1989). 한국사회복지사론. 서울: 박영사.

하상락(1997). 한국사회복지사론. 서울: 박영사.

한국복지연구회(1988). **사회복지의 역사**. 서울: 이론과 실천.

함세남, 이원숙, 김덕환, 김범수, 윤찬중, 서화자, 구종회(1996). **선진국 사회복지 발달사**. 서울: 홍익재.

현병철(2009). 정신장애인 인권 보호와 증진을 위한 국가보고서. 국가인권위원회.

현외성(1992). **복지국가의 위기와 신보수주의적 재편: 영국, 미국, 일본의 사회복지개혁**. 서울: 대학출판사.

황덕순, 박찬임, 박제성, Howcroft, D., Bergvall-Kåreborn, B., Berg, J., Spencer, U. H. N. H., Joyce, S., Mandle, I., Stefano, V. De., Prassl, J., Cherry, M. A. (2016). **고용관계 변화와 사회복지 패러다임 연구**. 세종: 한국노동연구원.

永岡正己(2017). 사회사업사학회의 발걸음을 통해 본 일본의 사회사업사 연구의 동향. **전북대학교 인문역량강화(CORE)사업추진단 해외학자초청특강 인문학과 사회사의 만남 특강자료집**, 1-12.

岡村重夫(1983). 社会福祉原論. 東京: 全国社会福祉協議会.

岡村重夫(1986). **사회복지원론** (社會福祉原論). (송정부 역). 서울: 경진사.

鹽野七生(1995~2007). **로마인이야기 1-15** (*Res guestae populi romani*). (김석희 역). 경기: 한길사.

Alcock, P. (2009). The United Kingdom: Constructing a third way?. In P. Alcock & G. Craig (Eds.), *International social policy: Welfare regimes in the developed world* (pp. 109-129). New York, NY: Palgrave Macmillan.

Armstrong, P., Glyn, A., & Harrison, J. (1993). **1945년 이후의 자본주의** (*Capitalism since 1945*). (김수행 역). 서울: 동아출판사.

Ashford, D. E. (1986). The British and French social security systems: Welfare states by intent and by default. In D. E. Ashford, & E. W. Kelley (Eds.), *Nationalizing social security in Europe and America* (pp. 245-271). Greenwich, CT: JAI Press.

Bambra, C. (2004). The worlds of welfare: Illusory and gender-blind? *Social Policy & Society, 3*, 201-212.

Barrientos, A. (2020). Transnational actors and institutionalization of social protection in the Global South. In C. Schmitt (Ed.), *From colonialism to international aid: External actors and social protection in the Global South* (pp. 333-356). New York, NY: Palgrave Macmillan.

Beaud, M. (1987). 자본주의의 역사 (*Histoire du capitalisme: 1500-1980*). (김윤자 역). 서울: 창작과 비평사.

Beveridge, W. H. (1942). *Social Insurance and Allied Services*. London: Her Majesty's Stationery Office.

Bishop, M., & Green, M. (2010). 박애자본주의: 승자만을 위한 자본주의에서 모두를 위한 자본주의로 (*Philanthrocapitalism: How the rich can save the world*). (안진환 역). 서울: 사월의책.

Blum, B., & Kuhlmann, J. (2019). Landscapes in motion: Welfare system reform in 28 European countries, 1998-2018 In S. Blum, J. Kuhlmann, & K. Schubert (Eds.), *Routledge handbook of European welfare systems* (pp. 577-591). London, UK: Routledge.

Bonoli, G. (1997). Classifying welfare states: A two-dimension approach. *Journal of Social Policy, 26*(3), 351-372.

Bonoli, G. (2005). The politics of the new social policies: Providing coverage against new social risks in mature welfare states. *Policy & Politics, 33*(3), 431-449.

Bonoli, G. (2010). The political economy of active labor-market policy. *Politics & Society, 38*(4), 435-457.

Briggs, A. (1961). The welfare state in historical perspective. *European Journal of Sociology, 2*, 221-258.

Buchholz, T. G. (1998). 죽은 경제학자의 살아있는 아이디어: 현대 경제사상의 이해를 위한 입문서 (*New ideas from dead economists*). (이승환 역). 경기: 김영사.

Caritas Europa (2012). *The future of the welfare state: A comparative study in EU-countries*. Freiburg, Germany: Lambertus-Verlag.

Carr, E. H. (1987). *What is history?* (2nd ed.). London: Penguin Books.

Castles, F. G. (2006). The growth of the post-war public expenditure state: Long-term trajectories and recent trends (TranState Working Papers No. 35). http://hdl.handle.net/10419/24948

Castles, F. G., Leibfried, S., Lewis, J., Obinger, H., & Pierson, C. (Eds.). (2010). *Oxford*

Handbook of the Welfare State. London, UK: Oxford University Press.

Castles, F. G., & Mitchell, D. (1993). Worlds of welfare and families of nations. In F. G. Castles (Ed.), *Families of nations: Patterns of public policy in western democracies* (pp. 93-128). Aldershot: Dartmouth Publishing Company.

Chan, R. (2001). The welfare system in southeast Asia: Development and challenges (Working Paper Series No. 13). Hong Kong: City University of Hong Kong.

Clarke, J., & Piven, F. F. (2009). An American welfare state? In P. Alcock & G. Craig (Eds.), *International social policy: Welfare regimes in the developed world* (pp. 25-44). New York, NY: Palgrave Macmillan.

Clarke, T. N., Lipset, S. M., & Rempel, M. (1993). The declining political significance of social class. *International Sociology, 8*(3), 293-316.

Cliento, Sir R. (1949). The world moves toward professional standards in social work. *Social Work as Human Relations*. New York: Columbia University Press.

Cochrane, A. (1998). What sort of safety-net? Social security, income maintenance and the benefits system. In G. Hughes, & G. Lewis (Eds.). *Unsettling welfare: The reconstruction of social policy* (pp. 291-331). London, UK and New York, NY: Routledge.

Cohen, N. E. (1957). *Social work in the American tradition*. New York: Holt, Rinehart and Winston.

Cole, G. D. H. (2015). 영국 협동조합의 한 세기 (*Century of co-operation*). (정광민 역). 충남: 그물코.

Cordery, S. (2003). *British Friendly Societies 1750~1914*. New York: Palgrave Macmillan.

Croce, B. (2000). *History as the story of liberty*. London: Liberty Fund.

Curl, J. (2009). *For all the people: Uncovering the hidden history of cooperation, cooperative movements, and communalism in America*. Oakland: PM Press.

Dailey, W. J. (1974). Professionalism and the public dollar. *Social Casework, 55*(7), 428-434.

Day, P. J. (1997). *A new history of social welfare* (2nd ed.). Boston, Massachusetts: Allyn & Bacon.

Del Pino, E., & Ramos, J. A. (2018). Is welfare retrenchment inevitable? Scope and drivers of healthcare reforms in five Spanish regions during the crisis. *Journal of Social Policy,*

47(4), 701-720.

Devereux, S., & Kapingidza, S. (2020). External donors and social protection in Africa: A case study of Zimbabwe. In C. Schmitt (Ed.), *From colonialism to international aid: External actors and social protection in the Global South* (pp. 273-302). New York, NY: Palgrave Macmillan.

Dinan, S. (2019). A typology of activation incentives. *Social Policy & Administration, 53*(1), 1-15.

Dolgoff, R., & Feldstein, D. (1984). *Understanding social welfare* (2nd ed.). New York, NY: Longman.

Edmiston, D., Patrick, R., & Garthwaite, K. (2017). Austerity, welfare and social citizenship. *Social Policy and Society, 16*(2), 253-259.

Esping-Andersen, G. (1990). *The three world of welfare capitalism*. Cambridge, UK: Polity Press.

Esping-Andersen, G. (1996). After the golden age? Welfare state dilemmas in a global economy. In G. Esping-Anderson (Ed.), *Welfare state in transition* (pp. 1-31). London, UK: Sage.

Esping-Andersen, G. (1999). *Social foundations of postindustrial economies*. Oxford, UK: Oxford University Press.

Evans, R. (1999). **역사학을 위한 변론** (*In defence of history*). (이영석 역). 서울: 소나무.

Farr, I. (2007). Farmers' Cooperatives in Bavaria, 1880-1914: 'State-Help' and 'Self-Help' in Imperial Germany. *Rural History, 18*(2), 163-182.

Ferrera, M. (1996). The Southern model of welfare in Social Europe. *Journal of European Social Policy, 6*(1), 17-37.

Fine, B., & Harris, L. (1990). **현대 정치경제학 입문: 자본주의의 변모와 원론의 재정립** (*Rereading capital*). (김수행 역). 서울: 한울.

Flora, P., & Alber, J. (1981). Modernization, democratization, and the development of welfare states in western Europe. In P. Flora & A. J. Heidenheimer (Eds.), *The development of welfare states in Europe and America* (pp. 37-80). London, UK: Transaction Books.

Forno, F. (2013). Co-Operative movement. In D. A. Snow, D. D. Prota, B. Klandermans,

& D. McAdam (Eds.), *The Wiley-Blackwell Encyclopedia of Social and Political Movements* (pp. 278–280). Oxford: Blackwell Publishing.

Friedlander, W. A., & Apte, R. Z. (1974). *Introduction to social welfare* (4th ed.). Englewood Cliffs: Prentice-Hall Inc.

Friedman, M., & Friedman, R. (1980). *Free to choose: A personal statement.* New York: A Harvest Book.

Gao, Q. (Ed.). (2017). *Welfare work, and poverty: Social assistance in China.* New York, NY: Oxford University Press.

Garrett, G., & Mitchell, D. (2001). Globalization, government spending and taxation in the OECD. *European Journal of Political Research, 39*(2), 145–177.

George, V. (1996). The future of the welfare state. In V. George & P. Taylor-Gooby (Eds.), *European welfare policy* (pp. 1–30). New York, NY: St. Martin Press.

George, V., & Miller, S. (1993). 2000 beyond: A residual or a citizens' welfare state?. In V. George & S. Miller (Eds.), Social policy towards 2000 (pp. 215–225). London, UK: Routledge.

Giddens, A. (1994). *Beyond left and right: The future radical politics.* Stanford, CA: Stanford University Press.

Gigli, S., Haelg, F., Potrafke, N., & Sturm, J-E. (2019). The KOF Globalisation Index: Revisited. *The Review of International Organization, 14*(3), 543–574.

Goodin, R., & Le Grand, J. (1987). *Not only the poor: The middle classes and the welfare state.* London, UK: Allen & Unwin.

Gough, I. (1979). The political economy of the welfare state. London: Macmillan.

Gough, I., Wood, G., Barrientos, A., Bevan, P., Davis, P., & Room, G. (2004). *Insecurity and welfare regimes in Asia, Africa and Latin America: Social policy in development contexts.* Oxford, UK: Oxford University Press.

Greve, B. (2020). *Austerity, retrenchment and the welfare state: Truth or fiction?* Cheltenham, UK: Edward Elgar Publishing.

Guinnane, T. W. (2012). State support for the German cooperative movement 1860–1914. *Central European History, 45*(2), 208–232.

Handel, G. (1982). *Social welfare in Western society.* New York: Random House.

Harris, R., & Seldon, A. (1979). *Over-ruled on welfare*. London: Institute of Economic Affairs.

Healy, L. M. (2008). Exploring the history of social work as a human rights profession. *International Social Work, 51*(6), 735-748.

Hemerijck, A. C., & Vandenbroucke, F. (2012). Social investment and the Euro crisis: The necessity of the unifying social policy concept. *Intereconomics, 47*(4), 200-206.

Herodotos (2009). 역사 (*Herodoti historiae*). (천병희 역). 경기: 숲.

Hicks, A. (1999). *Social democracy and welfare capitalism: A century of income security politics*. Ithaca and London: Cornell University Press.

Higgins, J. (1981). *States of welfare: Comparative analysis in social policy*. Oxford: Basil Blackwell & Martin Robertson.

Higginbotham (2000). http://www.workhouses.org.uk

Hill, M. J. (1996). *Social policy: A comparative analysis*. London: Prentice-Hall/Harvester Wheatsheaf.

History of Social Work (2020). 1929 Alice Salomon: Internationalisatioin of social work education. https://socialwelfare.library.vcu.edu/people/hoey-jane-m (2020. 10. 21. 접속)

Holliday, I. (2000). Productivist welfare capitalism: Social policy in East Asia. *Political Studies, 48*(4), 706-723.

Hopps, J. G., & Collins, P. M. (1995). Social work profession overview. In R. Edwards & J. Hopps (Eds.), *Encyclopedia of Social Work* (19th edn, pp. 2266-2282). Washington, DC: NASW Press.

Huber, E. (1999). 남미 국가의 사회정책 선택: 신자유주의 모델 대 사회민주주의 모델. Esping-Andersen, G. 편, **변화하는 복지국가: 글로벌 경제에의 적응** (*Welfare states in transition*). (한국사회복지학연구회 역). 서울: 인간과복지.

Immervoll, H., & Knotz, C. (2018). How demanding are activation requirements for jobseekers? (OECD Social, Employment and Migration Working Papers). Paris: OECD.

International Cooperative Alliance (ICA). (2020). https://www.ica.coop/en/cooperatives/history-cooperative-movement (2020. 10. 21. 접속)

International Labour Organization (ILO). (2017). World social protection report 2017-19:

Universal social protection to achieve the sustainable development goals. Geneva: ILO.

Ismay, P. G. (2010). Trust Among Strangers: Securing British Modernity 'by way of friendly society,' 1780s-1870s. University of California at Berkeley Ph. D Dissertation.

Jessop, B. (1993). Toward a Schumpeterian workfare state? *Studies in Political Economy, 40*, 7-39.

Jones, K. (1991). *The making of social policy in Britain 1830～1990.* London: The Athlone Press Ltd.

Katz, A. (1976). Self help groups and the professional community. The Social Welfare Forum, 1975. New York: Columbia University Press/NASW.

Kavanagh, D. (1987). *Thatcherism and British politics: The end of consensus?* Oxford, UK: Oxford University Press.

Khan, M. A. (1994). An introduction to Islamic economics. Islamabad Pakistan: International Institute of Islamic Thought and Institute of Policy Studies.

Kildal, N. (2001). *Workfare tendencies in Scandinavian welfare policies.* Geneva: International Labour Office.

Korpi, W. (1983). *The democratic class struggle.* London, UK: Routledge & Kegan Paul.

Korpi, W., & Palme, J. (1998). The paradox of redistribution and strategies of equality: Welfare state institutions, inequality, and poverty in the western countries. *American Sociological Review, 63*(5), 661-687.

Kuhnle, S., & Sander, A. (2010). The emergence of the western welfare state. In F. G. Castles, S. Leibfried, J. Lewis, H. Obinger, & C. Pierson (Eds.), *The Oxford handbook of the welfare state* (pp. 61-80). London, UK: Oxford University Press.

Kunzler, D. (2020). The influence of colonialism and donors on social policies in Kenya and Tanzania. In C. Schmitt (Ed.), *From colonialism to international aid: External actors and social protection in the Global South* (pp. 79-107). New York, NY: Palgrave Macmillan.

Kunzler, D., & Nollert, M. (2017). Varieties of drivers of social welfare in sub-Saharan Africa: A critical assessment of current research. *Sozialpolitik, CH, 2*, Article 2.1.

Kwon, H. (1998). Democracy and the politics of social welfare: A comparative analysis of welfare systems in East Asia. In R. Goodman, G. White, & H. Kwon (Eds.), *The East Asian welfare model: Welfare orientalism and the state* (pp. 27-74). New York, NY and London, UK: Routledge.

Kwon, H. (2005). Transforming the developmental welfare state in East Asia. *Development and Change, 36*(3), 477-497.

Kwon, H. (2017). Implications of the sustainable development goals for global social policy. *Global Social Policy, 17*(2), 206-209.

Lee, S. A., & Qian, J. (2017). The evolving Singaporean welfare state. *Social Policy & Administration, 51*(6), 916-939.

Leeuwen, M. H. D. van (1994). Logic of charity: Poor relief in preindustrial Europe. *Journal of Interdisciplinary History, 24*(4), 589-613.

Leisering, L. (2009). Germany: A centrist welfare state at the crossroads. In P. Alcock & G. Craig (Eds.), *International social policy: Welfare regimes in the developed world* (pp. 148-170). New York, NY and Hampshire, UK: Palgrave Macmillan.

Lohman, R. A. (2020). Simon Nelson Patten. The West Virginia University. https://researchrepository.wvu.edu/cgi/viewcontent.cgi?article=3751&context=faculty_publications (2020. 10. 21. 접속)

Luiz, J. M. (2013). A review of social welfare in sub-Saharan Africa: From the colonial legacy to the millennium development goals. *Economic Papers, 32*(1), 110-121.

Lundstrom, T., & Svedberg, L. (2003). The voluntary sector in a social democratic welfare state: The case of Sweden. *International Social Policy, 32*(2), 217-238.

Macarov, D. (1978). *The design of social welfare*. New York: Holt, Rinehart & Winston.

Maclean, L. M. (2002). Constructing a social safety net in Africa: An institutionalist analysis of colonial rule and state social policies in Ghana and Cote d'Ivoire. *Studies in Comparative International Development, 37*(3), 64-90.

MacPherson, S., & Midgley, J. (1987). *Comparative social policy and the third world*. Sussex, UK: Wheatsheaf Books.

MacPherson, S., & Midgley, J. (1989). **비교사회정책과 제3세계** (*Comparative social policy and the Third World*). (현외성 역). 경남: 성은출판사.

Martin, H-P., & Schmann, H. (1998). **세계화의 덫** (*Globalisierungsfalle*). (강수돌 역). 서울:

영림카디널.

Maul, D. (2016). The ILO, Asia and the beginning of technical assistance 1945-1960. In N. Lichtenstein & J. Jensen (Eds.), *The ILO from Geneva to the Pacific Rim: West meets east* (pp. 110-133). London, UK: Palgrave Macmillan.

Merrien, F-X. (2000). 복지국가 (*L'État-providence*). (심창학, 강봉화 공역). 경기: 한길사.

Mesa-Lago, C. (2008). History of social security in Latin America. International Meeting on the History of Insurance Companies in the World. Madrid, May 8-9.

Meyer, H. J. (1977). Sociological Comment. *Encyclopedia of Social Work*.

Midgley, J. (1986). 제3세계 불평등과 사회보장 (*Social security, inequality and the third world*). (복지연구회 역). 서울: 한국복지정책연구소.

Midwinter, E. (1994). *The development of social welfare in Britain*. Buckingham: Open University Press.

Miliband, R. (1969). *The state in capitalist society*. New York: basic Books.

Mioni, M., & Petersen, K. (2020). Cold war and social protection in Burma and Malaysia. In C. Schmitt (Ed.), *From colonialism to international aid: External actors and social protection in the Global South* (pp. 45-78). New York, NY: Palgrave Macmillan.

Mishra, R. (1984). *The welfare state in crisis: Social thought and social change*. Sussex, UK: Wheatsheaf Books.

Mishra, R. (1990). *The welfare state in capitalist society*. London, UK: Harvester Wheatsheaf.

Mkandawire, T. (2016). Colonial legacies and social welfare regimes in Africa: An Empirical Exercise (UNRISD Working Paper No. 2016-4). Geneva: United Nations Research Institute for Social Development (UNRISD).

National Association of Social Workers (NASW). (1977). Special issue on conceptual frameworks. *Social Work, 22*(5), 338-444.

NBC News (2013. 7. 22.). Muslims give more to charity than others, UK poll says. https://www.nbcnews.com/news/world/muslims-give-more-charity-others-uk-poll-says-flna6c10703224 (Retrieved 04 January 2020).

Ng, I. Y. H. (2011). Workfare in Singapore. In C. Chan & K. Ngok (Eds.), *Welfare reform in east Asia: Towards workfare?* (pp. 131-148). New York, NY: Routledge.

O'Connor, J. S. (1973). *The fiscal crisis of the state.* New York: St. Martin's Press.

Obinger, H., & Starke, P. (2015). Welfare state transformation: Convergence and the rise of the supply-side model. In S. Leibfried (Ed.), *The Oxford handbook of transformations of the state* (pp. 465-481). Oxford, UK: Oxford University Press.

OECD Statistics. SOCX Database. https://stats.oecd.org/

Orloff, A. (1993). Gender and the social rights of citizenship: The comparative analysis of gender relations and welfare states. *American Sociological Review, 58*, 303-328.

Ortiz, I., & Cummins, M. (2019). Austerity: The new normal: A renewed Washington consensus 2010-24 (Working Paper Series). IPD/ITUC/PSI/EURODAD/BWP.

Pang, E. F., & Lim, L. Y. (2015). Labor, productivity and Singapore's development model. *Singapore Economic Review, 60*(3), doi: 10.1142/S0217590815500332.

Patten, S. N. (1968). *The new basis of civilization.* Cambridge, MA: Harvard University Press.

Perrin, G. (1969). Reflections on fifty years of social security. *International Social Security Review, XXII*(4), 564-603.

Pierson, C. (1991). *Beyond the welfare state? The new political economy of welfare.* Cambridge, UK: Polity Press.

Pierson, C. (1999). **전환기의 복지국가** (*Beyond the welfare state*). (현외성, 강욱모 공역). 경남: 경남대학교출판부.

Pierson, C., Humpage, L., Fisher, P., Buckner, L., Ronchi, S., & Mills, C. (2016). Coming together or drifting apart? Income maintenance in Australia, New Zealand, and the United Kingdom. *Politics & Policy, 44*(2), 261-293.

Pierson, P. (1994). Dismantling the welfare state. *World Politics, 48*(2), 143-179.

Pierson, P. (2001). *The new politics of the welfare state.* Oxford, UK: Oxford University Press.

Pinch, S. (1993). Social polarisation: A comparison of evidence from Britain and the United States. *Environment and Planning A, 25*, 779-795.

Pitman, L. (2018). History of cooperatives in the United State: An overview. University of Wisconsin-Madison, Center for Cooperatives.

Piven, F. F., & Cloward, R. (1993). *Regulating the poor: The functions of public welfare.*

New York, NY: Vintage Books.

Pochet, P., & Degryse, C. (2012). The programmed dismantling of the 'European Social Model'. *Intereconomics, 47*(4), 212-217.

Polanyi, K. (2013). **거대한 전환: 우리 시대의 정치 · 경제적 기원** (*The great transformation: The political and economic origins of our time*). (홍기빈 역). 서울: 길.

Quadagno, J. (1994). *The color of welfare: How racism undermined the war on poverty.* Oxford, UK: Oxford University Press.

Rein, M. (1985). Women, Employment and Social Welfare. In R. Klein & M. O'Higgins (Eds.), *The future of the welfare* (pp. 37-58). Oxford, UK: Blackwell.

Reitz, M. (2006). **중세 산책: 성에 살던 중세인들의 꿈과 일상** (*Leben auf der Burg*). (이현정 역). 서울: 플래닛미디어.

Rimlinger, G. V. (1991). **사회복지의 사상과 역사: 유럽, 미국, 러시아의 사회정책을 중심으로** (*Welfare policy and industrialization in Europe, America and Russia*). (한국사회복지학 연구회 역). 서울: 한울 아카데미.

Rodrik, D. (1998). Why do more open economies have bigger governments? *Journal of Political Economy, 106*(5), 997-1032.

Rose, M. E. (1982). *The relief of poverty 1834-1914*. London: The Macmillan Press Ltd.

Sacchi, S. (2018). The Italian welfare state in the crisis: Learning to adjust? *South European Society & Politics, 23*(1), 29-46.

Sainsbury, D. (1999). Gender, policy regimes and politics. In D. Sainsbury (Ed.), *Gender and welfare state regimes* (pp. 245-275). Oxford, UK: Oxford University Press.

Salonen, T. (2009). Sweden: Between model and reality. In P. Alcock & G. Craig (Eds.), *International social policy: Welfare regimes in the developed world* (pp. 130-147). New York, NY and Hampshire, UK: Palgrave Macmillan.

Savas, E. S. (1987). *Privatization: The key to better government*. Chatham, NJ: Chatham House Publishers.

Schmitt, C. (2020a). External actors and social protection in the Global South: An overview. In C. Schmitt (Ed.), *From colonialism to international aid: External actors and social protection in the Global South* (pp. 3-18). New York, NY: Palgrave Macmillan.

Schmitt, C. (2020b). The colonial legacy and the rise of social assistance in the Global

South. In C. Schmitt (Ed.), *From colonialism to international aid: External actors and social protection in the Global South* (pp. 137-160). New York, NY: Palgrave Macmillan.

Schmitter, P. C., & Lehmbruch, G. (Ed.). (1979). *Trends toward corporatist intermediation.* Beverly Hills, Calif.: Sage Publications.

Schubert, K., Villota, P., & Kuhlmann, J. (2016). *Recent developments of European welfare systems: Multiple challenges and diverse reactions*. Cham, Switzerland: Springer.

Schustereder, I. (2010). *Welfare state change in leading OECD countries*. Germany: Gabler Verlag.

Schwab, K. (2016). *The fourth industrial revolution: What it means, how to respond*. Geneva, Switzerland: World Economic Forum.

Schweinitz, K. de. (2001). **영국 사회복지 발달사: 1349년 노동자 조례에서 1942년 베브리지 보고서까지** (*England's road to social security*). (남찬섭 역). 서울: 인간과복지.

Seekings, J. (2014). Are African welfare states different? Welfare state building in (Anglophone) Africa in comparative perspective. Paper presented at Workshop on Social Policy and Regimes of Social Welfare in Africa. University of Fribourg, Switzerland.

Seekings, J. (2015). The 'developmental' and 'welfare' state in South Africa: Lessons for the southern African region (CSSR Workig Paper No. 358). ESRC/DFID.

Selbourne, D. (1985). *Against socialist illusion*. London, UK: Macmillan.

Shaw, G. B. (2006). **페이비언 사회주의** (*Fabian essays in socialism*). (고세훈 역). 서울: 아카넷.

Shawky, A. (1972). Social work education in Africa. *International Social Work, 15*(1), 3-16.

Skocpol, T. (1980). Political response to capitalist crisis: Neo-marxist theories of the state and case of the new deal. *Politics & Society, 10*(2), 155-201.

Slack, P. (1995). *The English Poor Law 1531～1782.* Cambridge: Cambridge University Press.

Social Security Administration (SSA). (2018). *Social security programs throughout the world: Asia and the Pacific*. Washington, DC: International Social Security Association.

Sorensen, J. (2010). Edith Abbott: Social reformer, author, administrator and educator. Social Welfare History Project. https://socialwelfare.library.vcu.edu/people/abbott-edith (2020. 10. 21. 접속)

Sorensen, J. (2011). Grace Abbott: Social Work Pioneer, reformer, Hull House resident and chief of the children's Bureau. Social Welfare History Project. https://socialwelfare.library.vcu.edu/organizations/childrens-bureau/abbott-grace (2020. 10. 21. 접속)

Starke, P. (2008). *Radical welfare state retrenchment: A comparative analysis*. Basingstoke, UK: Palgrave Macmillan.

Streeck, W., & Thelen, K. (2005). Introduction: Institutional change in advanced political economies. In W. Streek, & K. Thelen (Eds.), *Beyond continuity: Institutional change in advanced political economies* (pp. 1-39). Oxford, UK: Oxford University Press.

Stroup, H. H. (1948). *Social work: An introduction to the field*. New York: American Book Company.

Stryker, R. (1998). Globalization and the welfare state. *International Journal of Sociology and Social Policy, 18*, 1-49.

Sumarto, M. (2017). Welfare regime change in developing countries: Evidence from Indonesia. *Social Policy & Administration, 51*(6), 940-959.

Taylor-Gooby, P. (2004). *New risks, new welfare: The transformation of the European welfare state*. Oxford, UK: Oxford University Press.

Taylor-Gooby, P. (2013). *The double crisis of the welfare state and what we can do about it*. New York, NY and Hampshire, UK: Palgrave Macmillan.

The New Humanitarian (2012. 6. 1.). A faith-based aid revolution in the Muslim world? https://www.thenewhumanitarian.org/report/95564/analysis-faith-based-aid-revolution-muslim-world (2020. 1. 4. 검색).

Therborn, G. (1987). Welfare state and capitalist state markets. *Acta Sociologica, 30*(3/4), 237-254.

Thompson, E. P. (1963). *The making of the English working class*. London: Gollancz.

Titmuss, R. (1950). *Problems of social policy* (UK Civil Series). London, UK: HMSO.

Trattner, W. I. (1999). *From Poor Law to welfare state: A history of social welfare in America*. New York: The Free Press.

United Nations (UN). World Population Prospects 2019. https://population.un.org/wpp/Download/Standard/Population

United Nations (UN). (2015). *The Millennium Development Goals report 2015*. New York,

NY: United Nations.

United Nations Development Programme (UNDP). (2019). Human Development Report 2019, New York, NY: United Nations Development Programme.

Vilas, C. (1996). Neoliberal social policy: Managing poverty (somehow). *NACLA Report on the Americas, 29*(6), 16–25.

White, G., & Goodman, R. (1998). Welfare orientalism and the search for an East Asian welfare model. In R. Goodman, G. White, & H. Kwon (Eds.), *The East Asian welfare model: Welfare orientalism and the state* (pp. 3–24). New York, NY and London, UK: Routledge.

Wikipedia Contributors (2020. 12. 27.). Islam by country. In Wikipedia, The Free Encyclopedia. Retrieved 03:32, January 4, 2021, from https://en.wikipedia.org/w/index.php?title=Islam_by_country&oldid=996594247

Wikipedia Contributors. (2020. 11. 5.). Economy of the Organisation of Islamic Cooperation. In Wikipedia, The Free Encyclopedia. Retrieved 03:31, January 4, 2021, from https://en.wikipedia.org/w/index.php?title=Economy_of_the_Organisation_of_Islamic_Cooperation

Wikipedia Contributors. (2020. 12. 28.). Islamic socialism. In Wikipedia, The Free Encyclopedia. Retrieved 01:08, January 4, 2021, from https://en.wikipedia.org/w/index.php?title=Islamic_socialism&oldid=996739870

Wilensky, H. L., & Lebeaux, C. N. (1980). **산업사회와 사회복지** (*Industrial society and social welfare*). (장인협 역). 서울: 대한교과서주식회사.

Woodroofe, K. (Ed.). (1974). *From charity to social work in England and the United States*. London, UK: Routledge & Kegan Paul.

World Bank (1999). World Development Indicators.

Zagorin, P. (1990). Historiography and Post-modernism: Reconsiderations. *History and Theory, 29*, 263–274.

Zelenev, S. (2018). International Council on Social Welfare. Encyclopedia of Social Work. Available online at: https://oxfordre.com/socialwork/view/10.1093/acrefore/9780199975839.001.0001/acrefore-9780199975839-e-1275?rskey=HPHT5O&result=1

Council on Social Work Education (CSWE) http://www.cswe.org

Grace Abbott https://www.ssa.uchicago.edu/grace-abbott (2020. 10. 21. 접속)

IMF World Economic Outlook (WEO) Database https://www.imf.org/en/Publications/WEO/weo-database/2020/October/select-aggr-data

MDG Monitor http://www.mdgmonitor.org

National Association of Social Workers (NASW) http://www.socialworkers.org

The University of Chicago https://crownschool.uchicago.edu/grace-abbott (2020. 10. 21. 검색).

The Workhouse—The 1834 Poor Law Amendment Act http://www.workhouses.org.uk/poorlaws/oldpoorlaw.shtml

The Workhouse—The Old Poor Law http://www.workhouses.org.uk/poorlaws/oldpoorlaw.shtml

Wikipedia—Workhouse https://en.wikipedia.org/wiki/Workhouse#Work

국가인권위원회—보도자료(2009. 11. 4.). 인권위, 정신장애인 인권 실태와 정책 대안 담은 보고서 발표. https://www.humanrights.go.kr/site/program/board/basicboard/view?&boardtypeid=24&currentpage=196&menuid=001004002001&pagesize=10&boardid=595719 (2020. 12. 10. 검색)

국사편찬위원회—한민족독립운동사 5권(한민족독립운동사 5권 일제의 식민통치>IV 일제 식민정책의 분석(3)—사회 · 경제—>1. 일제하의 사회정책>3) 사회정책의 주요한 사업). http://db.history.go.kr/item/level.do?levelId=hdsr_005_0040_0010_0030 (2021. 1. 13. 검색)

보건복지부—보도자료(2020. 12. 1.). 의료 · 학교사회복지사 국가자격 제도 시행. http://www.mohw.go.kr/upload/viewer/skin/doc.html?fn=1606716969252_20201130151609.hwp&rs=/upload/viewer/result/202012 (2020. 12. 12. 검색)

보건복지부—보도자료(2011. 12. 9.). 장애인생활시설 인권실태조사 결과. http://www.mohw.go.kr/react/al/sal0301vw.jsp?PAR_MENU_ID=04&MENU_ID=0403&CONT_SEQ=261173&page=12 (2020. 12. 10. 검색)

복지타임즈(2020. 8. 12.). 생계급여 부양의무자 기준 2022년 폐지… 의료급여도 2023년까지 검토. http://www.bokjitimes.com/news/articleView.html?idxno=23624 (2021. 1. 13. 검색)

성주 기독교 백년의 역사–1909 한반도 선교지 나눔 http://www.sungjuch.or.kr/jboard/?p=detail&code=sungju100&id=13&page=3
위키백과 https://ko.wikipedia.org/wiki
한국민족문화대백과사전–두레 http://encykorea.aks.ac.kr/Contents/Item/E0016972
한국사회복지행정연구회 http://www.ksswa.or.kr
한국은행 경제통계시스템 http://ecos.bok.or.kr

〈각종 사료〉

三國史記
三國遺事
與猶堂全書
朝鮮王朝實錄
경상북도사회사업요람
경성부사회사업요람
대구부사회사업요람
동아일보
매일신보
조선사회사업
조선사회사업요람
조선총독부영흥학교일람
조선총독부 통계연보(1909)
조선총독부 통계연보(1910)
조선총독부 통계연보(1911)
통감부 통계연보(1908)

찾아보기

인명

내용

저자 소개

최원규(Choi Wongyu)

서울대학교 사회복지학과(문학사)

서울대학교 대학원 사회복지학과(문학석사, 문학박사)

전 한국사회복지학회장

한국사회복지연구회장

현 전북대학교 사회복지학과 교수

> 대표 논문

「외국민간원조단체의 활동과 한국 사회사업 발전에 미친 영향」(서울대학교 박사학위논문, 1996)

「생명권력의 작동과 사회복지」(비판사회정책, 2002)

「한센씨병력자 정착촌 주민의 삶과 욕구: 격리와 배제의 권력구조」(한국사회복지학회 학술대회논문집, 2004)

진재문(Jin Jaemoon)

서울대학교 사회복지학과(문학사)

서울대학교 대학원 사회복지학과(문학석사, 문학박사)

전 경남대학교 사회복지학과 교수

현 경성대학교 사회복지학과 교수

한국사회복지정책학회 수석부회장

국민연금 자문단 자문위원

> 대표 저서

『비교빈곤정책론: 빈곤과 빈곤정책의 동향에 관한 국제비교』(공저, 나남, 2005)

『사회복지 네트워킹의 이해와 적용』(공저, 학지사, 2008)

『일하는 노년 건강한 공동체: 일본』(공저, 미세움, 2020)

황보람(Hwang Boram)

서울대학교 사회복지학과(문학사)

서울대학교 대학원 사회복지학과(문학석사, 사회복지학박사)

미국 University of California at Berkeley (사회복지학박사)

현 부산대학교 사회복지학과 교수

사회보장위원회 민간위원

> 대표 논저

『부산형 금융복지 지원체계 구축방안』(공동집필, 부산복지개발원, 2020)

「비혐오 공간 생성을 위한 다중과 공생의 지역복지실천이론에 관한 시론적 연구」(사회복지연구, 2019)

이영수(Lee YungSoo)

서울대학교 사회복지학과(문학사)

서울대학교 대학원 사회복지학과(문학석사)

미국 Washington University in St. Louis (사회복지학박사)

전 Center for Social Development, Washington University in St. Louis 박사후연구원

현 인천대학교 사회복지학과 부교수

> 대표 저서

『Asset-Building Policies and Innovations in Asia』(공저, Routledge, 2015)

『우리는 복지국가로 간다: 정치 · 경제 · 복지를 통해 본 한국 사회 핵심 쟁점』(공저, 사회평론아카데미, 2020)

사회복지총서

사회복지역사
History of Social Welfare

2021년 9월 20일 1판 1쇄 인쇄
2021년 9월 30일 1판 1쇄 발행

지은이 • 최원규 · 진재문 · 황보람 · 이영수
펴낸이 • 김진환
펴낸곳 • (주)학지사
04031 서울특별시 마포구 양화로 15길 20 마인드월드빌딩
대표전화 • 02-330-5114 팩스 • 02-324-2345
등록번호 • 제313-2006-000265호

홈페이지 • http://www.hakjisa.co.kr
페이스북 • https://www.facebook.com/hakjisabook

ISBN 978-89-997-2507-4 93330

정가 23,000원

저자와의 협약으로 인지는 생략합니다.
파본은 구입처에서 교환해 드립니다.